RUDOLF STEINER GESAMTAUSGABE
VORTRÄGE

VORTRÄGE VOR MITGLIEDERN
DER ANTHROPOSOPHISCHEN GESELLSCHAFT

RUDOLF STEINER

KOSMISCHE UND MENSCHLICHE GESCHICHTE

Band I — Das Rätsel des Menschen. Die geistigen Hintergründe der menschlichen Geschichte

15 Vorträge, gehalten in Dornach vom 29. Juli bis 3. September 1916
Bibliographie-Nr. 170.

Band II — Innere Entwicklungsimpulse der Menschheit. Goethe und die Krisis des neunzehnten Jahrhunderts

16 Vorträge, gehalten in Dornach vom 16. September bis 30. Okt. 1916
Bibliographie-Nr. 171.

Band III — Das Karma des Berufes des Menschen in Anknüpfung an Goethes Leben

10 Vorträge, gehalten in Dornach vom 4. bis 27. November 1916
Bibliographie-Nr. 172.

Band IV — Zeitgeschichtliche Betrachtungen – Erster Teil

13 Vorträge, gehalten in Dornach vom 4. bis 31. Dezember und in Basel am 21. Dezember 1916
Bibliographie-Nr. 173.

Band V — Zeitgeschichtliche Betrachtungen – Zweiter Teil

12 Vorträge, gehalten in Dornach vom 1. bis 30. Januar 1917
Bibliographie-Nr. 174.

Band VI — Mitteleuropa zwischen Ost und West

12 Vorträge, gehalten in München am 13. Sept., 3. Dez. 1914, 23. März, 29. Nov. 1915, 18., 20. März 1916, 19., 20. Mai 1917, 14., 17. Februar, 2., 4. Mai 1918
Bibliographie-Nr. 174a.

Band VII — Die geistigen Hintergründe des ersten Weltkrieges

16 Vorträge, gehalten in Stuttgart am 30. Sept. 1914, 13., 14. Februar, 22.–24. Nov. 1915, 12., 15. März 1916, 11., 13., 15. Mai 1917, 23., 24. Februar, 23., 26. April 1918, 21. März 1921
Bibliographie-Nr. 174b.

RUDOLF STEINER

Mitteleuropa zwischen Ost und West

Kosmische und menschliche Geschichte
Sechster Band

Zwölf Vorträge, gehalten in München
zwischen dem 13. September 1914 und dem 4. Mai 1918

1982

RUDOLF STEINER VERLAG
DORNACH/SCHWEIZ

Nach vom Vortragenden nicht durchgesehenen Nachschriften
herausgegeben von der Rudolf Steiner-Nachlaßverwaltung
Die Herausgabe besorgten H. v. Wartburg und R. Friedenthal

1. Auflage in dieser Zusammenstellung
Gesamtausgabe Dornach 1971
2. Auflage, neu durchgesehen
(photomechanischer Nachdruck)
Gesamtausgabe Dornach 1982

Einzelausgaben und Abdrucke in Zeitschriften
siehe zu Beginn der Hinweise

Bibliographie-Nr. 174 a

Printed in Switzerland by Schüler AG, Biel

ISBN 3-7274-1741-2

Zu den Veröffentlichungen aus dem Vortragswerk von Rudolf Steiner

Die Grundlage der anthroposophisch orientierten Geisteswissenschaft bilden die von Rudolf Steiner (1861–1925) geschriebenen und veröffentlichten Werke. Daneben hielt er in den Jahren 1900–1924 zahlreiche Vorträge und Kurse, sowohl öffentlich wie auch für die Mitglieder der Theosophischen, später Anthroposophischen Gesellschaft. Er selbst wollte ursprünglich, daß seine durchwegs frei gehaltenen Vorträge nicht schriftlich festgehalten würden, da sie als «mündliche, nicht zum Druck bestimmte Mitteilungen» gedacht waren. Nachdem aber zunehmend unvollständige und fehlerhafte Hörernachschriften angefertigt und verbreitet wurden, sah er sich veranlaßt, das Nachschreiben zu regeln. Mit dieser Aufgabe betraute er Marie Steiner-von Sivers. Ihr oblag die Bestimmung der Stenographierenden, die Verwaltung der Nachschriften und die für die Herausgabe notwendige Durchsicht der Texte. Da Rudolf Steiner aus Zeitmangel nur in ganz wenigen Fällen die Nachschriften selbst korrigieren konnte, muß gegenüber allen Vortragsveröffentlichungen sein Vorbehalt berücksichtigt werden: «Es wird eben nur hingenommen werden müssen, daß in den von mir nicht nachgesehenen Vorlagen sich Fehlerhaftes findet.»

Über das Verhältnis der Mitgliedervorträge, welche zunächst nur als interne Manuskriptdrucke zugänglich waren, zu seinen öffentlichen Schriften äußert sich Rudolf Steiner in seiner Selbstbiographie «Mein Lebensgang» (35. Kapitel). Der entsprechende Wortlaut ist am Schluß dieses Bandes wiedergegeben. Das dort Gesagte gilt gleichermaßen auch für die Kurse zu einzelnen Fachgebieten, welche sich an einen begrenzten, mit den Grundlagen der Geisteswissenschaft vertrauten Teilnehmerkreis richteten.

Nach dem Tode von Marie Steiner (1867–1948) wurde gemäß ihren Richtlinien mit der Herausgabe einer *Rudolf Steiner Gesamtausgabe* begonnen. Der vorliegende Band bildet einen Bestandteil dieser Gesamtausgabe. Soweit erforderlich, finden sich nähere Angaben zu den Textunterlagen am Beginn der Hinweise.

INHALT

ERSTER VORTRAG

München, 13. September 1914

Es ist zu meiner tiefen Befriedigung, daß es das Karma so gebracht hat, daß wir an diesem Abend zusammensein und einige Worte sprechen können in dieser ernsten Zeit. Vor allem aber wollen wir in diesem Augenblick gedenken derer, die draußen stehen, ihren Mut, ihr Leben, ihr Blut zum Opfer bringen für die Aufgaben, die diese ganz außerordentliche Zeit an den Menschen stellt. Unsere liebenden, um Hilfe bittenden Gedanken wollen wir richten an diejenigen in erster Linie, die mit uns oftmals zusammengesessen haben in unseren gemeinsamen Betrachtungen und die jetzt draußen stehen und in unmittelbarer Weise teilzunehmen haben an den großen Ereignissen, die jetzt da sind, Völker- und Menschenkarma zur Entwickelung bringend. An diese zunächst, die mit uns verbunden sind, und dann im weiteren Sinn an all die anderen. Dann wollen wir Ausblick hegen in einer gewissen Weise auf die engeren Bande und die weitesten Bande, die wir auch sonst auf dem Felde unserer geistigen Strömung suchen und die sich knüpfen von jeder Seele zu jeder Seele, die da aufgerufen ist von den großen Ereignissen. So richten wir unsere liebenden, bittenden Gedanken auch auf die, die draußen im Felde stehen und zum Zeichen, daß wir mit ihnen verbunden sind, wollen wir uns von unseren Sitzen erheben und ihrer in folgenden Worten gedenken:

Geister Eurer Seelen, wirkende Wächter,
Eure Schwingen mögen bringen
Unserer Seelen bittende Liebe
Eurer Hut vertrauten Erdenmenschen,
Daß, mit Eurer Macht geeint,
Unsere Bitte helfend strahle
Den Seelen, die sie liebend sucht!

Und hinaussenden zu euch wollen wir unsere liebenden Gedanken, daß Er mit euch sei, der Helfer, der Christus, den wir suchen, der Christus, der die Seelen in unserer Zeit aufrufen muß, um in Disharmonie die Harmonie zu suchen, daß Er die Seelen, denen Er Schmerz zufügen muß, sicher auch führen wird zu jener Erlösung, die ihnen nötig ist, damit der Sinn erfüllt wird, der da vorgezeichnet ist dem Menschen- und Volkskarma: Mit euch, ihr Seelen, wollen wir geeint sein in dem Zeichen, das uns verbindet mit dem alleinenden Erdengeist, dem Christus.

Lange voraussehen konnte man dasjenige, was jetzt scheinbar so überraschend hereingebrochen ist über die, man muß ja wohl sagen, Erdenmenschheit. So überraschend ist es hereingebrochen, weil mitgewirkt haben bei diesem Ereignis auch, man darf schon sagen, okkulte Ursachen, die sich eigentlich erst seit dem 28. Juni allmählich nach und nach gezeigt haben. Wirklich konnte man gerade in unserer Zeit so recht sehen, wie man auch den geistigen Welten gegenüber immer Neues erkennen kann. Ich kann dasjenige, was ich hier meine, eigentlich nur mit ein paar Worten andeuten. Als ich zurückkehrte im Juli aus Schweden von dem Norrköpinger Vortragszyklus, da mußte ich jemanden, der in einem gewissen Sinn verbunden ist mit den gegenwärtigen Ereignissen, aufmerksam machen darauf, wie das Ereignis von Sarajewo für den Okkultisten ganz merkwürdige Folgen gezeigt hat, wie es ein äußerliches Symptom war, und wie merkwürdig anders sich dieser Tote verhalten hat als alle anderen Toten, die man beobachten konnte auf dem okkulten Felde früher. Und so hat sich denn eigentlich auch im okkulten Hintergrunde der irdischen Ereignisse recht schnell das abgespielt, was ja dann auch auf dem äußeren physischen Plan mit so furchtbar schnellen Schritten in den letzten Julitagen und ersten Augusttagen hereingebrochen ist. Es hat aber auch ganz gewiß in den Seelen derer, die dem geistigen Leben in der letzten Zeit fern gestanden haben, manche Ahnungen, manche bestimmte Empfindungen für eine geistige Welt, für das Vorhandensein einer geistigen Welt gezeitigt. Ungeheuer, darf man sagen, und unvergleichlich sind die Erlebnisse, die die Erdenmenschheit jetzt durchmacht.

Wenn ich, meine lieben Freunde, als erstes ein Wort an Sie richten möchte, so sei es dieses, daß ich es anknüpfen möchte an manche Bemerkung, die oft und oft in den letzten Jahren innerhalb unserer geisteswissenschaftlichen Betrachtung gemacht worden ist. Was soll uns denn der Zusammenhang mit dem geistigen Leben in tiefster Seele sein, den wir suchen? Sicherheit und innere Kraft soll er uns geben, Sicherheit darüber, daß es in allem Wandel der Zeiten, Wandel der Ereignisse Festes gibt, an das man sich halten kann. Und in solchen Zeiten wie diesen soll in unsere Seelen etwas anderes einziehen können von dem Glauben an die Unbesieglichkeit des geistigen Lebens und seiner Aufgabe, und wir sollen verbinden lernen mit den äußeren Ereignissen des Tages diesen Glauben an den Sieg und die Sieghaftigkeit des Geistes.

In den ersten Augusttagen, als so nach und nach von den verschiedensten, man möchte sagen, Weltrichtungen her die Stürme der Kriegserklärungen kamen, mußte ich mich an Worte erinnern, die gesprochen worden sind in der letzten Zeit, Worte, die sich einem gerade jetzt tief eingraben können, und die das, was ich eben jetzt gesagt habe, im Grunde genommen uns doch recht, recht nahelegen. Eine wichtige Persönlichkeit hat wenige Wochen vor Kriegsausbruch etwa das Folgende an einer bedeutungsvollen Stelle gesagt: Mit allen Mächten stehen wir in dem freundschaftlichsten Einvernehmen. Wir haben uns auseinandergesetzt, nachdem im Frühling dieses Jahres die Pressetreibereien in Rußland losgegangen waren und auch in den deutschen und in den Wiener Zeitungen Widerhall gefunden haben; auf Pressetreibereien ist nicht zu achten und an dem altfreundschaftlichen, nachbarlichen Verhältnis ist festzuhalten. – Ein Wort, das auch zu denken gibt, ist gesprochen worden im Juni: Die allgemeine Entspannung hat Fortschritte gemacht –, und ein anderes Wort derselben Rede: Die Verhandlungen mit England sind noch nicht abgeschlossen, werden aber in dem freundschaftlichen Geist geführt, der sonst in unseren Beziehungen zu Großbritannien herrscht. – Man denke: jetzt! Man denke daran, wie wandelbar in der physischen Welt dasjenige ist, was der Mensch heute glaubt, und was er genötigt ist durch den Gang der Ereignisse, schon in den nächsten Wochen mitanzusehen. Man vergegenwärtige sich das Wogen, Treiben, Wanken, Stürmen der Ereignisse auf dem physischen Plan, man vergegenwärtige sich, wie notwendig es ist, dieses Wogen, Stürmen. Man möchte sagen: Was heute geglaubt werden kann, erweist sich morgen schon nicht mehr wahr. Wie notwendig ist es, in diesen Stürmen ein Sicheres, Festes zu haben, das heute, morgen und übermorgen und durch alle Ewigkeiten wahr ist! Was in dieser Weise wahr ist, das ist die Wahrheit vom Geist, von der Mission des Geistes, die die Menschheitsentwickelung durchzieht.

Recht symptomatisch, nicht weil es etwas Persönliches ist, sondern weil es wirklich symptomatisch und symbolisch zur Seele gesprochen hat, möchte ich folgendes erwähnen: Sie wissen ja, im Juli ist erschienen der erste Band meiner Schrift «Die Rätsel der Philosophie». Der zweite war gedruckt bis Seite 206, als der Krieg ausbrach. Es war die Überleitung der Gedanken von den französischen Philosophen *Boutroux, Bergson* zu dem deutschen Philosophen *Preuß*, der Hinweis darauf, wie Bergson einen Gedanken ausführt, etwas leichtsinnig oben darüber hinweg, der früher mit wuchtiger Gründlichkeit von dem unbekannten, einsamen Denker, von Preuß, unsere theosophische Weltanschauung vorverkündend, im letzten Drittel des 19. Jahrhunderts gefaßt ist. Ich suche da auch diesem einsamen Denker gerecht zu werden. Nun ergab es sich dazumal, daß der Druck abgebrochen werden mußte, es mußte später weitergeschrieben werden, es brach ab mit dem Übergang von Frankreich zu Deutschland. Der Krieg brach aus. Ich mußte die leeren Blätter auf den zu zwei Dritteln gedruckten Bogen wirklich wie ein Symbolum ansehen desjenigen, was sich abgespielt hat zwischen dem Westen Europas und der Mitte Europas, über die herüberging gerade der Weg meiner Darstellung.

Und auch sonst manches könnte einem symbolisch entgegentreten. Ich darf da auch an unseren Bau in Dornach erinnern, der ja bis zu einem gewissen Grad gediehen war, allerdings nicht so weit, wie wir ihn gern haben wollten. Vielleicht wissen einige unserer Freunde, wie sehr betont worden ist, solange es einen Sinn hatte gegenüber den sprechenden Tatsachen, wie sehr es betont worden ist, nicht nur als ein Herzenswunsch von mir, sondern als Notwendigkeit, die vor Augen stand, daß der Bau mit dem ersten August dieses Jahres abgeschlossen sein sollte. Vielleicht versuche man jetzt nachzudenken, ob es nicht einen Sinn gehabt hätte gegenüber dem, was jetzt eingetreten ist, wenn der Bau abgeschlossen gewesen wäre gerade am ersten August. Gegenüber den Tatsachen war natürlich mit so etwas, das wie ein Wunsch ausschaute, nicht anzukämpfen, und unter mancherlei Dingen, über die ich heute nicht sprechen will, die mit dem Bau gelöst werden sollen, war ja dies, daß das Problem der Akustik für einen größeren Raum gelöst werden sollte durch eine größere Resonanz. Es war in den Julitagen, als der Bau schon eingeschalt war, da konnte man, wenn man an einem bestimmten Orte ein paar Worte sprach, zum ersten Mal eine Ahnung haben, daß es gelungen sein würde, dieses akustische Problem wirklich zu lösen, wenn der Bau einmal fertig ist. An bestimmten Stellen konnte man hören, da stellte sich die Resonanz in einer Weise heraus, wie es nach den okkulten Berechnungen für den Ort erwartet werden mußte, und so darf erwartet werden, daß das Wort und Musikalisches wirklich so erklingen werden, wie sie erklingen sollten. Es war so eine Art Ideal, schon in den Augusttagen drinnen zu hören das Wort, das vom Geist sprechen sollte. – Dasjenige, was unsere Freunde zuerst in unserem Bau hörten, war der Widerhall der Kanonen, die in unmittelbarer Nähe auf den Elsäßer Schlachtfeldern donnerten. So war der Raum, für den wir in einer gewissen Weise den Widerhall der dem Geist gewidmeten Worte erbeten hatten, zuerst Zeuge des Kanonendonners, der in gar nicht weiter Entfernung ertönte. Andere unserer Freunde hatten, auch in gewisser Weise symbolisch, etwas gesehen, was wir erwartet hatten als unser großes Ideal. Erwartet hatten wir, daß ertönen durfte die Kunde von dem Licht des Geistes, der geistigen Welten, daß dieses Licht der geistigen Welten zur Geltung kommen werde – gesehen wurde in einigen Nächten der Schein vom Isteiner Fort, der weithin sich erstreckte und vier Minuten lang auch sein Licht durchdrängte und durchdrückte durch unseren Bau: Ton und Licht der gegenwärtigen Ereignisse!

Aber auch andere Gedanken und Empfindungen konnten durch die Seele gehen. Am 26. Juli hatte ich zu unseren Freunden gesprochen über einiges, das unseren Bau betraf, und hatte mit wenigen Worten hingewiesen auf die ernsten Zeiten, die uns zu unseren Fenstern hereinsehen. Und ich muß sagen: Ich konnte nur unter Tränen den Brief lesen, den einer unserer jüngeren Freunde bald darauf an seine Mutter schrieb, die dabeigewesen war am 26. Juli. Unmittelbar danach wurde er einberufen, ist nach seiner österreichischen Heimat gezogen, und gerade aus der Kraft des geistigen Lebens heraus, die er – er ist ein noch recht junges Mitglied – aus unseren Bestrebungen gezogen hat, hat er auch die Kraft gewonnen, im schönsten, ich möchte sagen, im heiligsten, reinsten Sinn seinen Platz auszufüllen, auf den ihn das Karma gestellt hat.

Und wieder war es ein anderer, der dazumal am 26. Juli dabeigewesen war, der mir selbst schrieb, als er den Weg antrat zu dem serbischen Kriegsschauplatz, voll der Empfindungen, die auf der einen Seite genährt waren von der Sicherheit, die da fließt aus dem Glauben an den Sieg und die Sieghaftigkeit des Geistes, auf der anderen Seite genährt waren von den voll begeisterten Empfindungen für die unmittelbare Teilnahme an den Ereignissen unserer Zeit von dem Platze aus, auf den er gestellt war.

Wahrhaftig, meine lieben Freunde, man fühlte in diesen Zeiten die Seelen wachsen, die Seelen reifen und es war schön, es war groß, zu unseren Herzen sprechend, wenn man sehen durfte, daß all die Empfindungen, Gefühle, die durch die Jahre in die Seelen unserer Freunde gezogen sind, auch sich als geeignet erweisen, in der heutigen schweren Situation die Menschen an den richtigen Platz in der richtigen Weise zu führen.

Wenn man spricht von der Sicherheit, die man gewinnen soll durch die Betrachtung des Geistes und des geistigen Wesens, so hängt die Empfindung von dieser Sicherheit innig zusammen mit dem, was unser Wahlspruch ist, der einem Goetheschen Wort nachgebildet ist, es wiedergibt: «Die Weisheit liegt nur in der Wahrheit.» Unter den großen Hoffnungen, die man hegen darf aus den gegenwärtigen Ereignissen heraus, ist auch diese eine, daß alles dasjenige, was zusammenhängt mit diesem: «Die Weisheit liegt nur in der Wahrheit», daß alles das gerade durch die großen, schmerzlichen und tief ergreifenden Prüfungen der Menschheit eingeprägt wird. Alles, was zusammenhängt mit dem Worte: «Die Weisheit liegt nur in der Wahrheit», muß tiefer und immer tiefer in die Menschen eingreifen, und jetzt ist schon vieles durch den großen Lehrmeister, der durch seine Geschosse spricht, bewirkt worden in der Überwindung des Materialismus.

Kurz vor dem Ausbruch des Krieges konnte ich das Wort lesen, das ein angesehener Journalist geschrieben hat: Trotz der Rüge des Herrn Liebknecht bleibe ich bei der Meinung, daß verantwortungsvoll Regierende nicht nur berechtigt, sondern verpflichtet sind, Wahres zu leugnen und Unrechtes zu behaupten. Dieses Recht, diese Pflicht des von Kollektivsittlichkeit Geleiteten schränken zwei Bedingungen ein: Die Unwahrheit darf weder erweislich noch dem Staatsinteresse zuwider sein. – Man halte diesen Ausspruch zusammen mit dem, was wir als Devise gewählt haben, als wir die Anthroposophische Gesellschaft gegründet haben: «Die Weisheit ist nur in der Wahrheit»! Es wird vieles zusammenfallen, denn es sind schon ganz andere Empfindungen eingezogen in die Seelen derer, die den Ernst der Situation in der Gegenwart verspüren.

Wie oft, meine lieben Freunde, ist durch das, was auf unserem Boden gesprochen worden ist, das Wort gezogen, das so gelautet hat: Nicht nur das, was auf dem äußeren physischen Plan geschieht, ist Wirklichkeit, sondern die Gedanken der Menschen sind größere Wirklichkeit, eine Kraft, eine Macht des Wirkens. Aber gestehen wir es uns doch, denn es ist die Wahrheit: Solche Dinge sind nur auf dem Boden gesprochen worden, der eine spirituelle Strömung trug. Jetzt, auf der recht komplizierten Reise, die ich zu machen hatte, fiel mir eine Zeitschrift in die Hände, die das Datum des 1. September 1914 trägt. Ein sehr schöner Aufsatz ist darin von einem Soldaten, *Robert Michel,* der im Felde Gedanken niedergeschrieben hat. Der Aufsatz gibt schön wieder, wie die Mobilisierung verlautbart war, wie er mit seinen Kameraden gleichsam in das Unbekannte gezogen ist. Für uns sind von Bedeutung die letzten Worte: «Aber jeder einzelne Zurückgebliebene in der Monarchie hat die Pflicht, nach besten Kräften unterstützend zu wirken, bis die siegreiche Entscheidung gefallen ist. Alle die guten Worte, herzhaften Zurufe und Segenswünsche, die beim Auszug uns zuteil geworden sind, vermehrten die Zuversicht. Sie waren Splitter, die nicht verloren gegangen sind. Dieser Zuschuß an seelischer Kraft muß auch weiterhin der Armee zuteil werden, und der Wille zum Sieg muß von jedem einzelnen herüberzittern zu den Kämpfern in der Front. Drum raste niemand vor der Entscheidung, die sich im Norden vorbereitet. Wer der ungeheuren Kräfteleistung von Heer und Reich untätig zuschauen muß, der trachte auf dem Wege, den seelische Kräfte gehen, sein Scherflein beizutragen. Wen Gott erhört, der bete – wer nicht beten kann, der sammle alle seine Gedanken und Willenskräfte zu dem inbrünstigen Wunsch nach dem Siege – und wer nichts anderes vermag, der drücke die Daumen in die Handflächen und spreche: ‹Wir müssen siegen, wir müssen siegen!› So wird auch der Schwächste beigetragen haben zum Sieg.»

Der Soldat, der fortzieht ins Feld, schreibt aus dem Felde Worte zurück, die wie ein Widerklang sind dessen, was oftmals auf dem Boden spirituellen Lebens gesprochen worden ist: Wer nicht beten kann, sammle Gedanken und Willenskräfte zum inbrünstigen Wunsch nach dem Siege. – Der Glaube an den Geist, wir sehen ihn jetzt am Anfang des ungeheuren Ereignisses stehen.

Wir brauchen uns keinen Illusionen hinzugeben. Manches kann in den nächsten Zeiten ganz anders aussehen, aber es werden auch Zeiten kommen, die das wahr machen werden, was mit einigen Worten angedeutet werden soll. Der Weltenfortgang muß geschehen, dasjenige, was geschehen soll, geschieht; es geschieht manchmal auf eine sehr merkwürdige Weise, indem etappenweise geleitet werden die Willen der Menschen, so daß man sieht, wie von Stufe zu Stufe, wahrhaftig nicht in anderer Weise, als ein Erzieher es tun würde, in die Seelen hineingegossen werden die Richtungen, in die sie später kommen werden. Man braucht wahrhaftig nur auf eine kurze Spanne Zeit zu blicken und man sieht die über die Menschheitskraft hinausreichenden Geistesmächte, die pädagogisch wirken für den großen Menschheitsfortschritt.

Es ist nun an der Zeit, einen Gedanken zu hegen, der naheliegen kann, der aber nicht immer erwogen wird. 1866: deutsche Brüder standen gegen deutsche Brüder, Deutsche gegen Deutsche. Noch nicht ein Jahrzehnt ist verflossen – 1870/71: ein Teil der Deutschen mußte einem großen Ereignisse folgen, an dem der andere Teil nicht mitwirken konnte. Einer meiner Lehrer an der Wiener Hochschule hat oft und oft das Wort, das mir damals tief ins Herz ging, gesprochen:

Wir Deutsche in Österreich müssen uns bewußt sein, daß dasjenige, was geschehen ist, unser Schicksal ist, nicht unsere Schuld, daß wir an einem hervorragenden Ereignis nicht teilnehmen durften. – Jetzt ist die Zeit, wo zusammengeschmiedet sind, wie durch eine eiserne Macht zusammengeschmiedet dastehen die beiden Teile, die erst gegnerisch, dann einer ohne den anderen dastanden.

Es ist nicht Zufall, es ist bedeutsam, wichtig – es hat keines Jahrhunderts bedurft, diese große Lehre in alle folgenden Zeiten hineinzuschicken: Die Menschheitsfortschritte, das, was die geistigen Hierarchien wollen für die Menschheit, das muß geschehen; aber es kann auf mannigfaltigste Art geschehen. Bis zu einem gewissen Zeitpunkt muß etwas ganz Bestimmtes erreicht sein. Nehmen wir an – nicht, weil dieses gerade stimmt, was ich da sagen will –, bis 1950 müßte ausgegossen sein über die Menschheit eine bestimmte Summe von Opferwilligkeit, von Liebefähigkeit und Selbstlosigkeit, von Bekämpfung des Egoismus. Nehmen wir an, es muß bis 1950 erreicht sein, was geschehen muß, was also die Zeichen der Zeit fordern. Es geschieht auf der einen Seite dadurch, daß zu den Herzen der Menschen gesprochen wird, daß man vertraut der Kraft des Wortes, daß dasjenige, was die Menschengeschicke in Händen hat, auf geistige Weise herankommen will an die Menschenindividualitäten, und sie so weit zu bringen sucht, daß der Geist auf sie wirken kann. Aber der andere Lehrmeister muß oft hinzutreten, der zweite Lehrmeister, der durch lebendige Beweise spricht. Und wie haben wir gesehen seine Erfolge! Welche Unsumme von Opfern, von Menschenliebe und Selbstlosigkeit sind erzeugt worden in erstaunlich kurzer Zeit in unserem Zeitalter des Materialismus, als der große Lehrmeister auftrat, der Krieg, der nach der einen Seite hin so Furchtbares hat, auf der anderen Seite das hat, was zu dem hinführt, was man im Okkultismus die eisernen Notwendigkeiten nennt, die eintreten müssen, um etwas Bestimmtes in einem bestimmten Zeitalter der Menschheitsentwickelung zu erreichen. Ströme von Blut werden vergossen, teure Leben welken dahin, andere werden im Augenblick entrissen dem physischen Leben, wenn die feindliche Kugel sie trifft. Das alles vollzieht sich in so ungeheurem Maße in unserer Zeit. Was ist das alles? Ein großes Opfer ist es, meine lieben Freunde, ein ungeheures Opfer, das gebracht wird am Altar der gesamten Menschheitsentwickelung. Auf der einen Seite steht das, was eindringen soll in die Menschheitsentwickelung, was der Menschheit übergeben werden muß, damit die Menschheit vorwärtskommt, und auf der anderen Seite steht die Notwendigkeit des Opfers.

Unendlich bedeutungsvoll war es für mich, mit anzusehen, wie innig verbunden über den Tod hinaus die Seelen derjenigen sind, die jetzt an den großen Ereignissen unmittelbar teilnehmen. Da konnte man es oftmals sehen, wie diejenigen, die von der feindlichen Kugel dahingestreckt waren, hinaufgenommen waren in die geistigen Welten, noch nicht erwacht mit ihren großen Individualitäten, verbunden waren auch noch mit demjenigen, was da unten vorging. Ich weiß nicht, ob Sie es mir nachfühlen können, was es bedeutet, mit anzusehen, wie hinter dem Krieger auf dem Schlachtfeld, der noch kämpft, die psychische Persönlichkeit desjenigen schützend waltet, der schon den Tod gefunden hat, und der mit dem ist, der noch gebunden auf dem physischen Plan ist. Es gehört dies zu meinen okkulten Erlebnissen, die ich mit nichts anderem recht vergleichen könnte. Unerwachte Krieger, die unten gekämpft haben, die durch den Tod gegangen sind, sie bleiben mit dem Ereignis verbunden und sind gleichsam wie eine zweite Persönlichkeit hinter demjenigen, der unten auf dem physischen Plan noch kämpft. Auch in den geistigen Welten gibt es Dinge, die Zuversicht in unsere Herzen gießen können, wenn diese Zuversicht auch nicht leicht wird.

Wer bedenkt, welcher Prozentsatz der Menschheit heute miteinander kämpft, wer bedenkt, wie wir am Anfang stehen – wenige Wochen währt dieses Ereignis erst –, welche ungeheuren Verluste an Menschenleben diese wenigen Wochen gekostet haben, der könnte wankend werden, könnte meinen: Was soll denn werden, wenn das lange andauern muß? – Und wenn mich das oftmals bestürzte – es kann einen bestürzen –, dann richtete der Gedanke mich auf: Das Rechte wird geschehen, dasjenige, was vorgezeichnet ist von den geistigen Welten, das wird geschehen. Und wenn man die Gewißheit hat, daß nicht nur die Lebenden kämpfen, sondern auch die Toten verbunden bleiben mit ihren Geschicken, dann werden noch immer Kräfte da sein.

Anderes kam mir in diesen Zeiten. Unsere Gesellschaft vereint in einer gemeinsamen geistigen Strömung die Angehörigen der verschiedensten Rassen, Völker, die heute feindlich gegeneinander sind. Da braucht es auch manchen Trost! Wir blicken zurück auf eine Zeit, die der unsrigen recht unähnlich ist, nicht viel mit ihr gleich hat, auf die Zeit, welche die Bhagavad Gita uns schildert, auf eine Zeit, wo noch die alten, oft geschilderten Menschheitsverhältnisse waren, wo die Menschen noch in kleinen blutsverwandten Kreisen lebten. Der Übergang von dieser Zeit der Blutsverwandtschaft in die Zeit, wo die Blutsverwandten im Kampfe stehen, wird von der Bhagavad Gita geschildert, wo der große Geist hinweist den Arjuna: Drüben stehen wahrhaft die Brüder und hier stehst du, ihr werdet miteinander kämpfen, in deren Adern dasselbe Blut fließt; aber es gibt eine Möglichkeit, im Geist den Ausgleich zu führen. – Aus dem, was sich nicht bekämpfen sollte, entwickelt sich das heraus, was sich bekämpft: auch eine der eisernen Notwendigkeiten, die für die Menschheitsentwickelung notwendig sind! Der Geist überbrückt, daß der Bruder dem Bruder als Feind gegenübersteht, daß das andere sich entwickelt, was in Disharmonien einander gegenübersteht. Unähnlich der unseren ist diese Zeit. Wir machen den umgekehrten Weg durch innerhalb unserer geistigen Strömung. Wir suchen das, was zerstreut war in der Welt, wiederum zu sammeln, und die Angehörigen der verschiedensten Nationen umfassen sich wieder brüderlich, werden Brüder innerhalb unserer Reihen. Jetzt sehen wir, wie der eine herüberkommt aus Frankreich und drüben den anderen gelassen hat, wie er in das deutsche Heer eintritt und erwarten muß, dem anderen, den er als anthroposophischen Freund zurückgelassen hat, kämpfend gegenüberzustehen. Es ist die entgegengesetzte Situation: Die zerstreuten Menschheitsglieder suchen sich im Geist wieder zusammen, und wir finden uns zurecht, wenn wir den Geist der Wahrheit wirklich ernsthaft verstehen und ihn ernsthaft ergreifen. Nur müssen wir die Wege suchen.

Ich möchte sagen, wir Deutsche haben es schwer, uns zurechtzufinden, vielleicht am allerschwersten! Es kann Ihnen sonderbar erklingen, daß ich das sage, aber wir haben es wirklich schwer, wir haben es aus dem Grunde schwer – ohne daß wir damit renommieren wollen –, weil es uns immer schwer fällt, uns selbst recht zu geben, weil es uns leichter ist, dem anderen gerecht zu werden als uns selbst. Es wird uns aus dem Grunde schwer, weil es wirklich der gegenwärtigen Menschheit noch nicht sehr leicht werden wird, besonders nicht in der Gegenwart, alles dasjenige, ich möchte sagen, mit dem richtigen objektiven, unbefangenen, gelassenen Blick zu überschauen, was oft in unserer Geisteswissenschaft angedeutet worden ist, was auch in den Vorträgen über die Volksseelen sich findet. Es wird notwendig sein, daß alle, die im echten, wahren Sinn unserer Zeit das geistige Leben ergreifen, verstehen lernen, wie diese Volksseelen, die echten, wahren Volksseelen, eine Art von Chor bilden, indem sie schon harmonisch zusammen leben. Aber man muß sich zu ihrem Wesen finden, und das kann man nur im Geist.

Es ist wirklich in der Gegenwart nicht die rechte Zeit, auf das aufmerksam zu machen, was da an Gefühlen, Empfindungen in den Hintergründen der Seele spricht, aber auf etwas anderes möchte ich Sie aufmerksam machen, darauf, daß wir einen Weg haben können, um in geheimer Zwiesprache, intimer, innerer Zwiesprache mit dem Geist des Volkes, dem wir angehören, den Weg zu finden, den unsere Seelen in der rechten Weise gehen sollen. Raten nur kann ich, wenn Sie einige Minuten finden, gerade in der jetzigen Zeit, die folgende Formel zu gebrauchen, um sich zurechtzufinden in der gegenwärtigen Weltensituation:

Du, meines Erdenraumes Geist!
Enthülle Deines Alters Licht

Warum Alter? «Alter» sagt man bei geistigen Wesenheiten, wo man bei irdischen «Deines Wesens Licht» sagen würde. Alter ist für den Geist, was Wesen für das Irdische ist.

Du, meines Erdenraumes Geist!
Enthülle Deines Alters Licht
Der Christ-begabten Seele,
Daß strebend sie finden kann
Im Chor der Friedenssphären

Dich, tönend von Lob und Macht
Des Christ-ergebenen Menschensinns!

Da finden wir den Weg zum Volksgeist, dem wir zugehören, und den Weg von diesem Volksgeist zur Zwiesprache des Volksgeistes mit dem Christus, der der Lehrer aller Volksgeister ist. Und wenn sie sich in diesem Christus zusammenfinden, werden sich die Volksgeister in der richtigen Art zusammenfinden, da all diese Volksgeister, die die Völker richtig führen – man kann das entnehmen aus dem Buch «Die geistige Führung des Menschen und der Menschheit» –, den Christus als den Lehrmeister betrachten.

Oftmals mußte ich hoffen, daß es gar nicht wahr sei, was mitgeteilt worden ist, daß in einer Volksvertretung des Ostens, in der Duma, am Ende einer Rede, in welcher der Herrscher sein Volk aufgefordert hat, teilzunehmen an dem Kriege, als letztes Wort gesprochen worden ist: Der Gott Rußlands ist groß! – Schrecklich wäre es, wenn das Wort so gesprochen worden wäre: eine unbewußte Anrufung des Geistes, dessen Charakter man sich vorstellen kann, wenn der Anruf geschieht in bezug auf ein begrenztes Gebiet, wenn er nicht geschieht zum Geist, der mit dem Schicksal der Menschheit so verknüpft ist, daß auch die, welche sich als Feinde gegenüberstehen, sich in seinen Dienst stellen, indem sie mit ihrem Heil zugleich das Heil der Menschheit suchen. Der Christus, wenn er ein Volk führt, führt dieses Volk so, daß es mit seinem Heil das Heil der Menschheit sucht. Mit Recht rufen wir den Volksgeist an, dem wir innig verbunden sind, so daß wir hinaufblicken, wie er seinerseits mit dem Christus spricht; durch den Volksgeist sprechen wir mit dem Christus. Dadurch werden viele Gedanken vorbereitet werden, die bleiben sollen in der geistigen Atmosphäre der Menschheit bis in die Zeiten, wo einem bedeutungsvollen Krieg ein bedeutungsvoller Friede folgt.

Ein Opfer, sagte ich, ist es, das dargebracht wird auf dem Altar der Menschheit, und heiliges Blut ist es, das fließt auf unsere Erde nieder, ein Blut, das Zeuge wird davon, daß die, die jetzt, in diesem Kampf der Völker, mit ihren Seelen hinaufsteigen aus der physischen Welt in die geistigen Welten, wiederum zurückkommen werden in künftigen Inkarnationen, um wichtige Glieder zu sein für den Geistesfortschritt der Menschheit – ein Opfer, ein großes Opfer! Dasjenige, was jetzt geschieht, es muß so geschehen; und wer zurückblicken will in vergangene Zeiten, um gleichsam nach den allerersten Ursachen zu suchen, er muß zurückblicken bis in die Zeit der punischen Kriege im 3. vorchristlichen Jahrhundert, damals, als der römische Feldherr – man kann das in der Geschichte nachlesen – die Enterbrücken benützt hat, um einen ersten bedeutsamen Erfolg zu haben. Heute stellt sich einem daneben, was als erstes Ereignis sich abgespielt hat in diesem Kriege. Eine künftige Geschichtsschreibung wird das erweisen; es ist schwierig, auf diese Dinge einzugehen.

Anderes führt uns zurück in die Zeiten, wo die Römer gerungen haben mit den Germanen, wo sich Menschengeschicke für viele Jahrtausende entschieden haben. Und dann kommt eben das dritte große Ereignis, das ist unseres, das wirklich eine Bedeutung haben wird wie damals die punischen Kriege, die natürlich in ihrer Ausdehnung klein sind gegenüber dem heutigen Weltereignis, die aber in bezug auf das Qualitative in ihrer Bedeutung noch hereinragen in unsere Zeit. Wie die großen, die Menschen bestimmenden Ereignisse, die sich an die Völkerwanderung anknüpften, sich wiederholen in einer gewissen Weise – ein ganzer Menschheitszyklus ist umspannt mit dieser Zeitangabe –, und wie dazumal in Rom sich das entschied, was dazumal geschehen mußte, daß die Form des Menschen-Ich, wie sie war im 3. Jahrhundert vor dem Ereignis von Golgatha, überging in die spätere, damit diese Form des Ich durch die Römer den Weg finde, den sie finden mußte für all das, was seither geschehen ist, so muß heute die Form des Ich, die eben im nächsten Menschheitszyklus die maßgebende ist, in einer ähnlichen Weise hineingestellt sein in einen Kampf der Völker. In die tiefsten Impulse der Menschheit geht das.

Dann aber, wenn wir verbunden sind mit dem, was wir seit Jahren im Geist miteinander verfolgen, können wir in uns tragen den Glauben an den Sieg und die Sieghaftigkeit des Geistes. Dann werden wir allem, was kommt, entgegenschauen mit diesem Glauben, und wissen, daß dasjenige, was geschieht, unter der Führung der hohen Hierarchien steht und seinen Weg gehen wird. Nur liegt es an uns, in der richtigen

Weise diesen Weg mitzugehen. Das aber tun wir, wenn wir in der richtigen Weise den Weg finden zur Beobachtung unseres Karma, wenn wir uns nicht entziehen den Aufgaben, die uns die große Zeit stellt. Und wenn wir mancherlei verdanken können dem, was uns die geistige Wissenschaft gibt, eines soll am ersten Platz stehen: daß die Geisteswissenschaft unseren Geist und Blick schärft, darauf zu schauen, daß wir gerade mit unserer Persönlichkeit am besten an unserem Platz stehen und das Richtige tun. Je mehr wir es sachlich, unpersönlich tun, ohne irgend etwas anderes im Auge zu haben, desto mehr hat Geisteswissenschaft unseren Blick geschärft, unsere Herzen empfänglich gemacht, desto mehr werden wir verstehen die Sprache, die jetzt in diesen ernsten Zeiten zu uns gesprochen wird.

Eine der Formeln, die aus dem Geist gegeben sind in dieser Zeit, die auch schon hier vor unseren Freunden gegeben werden kann, ist diese, die uns den Sinn vergegenwärtigt, den der Anblick des Schmerzes hat, den wir jetzt so reichlich, reichlich sehen können. Ungeheuer ist der Schmerz in den Seelen, der in unseren Zeiten erzeugt wird, ungeheuer groß die Opfer, die gefordert werden, ungeheuer muß die Opferwilligkeit und Empfänglichkeit für einen fremden Schmerz auch sein. Der Christus ist erstanden erst für viele, wenn wir ihn so verstehen, daß wir wissen: für den anderen kann es keinen Schmerz geben, der nicht auch unser Schmerz ist; denn überall, wo er eingetreten ist, ist es eigener Schmerz. Solange es für uns die Möglichkeit gibt, einen Schmerz bei einem anderen zu sehen, den wir nicht mitfühlen als unseren eigenen Schmerz, so lange ist der Christus noch nicht völlig in die Welt eingezogen. Der Schmerz im anderen soll nicht uns meiden! Schwer und groß und weit ist dieses Ideal, schwer und groß und weit ist aber auch das Christus-Ideal. Dann ist es erfüllt, wenn die Wunde, die wir an uns haben, nicht stärker brennt als die, die der andere an sich trägt. Darum ist es gut, uns geeignet zu machen, helfend einzugreifen durch die folgenden Worte, die wir an eine Gemeinschaft oder an den anderen, der Schmerz leidet, richten:

So lang du den Schmerz erfühlest,
Der mich meidet,

Ist Christus unerkannt
Im Weltenwesen wirkend.
Denn schwach nur bleibet der Geist,
Wenn er allein im eignen Leibe
Des Leidesfühlens mächtig ist.

Man versuche einmal, diese Worte ganz durchzufühlen. Wird man durch die erste Formel insbesondere den Zusammenhang mit dem Volksgeist gewinnen können, durch diese Zeilen wird man sich durchdringen mit der Gesinnung, die den Schmerz der Menschheit, den Schmerz einer Menschengemeinschaft in dem eigenen Sein nacherleben und alles, was wir tun dürfen, im wahren christlichen Sinn tun läßt. Mögen wir es in dieser Zeit tun, insbesondere durchdrungen mit der Gesinnung des Geistes!

Die Wunde, welche die Kugel schlägt, meine lieben anthroposophischen Freunde, sie würde nicht heilen, wären nicht in dem wunderbaren Mikrokosmos, der der menschliche Organismus ist, die heilenden Kräfte. Es ist gut, daß in unseren Zweigen praktiziert wird, wie ja auch hier durch unseren lieben Freund Dr. *Peipers* das jetzt geschieht, eine Anleitung zum Verbinden von Wunden. Es ist gut, denn wir können leicht in den Fall kommen, das anwenden zu müssen. Aber wissen müssen wir auch, wenn wir an solche Aufgabe herantreten, daß der Geist Wirklichkeit ist, und daß dasjenige, was wir während des Verbindens helfen, sei es bei dieser oder jener Verletzung, diesem oder jenem Erleiden, mehr tut, wenn wir mit dem Geist in der richtigen Weise dabei sind, als wenn wir es nicht sind. Auf daß wir, wenn wir an das herantreten, was eine Wunde am menschlichen Organismus ist, die richtigen Gedanken damit verbinden, denken wir:

Quelle Blut,
Im Quellen wirke,
Regsamer Muskel
Rege die Keime,
Liebende Pflege
Wärmenden Herzens,
Sei heilender Hauch.

Denn in diesem Blute, das aus der Wunde quillt, liegt das Zeichen, daß hinter ihm Kräfte liegen, welche die heilenden Kräfte der Wunde sind.

Quelle Blut,
Im Quellen wirke,
Regsamer Muskel
Rege die Keime,

die Keime, die absterben, wenn die Kugel durchgeschlagen hat. Richtige Empfindungen senden Sie für denjenigen, der einen Verband anlegt, um dem Nebenmenschen zu helfen:

Quelle Blut,
Im Quellen wirke,
Regsamer Muskel
Rege die Keime,
Liebende Pflege
Wärmenden Herzens,
Sei heilender Hauch.

Lassen wir diese Gesinnung durch unsere Seele ziehen, lassen wir von ihr unser ganzes Wesen erfüllt sein, wenn wir den Nebenmenschen helfen, dann, meine lieben Freunde, wird der Geist mithelfen bei demjenigen, was wir als physischer Mensch als physische Hilfe bringen können. Und denken wir oft als einzelner an den einzelnen, der draußen steht an einem exponierten Platz, denken wir, wenn wir unsere Versammlungen beginnen, an die, die außerhalb unseres Kreises stehen, draußen im Felde wirken. Die Formel, die dafür ist, und die ich am Anfange selbst gerichtet habe an die im Felde Stehenden – der einzelne kann sie an den einzelnen richten:

Geist Deiner Seele, wirkender Wächter,
Deine Schwingen mögen bringen
Meiner Seele bittende Liebe
Deiner Hut vertrautem Erdenmenschen,

Daß, mit Deiner Macht geeint,
Meine Bitte helfend strahle
Der Seele, die sie liebend sucht!

Wenn einer die Gedanken richten will an mehrere oder viele, die draußen stehen, dann sagt er:

Geister Eurer Seelen, wirkende Wächter,
Eure Schwingen mögen bringen
Meiner Seele bittende Liebe
Eurer Hut vertrauten Erdenmenschen,
Daß, mit Eurer Macht geeint,
Meine Bitte helfend strahle
Den Seelen, die sie liebend sucht!

Ein Lehrmeister der Liebe, der Selbstlosigkeit, das werden die großen Ereignisse sein, die sich jetzt abspielen. Und ein Lehrmeister für die geistigen Welten, hoffen wir, daß sie es werden! Dann werden die großen Opfer, die ungeheuren Opfer, die die Menschen bringen durch ihr Blut, dargebracht sein an dem Altar der geistigen Wesenheiten, und dasjenige, was so schmerzvoll sein kann dem unmittelbaren Anblick, es wird dazu dienen, daß die großen Ziele der Menschheit erreicht werden. Je mehr wir uns mit diesen Gesinnungen durchdringen, desto mehr werden Gedanken da sein, wenn nach dem Kriege ein großer Friede geschlossen ist.

Das 20. Jahrhundert ist dazu berufen, vieles umzugestalten in den Geschicken, in der Anordnungsweise der Menschheitsangelegenheiten. Und dasjenige, was schon erreicht wird nach diesem ersten großen Ereignisse, es wird der Menschheit ersparen, daß dieses Ereignis etwa wiederholt werden müßte in der Fortsetzung. Sieg und Sieghaftigkeit des geistigen Lebens ist ein Wort, das sich oftmals in unsere Herzen hineinfand in diesen Zeiten. Versuchet zu verstehen, wie wir Zeuge geworden sind des Ereignisses, das nicht für kurze Zeit entscheidend sein soll für die Entwickelung des ganzen Menschengeistes, sondern für lange, lange Zeiten! Und versuchen wir, daß aus diesem Ernst heraus wir die Liebe, die Selbstlosigkeit aufbringen, die uns die Wege führen, um nach unseren Kräften, nach unserem Vermögen, uns hinzustellen an den richtigen Ort. Unser Karma wird uns das schon weisen. Und der, welcher jetzt nicht helfend eingreifen kann, sei nicht trostlos. Darauf kommt es an, daß wir auch Kräfte aufsparen für dasjenige, was später noch für viele wird zu geschehen haben, daß wir erkennen im rechten Augenblick, daß unser Karma uns ruft. Dann möchte das eintreten, was man gerade als Bekenner der Geisteswissenschaft in diesem Zeitpunkt sich sagen möchte, daß immer ersichtlicher und ersichtlicher werde durch dasjenige, was in der äußeren Welt geschieht, wie in die Menschengeister, in die Menschenseelen, in die Menschenherzen hinein von allem Weltgeschehen die Wesenheiten, Kräfte, Willensimpulse der geistigen Welt gehen. Der Bund, der sich ergeben möge aus allem, was wir an Gram, auch an Schmerz erleben, der Bund knüpfe sich zwischen der Menschenseele und den göttlichen Geistern, welche die Geschicke der Menschenseele bewirken, regieren und leiten. Und finden werden die Menschenseelen diesen Punkt. Finden möge die Menschenseele das, was gemeint ist, wenn gesagt wird in unserer Formel: Die christbegabte Menschenseele möge strebend finden:

Im Chor der Friedenssphären
Dich, tönend von Lob und Macht
Des Christ – ergebenen Menschensinns!

Nun, meine lieben Freunde, vielleicht können wir nicht überall kämpfend dabei sein, vielleicht können wir nicht überall dasjenige tun, woran wir gerne nach unseren Idealen teilnehmen möchten, aber in dem Sinn an dem großen Ereignis teilzunehmen, wie das gemeint war in den eben gesprochenen Worten, das wird uns allen möglich sein. An vielen Orten, an den mannigfaltigsten Orten mögen wir an unserem Platze sein, der eine da, der andere dort; wo wir aber immer am Platze sind, weil jeder Mensch da am Platze ist, welchem Menschheitszusammenhang er auch angehört, das ist der Platz, wo die Liebe wirken soll, die Kraft, die uns aus der Liebe kommt, das ist der Platz, wo der Schmerz, das Leid, das Elend den Menschen auffordert zu tun, zu denken, mitzuwirken, der Platz, wo wir so recht fühlen, wie wir verbunden sein sollen im Tiefsten unseres Herzens mit dem anderen Menschen, zu dem wir hinblicken sollen, weil er seine und unsere gemeinsamen heiligsten Güter mit seinem Mut, Lebensblut, opfernd schützt. Daher seien nochmals, wie am Beginn, so am Schluß, unsere Gedanken gerichtet an diejenigen, die also, wie eben ausgesprochen, hineingestellt sind in die Ereignisse unserer Zeit:

Geister Eurer Seelen, wirkende Wächter,
Eure Schwingen mögen bringen
Unserer Seelen bittende Liebe
Eurer Hut vertrauten Erdenmenschen,
Daß, mit Eurer Macht geeint,
Unsere Bitte helfend strahle
Den Seelen, die sie liebend sucht!

Möge der Geist, den wir suchen, suchen durch unsere Wissenschaft, suchen mit unseren Herzen, dem unsere geistige Bewegung dienen will, unser Führer sein. Möge er aber auch sein der ganzen Menschheit Führer, denn diejenigen unter den Menschen, die er führt, die werden nicht allein ihrem Ziel folgen, sondern das der ganzen Menschheit ins Auge fassen und ihm folgen.

Das Volk wird den rechten Weg finden, das dem Christus zu vertrauen weiß. So, meine lieben Freunde, denken zu dürfen, haben wir uns bestrebt die Jahre hindurch, die wir hinstreben zu diesem Christus. Möge die Zeit, die jetzt angebrochen ist, für uns eine Zeit der Prüfung sein, die wir bestehen, und mögen wir die Lehre vom Geiste so mit unserer Seele verketten, daß sie uns in den Zeiten der Prüfung Helfer sei, daß sie uns geworden ist die Kraft, die sich nicht auf uns beschränkt, sondern der allgemeinen Menschheit zugegangen ist! Der Geist, der uns zu Christus hinaufführt, möge uns diesen lebendigen, kosmisch-irdischen Christus durchdringen helfen, so daß wir unsere Gedanken immer in der richtigen Weise hinübersenden können zu denen, die draußen stehen, wo Völker- und Menschheitsgeschicke entschieden werden, damit ihnen der richtige Geist helfe, der die Entwickelung der Menschheit so weisheitsvoll leitet, daß diese Entwickelung der Menschheit zuletzt Heil und Segen in die Erdenmenschheit hineinbringt! Mögen wir dasjenige, was wir tun können, dazu tun, daß diejenigen, deren heiligstes Opferblut jetzt die Erde tränkt, wenn sie einmal berufen sind, als wichtige Glieder einzugreifen in den weiteren Gang der Erdenentwickelung, so herunterkommen, daß ihnen aus dem, was auf der Erde selbst geschehen ist, im geistigen Fortschritt der physischen Erdenentwickelung etwas entgegenkommt, aus dem sie entnehmen: Wahrhaft, es war es wert, das Blut zu vergießen für diese Erde, die solches hervorbringt!

Alle, die nicht unmittelbar hinausziehen können, um ihr Blut zu vergießen, sie sollten eingedenk sein, daß sie so arbeiten sollten, daß Geist die Erdenentwickelung durchdringe, daß sie alles tun, damit solcher Geist die Erdenentwickelung durchdringen könne, daß die, die ihr heiligstes Opferblut vergossen haben, etwas finden, das wert war, daß sie ihr Blut vergossen haben. Dann, wenn wir so mitarbeiten an dieser Erdenentwickelung, dann werden wir auch als diejenigen, die nicht unmittelbar an die Front hinausziehen, uns so verhalten, daß wir freien Auges aufblicken können in die Verhältnisse und uns nicht zu schämen brauchen. Würden wir das nicht tun, wahrhaft unsere Augenlider würden uns vielleicht unseren freien Blick doch nicht recht gestatten, wenn wir uns auf der einen Seite fühlen als unserer Zeit angehörig, und nicht die Kraft in uns finden, würdig dieser Zeit anzugehören. Geisteswissenschaft wird ein gewisses Siegel enthalten, wenn sie mitwirken könnte, den Menschen diese Kraft gerade zu geben, Kraft auf der einen Seite, die aufrecht erhält den, der sein Blut vergossen hat, Kraft muß sie aber auch demjenigen geben, der in anderer Weise wirkend mithelfen muß – jeder an seinem Platze.

Und so wird Geisteswissenschaft sagen können: Ich war ein Mittel, um in einer großen Prüfung der Menschheit die Möglichkeit zu geben, diese Prüfung zu bestehen. Dann wird Geisteswissenschaft ihr göttliches Ziel erreicht haben.

Mit diesem einfachen Worte möchte ich den heutigen Abend abschließen, meine lieben Freunde, an dem es mir so lieb war, daß ich ihn mit Ihnen zusammen habe erleben können.

ZWEITER VORTRAG

München, 3. Dezember 1914

Ein Vortrag, wie er vorgestern gehalten worden ist, könnte leicht die Empfindung hervorrufen, als ob in einseitiger Weise für eine Volksseele nur gesprochen werden sollte aus der bloßen Sympathie heraus. Wenn aus der bloßen Sympathie, aus der bloßen Leidenschaft heraus heute der Geistesforscher über diese Dinge sprechen würde, dann könnte man sicher sein, daß, was er zu sagen hat, nicht einen besonderen Wert hat vor der Geistesforschung, oder daß dieses, was er zu sagen hat, weil es durchströmt ist von Leidenschaftlichkeit, im Grunde genommen innerlich doch unwahr sein müßte. Nun, inwiefern das, was vorgestern gesprochen worden ist, trotz alledem als zusammenhängend mit den tiefsten Erkenntnissen der Geisteswissenschaft der Gegenwart gesprochen werden darf, das soll Ihnen hervorgehen aus der Art und Weise, wie der Geistesforscher sich zu der einen oder zu der anderen Volksseele stellen muß.

Wir wissen ja schon aus der ganz elementaren Darstellung in der Anthroposophie, daß wir unter Volksseelen nicht das verstehen, was, durch einen abstrakten Begriff ausgedrückt, die äußere, exoterische Welt darunter versteht. Ganz bestimmte Wesenheiten, man möchte sagen mit Erzengelrang – man braucht das ja nur nachzulesen in dem Vortragszyklus über «Die Mission einzelner Volksseelen» –, Wesenheiten mit einem Bewußtsein, das höher ist als das menschliche Bewußtsein, leiten die Angelegenheiten der Völker. Und wir blicken hinauf zu diesen Volksseelen, sprechen also von ihnen als wirklichen, realen Wesenheiten, ja realeren Wesenheiten, als wir Menschen selber sind. Wie tritt der Mensch in bezug auf seine geistig-seelische Wesenheit in ein Verhältnis zu diesen Volksseelen? Diese Frage wollen wir zuerst einmal aufwerfen.

Wir kennen das Wechselleben des Menschen in bezug auf sein Bewußtsein zwischen Wachen und Schlafen; wir wissen, daß der Mensch zu wachen hat innerhalb seines physischen und Ätherleibes und daß er dann zwischen dem Einschlafen und Aufwachen in seinem astralischen Leibe und in seinem Ich weset. Wenn nun der Mensch zwischen seinem Einschlafen und Aufwachen mit seinem astralischen Leibe und Ich außerhalb seines physischen Leibes ist, dann ist er in einer Region, die in bezug auf sein Verhältnis zu der Volksseele, der er zunächst angehört in einer bestimmten Inkarnation, eine ganz andere ist als die Region, in der der Mensch ist in bezug auf die Volksseele, wenn er in seinem physischen Leibe ist. Der Mensch wird durch seine Sprache und durch manches andere ja hineingeboren in das Gebiet seiner Volksseele. Wie wirkt diese Volksseele auf die menschliche Seele, auf das, was im Schlafe herausgenommen wird aus dem physischen und Ätherleibe, was aber im Wachen im Leibe vorhanden ist? Wie wirkt die Volksseele des Volkes, dem ein Mensch angehört, auf die individuelle Seele des Menschen?

Sie wirkt eigentlich nur in der Zeit, in welcher der Mensch in den physischen Leib untertaucht vom Aufwachen bis zum Einschlafen. Der Mensch ist da untergetaucht in die Kräfte des physischen und Ätherleibes, und in diese Kräfte ist auch untergetaucht mit gewissen, ich möchte sagen, Fangarmen das, was die Volksseele ist, die Seele desjenigen Volkes, dem der Mensch eben in einer Inkarnation besonders angehört. Und wir tauchen nicht nur in unseren physischen Leib unter, wir tauchen auch in einen gewissen Teil unserer Volksseele unter, leben vom Aufwachen bis zum Einschlafen, während wir in unserem physischen Leibe sind, mit dem, was im physischen Leibe vorgeht, innerhalb der Volksseele. Wir erfahren das, was wir in Gemeinschaft mit der Volksseele erfahren, während unseres Wachzustandes, nur daß die Volksseele nicht unmittelbar in das hereinspricht, was uns vollbewußt ist im Ich, daß sie vom Ätherleib aus mehr in das Unterbewußte des astralischen Leibes hineinspricht, daß sie uns tingiert, nuanciert, unserem Gefühl und Temperament eine gewisse Richtung gibt. Das ist das Wesentliche, wie wir mit ihr in Beziehung treten. Derjenige, der durch seine entsprechende Initiation fähig ist zu beobachten, was da alles mitspielt, wenn der Mensch in den physischen Leib untertaucht, der sieht, schaut die Begegnung mit der Volksseele beim Untertauchen in den physischen Leib. Aber er schaut auch noch etwas anderes. Und wenn ich davon spreche, so werden Sie bald erkennen, daß innerhalb desjenigen, was der Geistesforscher zu sagen hat über die eine oder andere Volksseele, Objektivität herrschen muß.

Der Geistesforscher lebt ja in den Momenten, wo er in der richtigen Weise durchstärkt und durchleuchtet das Geistig-Seelische und es fähig macht, bewußt zu leben und unabhängig vom Leibe, er lebt so, daß er beobachten kann, wo der Mensch ist, auch dann, wenn er mit seinem Geistig-Seelischen, mit seinem astralischen Leibe und Ich außerhalb des physischen Leibes ist. Der Geistesforscher beobachtet da, wie jede menschliche Seele unbewußt zwischen dem Einschlafen und Aufwachen in den ganzen Umkreis der für eine Zeit in Betracht kommenden Volksseelen untertaucht. Während der Mensch also, wenn er in den physischen Leib untertaucht, mit der Volksseele seiner Nation zusammen ist, ist er im Schlafzustand mit all den anderen Volksseelen der betreffenden Zeit zusammen, mit Ausnahme derjenigen, mit der er während des Wachzustandes im physischen Leibe zusammen ist.

Der Geistesforscher hat hinlänglich Gelegenheit, die Eigentümlichkeiten der anderen Volksseelen kennenzulernen, denn sobald er in seinem leibfreien Zustand seiner selbst bewußt wird, lebt er geistig-seelisch ebenso mit den anderen Volksseelen zusammen, wie er im physischen Leibe mit seiner eigenen Volksseele zusammen lebt. Da wäre es ganz unmöglich, aus den gewöhnlichen Leidenschaften heraus das eine oder das andere in einseitiger Weise über die eine Volksseele zu sagen. Aber wenn der Geistesforscher bewußt mit diesen anderen Volksseelen zusammen lebt, so zeigt ihm dieses Bewußte auch, daß jeder Mensch zwischen dem Einschlafen und Aufwachen unbewußt mit den anderen Volksseelen zusammenhängt, aber etwas anders als mit seiner eigenen Volksseele. Wenn man in den physischen Leib untertaucht, so lernt man die einzelne Volksseele mit ihren wesentlichen Eigenschaften, im wesentlichen ihrer Tätigkeit in der Wirkung auf sich kennen, wenn auch im Unterbewußten. Im Schlafe oder Initiationszustand lernt man die anderen Volksseelen kennen, aber nicht als einzelne, sondern in ihrem Zusammenwirken; nur die eigene Volksseele ist nicht dabei. Die anderen wirken zusammen wie in einem Reigen, und in dem, was ihre Reigentätigkeit ist, in dem lebt man drinnen, wie man bei Tag im physischen Leibe mit der einen Volksseele zusammen lebt. Also man lebt da nicht mit der Eigentümlichkeit der einen Volksseele zusammen, sondern mit dem Zusammenwirken. Nur eines gibt es, wodurch man im leibfreien Zustand, also im Schlafe, gleichsam verurteilt werden kann, ganz sicher verurteilt werden kann, aus dem normalen Zusammensein mit dem Reigen der Volksseelen herausgerissen zu werden und mit nur einer fremden Volksseele zusammen zu sein. Verstehen Sie mich wohl: Das ist nicht normal, mit einer fremden Volksseele zusammen zu sein; aber man kann es erreichen, wenn man in leidenschaftlicher Weise diese andere Volksseele besonders haßt. Damit verurteilt man sich, herausgerissen zu werden aus dem Reigen der anderen Volksseelen und so zusammen zu sein im Schlafzustand mit dieser einen Volksseele, wie man während des Wachzustandes mit der eigenen Volksseele zusammen ist.

Ja, das sind objektive Wahrheiten, welche die Geistesforschung ergibt. Sie zeigt Ihnen, daß es bitter ernst ist mit dem Satz, der oftmals ausgesprochen wird von seiten der Geisteswissenschaft: Daß das, was uns in der äußeren Wirklichkeit entgegentritt, Maja, große Täuschung ist, und daß hinter dieser Maja, hinter diesem Schleier Wahrheiten liegen, von denen sich derjenige, der sich nur mit dem Schleier der Maja begnügen möchte, nicht nur nichts mit seinem Verstande wissen kann, sondern auch nichts wissen möchte mit seinem Willen. – Es gibt in unserer Zeit eben noch viele, viele Menschen, die noch nicht einsehen können, was da hinter dem Schleier der Maja liegt, und deshalb nicht verstehen können, daß es eine solche übersinnliche, unsichtbare Welt gibt und in dieser ganz andere Verhältnisse der menschlichen Seele zu den anderen Volksseelen, als man sich träumen läßt. Wenn man die Geisteswissenschaft gerade da im Ernst nimmt, wo sie hineinweist in die Sphären, die mit unserem Leben zusammenhängen, dann muß man es ertragen, daß da die Geisteswissenschaft hinweist auf Verhältnisse der geistigen Welt, in die unterzutauchen, auch nur mit dem Bewußtsein, recht unbequem ist, so daß man sich dagegen sträubt auch mit seinem Willen. Man will nicht untertauchen, man möchte, daß die Wahrheit anders sei in bezug auf sehr viele Dinge. Daß nicht nur der Verstand, sondern auch der Wille sich sträubt gegen das, was die Geisteswissenschaft oftmals als bitter Ernstes zu sagen hat, das ist etwas,

was wir uns auch einmal vor die Seele führen dürfen. Und aus Empfindungen heraus, die angeregt werden können durch eine solche Auseinandersetzung wie die eben ausgesprochene, verspüren wir, daß der Grundsatz, den wir haben innerhalb unserer Geistesbewegung, von einem gewissen Wirken, ohne Unterschied der Rasse, Farbe, Nationalität und so weiter, im Grunde genommen so eng zusammenhängt mit dem tieferen Wesen dieser unserer Bewegung, daß es ja eigentlich für den, der den tiefen Ernst der geisteswissenschaftlichen Wahrheiten einsieht, ein Unsinn ist, diesen ersten Grundsatz nicht zu vertreten. Ein wirklicher Unsinn ist es, denn im tiefsten Menschlichen das Wesen irgendeiner Volksseele hassen, heißt eben, sich dazu verurteilen, mit dieser Volksseele im Unterbewußten genau ebenso zusammen zu sein während des Schlafes, wie man während des Wachens in seinem Unterbewußtsein zusammen ist mit der Volksseele, die die eigene ist. Denn das normale Zusammensein mit Volksseelen im Schlafe ist dieses: mit dem ganzen Reigen der anderen für ein Zeitalter in Betracht kommenden zusammen zu sein. Daß der Mensch nicht einseitig werden darf, dafür sorgt die weise Einrichtung der Welt.

Wir haben oftmals betont, daß das, was der Mensch durchzumachen hat in den nächsten Jahren, die er durchlebt zwischen dem Tod und einer neuen Geburt, in gewisser Weise abhängt von den Nachwirkungen des Lebens im Leibe zwischen Geburt und Tod. Nun gehört ja zu diesem Leben im Leibe – wir können es entnehmen aus dem, was eben auseinandergesetzt worden ist – das Zusammensein mit der Volksseele. Dieses Zusammensein mit der Volksseele, sagte ich, tingiert uns, nuanciert uns; wir nehmen das, was die Volksseele als Impuls in unserem seelisch-geistigen Wesen erregt, in die geistige Welt mit, wenn wir durch die Pforte des Todes schreiten, und müssen es nach und nach als solches abstreifen. Wenn wir dieses bedenken, so wird uns ohne weiteres erklärlich sein, daß es von der Art und Weise, wie der Mensch mit seiner Volksseele zusammen lebt, abhängt, wie er unmittelbar nach dem Tode noch in den Nachwirkungen zu dieser Volksseele steht.

Betrachten wir einmal zwei europäische Nationen auf das hin, was eben angeregt worden ist: das russische und das französische Volk. Das ist ja das eigentliche Leben der Volksseelen, daß diese Volksseelen mit ihrem Bewußtsein in anderer Weise tätig sein müssen als der Mensch mit seinem Bewußtsein. Der Mensch mit seinem Bewußtsein, wie ist er tätig? Nun, er richtet den Blick hinaus auf den Horizont der äußeren Tatsachen und kann auch den Blick auf seine eigene Seele zurücklenken. Wir wissen, daß die Menschen sich ja in gewisser Beziehung voneinander unterscheiden. Zu der einen Gruppe gehört etwa *Goethe*, der mit dem Blick objektiv auf den Dingen ruht, zu der anderen *Schiller*, der sich mehr mit dem eigenen Inneren beschäftigt und mehr von da heraus das vollbringt, was er zu schaffen hat. So sind ungefähr auch die Volksseelen, aber eben nur ungefähr, denn ihr Bewußtsein ist ganz anders geartet als das menschliche Bewußtsein. Die Volksseelen stehen verschieden zu den einzelnen Individuen, die dem Volke angehören. Indem sie den Blick nach außen richten, ist das mehr ein Willensblick, ein Blick, der Impulse hineinschickt in die einzelnen Angehörigen des Volkes. Da also wirken sie objektiv nach außen, wenn sie sich nach den einzelnen Individuen hin richten. – Oder sie können mehr in ihrem Inneren leben. Solche Volksseelen, die mehr, man möchte sagen, nicht einem Volksseelen-Realismus, der sich verbreitet über die Individuen, sondern einem Volksseelen-Idealismus huldigen, der mehr in sich lebt, zu solchen gehört insbesondere die französische Volksseele. Diese französische Volksseele hat so, wie sie heute das französische Volk durchdringt, einen gewissen Halt des Bewußtseins dadurch, daß sie zurückblickt in eine frühere Zeit.

Ich habe schon öfters darauf aufmerksam gemacht, wie wir unser gewöhnliches physisches Wachbewußtsein dadurch haben, daß wir in unseren Raumesleib untertauchen. Nach dem Tode haben wir unser Bewußtsein dadurch, daß wir zurückschauen in der Zeit auf unser früheres Leben. Da ahnen wir schon das Charakteristische eines höheren Bewußtseins, das sich nicht im Raume, sondern in der Zeit entfaltet, und da wird es uns auch nicht mehr schwer sein, ein wenig zu verstehen, was die französische Volksseele für ein Bewußtsein hat. Sie entzündet ihr Selbst, indem sie zurückblickt ins alte Griechenland, denn sie ist im wesentlichen eine Art Wiederholung, Wiedererweckung des alten Griechentums. Dieses alte Griechentum lebt wieder auf in der französischen Volksseele, geradeso wie das Ägypter-Chaldäertum der dritten nachatlantischen Kulturperiode in der italienischen Volksseele auflebt. Daher hat die italienische Volksseele mehr die Möglichkeit, in den einzelnen menschlichen Individuen, die dem Volke angehören, die Empfindungsseele anzuregen. Die eigentliche Natur der französischen Volksseele regt die Verstandes- oder die Gemütsseele der einzelnen Individualität an. Das läßt sich ganz im einzelnen nachweisen. Ja sogar die einzelnen historischen Tatsachen sind in wunderbarer Weise erklärlich, wenn man diese allgemeinen Ergebnisse der Geistesforschung zu Rate zieht.

Es sei nur auf einiges in dieser Richtung hingewiesen. Bedenken Sie: Was war das Eigenartige der ägyptischen Volksseele? Damals gab es noch eine unmittelbar auf die Seele wirkende Astrologie. Die Volksseele schaute hinaus auf die Bewegungen der Himmelskörper, sah nicht, wie die heutigen Menschen, in dem, was im Kosmos geschah, nur materielle Vorgänge, sondern nahm wirklich hinter dem, was draußen vorgeht, die wirkenden geistigen Wesenheiten wahr. Sie verhielt sich so zum ganzen Kosmos, wie sich der Mensch zum anderen Menschen verhält, indem er beim anderen Menschen weiß, daß ihn durch die ganze Physiognomie eine Seele anblickt. So war alles Physiognomie beim alten Ägypter, und er nahm das Seelische in der Natur wahr. Der Sinn der Fortentwickelung zur neuen Zeit liegt darin, daß das, was früher gleichsam elementare Fähigkeit war, unmittelbar sich entzündete im Leiblichen des Menschen, daß das seine Innerlichkeit wurde in der neueren Zeit, in unserem fünften nachatlantischen Zeitalter. Und so wie es mehr elementar war, was der Ägypter durchmachte, so macht der Italiener das, was er wiederholt, was er in seiner Empfindungsseele durchmacht, mehr im Innerlichen durch, dadurch, daß er in der Empfindungsseele dieses Geistig-Kosmische erlebt, aber jetzt mehr verinnerlicht. Was könnte mehr verinnerlicht sein als die ägyptische Astrologie in Dantes «Göttlicher Komödie»: die richtige Wiederauferstehung der altägyptischen Astrologie, aber verinnerlicht!

Und ebenso könnten wir nachweisen, nicht im Bewußtsein des einzelnen Franzosen, aber im Wirken der Volksseelenimpulse, das Aufleuchten des alten Griechentums. Bis zu der neuesten Erfindung und bis in die Einzelheiten hinein läßt sich das verfolgen; nur bringt man solchen Forschungen nicht den nötigen Ernst entgegen. Griechenland und, wie es die anderen Völker nannte, «die Barbaren», selbst das lebt wieder auf. So könnte man nachweisen, daß in der ganzen französischen Literatur und Kunst – ich meine nicht bewußt, aber in den tieferen Impulsen – das alte Griechentum so auflebt, wie es aufleben muß in unserer Zeit. Wir haben also eine Volksseele vor uns, die alles verarbeitet hat, was im Griechentum war, eine Volksseele, die deshalb außerordentlich stark wirkt auf die einzelnen menschlichen Individuen, die die Individuen durchsetzt und ergreift. Die Folge davon ist, daß, wenn die französische Einzelseele in den physischen und Ätherleib untertaucht, sie in das Weben und Wesen scharf ausgeprägter Tätigkeit der Volksseele untertaucht. Sie findet die Impulse dieser Volksseele scharf ausgeprägt. Daher kommt es, daß der Franzose, indem er in seinem physischen Leibe dieses scharfe, prägnante Leben und Weben der Volksseele aufnimmt, mehr in diesem lebt als in seinem elementaren Selbstgefühl, daß er mehr in dem Bilde lebt, in der Vorstellung, die er sich von dem Franzosen macht, die da herauf flutet von der Volksseele. Von dem Bilde des Franzosen lebt er. Und mit diesem Bilde hängt alles zusammen, was für ihn von großer Bedeutung ist: «Gloire» und so weiter. Der Franzose lebt im eigenen Bilde, das aus dem Ätherleib heraufkommt. Das ist stark geprägt, dieses Phantasiebild, das verwebt sich zusammen mit der geistig-seelischen Wesenheit des einzelnen, und das nimmt er als ein stark im Ätherleib bewegtes Bild auch mit, indem er nach dem Tode in die geistige Welt geht. Das bekommt er sehr schlecht los. Er bekommt sehr schwer sein Ätherbild los. Die Vorstellung, die er von sich selbst gemacht hat, die hängt ihm an, sie ist fest mit ihm verbunden.

Ganz anders ist das Verhalten der Volksseele des russischen Volkes zu der einzelnen Individualität. Diese russische Volksseele hat nicht in demselben Sinn irgendeine der nachatlantischen Kulturen zu wiederholen wie das französische Volk; sie ist eine jugendliche Volksseele, sie prägt wenig in den Ätherleib ein. Daher trifft das einzelne Individuum, das dieser russischen Volksseele angehört, wenn es in seinen physischen Leib untertaucht, wenig Prägnantes, nimmt daher auch, wenn es in die geistige Welt geht, wenig Prägnantes mit, wenig gleichsam ätherisch gewobene Phantasiebilder mit.

So unterscheiden sich die Seelen in bezug auf das Verhältnis zu ihren Volksseelen nach dem Tode. Auf der einen Seite haben wir das Heer solcher einzelner Seelen, die durch den Tod gegangen sind, die in die geistige Welt scharf gewobene Bilder ihrer eigenen Wesenheit hinauftragen, und auf der anderen Seite, im Osten, sehen wir junge Seelen hinaufziehen, einer jungen Volksseele angehörig, wenig hinaufbringend von scharf gewobenen, im Ätherleib flutenden Menschenbildern.

Nun stehen wir ja, wie ich oftmals auseinandergesetzt habe, vor dem großen Ereignis der kommenden Zeit: dem Auftreten des Christus in einer ganz besonderen Weise. Ich brauche das heute nicht auseinanderzusetzen. Ihm aber geht voran, seit dem letzten Drittel des 19. Jahrhunderts, als Kämpfer für die entsprechende Vorbereitung der Menschen zu dem Christus-Ereignis, derjenige Geist, den wir als den Geist Michael bezeichnen, als den Vorkämpfer des Sonnengeistes. Nun liegt alles daran, daß in der geistigen Welt dieses Ereignis, das geistig eben über die Menschheit hereinbrechen soll, in entsprechender Weise vorbereitet werde. Das kann aber nur geschehen, indem in der geistigen Welt gearbeitet wird gleichsam an der reinen Herausbildung des künftig ätherisch erscheinenden Christus, der ja dem Menschen als ätherische Gestalt erscheinen soll. Dazu aber ist notwendig, daß derjenige, der da vor dem Sonnengeist einherzieht, daß Michael einen Kampf ausficht in der geistigen Welt. Zu diesem Kampf braucht er die Hilfe der Seelen, die durch ihre Leiber eben hinaufgezogen sind in die geistige Welt, derjenigen Seelen, die in die geistige Welt wenig heraufbringen von scharf ausgeprägten Phantasiebildern. Und so sehen wir den Geist Michael und in seinem Gefolge eine Anzahl russischer Seelen für die Reinheit des geistigen Horizontes kämpfend und in hartem Kampfe mit den Seelen, die aus dem Westen gekommen sind, die scharf ausgeprägte Phantasiebilder hinaufbringen. Die müssen zerstreut, aufgelöst werden. Wir sehen diesen Kampf zwischen Osten und Westen vorbereitet schon seit dem letzten Drittel des 19. Jahrhunderts, einen scharfen Kampf, der dem Fortschritt der Menschheit dienen soll, und der darin besteht, daß geistig der europäische Osten kämpft gegen den europäischen Westen, daß das geistige Rußland einen scharfen geistigen Kampf führt gegen das geistige Frankreich. Das, meine lieben Freunde, gehört zu dem Erschütterndsten der Ereignisse der Gegenwart, zu sehen, wie in demselben Maße, in dem sich hier unten im Felde der großen Täuschung das physische Bündnis zwischen Westen und Osten vollzieht, droben in der geistigen Welt der scharfe Kampf des europäischen Ostens, Rußlands, gegen den europäischen Westen, Frankreich, sich richtet. Wir haben hier einen derjenigen Fälle, die so erschütternd auf den Geistesforscher wirken, wo man sehen kann, wie das, was hinter dem Schleier der äußeren Sinneswelt ist, oft das Entgegengesetzte ist von dem, was hier unten im Lande der Täuschung geschieht. Aber ich möchte immer und immer ermahnen, nicht zu glauben, daß man durch Spekulation solche Dinge ausmachen kann. Derjenige, der etwa aus dem, was ich für einzelne Fälle gesagt habe – daß sich das Geistige als Gegenteil dessen darstellt, was im Gebiete der großen Maja auftritt –, schließen wollte, daß er immer zum Gegenteil gehen müsse, wenn er vom Physischen ins Geistige kommen will, der würde sich sehr stark irren. Denn es gibt Fälle, wo in der geistigen Welt sich die Dinge genau so abspielen wie in der physischen. Zwischen diesem Falle und dem anderen, wo sie sich so stark entgegengesetzt abspielen, wie in bezug auf das Bündnis von Frankreich und Rußland im Physischen und Geistigen, sind alle möglichen Abstufungen.

Man hat heute noch wenig Empfindung dafür, aus welchen Impulsen heraus die wirkliche Geisteswissenschaft sich mitteilen muß. Unsere Zeit ist, ich möchte sagen, in gewisser Beziehung leichtsinnig geworden, namentlich in bezug auf das, was den einzelnen Menschen mitteilungswert erscheint; denn gar wenig wird gefragt um die Verantwortung, die hinter dem Mitzuteilenden steckt für den, der den Zusammenhang der geistigen Welt mit der physischen ins Auge zu fassen hat. Vielleicht darf ich Ihnen – nicht aus persönlichen Gründen, sondern nur, um zu illustrieren – etwas in Anknüpfung an meinen vorgestrigen Vortrag sagen. Sehen Sie, in diesem öffentlichen Vortrag, wo ich natürlich nur äußerlich, exoterisch sprechen kann, spreche ich aber doch nicht so exoterisch, wie man gewöhnlich glaubt, und ich wäre wohl froh, wenn man gerade bei solchen Vorträgen ein wenig erwägen würde die Kulturaufgabe, die die Geisteswissenschaft hat. Namentlich in dem Herausheben und in der Art des Sagens dessen, was gesagt werden muß, drückt sich das aus, was als Geisteswissenschaft dahintersteht. Es sind nicht willkürliche Einfälle, ist nicht etwas Zusammengeklaubtes. Nehmen Sie das eine Beispiel: Ich habe gesagt, daß man, wenn man die Verhältnisse der einzelnen europäischen Nationen in diesem Krieg beurteilen will, geschichtlich vorgehen solle, daß man zum Beispiel bedenken solle, daß Österreich jene Mission auf dem Balkan empfangen hat auf Antrag der englischen Politik, und daß im Grunde genommen alles das, was sich zugetragen hat für Österreich, eine Konsequenz ist dessen, was ihm auf Impuls von England hin mit aufgetragen worden ist. Und ich sagte, man müsse das berücksichtigen, man müsse berücksichtigen, daß dadurch Österreich, und damit Deutschland, in besonderen Antagonismus zu Rußland gekommen ist, und daß England sein eigenes Werk verlassen hat und nun gegen Deutschland kämpft, während die Zentralmächte und Rußland in Antagonismus gekommen sind dadurch, daß Österreich auf Englands Impuls mit der Balkanmission betraut worden ist und auch, indem es den Türken zu Hilfe kam, zurückhalten sollte den Einfluß des russischen Ostens. Selbstverständlich kann man in einem exoterischen Vortrag, der für das große Publikum gemeint ist, das nur andeuten, was wirken kann auf die Empfindungen, die gerade heute angeregt werden sollten. Aber, was ist denn hinter dieser Sache? Äußerlich, exoterisch sehen wir die englische Politik an der Seite der russischen, die gerade durch eine Tat Englands zu ihren Konsequenzen gekommen ist. Das sehen wir äußerlich. Der Geistesforscher, der sich die Dinge in der geistigen Welt anschaut, der kann heute eine ganz eigentümliche Entdeckung machen, eine höchst merkwürdige Entdeckung. Nehmen wir einmal an, der Geistesforscher würde, indem er sich einen bestimmten perspektivischen Punkt nimmt, von unten nach oben sehen. Er würde sich den perspektivischen Punkt unterhalb des physischen Planes nehmen und zum Astralplan aufschauen. Er könnte sich ihn auch oberhalb des Astralplanes nehmen. Dann würde er das sehen, was auf dem physischen Plan sich abspielt, und gleichsam auch das, was auf dem astralischen Plan sich abspielt. Es würde das zusammenschwimmen. Nicht wahr, wenn man von unten hinauf- oder von oben herunterschaut durch den Astralplan, so sieht man durch das Astralische hindurch auf das Physische und umgekehrt. Wenn man nun auf den physischen Plan sieht, so kämpft zwar England gegen die Türkei, seit die Türkei an Rußland den Krieg erklärt hat. Aber das ist bloß Maja, denn in Wahrheit kämpft das astrale Wesen Englands mit der Türkei gegen Rußland. So daß man das Schauspiel hat, daß im Nordwesten England für Rußland und im Südosten England für die Türkei, also gegen Rußland, kämpft. Nur ist das eine maßgebend für den physischen Plan und das andere für den astralischen Plan.

Wenn man mit einer solchen Erkenntnis der Welt gegenübersteht, dann fühlt man: Man kann ja natürlich diese Erkenntnis nicht äußerlich dem Publikum mitteilen, aber sie drängt einen dazu, gerade diesen einen Punkt hervorzuheben von der Inkonsequenz Englands im Osten. Daß dieser eine Punkt herausgehoben wird, das rührt her aus dem Erkennen der geistigen Zusammenhänge. Das ist es, womit ich auf die Verantwortung hindeuten möchte, die man hat einfach bei dem Zusammenstellen der einzelnen Wahrheiten und der Art, wie man sie gibt.

Da klaubt man nicht in beliebiger Weise zusammen, wie es die heutigen Buch-Macher oder Journalisten tun, wenn man seine okkulte Verantwortung fühlt, sondern da muß das, was zu sagen ist, aus dem Wesen des Zeitwirkens heraus geholt werden. Wirklich nicht um etwas Persönliches zu sagen, sondern um Sie aufmerksam zu machen, sage ich dieses, daß Geisteswissenschaft, wenn sie mit voller Verantwortlichkeit hintritt vor die Welt, eben wirklich recht ernst genommen werden sollte, und nicht verwechselt werden sollte mit alledem, was sich heute als Journalisterei und Buch-Macherei breit macht und in der Art, wie es kombiniert, sehr weit entfernt ist von einem solchen Verantwortlichkeitsgefühl gegenüber den geistigen Mächten der Zeit. Ich darf schon gerade in unserer Zeit, meine lieben Freunde, ein wenig aufmerksam machen auf diesen Ernst der Geisteswissenschaft. Denn unsere Zeit zeigt uns in vieler Beziehung ein ernstes Antlitz, ein recht ernstes Antlitz, und nur diejenigen werden zurechtkommen mit dieser Zeit, die den Ernst dieses Antlitzes zu würdigen verstehen.

Ich möchte Ihnen auch, um dieses zu erhärten, einen für den Schüler der Geisteswissenschaft interessanten Zusammenhang vor die Seele führen. Es ist ja schon oftmals gesagt worden, daß die Geisteswissenschaft in die Gegenwart wahrhaftig nicht deshalb hereintritt, weil sie der Willkür des einen oder anderen entspringt, oder weil der eine oder andere sie aus seiner Neigung heraus zu seinem Ideal gemacht hat und sie an die anderen Menschen heranbringen möchte, sondern weil jetzt die Epoche ist, wo die geistigen Wesenheiten, welche das Tor dieser der Menschheit zu offenbarenden Wahrheit sonst verschlossen hielten, es geöffnet haben, daß diese Weisheit herunterfließt in die menschliche Seele. Und entgegen gehen wir einer Zeit, wo die Menschen immer mehr und mehr aufnehmen müssen die Weisheit, die nicht nur in abstrakten Begriffen, nicht nur in grauen Ideen des Verstandes von der Seele angeeignet wird. Zeiten leben wir entgegen, wo in die menschlichen Seelen, in die menschlichen Gemüter dasjenige hinein will, was wir Imagination nennen. Man möchte sagen, wenn man die Sache durchschaut: Da hängen sie, wie dichte Wolken vor einem Unwetter herunterhängen in die Landschaft hinein, da hängen sie in der geistigen Welt und wollen hinein in die menschlichen Gemüter, und warten, bis diese menschlichen Gemüter reif sind. Ja, so ist die Zeit; so ist es einmal.

Nun gibt es ein eigentümliches Gesetz: Das Imaginative, das hinein will in die menschlichen Gemüter und als Imagination noch nicht aufgenommen werden kann in irgendeinem Zeitalter, das wirft etwas wie ein Fata-Morgana-artiges Bild ebensoweit unter den physischen Plan hinunter, wie es selbst über dem physischen Plane ist. Die Imaginationen rufen in den menschlichen Wesenheiten Leidenschaften hervor, Gefühle, Triebe, Instinkte, die sich ausleben in Antagonismus. Und wenn man heute die Instinkte nimmt, die Leidenschaftsausbrüche, mit denen sich die Völker beschimpfen, so sind sie nichts anderes als das Ergebnis dessen, daß Imaginationen, welche die europäischen Völker aufnehmen sollten, nicht herunter können, dafür sich spiegeln unter dem physischen Plan im Unterbewußten der Menschen in solchen der Wahrheit widersprechenden Instinkten und Leidenschaften. Im Grunde genommen können wir sagen, daß alles, was wir an Ausladung von Instinkten und Leidenschaften in der Gegenwart erleben, der Ausdruck dafür ist, daß erneuerte Imaginationen in die Welt der menschlichen Kulturentwickelung hereinbrechen wollen. Alles das, was der Krieg an oftmals so traurigen Erscheinungen an die Oberfläche wirft, ist die umgewandelte Imagination, die die Menschheit nicht ergreifen kann.

Wiederum – und solches erscheint mir niemals ganz unwichtig zu sein – mache ich darauf aufmerksam, daß man nun nicht sagen soll: Also ist jeder Krieg umgewandelte Imagination. – Kriege können auch ganz etwas anderes sein. Der heutige ist das, was ich gesagt habe. Das Generalisieren, das für die Erkenntnis des physischen Planes eine Bedeutung hat, hat nicht eine Bedeutung für die geistige Welt. Hier müssen die Dinge einzeln, individuell erforscht werden.

Wir sehen heute – und ich möchte jetzt von einer gewissen Seite her eine Erscheinung vor Ihre Augen treten lassen, um sie auch noch zu erklären –, wir sehen heute, wie die Angehörigen der verschiedenen Völker in Haß einander verfolgen, wie sie sich beschimpfen. Woher kommt das? Nun, indem wir in allem tiefen Ernst schon aufgenommen haben das Wesen der wiederholten Erdenleben, erscheint uns nicht besonders unbegreiflich, daß die Seele in ihren wiederholten Leben durch die verschiedenen Nationalitäten durchgeht. Derjenige, der heute seine Inkarnation in einem deutschen Leibe durchmacht, der bereitet sich vielleicht schon in seinem Innersten vor, die nächste Inkarnation in einem englischen Leibe durchzumachen; derjenige, der sie heute in einem englischen durchmacht, bereitet sich vielleicht schon vor, sie in der nächsten in einem deutschen Leibe durchzumachen. Der Mensch ist schon dieses duale Wesen, diese Zweiheit. Da stehen wir äußerlich da vor der Welt – nicht nur in bezug auf das äußere physisch-sinnliche Anschauen, sondern in bezug auf manches andere –, ganz berechtigterweise durch unseren physischen Körper verknüpft mit dem Wesen und Weben der Volksseele; aber im Inneren macht sich schon geltend, was für die nächste Inkarnation ein ganz anderes sein wird. Nun ist der Mensch unter den mancherlei Dingen, denen er feind ist, oftmals am allermeisten seinem eigenen innersten Wesen feind. Das bekämpft er am meisten. Er weiß nicht, daß es sein innerstes Wesen ist. Nehmen wir einen Engländer, der prädestiniert ist durch das Innerste seiner Seele, in seiner nächsten Inkarnation ein Deutscher zu sein. Da sehen wir ihn heute, wie er gegen sein eigenes Innere kämpft. Er kämpft gegen die nächste deutsche Inkarnation. Dies kommt heute dadurch zum Ausdruck, daß er in schändlicher Weise über das Deutsche schimpft. Weil er das Ziel im deutschen Leibe erblickt, wütet er gegen das, was in der spirituellen Welt sein innerstes Wesen ist. Es ist im Grunde genommen eine Auseinandersetzung der Seele mit sich selbst, und nur äußerlich, in der Maja, ist es so, daß drüben, jenseits des Kanals, über die Menschen hier in Mitteleuropa geschimpft wird. Im Grunde genommen bezieht sich das, was geschimpft wird, auf die eigene Seele. Darin zeigt sich die tiefe Tragik, die den Menschen überkommen muß in seinem ganzen Empfinden und in seinen innersten Impulsen, wenn er da, wo die Sache bitter ernst wird, die äußere Maja vergleicht mit dem, was in dem Inneren ist.

Und so können wir die Volksseelen sehen als wirkliche lebendige Wesenheiten, welche die einzelnen abgeschlossenen Individuen durchdringen, durchsetzen. Und was der einzelne erlebt, erlebt er im Zusammenhang mit seiner Volksseele. Auf dem physischen Plan, im äußeren Leben, stehen sich die Menschen heute gegenüber. Die eine Nation wirft der anderen die Schuld am Kriege vor und glaubt, etwas Besonderes damit zu sagen. Wie ist es eigentlich mit diesem Vorwerfen der Schuld? Das Karma jedes Volkes und das Karma des betreffenden Volkes hängen selbstverständlich mit demjenigen zusammen, was die Volksseele im Volke durchlebt und an Impulsen in die einzelnen Ätherleiber und dadurch auch Astralleiber hineinlenkt. So leben die einzelnen Nationen nebeneinander und miteinander in Verhältnissen als Ausdruck der Beziehungen ihrer Volksseele mit dem Volksseelenkarma. Und wenn die eine durch die andere dieses oder jenes erfährt, wenn der einen durch die andere dieses oder jenes geschieht, so geschieht es nicht, ohne daß es mit dem innersten Karma zusammenhängt. Insofern als die Volksseele eine abgeschlossene Wesenheit ist, gibt es auch ein Nationalkarma. Und während man im äußeren Exoterischen glaubt, die eine Nation tut der anderen dieses oder jenes zuleid, vollzieht sich das so, daß jede Nation in dem, was sie erlebt, ihr individuelles Nationalkarma erlebt. Wenn eine der anderen eine Niederlage beibringt, so vollzieht sich in dieser Niederlage der unterlegenen Nation etwas, was sie sich selbst zugefügt hat durch ihr eigenes Karma. Und wenn man in der ganz groben Weise, wie es äußerlich vollberechtigt ist, von dem Recht des einen und anderen spricht, so ist das wirklich nicht anders, als wenn einer ein alter Mann ist und neben sich ein kleines Kind sieht, das frisch ist und zur Jugendkraft heranwächst, und er nun sagt: Warum werde ich älter, warum zeigt sich mir immer mehr und mehr ein Verfall? Ich sehe: das Kind, das nimmt mir meine Kräfte; indem es älter wird, nimmt das Kind mir meine Kräfte. – Während er seine Kräfte in ganz natürlicher Weise verliert, kann er sich der Täuschung hingeben – er wird es nicht tun, aber ich habe schon solche Dinge gehört –, daß ihm das Kind seine Kräfte nimmt. Da sieht man gleich, daß es unsinnig ist, weil der Kausalzusammenhang in jedem einzelnen Wesen liegt. So ist es aber auch bei dem Karma der Völker. Die Völker gehen nebeneinander her, und wenn eines über das andere siegt, so ist der Sieg für sein Karma; wenn auch mit demselben Sieg das andere Volk unterliegen muß, so ist doch für dieses andere Volk die Niederlage durch sein anderes Karma hervorgerufen. So ist Geisteswissenschaft in den Seelen wirklich friedenstiftend, wenn sie auf der anderen Seite auch einsieht, daß die gegeneinander wirkenden Kräfte eben gegeneinander wirken müssen.

Gerade durch solche Dinge möchte man heute darauf hinweisen, daß Geisteswissenschaft nicht bloß ein Spiel sein will mit sensationellen Begriffen, sondern daß Geisteswissenschaft, wenn man sie in ihrem bitteren Ernst betrachtet, unsere Seele wirklich durchschüttelt und durchrüttelt und aus dem Menschen ein anderes Wesen macht, wenn er sie ernst nimmt. Das müssen wir nur gehörig ins Auge fassen, wirklich ins Auge fassen, wie oberflächlich man manchmal sie als ein bloßes Verstandesspiel nimmt, und wie man sie eigentlich als etwas nehmen sollte, was aus dem Menschen wirklich ein ganz anderes Wesen machen kann. Und vieles wird sich ergeben, wenn man sich auf solche Dinge einläßt, vieles vom Verständnis der Zusammenhänge wird sich so ergeben.

Wenn zwei Menschen verschiedene Ansichten haben über irgendeine Sache, die sich vor ihnen abspielt, so wird in der Regel der eine unrecht haben. Man wird es leicht nachweisen können, daß der eine unrecht hat. Aber das individuelle Leben des Menschen ist anders als das Leben der Nationen. Man darf nicht das Leben der Nationen mit dem der einzelnen Individuen identifizieren, darf auch nicht glauben, daß die Taten der Nationen denselben Urteilsimpulsen unterliegen können wie das Leben der einzelnen Menschen. Sonst urteilt man so, wie man niemals urteilen würde, wenn man einen blauen Dunst hätte von den Beziehungen der Nationen, wie es zum Beispiel der Fall ist, wenn man sagt, man müsse Deutschland den Krieg erklären, weil es Belgiens Neutralität verletzt hat – wie es gesagt worden ist –, man müsse den Krieg aus moralischen Gründen erklären. In der Politik ist es einfach unsinnig, dieselben Kategorien anzuwenden, die man bei der Beurteilung des einzelnen Menschen mit Recht anwendet. Denn ganz selbstverständlich ist es, daß das Interesse Deutschlands erfordert, nach Belgien vorzurücken, und bei England, daß das nicht geschieht. Im Augenblicke, wo man aufrichtig gesteht, daß das Interesse da und da ist, hat man etwas vor sich, das darauf hinweist, daß es kontrastierende Interessen gibt. Wenn zwei Menschen etwas Entgegengesetztes behaupten, so wird nachzuweisen sein, daß der eine unrecht hat. Wenn zwei Nationen etwas Entgegengesetztes tun müssen, dann *müssen* sie es eben tun. Und zu glauben, daß man mit dem Urteil der einen Seite das der anderen Seite wegfegen kann, das ist ebenso gescheit, wie wenn jemand sagen wollte: Du hast mir einen Baum gemalt, der hat da einen Ast, dort einen, dort einen; das ist ganz falsch, der Baum sieht ja so aus. – Und nun zeichnet er so, daß hier der Ast sitzt und an einer anderen Stelle der andere und so weiter. Der eine hat ihn eben von der einen Seite gezeichnet und der andere von der anderen Seite. Das kann man natürlich zusammenbringen. Aber das, was sich in der Weltgeschichte abspielt, kann nicht durch bloßes Zusammenschauen ausgeglichen werden. Wenn die Volksseelen mit ihren andersgearteten Bewußtseinen Dinge tun müssen durch die Menschen, so ist es unmöglich, daß man irgendwie entscheidet durch Urteile wie: Der eine hat recht, der andere unrecht –, sondern da gibt es kontrastierende Interessen, die notwendigerweise sich entladen müssen in Erscheinungen, wie das heutige eines ist. Da widerlegt man nicht das, was auf der einen und anderen Seite gesagt wird. Ebensowenig wie man glauben darf, daß das Karma des einen nicht selbständig steht neben dem des anderen, so wenig darf man glauben, daß man mit dem Urteil von der einen Seite das Urteil von der anderen widerlegen kann. Denn das eine Volk kann Interessen haben, gegen welche nicht aufzutreten Pflichtverletzung wäre von dem Staatsmann des anderen Volkes, während selbstverständlich für diese Interessen einzutreten Pflicht des Staatsmannes des ersten Volkes ist.

Urteile der Menschen, Urteile in dem Bewußtsein, das wir haben auf dem physischen Plan innerhalb unseres physischen Leibes, kommen nur auf dem Felde des Verstandes in Betracht und gleichen sich dialektisch aus, indem das eine das andere aus dem Felde schlägt. Anders urteilen die Bewußtseine der Volksseelen. Die haben ebenso voneinander abweichende Urteile, aber diese Urteile sind nicht bloß Verstandesurteile, sondern es sind Tatsachen. Wenn ein Urteil das andere aus dem Felde schlägt in der Sphäre der Menschen, dann tut das allerdings nicht weh, dann tötet man zwar, aber man sieht das nicht für einen Tod an. Aber anders ist es, wenn das, was im Bewußtsein der Völkerseelen waltet und was eben nicht bloß abstraktes Urteilen ist, das dialektisch wirkt, sondern was als Tatsachen wirkt, wenn das aufeinanderprallt. Da muß man die Notwendigkeit einsehen, die eiserne, daß es so gekommen ist. Und da muß man die Möglichkeit haben, in seinem Gemüt gewissermaßen eine Form des Urteils, eine Geistesform anzunehmen, die nicht übereinstimmt mit der Geistesform, die man anwendet im alltäglichen Verkehr.

Man muß ja gleichsam mit den Volksseelen denken, nicht mit den einzelnen individuellen Menschenseelen. Wenn man mit den einzelnen individuellen Menschenseelen denkt, so ist es ganz selbstverständlich, daß man versucht, nicht ein solches Urteil zu fällen, das dem des anderen widerspricht, denn dann würde man nicht sozial in der Menschenwelt leben können. Wenn man mit der Volksseele zu denken, zu empfinden hat, dann kommen Zeiten, in denen man unmöglich in irgendeiner anderen Weise in ihr drinnenstehen kann, als indem man sich mit ihr identifiziert und ihren Inhalt für berechtigt hält, ohne daß man herausgeht aus dieser Volksseele, ohne daß man das, was sie zu tun hat, mit dem vergleicht, was die andere zu tun hat. Denn das ist Sache der anderen, das läßt sich nicht in einem gemeinsamen Bewußtsein zusammenbringen, das geht von Bewußtsein zu Bewußtsein. Daher werden Sie es verstehen, daß man von einem solchen Gesichtspunkte aus fragen kann: Was hat das deutsche Volk zu sagen über seine Mission, indem es sich als aus den Nachkommen *Fichtes, Schillers* und der anderen Großen bestehend fühlt? – Es hat zu sagen, daß das, was es heute unternimmt, die äußere Verkörperung für seine geistige Mission ist, und daß es unmöglich ist, nicht für diese einzutreten. Mit allen Fasern muß der, der innerhalb des Volkes steht, fühlen: Das muß geschehen. – Und es gibt keine Möglichkeit, daß jemand, wenn man scharf herausschält, was aus dem deutschen Volk heraus zu geschehen hat, dies als Attacke bezeichnet. Die Attacke, der Angriff auf das andere Volk beginnt erst, wenn man anfängt zu schimpfen über das andere Volk. Das sind Dinge, die heute ganz besonders tief verstanden werden müssen: Das positive Eintreten für das, was das Wesen eines Volkes ist, bedeutet im Grunde genommen nichts anderes als das, was sich vergleichen läßt in dem individuellen Bewußtsein mit der Tatsache, daß man ja nur für seinen eigenen Körper sorgen kann, daß er möglichst in Ordnung ist, und nicht in derselben Weise für einen anderen Körper.

Ich bitte Sie, merken Sie, daß hier etwas Richtunggebendes für das Urteil vorliegt, das wir aus den Quellen der Geistesforschung heraus gewinnen können.

Und wenn wir hineinschauen in das Weben und Wesen der Volksseelen und das, was dahinter ist, hinter dem schauen, was sich äußerlich abspielt, wird, möchte ich sagen, für den Geistesforscher gerade heute die Sache recht sehr ernst, ganz außerordentlich ernst. Aber es geziemt sich auch dieser Ernst unserer Zeit, und es hängt gewissermaßen die Tatsache, daß wir die größten kriegerischen Ereignisse gesehen haben, zusammen mit der großen Forderung der Zeit, nun eine Kultur zu begründen, die mit dem rechnet, was hinter dem Sinnesschleier liegt. Und diejenigen werden im rechten Sinne gerade das beurteilen, was sich in der äußeren Welt heute abspielt, welche in den äußeren Ereignissen etwas wie Zeichen, wie gewaltige Weltsymbole sehen für das Heraufdämmern eines ganz Neuen in der Menschheitsentwickelung.

Ich sagte: Nicht nur, daß der Verstand und seine Vorurteile sich in dem Menschen auflehnen gegen das, was Geisteswissenschaft über die übersinnliche Wesenheit hinter den äußeren Dingen zu sagen hat, sondern das Gemüt, die Willensimpulse lehnen sich auf. Sie wollen es nicht, weil die Seele sich umarten muß und über vieles anders fühlen und empfinden muß. – Das sagte ich. Ja, das ist auch so eine Wahrheit. Wir schlafen nämlich nicht nur in der Nacht, wir schlafen teilweise auch bei Tag, nur daß in der Nacht unsere Begierde zum physischen Leib so stark ist, daß sie wie ein Nebel unseren astralischen Leib und unser Ich durchzieht und unser Bewußtsein herabdämpft. Wenn wir nun mit demselben astralischen Leib und demselben Ich nach der Befriedigung der Begierde in unseren physischen Leib hinunterziehen, dann wird das, was wir da als Bewußtsein entwickeln, durchflutet von den Einflüssen der Volksseele und da wird wiederum das Bewußtsein durchsetzt, so daß da unten, trotzdem wir glauben, recht wach zu sein, immer etwas schläft in uns. Im Grunde schläft immer etwas in uns, und schon das ist in uns ein Schlaf, wie die Volksseele in uns hereinwirkt, denn das geschieht ja nicht mit demselben Bewußtsein, mit dem wir unsere tagwachen Urteile fällen. Und zu diesem, zu dem Schlaf des Tages, der nur verdeckt wird durch das gewöhnliche Bewußtsein, zu diesem gehört auch das Herüberwirken der Volksseelen von den anderen Nationen. Sie wirken doch in einer gewissen Weise wiederum hinein in das schlafende Menschengemüt und bringen allerdings andere Erscheinungen hervor als im Schlafe, aber sie bringen Erscheinungen auf dem physischen Plan hervor.

Während zum Beispiel das deutsche Volk eine Entwickelungslehre durch Goethe gehabt hat, die aus dem tiefsten Inneren des deutschen Wesens selber kam, hat es diese unbeachtet gelassen und den Darwinismus entgegengenommen. Wie das italienische Volk die Empfindungsseele zu entwickeln hat, das französische die Verstandesseele, das englische die Bewußtseinsseele, so hat der Deutsche das Ich zu entwickeln, und vieles wird verständlich im Wesen des deutschen Volkes, wenn man fühlt und ins Auge faßt, wie alles, was deutsche Kultur ist, aus dem Ich hervorquillt. Dieses Verbundensein des Ich mit den heiligsten geistigen Gütern, es ist ein Charakteristikum des mitteleuropäischen Menschen.

An einer Erscheinung zeigt es sich ganz besonders stark. Wenn wir die okkulten Wahrheiten selber nehmen und nach dem Westen hinüberschauen: die äußere Kultur hat wenig Zusammenhang mit dem, was als Mystik, als Okkultismus auftritt. Es sind eigentlich immer zwei nebeneinandergehende Strömungen. Man wird nicht leicht in den gewöhnlichen Buchhandlungen in Paris zugleich etwas finden, was zusammenhängt mit dem Okkultismus; da muß man zu anderen gehen, die das eben hinstellen. Nun sehen wir, wie es in dem Deutschen liegt, alles aus dem Ich herauszuholen, wie der Deutsche den *Jakob Böhme* hat, wie die deutsche Kulturentwickelung nicht zu denken ist ohne diesen okkulten Einschlag. Denken wir an Goethe und *Lessing.* Da fließen nicht zwei Strömungen nebeneinander, sondern da ist ein Strom, da ist wirklich das Leben durchsetzt und durchdrungen vom Geistigen, da kann man nicht mit der materialistischen Anschauung gehen, daß sich der Christus jetzt noch verkörpert in einem physischen Menschen, wie es vom «Stern des Ostens» propagiert wird. Daher ergab sich – wie sich der heutige Antagonismus ergab zwischen Deutschland und England – die Notwendigkeit, mit der man nicht warten durfte, bis sie der Krieg herbeiführen würde: das, was deutscher Okkultismus ist, reinlich zu sondern von dem, was englischer Okkultismus ist. Und vielleicht wird der eine oder der andere nun nachdenken, warum jene Spaltung notwendig geworden ist. Ich wollte aber damit nur einen Hinweis geben. Denn es kann wirklich mancher eine Art von Urbild sehen in der Zusammenstellung von Tatsachen, der Rechtfertigung von Tatsachen, wenn er heute die Briefe nimmt von *Grey* und *Annie Besant:* Die Art und Weise, zu beweisen, die Dinge zusammenzustellen, hat eine große Ähnlichkeit bei beiden. Aber ich wollte damit nur darauf hinweisen, wie das, was aus dem deutschen Volk hervorgeht, mit der innersten Seele zusammenhängt.

Wenn der Deutsche wach ist, so hält er es zum Beispiel – ich sage das als Tatsache, ohne Sympathie oder Antipathie – mit der tiefen Entwickelungslehre Goethes, der die Reihenfolge der Organismen hingestellt, aber den Impuls zur Anordnung aus dem tiefsten Inneren des Ich hervorgeholt hat. Aus der Bewußtseinsseele heraus hat es ein halbes Jahrhundert hernach *Darwin* wiedergegeben, aber mit materialistischem Anstrich. Da hat es die Welt leichter verstanden, auch die deutsche Welt hat lieber die Evolutionslehre in darwinistischer Färbung als in Goethescher Färbung aufgenommen. Goethe hat sogar aus der Tiefe des deutschen Wesens heraus eine Farbenlehre begründet; die Physiker sehen sie heute noch immer als Unsinn an, denn die äußere Welt hat die Farbenlehre *Newtons* angenommen. Wann wird statt der Goetheschen Entwickelungslehre und Farbenlehre die Darwinistische und Newtonsche genommen? Dann, wenn innerhalb des deutschen Volkes die Menschen schlafen und die andere Volksseele einwirken kann. Da haben wir dieses Schlafen mitten im Wachen. Und wenn dann die Leute aufgerüttelt werden, dann verkennen sie noch die Sache, dann merken sie: da ist etwas nicht richtig –, dann gehen sie und nehmen ihre Schatulle, in der sie die von England gekriegten Orden haben. Die schicken sie zurück und vergessen dabei nur, die englische Färbung der Entwickelungslehre oder die Newtonsche Färbung der Farbenlehre mitzuschicken. Insbesondere könnte man das Beispiel einer gewissen Färbung des Haeckelianismus als ein gutes Rezept verschreiben. Man erlebt da so manche Dinge. So zum Beispiel konnte man es auch noch in diesen Tagen erleben, man konnte hören, daß in einer besondern wissenschaftlichen Gesellschaft in deutschen Städten ein Vortrag gehalten wurde über das, was an internationalem Wesen der Völker gestört worden ist durch diesen Krieg, und wie aufmerksam gemacht wurde auf etwas, was ja, wenn man größere Maßstäbe anlegt, richtig ist, aber nicht, wenn man diejenigen anlegt, die dieser Herr mit seinem gewöhnlichen Professorenverstand anzulegen hat. Geht man von diesen Maßstäben aus, so klingt es einem doch ganz sonderbar entgegen, wenn dieser Herr sagt: Es muß der Internationalismus gleich wieder auftreten, sobald der Krieg vorbei ist, denn sonst würde der Deutsche manches verlieren, und es würde wiederum aufwachen eine besondere Metaphysik, die der Deutsche vorher entfaltet hat, während er froh ist, daß dieser deutsche Geist mit seiner Neigung zum Übersinnlichen überflutet worden ist von den Völkern, die wenig zum Übersinnlichen neigen. – Das konnte man in diesen Tagen erleben in einem besonderen volkswirtschaftlichen Vortrag: die Furcht vor dem Aufwachen des deutschen Wesens.

Es könnte sehr viel gesagt werden, ich wollte nur das eine und das andere aussprechen über das, was man gewinnen kann, wenn man den allerdings für eine äußerliche Lebensauffassung bitteren, aber doch beseligenden Ernst nimmt, der wie ein Zauberhauch in uns strömt, wenn wir Geisteswissenschaft in ihrer vollen Tiefe nehmen. Dies zu erwägen, zu fühlen, zu empfinden, ist, was uns in unserer Zeit obliegt, und mit solchen Gefühlen dürfen wir diese Zeit überblicken, dürfen uns vereint fühlen mit denen, die draußen stehen und die mit ihrem Blut und ihrer Seele einzustehen haben für das, was das Karma fordert.

So fassen wir zusammen dasjenige, was unsere Erkenntnis und unsere Aufgabe sein soll und was Zuversicht erwecken soll, in die Worte:

Aus dem Mut der Kämpfer,
Aus dem Blut der Schlachten,
Aus dem Leid Verlassener,
Aus des Volkes Opfertaten
Wird erwachsen Geistesfrucht –
Lenken Seelen geist-bewußt
Ihren Sinn ins Geisterreich.

DRITTER VORTRAG

München, 23. März 1915

Der erste Teil unseres heutigen Vortrages soll Erkenntnissen gewidmet sein, welche zusammenhängen mit realen Erlebnissen, an denen uns unser Gesellschaftskarma in der letzten Zeit vorbeigeführt hat, und der zweite Teil soll mehr einige Streiflichter auf dasjenige werfen, was uns aus den Zeitereignissen heraus besonders interessieren kann.

Ich hatte gerade diesmal in den zwei öffentlichen Vorträgen besonders zu betonen, wie es für die Vorstellung der geistigen Welten notwendig ist, sich gewissermaßen eine Art anderer Sprache allmählich anzugewöhnen, als die Sprache ist, welche wir gebrauchen, um die Erkenntnisse der Welten zu charakterisieren, in denen wir durch unsere Sinnesbeobachtung und durch den Verstand darinnenstehen, der an das Gehirn gebunden ist. Gewissermaßen zur Unterstützung unserer Freunde möchte ich an konkrete Erlebnisse der letzten Zeit, die sich innerhalb unseres weiteren Kreises abgespielt haben, anknüpfen, an Ereignisse, für die ich gewiß auch andere wählen könnte, aber ich wähle diese Ereignisse aus dem Grunde, weil sie an, ich möchte sagen, Letzterlebtes anknüpfen und uns Vorstellungen liefern können über die Beziehungen der Menschenseele zu den Geisteswelten.

Ich habe ja immer wiederum betont, daß, wenn die Seele auf ihrem Erkenntniswege die Schwelle überschreitet, die in die geistige Welt hineinführt, dann zu den ersten Erlebnissen gehört das Einswerden mit dem, was man erlebt, erfährt, beobachtet. Hier auf dem physischen Plan steht man gewissermaßen in seiner Haut eingeschlossen den Dingen gegenüber, welche man beobachtet. Sobald man die geistige Welt betritt, mit der geistigen Welt etwas zu tun hat, fühlt man sich nicht in der Weise eingeschlossen wie im physischen Leib in der Haut, man fühlt sich mit seinem ganzen Wesen verbreitet, wie identifiziert mit den Wesen und Ereignissen, mit denen man es zu tun hat. Um dies zu erläutern, gehe ich auf positive Ereignisse ein.

In der letzten Zeit ging ein älteres Mitglied durch die Pforte des Todes. Dies Mitglied lebte durch Jahre hindurch mit seinem ganzen

Gemüt, seiner ganzen Seele in den Vorstellungen, welche man sich aneignet, wenn man so recht gefühlsmäßig das aufnimmt, was Geisteswissenschaft geben kann. Es ist ja von ganz besonderer Bedeutung und deshalb wird es so oft erwähnt, daß das theoretische Aufnehmen desjenigen, was als geisteswissenschaftliche Vorstellungen gegeben wird, nicht alles sein kann. Es kann Ausgangspunkt sein, aber nicht alles. Diese Vorstellungen müssen unsere Gefühle, Empfindungen ergreifen. Ich konnte sogar im öffentlichen Vortrag auseinandersetzen, wie die Empfindungsseele gegenwärtig viel mehr zusammenhängt mit dem ewigen Wesenskern des Menschen, während das, was sich aus der Bewußtseinsseele darlebt, für die gegenwärtige Zeitepoche mehr das berührt, was der Mensch im Zusammenhang mit der physischen Welt erlebt. Daher ist es so wichtig, zu fühlen, was man fühlen kann, wenn man die geisteswissenschaftlichen Erkenntnisse aufnimmt, denn dies Fühlen hat eine viel größere Kraft, unsere Seele zu erfassen und sie wirklich in Berührung zu bringen mit der übersinnlichen Welt als das bloße Denken, das verstandesmäßige Kombinieren. Also gefühlsmäßig hat die Persönlichkeit, von der ich spreche, viel gelebt in unseren geisteswissenschaftlichen Vorstellungen und nun zeigte sich mir, ich kann sagen, ganz kurze Zeit nach dem Tode – als mir der wirkliche Eintritt des Todes auf dem physischen Plan noch nicht irgendwie gemeldet worden war –, wie diese Persönlichkeit, während sie noch in ihrem Ätherleibe war, in sich dasjenige verarbeitete, was sie an Gefühls- und Empfindungskräften aufgenommen hatte, was sie selbst geworden war dadurch, daß sie durch Jahre in der geisteswissenschaftlichen Strömung gelebt hatte. Als sie ihren Ätherleib noch vereint hatte mit Astralleib und Ich, da trat dasjenige, was ich vorher bezeichnet habe, ungesucht ein. Die durch die Pforte des Todes gegangene Persönlichkeit kam und kündete mir an, daß sie nun in sich fühlt dasjenige, was sie geworden ist durch die Geisteswissenschaft, was sie in sich fühlt jetzt, wo sie nicht mehr beengt ist durch den physischen Leib. Und da erklangen gleichsam aus der durch die Pforte des Todes gegangenen Individualität Sätze, die ich vorlesen werde.

Sie werden bemerken, in den ersten drei Zeilen gebraucht die tote Persönlichkeit ein Wort, das man ja eigentlich gar nicht gerechtfertigt finden kann, wenn es von einer Individualität gebraucht ist, die schon den physischen Leib abgelegt hat; aber darauf kommt es nicht an. Das Wort, das sich auf das physische Herz bezieht, ist in symbolischem Sinn gemeint. Herz steht hier für das Ätherorgan des Fühlens. Wir haben hier den Fall, daß eine durch die Todespforte gegangene Individualität dasjenige, was ihr stärkstes Erlebnis war vor dem Tode, wie ein Ergebnis des Lebens zusammenfaßte, um sich zu sagen: Ich bin jetzt in einer gewissen Lage, die Artung meines Selbst zu erleben, wie sich mir diese Artung meines Selbst ergibt, indem ich es fasse mit dem Verständnis, das ich in meinem fühlenden Erkennen gewonnen habe durch die Geisteswissenschaft. – So war es denn, daß diese Individualität, die vor zwei Stunden höchstens durch die Pforte des Todes gegangen war, erklingen ließ aus sich dasjenige, was so erklang, daß ich sagen muß, es sind die Worte so gestellt, daß ich selbst nichts dazu getan habe, nur aufgenommen habe die Worte, welche da kamen von diesem Selbst. Diese Worte dienten dann, als ich bei der Einäscherung die Leichenrede zu halten hatte, als Anfang und Ende. Sie sind abgelesen:

In Weltenweiten will ich tragen
Mein fühlend Herz, daß warm es werde
Im Feuer heil'gen Kräftewirkens;

In Weltgedanken will ich weben
Das eigne Denken, daß klar es werde
Im Licht des ew'gen Werde-Lebens;

In Seelengründe will ich tauchen
Ergeb'nes Sinnen, daß stark es werde
Für Menschenwirkens wahre Ziele;

In Gottes Ruhe streb' ich so,
Mit Lebenskämpfen und mit Sorgen,
Mein Selbst zum höhern Selbst bereitend;

Nach arbeitfreud'gem Frieden trachtend,
Erahnend Welten-Sein im Eigensein,
Möcht' ich die Menschenpflicht erfüllen;

Erwartend leben darf ich dann
Entgegen meinem Schicksalsterne,
Der mir im Geistgebiet den Ort erteilt.

Hören wir hier gleichsam aus dem Selbst das erklingen, was das Selbst in sich spürt, durch das, was es geworden ist, indem es sich mit dem geisteswissenschaftlichen Empfinden erfüllt hat. Wichtig ist, ins Auge zu fassen, daß man es hier mit einer Persönlichkeit zu tun hat, die in diesem physischen Leben ein höheres Alter erreicht hatte und daß mit diesem Erlangen eines höheren Alters die Möglichkeit zusammenhängt, das Selbst charakterisieren zu wollen, daß das Selbst erst nach dem Tode sich so ganz in seinem eigenen Wesen ausspricht, so daß man nichts zu tun hat, als, um es zu beobachten, sich ganz zu verlieren, sich hinzugeben, sich zu identifizieren mit dem Wesen, daß man es sich ganz selbst aussprechen lassen kann.

Anders war es in einem anderen Fall. Da hatte man es zu tun mit einem verhältnismäßig früh eingetretenen Tod. Auf einen solchen Fall hinzuschauen, mahnen uns besonders die Zeitereignisse, da so viele Menschen heute in jugendlichem Alter durch die Pforte des Todes gehen. Es war in dem Fall, von dem ich spreche, nicht die Veranlassung, die in vielen Fällen heute die Veranlassung ist, aber es war ein früh eingetretener Tod. Wenn der Tod so früh eintritt, daß man sagen kann: Wenn der Mensch alt geworden wäre, würde er noch viele Jahrzehnte gelebt haben, dann hat man es zu tun mit einem Ätherleib, der ja auch wird abgelegt werden, aber er ist so, daß er noch viele Jahrzehnte hindurch den physischen Leib mit Kräften versorgen könnte. Wer so durch den Tod geht, daß er noch Jahrzehnte hätte leben können, der übergibt der geistig-elementaren Welt einen Ätherleib, der noch unverbraucht ist. Unzählige solcher unverbrauchter Ätherleiber gehen heute in die geistige Welt. Wenn wir davon sprechen, daß wir aus der Geisteswissenschaft heraus viel Hoffnung haben für das Zeitalter, das sich aus dem Schoße unserer Ereignisse entwickelt, so kommt da in Betracht, daß die, die jetzt durch den Tod gehen, in der Geisteswelt Zeugen sein werden für ein Wirken in geistigem Sinn und schon durch ihre Individualität in das Erdenleben Kräfte hereinsenden werden. Aber ihr Ätherleib ist noch als etwas Zweites, etwas Besonderes da, er ist unverbraucht. Eine große Summe solcher Ätherleiber wird da eine Kraft darstellen, die hineinwirken wird in die Menschen, welche leben werden, wenn wieder Friede eingetreten sein wird, und Helfer werden sie sein, damit die materialistische Weltanschauung durch eine spirituelle Weltanschauung abgelöst werden kann.

Befestigt können wir werden, wenn wir es gerade erleben, wie in jugendlichem Alter uns Menschen hinsterben und wir dann gewissermaßen wahrnehmen können, was da geschieht.

Bei dem zweiten Fall, wo wiederum das Karma unserer geistigen Strömung dazu geführt hat, daß ich bei einer durch die Pforte des Todes gegangenen Persönlichkeit bei der Einäscherung zu sprechen hatte, da war es so, daß längere Zeit verflossen war zwischen dem Eintritt des Todes und der Einäscherung, vom Mittwoch bis Montag. Da war dieser Ätherleib schon abgetrennt, und für meine okkulte Beobachtung hatte ich gewissermaßen in der Nacht, bevor ich zu sprechen hatte, den Ätherleib verloren gehabt; der Ätherleib war für die Beobachtung verloren gegangen. Die Individualität war schon mit Astralleib und Ich losgelöst. Hier stand die betrachtende Seele einem Astralleib und Ich gegenüber und es entstand der Impuls, wiederum die Leichenrede einzuleiten und abzuschließen durch Worte, welche mit der Individualität etwas zu tun hatten. Da ergab sich nicht etwas, was die Individualität selbst ausgesprochen hatte. Dadurch, daß sie vom Ätherleib und physischen Leib losgelöst war, ergab sich die Möglichkeit, in – wie ich glaube – präzise Worte zu fassen die ganze Art, wie diese Individualität hier im Erdenleben war. Wiederum sind diese Worte nicht so, wie sie von mir gemacht sind, sondern so, wie sie ein Inspirationsimpuls gemacht hat, wie sie sein mußten, wie sie charakterisieren die Individualität, die durch den Tod gegangen war. Sie ergaben sich als Inspiration der betrachtenden Seele, indem sie sich dem Eindruck der durch die Pforte des Todes gegangenen Persönlichkeit hingab. Es ergaben sich die Worte:

Du tratest unter uns.
Deines Wesens bewegte Sanftmut

Sprach aus Deiner Augen stiller Kraft –
Ruhe, die seelenvoll belebt,
Floß in den Wellen,
Mit denen Deine Blicke
Zu Dingen und zu Menschen
Deines Innern Weben trugen; –
Und es durchseelte dieses Wesen
Deine Stimme, die beredt
Durch des Wortes Art mehr
Als in dem Worte selbst
Offenbarte, was verborgen
In Deiner schönen Seele weset;
Doch das hingebender Liebe
Teilnahmsvoller Menschen
Sich wortlos voll enthüllte – –
Dies Wesen, das von edler, stiller Schönheit,
Der Welten-Seelen-Schöpfung
Empfänglichem Empfinden kündete.

Diese Worte waren bei der Einäscherung gesprochen, und das Eigentümliche stellte sich heraus, daß der Moment, den man nur uneigentlich einen Moment des Aufwachens nennen könnte, eintrat, als nun die Hitze des Brennofens gerade den physischen Leib der Persönlichkeit ergriff. Und so trat für diese Persönlichkeit, die durch die Todespforte gegangen war, einen Augenblick die Möglichkeit ein, Bewußtsein schon zu entwickeln, und zwar gerade nicht während der Leichenzeremonie, sondern als diese vorüber war und die Hitze den dem Feuer übergebenen Leib umspielte. Dann trat wiederum Unbewußtheit ein. Solche Augenblicke der Bewußtheit können dann, nachdem sie durch Unbewußtheit unterbrochen wurden, wieder eintreten, bis sich das völlige Bewußtsein eine gewisse Zeit nach dem Tode einstellt. Dabei zeigte sich in diesem Fall besonders klar, wie das Bewußtsein wirkt, wenn der Mensch durch die Pforte des Todes gegangen ist. Dies Bewußtsein sieht die Zeit in anderer Form als der Mensch die Zeit wahrnimmt, wenn er hier im physischen Leibe lebt. In solch einem

Fall zeigt sich das besonders bedeutungsvoll. Das Wahrnehmen der Zeit durch denjenigen, der keinen physischen Leib trägt, kann nur mit unserem Raumessehen verglichen werden. Wir können hier im physischen Leib immer zurückschauen; was wir gesehen, bleibt stehen. Wenn in der Zeit etwas an uns vorübergegangen ist, müssen wir in der Erinnerung auf dies Bild zurückblicken, es muß aufsteigen in unserem Bewußtsein. So ist es bei demjenigen nicht, der keinen physischen Leib mehr trägt. Die entkörperte Seele sieht so zurück wie wir im Raum.

So schaute da die Tote auf das Gesprochene zurück, wie man im Raum zurückschaut. Das Gesprochene stand jetzt vor ihrer Seele. Gerade an solch konkreten Fällen zeigt sich die Eigentümlichkeit der Geisteswelt. Nun sagte ich ja eben, daß ich in der Zeit, in der die Worte der Leichenrede geprägt werden sollten, gewissermaßen für die Beobachtung den Ätherleib verloren hatte, aber eine zweite Beobachtung zeigte, daß es gerade dieser Ätherleib war, der die Möglichkeit gegeben hat, die Inspiration zu haben, die in diese Worte geprägt war. Als ich den Ätherleib wieder finden konnte – ich meine für die Beobachtung –, da wurde ich gewahr, wo dieser Ätherleib war, als ich die Worte prägte. Es war in der Nacht vom Sonntag auf den Montag. Ich sagte, ich habe ihn verloren, ich bin erst viel später darauf gekommen, wo er eigentlich war: Ich steckte selbst darin. – Er war eine sich auflösende Wolke. Das Ich und der Astralleib waren schon abgetrennt. Weil ich drinsteckte, nahm ich den Ätherleib nicht wahr, wie eine Wolke, in der man steckt; aber was in ihm lebte, gab die Inspirationsmöglichkeit, die Worte, die ich vorlas, zu prägen.

Sie sehen da in intime Geheimnisse des Zusammenlebens der Menschenseele mit den Geisteswelten hinein. Ich würde es gar nicht wagen, das so ohne weiteres auszusprechen, wenn das nur in einem einzelnen Fall eingetreten wäre, aber es hat sich mir im dritten Fall wieder bestätigt. Da war ich wieder im selben Fall, Worte zu prägen, welche charakterisierten die Individualität dieser dritten, durch die Pforte des Todes gegangenen, in unserem Kreise stehenden Persönlichkeit. Der Tod dieser Persönlichkeit hatte für unser Fühlen auf dem physischen Plan etwas besonders Schmerzvolles, weil sie zu den besten Hoffnungen berechtigte in bezug auf die geisteswissenschaftliche Arbeit innerhalb unseres Kreises. Diese Persönlichkeit hat in der Zeit, in der sie hier auf Erden lebte, viel von dem aufgenommen, was man gegenwärtig Gelehrsamkeit nennen kann, fand sich ganz da hinein und hatte das feste Bestreben, etwas zu tun, was notwendig ist innerhalb unserer geistigen Bewegung, nämlich sich einzuleben in das, was man gegenwärtig Wissenschaft nennt, und in der Seele selbst diese Wissenschaft so umzugestalten, daß sie auf einer höheren Stufe wiedergebiert, was geisteswissenschaftliche Einsicht ist. Nicht jeder kann das tun, aber es gehört zu den Notwendigkeiten unserer Geisteswissenschaft. Konkordanz zwischen Wissenschaft und Geisteswissenschaft kann oft den, der Geisteswissenschaft nicht kennt, zu einer Überzeugung führen, aber nötig ist es, sich zu durchdringen mit der gegenwärtigen Wissenschaft, und wenn dies Durchdrungensein da ist, damit lebendig aufzusteigen in Geisteswissenschaft. Man kommt dann zu einem gewissen Punkt, in dem man die Übereinstimmung desjenigen, was gegenwärtige Wissenschaft gibt, mit der Geisteswissenschaft so sicher fühlt, so sicher weiß in seinem inneren Erleben, daß man darin nicht mehr beirrt werden kann durch etwas, was aus der gegenwärtigen materiellen Zeitkultur kommt.

Als diese Persönlichkeit durch die Pforte des Todes gegangen war, ergab sich wieder die Notwendigkeit, Anfang und Ende der Leichenrede in bestimmter Weise zu gestalten bei der Einäscherung, und es ergab sich der besondere Impuls, gerade dieser Individualität gegenüber hinzudeuten auf die Brücke, die für unsere geisteswissenschaftliche Bewegung besteht zwischen dem physischen Plan und der Geisteswelt. Für unser Fühlen auf dem physischen Plan ist es besonders schmerzvoll, daß uns diese Persönlichkeit jung entrissen wurde. Aber es würde unsere geisteswissenschaftliche Strömung, in der wir leben, nicht so viel Hoffnung erwecken können, wie sie erwecken muß, wenn wir nicht sicher wären, daß die Kräfte, die in der Geisteswissenschaft strömen, nicht nur von denen kommen, die auf dem physischen Plan leben, sondern daß solche Kräfte auch von denen kommen, die schon durch die Todespforte gegangen und mit Geisteswissenschaft ausgerüstet sind. So stand vor der Seele die Notwendigkeit, zu betonen: In diesem Moment wird dir ein Großes gegeben, wo du durch den Tod gegangen bist: ein Ruf, ein treuer Mitarbeiter zu bleiben auch jetzt, nachdem du durch die Pforte des Todes gegangen bist.

Ganz besonders muß, wer Geisteswissenschaft ernst nimmt, auf diejenigen, die nicht mehr auf dem physischen Plan sind, als auf reale Mitarbeiter rechnen.

So ergab sich die Notwendigkeit, Worte zu prägen, an deren Prägung ich gewissermaßen ganz unbeteiligt bin, die sich aus einem notwendigen Impuls heraus so ergaben, wie ich sie jetzt vorlesen werde. Sie werden gleich sehen, was es mit so geprägten Worten für eine Bewandtnis hat. Die Worte lauten so:

Eine Hoffnung, uns beglückend:
So betratest Du das Feld,
Wo der Erde Geistesblüten,
Durch die Kraft des Seelenseins,
Sich dem Forschen zeigen möchten.

Lautrer Wahrheitsliebe Wesen
War Dein Sehnen urverwandt;
Aus dem Geisteslicht zu schaffen,
War das ernste Lebensziel,
Dem Du rastlos nachgestrebt.

Deine schönen Gaben pflegtest Du,
Um der Geist-Erkenntnis hellen Weg,
Unbeirrt vom Welten-Widerspruch,
Als der Wahrheit treuer Diener
Sichern Schrittes hinzuwandeln.

Deine Geistorgane übtest Du,
Daß sie tapfer und beharrlich
An des Weges beide Ränder
Dir den Irrtum drängten,
Und Dir Raum für Wahrheit schufen.

Dir Dein Selbst zur Offenbarung
Reinen Lichtes zu gestalten,
Daß die Seelen-Sonnenkraft
Dir im Innern machtvoll strahle,
War Dir Lebenssorg' und Freude.

Andre Sorgen, andre Freuden
Sie berührten Deine Seele kaum,
Weil Erkenntnis Dir als Licht,
Das dem Dasein Sinn verleiht,
Als des Lebens wahrer Wert erschien.

Eine Hoffnung, uns beglückend:
So betratest Du das Feld,
Wo der Erde Geistesblüten
Durch die Kraft des Seelenseins
Sich dem Forschen zeigen möchten.

Ein Verlust, der tief uns schmerzt,
So entschwindest Du dem Feld,
Wo des Geistes Erdenkeime
In dem Schoß des Seelenseins,
Deinem Sphärensinne reiften.

Fühle, wie wir liebend blicken
In die Höhen, die Dich jetzt
Hin zu andrem Schaffen rufen.
Reiche den verlaßnen Freunden
Deine Kraft aus Geistgebieten.

Höre unsrer Seelen Bitte,
Im Vertrau'n Dir nachgesandt:
Wir bedürfen hier zum Erdenwerk
Starker Kraft aus Geistes-Landen,
Die wir toten Freunden danken.

Eine Hoffnung, uns beglückend,
Ein Verlust, der tief uns schmerzt:
Laß uns hoffen, daß Du ferne-nah,
Unverloren unsrem Leben leuchtest
Als ein Seelen-Stern im Geistbereich.

Es war darauf einige Zeit der nächsten Nacht, als erklänge mir aus dem Betreffenden, aber nicht aus seinem Bewußtsein, sondern aus seinem Wesen wie eine Antwort, so daß man es auch gleich empfinden konnte als eine Antwort auf die Worte. Nicht als ob die Individualität das aus dem Bewußtsein gesagt hätte. Die Individualität erklang wie in Lauten:

Mir mein Selbst zur Offenbarung
Reinen Lichtes zu gestalten,
Daß die Seelen-Sonnenkraft
Mir im Innern machtvoll strahle,
War mir Lebenssorg' und Freude.

Andre Sorgen, andre Freuden,
Sie berührten meine Seele kaum,
Weil Erkenntnis mir als Licht,
Das dem Dasein Sinn verleiht,
Als des Lebens wahrer Wert erschien.

Jetzt erst merkte ich, daß das nur eine Umänderung der beiden Strophen, eine Umstellung der zweiten Person in die erste war. Sie sehen an diesem einen Beispiel, wie eine Korrespondenz der Seele eintritt, die hier im physischen Leben weilt, mit der Seele, die durch die Pforte des Todes gegangen. Darauf möchte ich besonders aufmerksam machen, daß solche Dinge so gegeben werden, daß man an den Worten nichts ändern kann, und Sie sehen ja, daß ich mir gar nicht bewußt war, warum die Worte der beiden Strophen so geprägt waren. Ich erkannte das erst aus der Antwort, die in der Nacht darauf erfolgte aus der Seele, die durch die Pforte des Todes gegangen.

Wir müssen uns gewöhnen, auch in dieser Beziehung den Geisteswelten gegenüber nicht unmittelbar solche Gefühle zu hegen, wie sie entnommen sind dem Erleben hier in der physischen Welt. Merken Sie, daß es auf manches ankommt, wenn man ein richtiges verstehendes Verhältnis zur Geisteswelt gewinnen will. So könnte ich als kleines Beispiel auch dies erwähnen, was jetzt von ganz anderer Seite hergenommen ist. Als diese schweren Tage begonnen haben, waren diese Formeln, die wir jetzt gebrauchen, wie aus den Geisteswelten heraus gegeben, welche ich auch heute brauche, um die Seelen zu lenken zu denjenigen, die auf den Feldern der Ereignisse stehen, oder durch die Pforte des Todes gegangen sind:

Geister Eurer Seelen, wirkende Wächter,
Eure Schwingen mögen bringen
Meiner Seele bittende Liebe
Eurer Hut vertrauten Sphärenmenschen (Erdenmenschen)
Daß, mit Eurer Macht geeint,
Meine Bitte helfend strahle
Den Seelen, die sie liebend sucht.

Es heißt da: «Geister Eurer Seelen.» Ich habe in Berlin erleben müssen, daß jemand die Einwendung gemacht hat, das sei grammatikalisch nicht richtig, jetzt wisse man nicht bei der zweiten Zeile, worauf das «Eure Schwingen» sich beziehe, denn wenn man sagt: «Geister *Eurer* Seelen», wendet man sich an die, die da leben als Menschen, aber man wendet sich doch an die *Geister* derer, die da leben. So könnte der Pedant meinen, daß man sagen müßte: «Geister *ihrer* Seelen.» Ja, wir müssen uns schon bekanntmachen damit, daß in der Geisteswelt die Grammatik, die für die sinnliche Welt ganz selbstverständlich gilt, nicht immer eingehalten wird, daß man da mehr Beweglichkeit in der Seele haben muß. Man wendet sich hin: «Geister Eurer Seelen», aber in der zweiten Zeile ist selbstverständlich, daß man sich nicht zu einem oder einer Anzahl Menschen wendet, daß man sich da zu den schützenden Geistern wendet. Die Grammatik ist da nicht ausschlaggebend. Wir müssen uns klar sein, daß in den höheren Welten alles viel beweglicher ist, daß man nicht die Vorstellung von dem Menschen abzulenken braucht, wenn man sich an den schützenden Geist wendet. Er steht in viel engerem Zusammenhang mit dem Menschen selbst als zwei Menschen hier. Da muß man physische Grammatik anwenden, weil bei zwei physischen Menschen nicht ein solcher Zusammenhang zu sein braucht wie zwischen dem schützenden Geist und dem Menschen. So könnte man sagen: Gerade durch diese so gegebenen Worte, die vor der physischen Grammatik anfechtbar sind, ist etwas gegeben, was Eigentümlichkeit der höheren Welten ist. – Es werden die Worte dann, wenn man solche Dinge aus höheren Welten bekommt, zu Lehren. Manchmal versteht man solche Dinge erst viel später, manchmal ist dies Lernen dann nicht so leicht wie das fürwitzige Grammatikausbessern, das ja keine große Kunst ist. In solch intimes Verhalten gegenüber der Geisteswelt müssen wir uns hineinfinden. Auch bei der Darstellung der höheren Welten kommt es darauf an, daß man sie nicht erfaßt mit den groben Wortfügungen, die man sich hier in der physischen Welt angeeignet hat, so daß es oft recht leicht ist, anfechtbar zu finden eine Darstellung der höheren Welten, in denen ja das Reich der Geister der Form seine spezielle Gewalt verliert. Wir kommen beim Überschreiten der Schwelle in das Reich der Geister der Bewegung. Selbst der Stil muß da beweglicher werden. Die Geister der Form sind für die um uns ausgebreitete Welt. Dem Reich der Geister der Bewegung muß sich auch der Stil anpassen. Es wird schon die Zeit kommen, wo man sich in solche Dinge hineinfinden wird, und man darf nicht glauben, mit dem Stil, der für die physische Welt paßt, auch wirklich schildern zu können, was beweglich und flutend in der geistigen Welt ist.

Ich wollte an konkreten Fällen, an die unser Gesellschaftskarma herangeführt hat, einiges erklären über die Beziehung der Menschenseele zu den Geisteswelten, denn noch mehr als in abstrakter Charakteristik kann durch solch konkretes Sich-Hineinleben in einzelne Verhältnisse der Geisteswelten uns dies oder jenes klar werden, und vor allen Dingen kann an uns herantreten ein Gefühl dafür, daß durch unsere geisteswissenschaftliche Bewegung ein lebendiges Zusammenwirken der physischen Welt mit der höheren Welt allmählich wirklich entstehen muß. Nach mannigfachen Erfahrungen, die in den letzten Zeiten gemacht werden mußten, kann man sagen: So recht innerlich befestigt können die Hoffnungen, daß schon jetzt gewisse Dinge in bezug auf unsere spirituelle Bewegung eintreten, nur sein, wenn man gewiß ist, daß diejenigen, die schon durch die Pforte des Todes gegangen sind, unsere helfenden Mitarbeiter sein werden. – Das erfordert allerdings, daß wir mit intensivem Ernst dasjenige erfassen, was der Inhalt und die Intention unserer Geisteswissenschaft ist.

Ich möchte zusammenfassend etwas aussprechen, was schon ausführlich behandelt worden ist in dem Zyklus in Wien über das Leben zwischen Tod und neuer Geburt, was wichtig ist zu berücksichtigen. Man kann sagen, weil man gewisse Worte, die für das physische Leben dienen, verwenden muß: Der Mensch ist in einer Art unbewußtem Schlafzustand nach dem Tode. Dann erwacht er, aber «erwacht» ist nicht ganz richtig gesagt. Das sieht aus, wie wenn man beim Erwachen zu einer Art Bewußtsein käme. Das ist nicht der Fall. Wenn der Mensch den Ätherleib abgelegt hat, hat er nicht zuwenig oder Schlaf-Bewußtsein, er hat zuviel Bewußtsein. Er hat eine Art überquellendes Bewußtsein. Wie man, von überflutendem Licht geblendet, nicht sehen kann, so ist nach dem Tode zuviel Bewußtsein da. Wir sind ganz von unendlich wirksamem Bewußtsein überflutet, erst herabdämpfen muß es sich bis zu dem Grad, den wir nach unserer Entwickelung in der physischen Welt uns angeeignet haben. Wir müssen uns orientieren in der Überfülle des Bewußtseins. Das, was man da «Aufwachen» nennt, ist erst ein Hineingewöhnen in den viel höheren Grad von Bewußtsein, in den wir eintreten nach dem Tode. Es ist ein Herabdämpfen des Bewußtseins bis zu dem Grade, den wir ertragen können.

Ein anderes ist, daß sich, ich möchte sagen, in jeder Beobachtung mehr zeigt, wie für gewisse Zustände des Daseins das Erleben in den Geisteswelten gerade entgegengesetzt ist dem Erleben in der physischen Welt. So ist es auch in einem Fall, auf den ich jetzt hindeuten will. Zwischen Geburt und Tod ist es so, daß niemand eigentlich sich ohne höhere Erkenntnisse zurückerinnert an seine Geburt. Für keinen ist das eine Sache der eigenen Beobachtung. Wenn man hinhören wollte auf diejenigen Menschen, die sagen, sie glauben nichts, als was ihnen ihre fünf Sinne geben, könnte man einwenden: Dann darfst du auch nicht glauben, daß du einmal ein kleines Kind warst. Das glaubst du nur aus den folgenden zwei Untergründen: Weil du siehst, daß alle anderen Menschen so ihr Leben anfangen, da schließest du, daß das bei dir auch so war. Das ist nur ein Analogieschluß, oder die anderen haben es dir erzählt. – Durch Mitteilung und nicht durch Beobachtung weiß man, daß man auch durch Geburt ins Leben eingegangen ist. Es merkt kein Mensch, daß das nur ein Analogieschluß ist. Man müßte sagen: Ich kann aus eigener Beobachtung nichts wissen über dieses physischen Leibes Ursprung. Wenn der Mensch im physischen Leben zurückblickt, sieht er nicht bis zu seiner Geburt. Anders ist das zwischen Tod und neuer Geburt. Gerade der Fall, wo der innerliche Impuls aufstieg, dem, der durch die Pforte des Todes gegangen, solche Worte nachzusenden, die mit seinem Selbst etwas zu tun haben, die ihn charakterisierten, zeigt das. Dieser Impuls kommt von dem Drang, dem zu dienen, der durch die Pforte des Todes gegangen ist, ihm das zu erleichtern, was er haben muß, möglichst bald: ein ungehindertes Hinblicken auf den Todesmoment. Denn so wenig man im physischen Leben auf die Geburt zurückblickt, so unerläßlich ist es, daß man zwischen Tod und neuer Geburt auf den Tod zurückblickt. Der Tod steht immer im Rückblick da, nur nimmt er sich von der geistigen Seite anders aus. Er mag von der physischen Seite Schreckliches haben, von der anderen Seite ist er das herrlichste Ereignis, auf das man blicken kann. Er zeigt das Herrliche, daß der Geist über das Physische siegt, indem er sich ihm entringt. Das gehört zum Schönsten, dies Erlebnis, das man zwischen Tod und neuer Geburt hat im Rückblick. Das ist wieder ein Beispiel, wie physische Welt und Geisteswelt entgegengesetzt sind.

Man lernt so allmählich die Eigentümlichkeiten der Geisteswelt kennen. Das sind Gesichtspunkte, die ich aphoristisch heute vor Ihnen entwickeln wollte. Ein weiterer Gesichtspunkt ist mittelbar bedeutend für Dinge, die wir jetzt erleben, der Gesichtspunkt, daß bei einem Menschen, der nach normalen Verhältnissen hier noch lang hätte leben können, ein unverbrauchter Ätherleib als Individualität dasteht neben der Individualität. Kurz dauert die Auflösung des Ätherleibes nur bei älteren Menschen. Wir sind immer umgeben von solchen noch nicht aufgelösten Ätherleibern. Wir leben einer Zeit entgegen, wo dies besonders bemerkbar sein wird, weil mittelbar von diesen Ätherleibern ausgehend eine Art Atmosphäre gebildet wird, wie sie in dieser Weise noch nicht in der Erdenentwickelung da war. Man könnte denken, daß ähnliches schon in früheren Kriegen eingetreten sei, aber die Dinge ändern sich, weil die Menschen früher anders durch den Tod gegangen sind. So viele Menschen, die im Leben nur von materieller Denkweise umringt waren wie jetzt, gab es früher nicht. Das begründet, daß diese Ätherleiber spirituelle Impulse abgeben werden. Weiter wird es sein, daß es Menschen hier auf der Erde gibt, die dies fühlend wissen und wissend fühlen. Ich habe darauf schon in den, ich möchte sagen, den Zeitereignissen gewidmeten Vorträgen hingedeutet. Was uns unsere Zeit lehren will, ist, daß wir nötig haben neben der spirituellen Verflachung auch Vertiefung in das, was als die Begleiterscheinungen später erscheinen wird. Müssen wir es denn nicht wirklich mit ungeheurer Betrübnis erfahren, daß in unserer Zeit, die sich für logisch so aufgeklärt hält, wo sich die wissenschaftliche Kultur durch allerlei populäre Kanäle in weiteste Kreise verbreitet hat, daß da wieder in weitesten Kreisen etwas Platz greifen kann, was wir als ein aus Leidenschaft geborenes Urteil ansehen müssen?

Wer die Stimmen derjenigen verfolgt, die Mitteleuropa wie in einer großen Festung eingeschlossen halten, der wird schon darauf kommen, was diese Leidenschaft in den Seelen der Menschen anrichtet. Man braucht nur nach West und Nordwest zu blicken, da kann man zunächst staunend davor stehen, wozu es menschliches leidenschaftliches Urteilen gebracht hat. Bessere Zeitungen werden da besonders lehrreich sein können. Wie wird da von diesen oder jenen hinausgebrüllt: Wir haben diesen Krieg nicht gewollt! – Wie wird von denen, die dem deutschen Wesen feindlich gegenüberstehen, demjenigen Gebiet, das am allerwenigsten Veranlassung hatte zu diesem Krieg: dem mitteleuropäischen – ganz sinnlos die Schuld an diesem Krieg beigemessen.

In dieser Beziehung ist es dem Deutschen in der Tat durch die ganze Art und Weise, wie sich deutsches Wesen entwickelt hat, schon objektiv möglich, eine Art nationaler Selbsterkenntnis zu erringen, wie sie die anderen Völker recht sehr vermissen lassen. Es wird ja ganz gewiß erst lange Zeit nach den kriegerischen Ereignissen den meisten Menschen möglich sein, namentlich außerhalb Mitteleuropas, die Verhältnisse so weit zu übersehen, daß man über die törichtsten Urteile der Gegenwart einigermaßen hinwegkommt. Für uns, die wir in einer geistigen Bewegung darinstehen, die nicht nur Theoretisches überliefern will, für uns sollte klar sein, daß solchen schweren Ereignissen gegenüber auch ein objektives Urteil gewonnen werden kann und daß wir über manches uns aufklären können in der Gegenwart gerade dadurch, daß wir in diesen schicksaltragenden Tagen darin leben. Wie leicht kann mancher kurzsichtige Geist kritisieren, was zu den Impulsen, zum Kern unserer Geisteswissenschaft gehört. Schmerzvolles hat in den letzten Monaten auf diesem Felde erfahren werden müssen. Da gibt es eine geisteswissenschaftliche Bewegung, die sagt, daß sie liebevoll dafür arbeitet, auf die Menschen eingehen zu wollen ohne Unterschied von Rasse und so weiter. Man kann sagen: Wie stimmt das, was von mir in dieser Zeit vorgebracht wurde, dazu? – Ich habe, bevor diese schweren, schicksaltragenden Tage über uns hereingebrochen sind, davor gewarnt, den Grundsatz von der Gleichberechtigung, Gleichwertigkeit so aufzufassen, daß man ihn in das ganz Abstrakte verkehrt. Erinnern Sie sich, wie ich oft sagte: Wenn Leute kommen und sagen, Buddhisten, Mohammedaner, Christen sind nur verschiedene Formen eines Wesens –, so ist das, wie wenn man sagt: Salz, Zucker, Pfeffer sind alles Speisezutaten, also ist es gleichgültig, was ich nehme –, und streut Zucker in Suppe und Bier, weil es Speisezutat ist. In so abstrakter Weise einen solchen Grundsatz anwenden, kann bequem sein, aber dem, der ernst sucht, kann es nicht darauf ankommen.

Wenn wir uns liebevoll einlassen auf das Wesenhafte der einzelnen europäischen Nationen, dann kommen wir dazu, zu erkennen, daß die Volksseele bei den Italienern zu der Empfindungsseele spricht, bei den Angehörigen der französischen Nation zu der Verstandesseele, bei der britischen Nation zu der Bewußtseinsseele, bei der deutschen Nation zu dem Ich. Nicht dadurch, daß man abstrakt über alles die Liebe ausgießt, kommt man zu Begriffen. Darin wird das Wesentliche unserer Bewegung bestehen, daß die Menschenseele unter Anerkennung der nationalen Eigentümlichkeiten sich zum Allgemein-Menschlichen erheben will. Geisteswissenschaft kann es dazu bringen, daß derjenige, der diesmal in Britannien geboren ist, sagt: Ich habe erkannt, daß ich die Volksseele besonders durch die Bewußtseinsseele sprechend habe, durch das, was die Beziehung der Seele zum physischen Plan regelt, was den Menschen geeignet macht, materiell zu sein. – Wenn er das erkennt, erkennt er, daß er abstreifen muß das, was ihm aus der Nationalität heraus entgegensteht, wenn er sich zum allgemeinen Menschentum erheben will. Diese Erkenntnis hilft immer, und wichtig ist es, daß man dasjenige erkenne, was Eigentümlichkeit der einzelnen nationalen Wesenheit ist. Wenn der Angehörige der russischen Kultur sich sagen wird: Das Eigentümliche der Volksseele ist, daß sie wie eine Wolke schwebt über dem einzelnen, daß der einzelne in chaotischem Denken hinaufsieht zur Volksseele, dadurch darauf angewiesen ist, in das Produktive der anderen Völker sich hineinzufinden –, dann wird er seinen Weg finden. Die, welche durch Geisteswissenschaft das Wesen der russischen Volksseele erkennen, werden sagen: Wozu bin ich Russe? Die Kraft, die ich dadurch erworben habe, habe ich, um die Kraft der anderen Nationen aufzunehmen.

Der Deutsche wird durch Geisteswissenschaft erkennen – er hat nötig, dies in aller Objektivität und Demut aufzufassen –, daß er durch das, was die Volksseele zu seinem Ich spricht, dazu prädestiniert ist, das Allgemein-Menschliche durch seine Nationalität zu suchen. Daß er mitbekommt, was ihn über die Nationalität hinausführt, das ist das Nationale deutschen Wesens. Darin besteht das konkret Nationale deutschen Wesens, daß es durch das Nationale über die Nation hinausgetrieben wird in das allgemeine Menschentum hinein. Daher ist der Übergang zu finden vom deutschen Idealismus zur Geisteswissenschaft im Hineinfließen des deutschen Idealismus in Geisteswissenschaft. Es ist nötig, sich zu konkretem Erfassen der geistigen Wirklichkeiten hindurchzuringen. Geisteswissenschaft gibt die Möglichkeit, konkret diese Dinge aufzufassen. – Wenn man erfährt, daß ein Franzose wie *Renan* sagt: Das, was er in der deutschen Kultur erhalten habe, komme ihm vor wie höhere Mathematik gegenüber der niederen, verglichen mit dem bei anderen Völkern Erlebten –, so ist da ausgesprochen, was gerade das deutsche Wesen charakterisiert. Wir haben schon einmal das Schicksal, dies erkennen zu müssen. Erkennen müssen wir es, können nicht anders als es erkennen, müssen aber mit derselben Objektivität erkennen, daß es unser Schicksal ist, wenn wir rechte Deutsche sind, zu spirituellem Leben fortzuschreiten, so wie es den Briten nötig ist, den Materialismus abzustreifen, um in das Spirituelle hineinzukommen. Aus dem nationalen Wesen ergeben sich für die verschiedenen Völker verschiedene Aufgaben. Für den Deutschen ist besonders wichtig, daß er sich in die geistigen Welten desjenigen, was durch die deutsche Kultur strömt, hineinversenke. Für den Russen gibt es so etwas Nationales nicht. Es gibt für ihn nur die Möglichkeit, die Blutkraft zu gewinnen, die ihm möglich macht, das Wesen der anderen entgegenzunehmen. Es zeigt sich, daß das deutsche Wesen Wichtiges bei der Entwickelung der Volksseele erfuhr.

Die Volksseelen machen, wie die Menschen, eine Entwickelung durch. In den Jahren 1530 bis 1550 geschieht etwas Besonderes mit der italienischen Volksseele. Vorher ist diese Kultur noch nicht so abgeschlossen vom übrigen Europa wie nachher. Vor diesem Zeitpunkt wirkt die Volksseele in der Seele, nachher greift sie über das Seelische hinaus, gestaltet das Physische zum Nationalen hin. Der Mensch schreitet fort zum Unabhängigwerden vom Physischen. Umgekehrt die Volksseele. Sie wirkt erst auf die Seele, dann auf den Leib, so daß die italienische Volksseele vor dem 16. Jahrhundert bloß auf die Seele wirkte, später hingegen greift sie über das bloß Seelische in das Körperliche über, formt das Nervensystem, formt den Ätherleib, so daß der Mensch bestimmt, identifiziert wird auch in bezug auf das Leibliche. Der Mensch wird starrer, schließt sich mehr ab für die übrigen Kulturen.

Für die französische Volksseele tritt ein solcher Zeitpunkt ein in der Mitte des 17. Jahrhunderts. Da fängt die Volksseele an, vom Seelischen auf das Leibliche überzugreifen, macht die Nation starr. Für die Briten geschieht das erst von der Mitte des 17. Jahrhunderts an, und Shakespeare gehört noch nicht einem Zeitalter an, wo die Volksseele auf den Leib übergriff, daher verstehen die Deutschen ihn besser als die Briten. In der Zeit zwischen 1750 und 1850 findet eine Art Übergreifen der deutschen Volksseele vom Seelischen zum Leiblichen statt, sie zieht sich aber wieder davon zurück. Bei westlichen Völkern schwebt die Volksseele höher vorher, senkt sich dann in das Leibliche. Die, die früher in das Leibliche sich senkte, stieg dann wieder ins Geistige. Der Hinunterstieg war zwischen Mitte des 17. und 18. Jahrhunderts. Die deutsche Volksseele bleibt dadurch beweglicher. Sie bleibt nicht dauernd drunten, sie geht hinauf und herab, ergreift den Menschen und läßt ihn wieder frei.

Das sind Dinge, die erst in der Zukunft ganz werden verstanden werden. Wir müssen schon sagen, wir können nicht genug diese gegenwärtige schwere Zeit zugleich mit all ihrem Großartigen, Bedeutungsvollen im Tiefsten unserer Seele mitempfinden. Unendlich bedeutungsvoll müssen diese Ereignisse der Gegenwart sein für denjenigen, der sich für das in der Welt webende Geistige interessiert. Wenn einstmals die Menschen nachdenken werden über die Ursachen, die die gegenwärtigen Kriegsereignisse herbeigeführt haben, dann wird sich eines herausstellen: Mitgewirkt hat zu diesen gegenwärtigen Kriegsereignissen der Gegensatz zwischen den Volksseelen, aber wenn jemand in den künftigen Zeiten noch so sehr suchen wird auf dem physischen Plan nach dem, was die Ursachen seien, er wird immer etwas finden, was die Sache nicht aufklärt, weil die Ursachen nicht auf dem physischen Plan liegen, sondern weil man bei diesen Ereignissen sagen kann: Geistige Individualitäten, geistige Impulse wirken hinein. – Erst wenn die Menschheit das erkennen wird, wird man vernünftig sprechen über die Ursachen, die diese Ereignisse herbeigeführt haben. Man wird erkennen, daß die Menschen nur die Werkzeuge waren, durch die gute und böse Mächte gewirkt haben. Um zu diesem Urteil zu kommen, ist Vorurteilslosigkeit nötig, indem wir uns durchdringen mit dem, was Geisteswissenschaft dem Innersten der Seele, nicht nur dem Verstande, sein kann.

Es kann einmal wichtig sein zu erkennen, wieviel von dem, was von seiten der britischen Welt Anteil genommen hat, wirklich innig mit dem Nationalcharakter zusammenhängt. Dann wird man etwas erkennen müssen, was sich mir seit Juli aufdrängte, bevor noch der Krieg begonnen hatte. Da konnte man verschiedene Urteile hören. Ich erzähle objektiv, möchte das Persönliche ganz unberücksichtigt von Ihnen wissen. Mir drängte sich auf, daß der Welt Gefahr drohte aus der Ursache, daß in London ein so furchtbarer Dummkopf die auswärtigen Angelegenheiten lenkte. Die Welt hält *Grey* für einen gescheiten, vielleicht geriebenen Menschen. Ich konnte ihn nie für etwas anderes halten, aus den intuitiven Eindrücken, als für einen Dummkopf, muß ihn heute für einen besonders dummen Menschen ansehen, den sich ahrimanische Mächte ausgesucht haben, weil er durch seine Nichtbesinnung über die Dinge besonderes Unheil stiften konnte. Durch äußere Gründe kann man nicht so recht beweisen, daß eine solche Persönlichkeit ein Dummkopf ist. Gestern kaufte ich ein Buch und fand darin einen Brief, den ein Ministerkollege des Grey geschrieben hat. Ich kenne den Brief erst seit gestern, halte aber den Grey seit Juli für einen Toren, der von Ahriman ausgesucht ist, um Unheil anzurichten. Es ist für uns interessant, wie der Briefschreiber seinen Kabinettskollegen qualifiziert: «Es ist für uns, die wir Grey seit Anbeginn seiner Laufbahn kennen, sehr unterhaltsam, zu beobachten, wie er seinen kontinentalen Kollegen imponiert. Sie scheinen irgend etwas in ihm zu vermuten, was durchaus nicht in ihm steckt. Er ist einer der hervorragendsten Sportangler des Königreichs und ein recht guter Tennisspieler. Politische oder diplomatische Fähigkeiten besitzt er wirklich nicht; man müßte denn eine gewisse ermüdende Langweiligkeit seiner Art zu reden und ein seltsames Beharrungsvermögen als solche anerkennen. Earl Rosebery sagte einmal von ihm, er mache einen so konzentrierten Eindruck, weil er nie einen eigenen Gedanken habe, der ihn von einer Arbeit ablenken könne, die man ihm mit genauen Direktiven in die Hand gegeben. Als neulich ein etwas temperamentvoller fremder Diplomat sich bewundernd über Greys leise Art äußerte, die nie erkennen lasse, was in ihm vorgehe, meinte ein vorwitziger Sekretär: ‹Ist eine tönerne Sparbüchse bis oben mit Gold gefüllt, so klappert sie allerdings nicht, wenn man sie schüttelt. Ist aber kein einziger Penny drin, so klappert sie auch nicht. Bei Winston Churchill klappern ein paar Nickel so laut, daß es einem auf die Nerven geht, bei Grey nicht das geringste Klappern. Nur wer die Büchse in der Hand hält, kann wissen, ob sie ganz voll oder ganz leer ist!› Das war frech, aber gut gesagt. Ich glaube, daß Grey einen sehr anständigen Charakter hat, wenn ihn auch eine gewisse stupide Eitelkeit gelegentlich einmal verführen mag, sich auf Angelegenheiten einzulassen, von denen Hände, die auf unbedingte Sauberkeit halten, besser wegblieben. Seine Entschuldigung ist aber immer, daß er aus sich selbst heraus keine Sache zu übersehen und durchzudenken vermag. Er, der von sich aus in keiner Weise ein Intrigant ist, kann, sobald ein geschickter Intrigant sich seiner bedienen mag, als der vollkommenste Intrigant erscheinen. Darin lag für politische Intriganten schon immer eine Versuchung, sich gerade ihn zum Werkzeug zu wählen, und allein diesem Umstande verdankt er seine heutige Stellung.»

Das ist ein Beispiel, wie man sich irren kann, wenn man nicht versucht, objektiv auf die Dinge zu schauen. An dieser Persönlichkeit, die nicht durch besondere Schlauheit sich auszeichnet, sondern durch persönliche Anglerfähigkeiten, die nichts zu tun haben mit den Fähigkeiten, auf die es ankommt, sieht man die ahrimanischen Mächte wirken, welche notwendigerweise wirken mußten von der inneren Seite her, damit die Ereignisse eintraten. Man wird nach und nach einsehen, daß man gerade diesen Ereignissen gegenüber sich wird klar sein müssen, wie Übersinnliches im Guten und Bösen anerkannt werden muß. Wenn man diese Ereignisse wird verstehen wollen aus dem, was man auf dem physischen Plan beobachten kann, wird man diese Ereignisse nicht verstehen können. Man wird einsehen, wie die verschiedenen Impulse herübergeströmt sind, wie seit langer Zeit sich im Osten das vorbereitete, was den Impuls zu diesen Ereignissen gab, wie aus denjenigen Dingen, die gerade im östlichen Europa zu beobachten sind, die Faktoren sich entwickelten, die notwendigerweise einmal die Kriegsfackel entzünden mußten, wie der gegenwärtige Moment den Krieg brachte, weil die westlichen Faktoren sich eingelassen auf die Brandstiftung aus dem Osten, aus Gründen, die nur erkannt werden können, wenn man auf die wichtigen Ursachen eingeht. Es wird wichtig sein, daß gerade diese historischen Ereignisse die Menschen zwingen werden, wenn sie die Ursachen erkennen wollen, zum Übersinnlichen hinzublicken, nicht auf dem physischen Plan stehenzubleiben, denn sonst werden sie lang streiten können. Wir werden sehen müssen, daß es, wohl mehr als für andere Menschen, für den Geisteswissenschafter eine Notwendigkeit ist, sich auf einen sichereren Horizont zu stellen als den, der aus der Erfahrung der Angelegenheiten der physischen Welt hervorgehen kann.

Wie eingeengt der physische Horizont werden kann, hat sich seit Jahren gezeigt. Für viele begann geschichtliche Betrachtung erst im Juli. Auch manche in unseren Kreisen gaben sich sonderbaren Urteilen hin. Die Elemente zu dem, was ich sagen will, sind schon im Zyklus «Die Mission einzelner Volksseelen» in Kristiania gegeben worden. Da steht auch, daß im Osten sich vorbereitet, was in der sechsten nachatlantischen Kultur herauskommen will. Wir leben hier in der fünften Kultur. Wenn man abstrakt denkt, von der fünften Kultur steige die Menschheit immer höher zur sechsten und siebenten Kultur, dann kann einem der Kamm schwellen. Aber solches Vordringen ist nicht das Vorwärtsgehen der Kulturentwickelung der Menschheit. Bis zur vierten Kultur war eine Wiederholung der Erdentwickelung. Die fünfte Kultur ist die, auf die es ankommt; sie ist etwas Neues, das hinzugekommen ist, das herübergetragen werden muß in das sechste Zeitalter. Die sechste Kultur wird in Dekadenz sinken, es wird eine absteigende Kultur sein. Das muß berücksichtigt werden. Damit hängt zusammen, daß ein Geist wie *Solowjow,* der in gewisser Beziehung mit seinen habituellen Eigenschaften aus dem russischen Volkscharakter herausgewachsen ist, sich in die westliche Welt gesenkt hat, daß seine Philosophie westlich ist, zwar eingeschlossen in das Temperament des Ostens, aber in der Art, wie die Sätze fließen, das Russische erkennen läßt. – Eine Torheit wäre es, zu sagen, daß dem, der in westeuropäischer Kultur steht, etwas gegeben werden könnte, was über diese westeuropäische Kultur hinausginge.

Es sind dies wieder nur abgerissene Sätze gewesen, aber Sie werden durchhören den Appell an unsere geisteswissenschaftliche Strömung, zu versuchen, diese schwere Zeit auch dazu zu benützen, mit Konkretheit zu sehen und in Konkretheit dasjenige aufzufassen, was auch wirklich in unser Empfinden einfließen kann, wenn geisteswissenschaftliche Vorstellungen in dies unser Empfinden einfließen. Diese unsere Geisteswissenschaft wird sich in der Zukunft gerade dadurch bewähren müssen, daß sie den Weg hindurch findet durch die so unbändig aufgewühlten Leidenschaften in unserer Zeit.

Ich bin mir wohl bewußt, daß ich seit dem Beginn dieser unserer schweren Zeit weder hier noch anderswo anders über die Dinge gesprochen habe als so, daß man vor einer objektiven Weltanschauung diese Dinge vertreten kann. Doch, was alles konnte man hören! Man kann auch da aus dem, was in den letzten Monaten vorging, lernen, wie es um so manches steht, wovon kritisierend in der Außenwelt gesprochen wird. Man hat oft das Urteil hören müssen, ein großer Teil der Mitglieder höre nur auf das Urteil des einen, es beruhe alles auf blindem Vertrauen. – Wie weit es mit dem blinden Vertrauen ist, konnte sich in diesem Moment zeigen.

Über das, was von mir gesprochen wurde, konnte man hören: Der verwendet seine okkulten Fähigkeiten dazu, sie zur Prüfung der Wolffschen Telegramme zu vertrödeln. – Sonderbares Vertrauen von jemand, der in unserer Bewegung drinsteht, zu sagen, daß ich die Wahrheit des Wolffschen Telegraphenbüros zugunsten der Feinde Deutschlands verwende! – Das ist nur ein Urteil aus unzähligen. Da sehen Sie, wie auch in Geisteswissenschaft das hereinspielt, was jetzt in Begierden und Leidenschaften die Welt durchflutet. Das darf uns nicht abhalten, die Wahrheit zu ergründen in bezug auf das, was jetzt zu betonen unsere Obliegenheit ist. Das werden Sie einsehen können.

Im Grunde genommen war es immer so, wie es jetzt ist. Das, was jetzt gesagt wurde, ist immer gesagt und getan worden. Ich habe schon früher betont, daß diese hier zur anthroposophischen Bewegung gewordene theosophische Bewegung sich nie in anderer Weise entwickeln wollte, als im geraden Fortgang mitteleuropäischer Kultur. Es hat sich nie darum gehandelt, sich von jemand ins Schlepptau nehmen zu lassen. Von englischer Seite faßte man, als man das bemerkte, gleich Mißtrauen gegen diese Mitteleuropäer, die nicht die Nachbeter dessen waren, was von britischer Theosophie gegeben wurde. Das Wahrheitsgefühl mußte die britische Auffassung des Christus-Problems ablehnen, sie war solcher Art, daß der Glaube entstehen konnte, Christus werde sich im physischen Leibe wiederverkörpern, weil man ein geistiges Kommen des Christus nicht verstehen konnte. Da zeigte sich die Unmöglichkeit des Zusammengehens der beiden Richtungen. In englischen theosophischen Zeitschriften finden Sie jetzt Zuschriften von

Mrs. *Besant,* die in jeder Weise die Welt der Theosophie aufruft, um gegen Deutschland zu wirken. Da finden Sie eine nachträgliche Erklärung dafür, warum damals die deutsche theosophische Bewegung sich von der englischen lostrennen mußte. Mrs. Besant sagt: «... Jetzt, wenn ich rückwärts blicke, im Lichte der deutschen Methoden, wie der Krieg sie uns offenbart, erkenne ich, daß die langandauernden Bemühungen, die theosophische Organisation einzufangen und einen Deutschen an ihre Spitze zu setzen – der Zorn gegen mich, als ich diese Bemühungen vereitelte, die Klage, daß ich über den verstorbenen König Eduard VII. als den Beschützer des europäischen Friedens gesprochen hatte, statt dem Kaiser die Ehre zu geben –, daß alles das ein Teil war der weit ausgebreiteten Kampagne gegen England, und daß die Missionare Werkzeuge waren, geschickt gebraucht durch die deutschen Agenten hier» (in Indien), «um ihre Pläne durchzusetzen. Wenn sie hätten verwandeln können die Theosophische Gesellschaft in Indien mit ihrer großen Anzahl von Verwaltungsbeamten in eine Waffe gegen die britische Regierung und sie dazu hätten erziehen können, emporzuschauen zu Deutschland als zu ihrer geistigen Führerin, statt einzustehen, wie sie es immer getan hat, für den gleichwertigen Bund zweier freier Nationen: so hätte sie allmählich ein Kanal für Gift in Indien werden können.»

[Lücke in der Nachschrift] Diese Persönlichkeit ist darauf gekommen, was ich damals wollte. – Da erkennen Sie die Ursachen, warum dieser Krieg zwischen Deutschland und England ausgebrochen ist. Sie können aber auch sehen, daß dem jetzigen Kampf unser auf das Spirituelle bezüglicher vorangegangen ist. Mancherlei, was da geschehen mußte, wird man jetzt vielleicht anders verstehen.

Das Beteuern von Okkultismus [?] ist ein zweischneidiges Schwert. Es muß immer wieder gesagt werden, daß ein Wahrheitsgefühl die Seelen intensiv durchdringen muß, welche durch Okkultismus Heil, und nicht Unheil in der Welt anrichten wollen. Wie das zusammenhängt, was in unsere Seele durch die Zeitereignisse dringen muß, was wir als okkult Beflissene aus den Zeitereignissen lernen sollen, kann uns an dem Gedanken aufgehen: Wenn wieder Friede sein wird, werden in der Geisteswelt unverbrauchte Ätherleiber sein, die Kräfte herunterbringen wollen. Aus den Seelen, die durch Geisteswissenschaft angeregt sind, sollen auch Kräfte hinaufgehen, sich mit den Kräften von oben zu verbinden, dann wird für Fortschritt und Heil der Menschheit das, was Geisteswissenschaft sein kann, bedeutsam sein. Wenn wirklich recht viele Seelen, die in Wahrheit und Objektivität das empfinden, da sein werden, wenn viele Seelen mit Gedanken, die durch die spirituelle Weltauffassung angeregt sind, sich hinaufsehnen in die Geisteswelten, dann wird auch für diese Seelen das Schwierige unserer Zeit seinen Wert haben. Darum möchte ich auch heute den Zusammenhang unseres geistigen Strebens zum Ausdruck bringen durch die Worte:

Aus dem Mut der Kämpfer,
Aus dem Blut der Schlachten,
Aus dem Leid Verlassener,
Aus des Volkes Opfertaten
Wird erwachsen Geistesfrucht –
Lenken Seelen geist-bewußt
Ihren Sinn ins Geisterreich.

VIERTER VORTRAG

München, 29. November 1915

Es ist eine Zeit, in der das Todeserlebnis vom Gesichtspunkt des physischen Planes vielfältig im weiteren und im engeren Sinn vor unsere Seele tritt, tausendfältig draußen in der Menschheit und auch in unserem engeren Kreis, aus dem gerade im Laufe der letzten Jahre und auch Monate liebe Freundesseelen durch die Pforte des Todes gegangen sind. Da ist es vielleicht gerade naheliegend, diese Betrachtung, zu der wir hier in diesem Zweige uns verbunden fühlen können, von gewissen Gesichtspunkten aus auf das Rätsel des Todes und mancherlei, was damit zusammenhängt, zu lenken. Wir richten ja unsere betrachtenden Blicke auf das Todesrätsel nicht bloß aus dem Grunde, weil uns Neugierde oder Wißbegierde plagt, das zu erkennen, was mit dem Tode geheimnisvoll zusammenhängt, sondern weil wir nun schon aus den Anschauungen, die uns Geisteswissenschaft vermitteln kann, genugsam entnommen haben, wie mit dem Geheimnis des Todes, mit der Erkenntnis desselben, innig zusammenhängt das, was wir brauchen an stärkenden Kräften des Lebens, wie im Grunde genommen die Betrachtung des Todes die Kluft zwischen den beiden Welten – der Welt, die wir im Physischen durchleben, und der Welt des Geistigen – hinwegschafft. Haben wir uns doch oftmals klargemacht und mit Recht immer wieder und wiederum im Anblick konkreter Tode vor unsere Seele gerufen, wie diejenigen Seelen, die mit uns verbunden waren im physischen Leben, dies auch bleiben, nachdem sie durch die Pforte des Todes gegangen sind. Durfte ich doch im Zusammenhang damit auch schon in diesem Zweige es aussprechen, daß es zu den stärkenden, kräftigenden Gedanken gehört, von denen wir uns tragen lassen können, daß wir Freundesseelen in den geistigen Welten haben, welche durch die Art und Weise, wie sie hier auf Erden mit unserer Sache verbunden waren, unsere treuen Helfer und Mitarbeiter werden und geworden sind. Betonen muß man es doch, daß wir nun schon einmal in einer Zeit leben, in der wir uns verpflichtet fühlen, die Geisteswissenschaft auszuarbeiten, in der aber dieser Geisteswissenschaft noch viel Mißverständnis und aus dem Mißverständnis, dem Unverständnis hervorgehende Gegnerschaft entgegengebracht wird. Und manchmal könnten Zweifel entstehen, ob gegenüber der immer stärker und stärker werdenden Gegnerschaft – und sie wird wahrlich noch stärkere Formen annehmen – dasjenige ausreichen kann, was uns an Kräften gegeben ist innerhalb der physischen Welt. Dann tritt eben gerade der stärkende Gedanke ein, daß die mit unserer Arbeit treu verbundenen Freundesseelen, die vor uns hinweggegangen sind, die ungehemmt sind durch die Hindernisse, welche sich uns hier auf Erden noch entgegendämmen, ihre Kräfte mit den unseren vereinigen. Und aus solcher Überzeugung heraus glauben wir an das Sieghafte, wenn auch langsam Heransiegende der geisteswissenschaftlichen Arbeit.

Wenn der Mensch durch die Pforte des Todes geht, da ist es ja, ich möchte sagen, unserer Seele zunächst gelegen, zu erfahren, wie er, nachdem er seinen physischen Leib auf dem Schauplatz des Erdenseins zurückgelassen hat, dann in die geistigen Welten, gewissermaßen diese physischen Welten verlassend, hinansteigt. Wenn wir geisteswissenschaftliche Überzeugungen gewonnen haben, dann empfinden wir das Durchschreiten der Todespforte bei einem Menschen wie ein Verlassen der physischen Welt. Wenn nun der geistesforscherische Blick auf das Erlebnis des Todes gerichtet wird, das heißt auf das Hindurchgehen eines Menschen durch die Todespforte, dann stellt sich diesem geistesforscherischen Blick allerdings die Sache etwas anders dar. Hauptsächlich kommt ja dabei das in Betracht, was der sogenannte Tote selber als Erlebnis hat, wie er in seinem Innersten das Durchschreiten der Todespforte empfindet und erlebt, und wie es sich für ihn dann weiter gestaltet zwischen dem Tod und einer neuen Geburt. Und da muß gesagt werden: Was durch die Todespforte schreitet, das ist, wie wir wissen, zunächst der Ätherleib mit dem astralischen Leib und dem Ich. – Nun fühlt aber der Tote, indem er in dieser Dreiheit seines Wesens zunächst die geistige Welt betritt, den Schauplatz der physischen Welt und darauf stehend diejenigen Menschen, mit denen er sich verbunden fühlte im Leben, und auch alles das, womit er sich sonst verbunden gefühlt hat, eigentlich so, als wenn ihn das alles verließe, als wenn es sich unter ihm gewissermaßen wegbewegte. Und dann fühlt derjenige, der durch die Todespforte geschritten ist und sich einlebt mit seinem Ätherleib in die ätherische Welt, sich eins werdend mit dieser ätherischen Welt. Und auch das wissen wir schon: Vor seinem Blick tritt eine Art Überschau über das Erleben auf der Erde in der letzten Inkarnation auf. Dieses Erleben ist wirklich mit einer Art universellen Traumerlebens zu vergleichen. In wogenden, webenden Bildern, die vielsagend, vielbedeutend sind, läuft das Leben eben tagelang ab. Man möchte sagen, es vergrößert sich dieses Lebenspanorama, indem der Tote fühlt: Bis dahin schaust du; dein Leben webt sich ab, flutet ab. Und jenseits dieses flutenden Lebens verläßt dich der Schauplatz, auf dem du bisher gestanden hast.

Dieses ist ein ganz ätherisches Erleben. Während wir, wenn wir hier physisch-sinnlich erleben, auf das Feste, das Derbe mit unseren Sinnen aufstoßen und genau wissen: das sinnlich Erlebte ist da draußen und wir erfühlen uns in den Grenzen unserer Haut –, erlebt der durch die Todespforte Geschrittene sein Dasein und seinen Zusammenhang mit der Welt so, daß er nicht in so starker Weise unterscheidet; er fühlt gewissermaßen das, was er als Lebenstableau hat, als ein Stück seines Selbstes. Ja, es ist dieses Lebenstableau überhaupt zunächst seine Welt. Er überschaut das, was er durchlebt hat, in einem großen Lebenspanorama, als seine nächste Welt, in der er zunächst ist. Gewissermaßen entsinkt ihm das irdische Dasein, und es preßt sich aus diesem entsinkenden irdischen Dasein das heraus, was er seit seiner Geburt innerhalb dieses irdischen Daseins erlebt hat, und das läuft ab so wie ein mächtiges, lebendiges intensiv lebendiges, nicht mit dumpfem Traumbewußtsein, sondern mit deutlichem Bewußtsein durchzogenes Bilderpanorama, wobei eben nicht etwa bloß Bilder gesehen werden, sondern wobei alles das wieder auflebt, was wir auch in anderer Weise innerhalb des Lebens erfahren haben. Jedes einzelne Gespräch, das wir mit Menschen gehabt haben: wir hören es wieder; alles das, was wir mit Menschen zusammen erfahren haben, was wir ausgetauscht haben an Empfindungen mit ihnen: wir erfahren es wieder. Dadurch, daß alles flutendes Leben ist, ist jener Lebensreichtum möglich, der, in einige Tage zusammengedrängt, eine völlige Überschau – die eigentlich immer gleichzeitig vor uns ist – über das gibt, was wir in einem manchmal langen Erdenleben durchgemacht haben. Und wir machen es so durch, daß wir dann wissen: Früher, auf der Erde, hast du das so durchlebt, daß Erlebnis nach Erlebnis gekommen ist. Du hattest ein Erlebnis, standest drinnen in einem Lebenszusammenhang. Der flutete dahin, blieb zum Teil in deiner Erinnerung, wurde zum Teil vergessen. Dann trat Neues ein, und so setzte sich durch Jahre hindurch der Lebensstrom zusammen. Jetzt ist das alles gleichzeitig vor dem seelischen Auge stehend, und jetzt ist das alles, man möchte sagen, in dem zur Welt erweiterten Selbst drinnen.

In diesen Tagen nach dem Tode unterscheidet man nicht Welt und Ich, sondern beide fließen zusammen, und die Welt ist eben das Selbsterlebte. Es ist sonst zunächst nichts da als das Selbsterlebte, in dem auch alles drinnen ist, was wir mit anderen Menschen im Erdendasein durchlebt haben. Und dann fühlen wir, wie wenn das äußerlich ätherisch Stoffliche, das anfangs wie der Träger dieser Bilderwelt erscheint, von uns fortginge, und wie wenn diese Bilderwelt nicht mehr wie eine geschaute wäre, sondern wie eine, die wir jetzt ganz und gar mit unserem eigenen Wesen verbunden haben, die ganz und gar unser Inneres jetzt bildet. Und dadurch, daß wir sie gleichsam in uns aufsaugen, sind wir in der Lage, wiederum die übrige geistige Welt zu empfinden, zu erleben, mit unserem Bewußtsein zu überschauen.

Nun treten nach und nach in der übrigen geistigen Welt die Menschenseelen auf, die entweder vor uns durch die Pforte des Todes gegangen sind und nun auch da sind, oder die Menschenseelen, die noch unten sind im physischen Leib, im irdischen Dasein. Man schaut diese Menschenseelen von der geistigen Welt aus, indem man sie in ihrem Geistig-Seelischen schaut. Das Physische ist allerdings nur für physische Organe wahrnehmbar, aber das Geistig-Seelische, das das Physische auskleidet, ist dann auch im Menschen wiederum vor unserem Seelenblick aufsteigend. Wir fühlen uns viel inniger mit all dem verbunden, was jetzt von uns erlebt wird, als wir uns verbunden fühlen konnten da, wo doch eigentlich, nämlich auf der Erde, durch den physischen Leib trennende Schranken sind.

Nur eben eines müssen wir immer festhalten: Die Worte, die ja alle für die Verhältnisse des physischen Planes geprägt sind, müssen wir sorgfältig wählen, wenn wir das Geistige bezeichnen wollen, denn das Erleben in der geistigen Welt ist eben nun einmal ein viel intimeres als das Erleben hier auf dem physischen Plan. Wenn wir uns vergegenwärtigen, wie ein Gedanke, der ein Erlebtes darstellt, das lange hinter uns liegt, an dieses Erlebnis erinnernd wieder herauftaucht, wie dieser Gedanke aus uns selber heraufkommt, wenn wir uns das lebhaft vorstellen und uns jetzt, ich möchte sagen, die Wirklichkeitsinhalte eines solchen schattenhaften Erinnerungserlebens denken, dann bekommen wir allmählich eine Vorstellung, wie eigentlich die geistige Wirklichkeit vor uns auftritt, nachdem wir durch die Pforte des Todes geschritten sind. Sie kommt ja in der Regel nicht so von außen an uns heran wie die Erlebnisse der physisch-sinnlichen Welt. Die Imaginationen kommen schon so herauf, nur mit unendlich viel größerer Lebendigkeit als die Erinnerungsbilder, aber so, daß wir unser Ich und die Imaginationen nicht so unterscheiden, wie wir uns hier unterscheiden von der Außenwelt. Sie kommen aus uns herauf wie Erinnerungsbilder, aber so, daß wir wissen: Das, was da am Horizonte unseres Bewußtseins aufsteigt, ist Realität. Da steigt eine Imagination auf: wir wissen sie mit uns so verbunden wie hier auf dem physischen Plan das Erinnerungsbild. Sie steigt auf mit aller Lebendigkeit. Wir wissen aber, wir sind mit ihr verbunden, unser Ich ist drinnen. So steigt die Seele aufwärts, so fühlen wir uns im Verein mit den Seelen und den Seelenwesen der höheren Hierarchien, die allmählich da aufsteigen. Es kommt schon die geistige Welt, ich möchte sagen, aus dem unbestimmten Dämmerdunkel an die eigene Seele heran, wie Erinnerungsbilder an sie herankommen, die in unserer Seele auftauchen. Nur daß die Erinnerungsbilder eben ganz dämmerig sind und nur ein äußeres Wirkliches abbilden, während die Imaginationen, die auftreten, dann zu sprechenden Imaginationen werden, indem sie sich wesenhaft ankündigen durch ihre im Geist sich enthüllende Sprache, die dann für uns wird zur Offenbarung der Seelen, der Geister, mit denen wir weiterhin in der mannigfaltigsten Weise wärmer, inniger zusammen sind, als wir mit einem Menschen hier auf dem physischen Plan zusammen sein können.

Man muß sich nun ganz besonders klarmachen, welche Bedeutung das allererste Erlebnis hat, das der Mensch durchmacht, wenn er durch die Pforte des Todes schreitet. Dieses Zurückblicken auf das letzte Leben, das hat eine große, eine ungeheure Bedeutung für das ganze nunmehr folgende Erleben zwischen dem Tod und einer neuen Geburt, und wir können uns diese Bedeutung klarmachen, wenn wir daran denken, wie wir eigentlich zu unserem Ich-Bewußtsein kommen in dem physischen Erdenleben; nicht zu unserem Ich, sondern zu unserem Ich-Bewußtsein. Wie wir zum Ich kommen, wissen wir ja aus unserem geisteswissenschaftlichen Studium: Die Geister der Form verleihen uns dieses Ich, indem wir fortgeschritten sind vom Mondendasein zum Erdendasein. Aber dieses Ich ist ja zunächst unterbewußt. Es wird bewußt dadurch, daß es sich im physischen Leibe spiegelt. Wie spiegelt es sich hier auf dem physischen Plan? Nun, Sie wissen ja, schon im gewöhnlichen Traumerlebnis können Sie es sehen: Das Ich wird seiner im Traumerlebnis nur sehr selten klar bewußt; es verschwimmt das Ich mit den Erlebnissen, mit den Bildern des Traumes, die auftauchen. Wodurch erleben wir während des Tagwachens das Ich-Bewußtsein? Machen Sie sich klar, wie eigentlich doch dieses Ich-Bewußtsein zusammenhängt mit allen äußeren Wahrnehmungen und allem äußeren Erleben. Wenn wir mit der Hand so durch die Luft fahren, verspüren wir nichts. Im Augenblick, wo wir aufstoßen, verspüren wir etwas. Aber wir verspüren eigentlich das eigene Erlebnis, verspüren dasjenige, was wir durch unsere Finger erleben. Im Stoßen an die Außenwelt werden wir unser Ich gewahr. Und in anderem Sinn werden wir beim Aufwachen eigentlich dadurch unser Ich gewahr, daß wir aus dem Schlafbewußtsein heraus untertauchen in unseren physischen Leib, zusammenstoßen mit unserem physischen Leib. In diesem Zusammenstoßen mit dem physischen Leib wird das Ich-Bewußtsein eigentlich vor die Seele gerufen.

Seien wir uns doch klar, daß das Ich-Bewußtsein nicht verwechselt werden darf mit dem Ich. Das Ich bleibt zunächst im Unterbewußtsein, könnte man sagen, unvollständig. Wie das Ich wirklich ist, wird der Mensch erst während der Vulkanzeit erfahren. Aber das Ich erlangt das Erdenbewußtsein dadurch, daß es mit dem Astralleib untertaucht in den Ätherleib und physischen Leib, zusammenstößt mit dem Ätherleib und physischen Leib. Und in diesem Zusammenstoßen mit dem Ätherleib und physischen Leib wird das Ich seiner selbst gewahr: dadurch entsteht das Ich-Bewußtsein von dem Moment an, wo eben wirklich der physische Leib so verhärtet ist, daß dieses Zusammenstoßen stark genug ist, das heißt von einem gewissen Zeitpunkt der zarten Kindheit an, bis zu dem wir uns zurückerinnern.

Nun muß auch die Seele im Leben zwischen dem Tod und einer neuen Geburt mit etwas zusammenstoßen. Hier im physischen Leben stößt sie zusammen mit dem physischen Leib, der aus den physischen Kräften und Substanzen der äußeren Natur gegeben ist, um zum Ich-Bewußtsein zu kommen. Nach dem Tode, zwischen dem Tode und einer neuen Geburt, stößt die Seele, um also zu ihrem nunmehr geistigen Ich-Bewußtsein zu kommen, mit dem eigenen Leben zusammen, das sie in den Tagen, nachdem sie durch die Todespforte geschritten ist, eben geschaut hat und auf das sie immer wieder zurückblickt. Erst stellt sich das Leben schauend dar, dann wird es Rückblick, der immer da ist. Indem wir als geistiges Wesen, nachdem wir durch die Todespforte geschritten sind, im Strom der Zeit weiterleben und zurückblicken auf das, was wir unmittelbar in und mit dem Tod erlebt haben, stößt die weiterschreitende Seele immer im Rückblick auf dieses Lebenspanorama, das man gehabt hat, das aber jetzt eben geistige Erinnerung bleibt. Und so wie das Ich durch seinen Zusammenstoß mit dem physischen Leib zu seinem Ich-Bewußtsein hier entzündet wird, so wird das Ich-Bewußtsein nach dem Tode entzündet durch den auf das letzte Erdenleben aufstoßenden, rückschauenden Blick auf unser eigenes Leben. Indem wir auf dasselbe zurückschauen, erleben wir dieses Ich-Bewußtsein zwischen dem Tod und einer neuen Geburt. Es ist anders, dieses Ich-Bewußtsein nach dem Tode, aber es ist keineswegs etwa schwächer.

Wie ist denn eigentlich dieses Ich-Bewußtsein hier in der physischen Welt? Es ist so, daß wir eigentlich hier in der physischen Welt, wenn wir unser Ich gewahr werden wollen, darauf angewiesen sind, daß es uns durch anderes in unserem physischen Leib gezeigt wird. Es erscheint uns gleichsam aus dem Spiegel unseres physischen Leibes heraus, dieses unser physisches Ich. Wir fühlen uns recht passiv in der

Erzeugung unseres Ich, zumindest wenn wir nicht gerade einer solchen Philosophie wie derjenigen *Johann Gottlieb Fichtes* nachleben. Dagegen, nachdem wir durch die Todespforte geschritten sind, fühlen wir uns fortwährend tätig. Wir geben uns gleichsam unser jetzt viel intensiveres Bewußtsein immer wieder und wiederum dadurch, daß wir rückschauen auf unser eigenes Leben und mit dem Ich-Bewußtsein das Bewußtsein verbinden: Wir wollen uns, und wollen uns immer wiederum, und wir dürfen uns wollen, denn unverlierbar bleiben wir uns selbst dadurch, daß unauslöschbar der Eindruck bleibt dessen, was wir einmal durchlebt haben. – Ich möchte mit diesen Worten gerade sehr deutlich das wiedergeben, was da im Ich-Bewußtsein zwischen dem Tod und einer neuen Geburt erlebt wird. Und ungleich dem Erleben, dem Bewußtseinserleben hier auf dem physischen Plan ist das Bewußtseinserleben zwischen dem Tod und einer neuen Geburt. Hier auf dem physischen Plan kann eigentlich niemand aus eigener Erfahrung im normalen Bewußtsein zurückschauen auf seine eigene Geburt. Seine Geburt kann jemand im eigenen Erleben mit normalem Bewußtsein nicht beobachten, das Erinnern fängt erst später an. Ich habe auch hier schon einmal gesagt: Wenn die Leute nur auf Erfahrung, auf das Selbsterfahren etwas geben wollen im Leben, dann kann eigentlich niemand an seine eigene Geburt glauben, seine Geburt erlebt er im Grunde genommen höchstens, wenn er hellsichtig zurückschaut. Wenn jemand sagt: Ich glaube nicht früher an die geistige Welt, als bis ich sie selbst gesehen habe; dasjenige, was mir die Geisteswissenschaft sagt, das will ich nicht glauben, ich glaube nur das, was ich selbst gesehen habe –, dann kann man ihm im Grunde genommen antworten: Und deine eigene Geburt? Es scheint doch, als ob du glauben würdest, daß diese stattgefunden hat? Aber eine Erfahrung kannst du nicht gut davon haben. – Man sieht daraus, wie sogar etwas ganz Bedeutungsvolles für das Menschenleben nur aus einer Schlußfolgerung heraus für das normale Bewußtsein eben bewußt ist. Wir nehmen nur immer für das normale Bewußtsein an, daß wir geboren sind, indem wir schließen: Wir schauen gerade so aus wie die Menschen, von denen wir schon beobachteten, daß sie geboren sind, also werden wir wohl auch geboren sein. – Aber es beruht nur auf einer Schlußfolgerung.

Ganz anders ist dieses in der Zeit zwischen dem Tod und einer neuen Geburt. So wenig man im normalen Bewußtsein auf die eigene Geburt zurückschauen kann, so sehr schaut man mit diesem erinnerten Lebenspanorama immer den Moment seines Todes. Und so wahr als sich die Geburt auslöscht für das Erdenbewußtsein, so wahr steht im rückschauenden Bewußtsein vor dem Seelenleben zwischen dem Tod und einer neuen Geburt immer das Ereignis des Todes, aber jetzt angesehen von der anderen Seite. Hier auf dem physischen Plan sieht ja der Mensch das Erlebnis des Todes nur von der einen Seite. Da hat es manche schauerliche Seite. Aber man darf nicht daraus schließen, es wäre nun schrecklich, daß der, welcher weiterlebt, immerdar zurückschauen müsse nach dem Todeserlebnis. Denn dieses ist von dort aus gesehen das schönste, größte, bedeutsamste Erlebnis, das überhaupt eine Menschenseele haben kann, weil es immerdar in strahlender Weise zeigt, wie der Geist siegt über das materielle Dasein. Ein alles Bewußtsein Belebendes, Erhebendes und Erhöhendes hat diese fortdauernde Rückschau auf das Todeserlebnis. Vorzugsweise dieses Todeserlebnis ist es, durch das die Seele sich sagt: Ich lebe hier in der geistigen Welt, mit der geistigen Welt. – Dadurch, daß die Seele die Kraft hat, sich dieses zu sagen, hat dieses Todeserlebnis für das nach dem Tode beginnende Leben eine ungeheure Bedeutung.

Ich sagte: Der Mensch fühlt, wie sein Leib und alles das, was auf der Erde da war, ihn verläßt, und er fühlt, wie er jetzt durch innere Tätigkeit sein Bewußtsein ausgleichen muß, wie er für sein Bewußtsein etwas leisten muß, was er früher für dasselbe durch das Werkzeug des Leibes geleistet bekommen hat. Ich kann ohne den Leib in mir bewußt leben: die Möglichkeit, diesen Gedanken zu fassen, erzeugt eben ein viel stärkeres Bewußtsein, als man innerhalb des Erdenlebens es haben kann. Und diese Überzeugung bringt uns der Tod bei, daß man erfühlen kann: Der Leib geht weg, aber jetzt beginnt eine Zeit, wo du nicht angewiesen bist, auf deinen Leib zu stoßen, um dich als Ich zu fühlen, jetzt beginnt eine Zeit, wo du gewissermaßen die geistigen Kräfte selber in deine Seelenhülle hineingießest, so daß du dich fortwährend zum Bewußtsein aufrufst. – Indem man erkennt, wie dieses Sich-zum-Bewußtsein-Aufrufen da sein kann, wenn einem der Leib entrissen wird, hat man den Lebenseindruck des inneren Daseinsschaffens. Das beginnt mit dem Tode, wo man anfangen muß, ohne den Leib sich als ein Ich zu erleben. Das ist der Ausgangspunkt, weiter ohne den Leib sich als ein Ich zu fühlen, indem man rückblickt auf das Todeserlebnis. Wenn der geistesforscherische Blick dadurch, daß er die geistige Welt in sich aufleben läßt, es dahin bringt, daß eben Seelen, die durch die Pforte des Todes gegangen sind, wie in dem Inneren auf dem Bewußtseinsfeld in den Imaginationen auftauchen, dann lernt man erkennen, *wie* der Tote erlebt. Man lernt Unterschiede erkennen, die da auftreten. Man kann immer natürlich nur einzelnes beschreiben. Einen solchen Unterschied wollen wir einmal ins Auge fassen.

Man lernt erkennen, wie auf dem Schauplatz der Seelenbeobachtung nach dem Tode Menschenseelen auftreten. Von zweierlei Art sind diese Menschenseelen: solche Menschenseelen, die früher schon eingetreten sind in die geistige Welt, vor unserem Tode, die wir also schon drinnen als entkörperte Seelen finden, und solche Seelen, die noch im Leibe verkörpert auf Erden sind. Auch diese, die noch auf Erden sind, sind wir imstande ebenso mitzuerleben. Indem der Schauplatz des irdischen Daseins von uns entschwindet, bleibt uns die Möglichkeit, mit dem, was seelisch war, uns noch verbunden zu wissen. Es entschwindet uns nur das Physische, unsere Seele erweitert sich, vereinigt sich mit dem weiten All, und dadurch gerade ist die Möglichkeit gegeben, auch indem uns das Physische gleichsam enteilt, uns mit dem Seelischen noch verbunden zu wissen und es zu erleben.

Aber es ist nun ein Unterschied zwischen dem Erleben der einen Seelenart und der anderen Seelenart. Wenn wir eine Menschenseele erleben in der geistigen Welt, dann erleben wir sie ja natürlich nicht so – man braucht das kaum zu sagen, aber diejenigen, die noch gar nichts begriffen haben von dem Schauen in der geistigen Welt, glauben das –, daß man ihr gegenübertritt, wie man einem äußeren Wesen gegenübertritt; sondern man erlebt sie so, daß man das Wesen im Bewußtsein auftauchen fühlt. Und nun haben wir bei einer Seele, welche schon entkörpert ist, die schon durch die Pforte des Todes gegangen ist und der wir begegnen, das innere Erlebnis, daß sie da ist. Damit beginnt der Eindruck. Wir wissen: Da ist eine Seele. Aber wir müssen gleichsam uns in sie hineinleben, hineinfühlen. Wir müssen die Imagination so bekommen von ihr, daß wir uns am Schaffen der Imagination beteiligt fühlen.

Es ist wirklich so, daß man die Sache in folgender Weise beschreiben möchte: Man fühlt sich in der geistigen Welt. Es tritt das Bewußtsein auf: Du bist jetzt nicht allein, eine Seele naht dir. – Nun ist es so, wie wenn man in der physischen Welt einen Gedanken unsichtbar in der Seele trägt. Man will ihn aber sichtbar machen. Da nimmt man eine Kreide und zeichnet den Gedanken auf, macht ein Bild davon. So ist es wirklich zunächst bei den Erlebnissen in der geistigen Welt. Man weiß: es ist ein reales Geistwesen da. Um die Seele zu sehen, muß man erst mit ihr so in Berührung kommen, daß man sie gleichsam als Imagination in den Geistraum hineinzeichnet. Das tut man auch, aber man weiß sich tätig im Schaffen der Imagination. Und wenn sie durch die Sphärenmusik, durch die sie ihr Wesen zu unserem Wesen sprechen läßt, so sprechen will, wie der Mensch hier durch seine Sprache seine Seele uns in der physischen Welt ankündigt, wenn sie die Sphärenmusik aus sich ertönen läßt, dann fühlt man auch, daß man nicht passiv bleiben kann. Wenn Sie die Sprache eines Menschen hören und Sie wollen nicht dabei denken, so brauchen Sie sie nicht zu verstehen. Mittun muß man, wenn man sie verstehen will. So muß man überall hier auch mittun. Man lebt sich so zusammen, aktiv, tätig; man weiß, daß man jedes Stück der Erscheinung des Wesens einer Seele, das man so vor sich haben kann, miterzeugen muß als Erscheinung. Die Erscheinung erzeugt man, nicht das Wesen. Es wird dann auch der Fall eintreten, wo man sich nicht so stark tätig fühlt, daß man weiß: Jetzt ist eine Menschenseele da. Aber diese drängt durch sich, ohne daß wir so stark uns beteiligen wie in dem eben beschriebenen Fall, zur Imagination. Die Imagination entsteht mehr durch sich selbst vor uns. Dann stehen wir einer Seele gegenüber, die noch auf Erden verkörpert ist. Und indem der Mensch durch die Pforte des Todes geschritten ist und allmählich in der geistigen Welt weiterlebt, lernt er an dieser Art und Weise, wie er sich zu den Seelen stellt, die Unterschiede zwischen Seelen kennen, die er eben in der geistigen Welt trifft, und solchen, die er sich auf die Erde versetzt zu denken hat.

Damit habe ich einen der Unterschiede angegeben, wie im unmittelbaren Erleben die Erfahrungen sich abspielen, die man in der geistigen Welt macht. Und so sind auch Erlebnisse, innere Erlebnisse notwendig zu unterscheiden, ob man nun Menschenseelen erlebt, oder ob man die Seelen der Wesen der höheren Hierarchien erlebt. Fassen Sie das, was ich Ihnen beschrieben habe, als Erlebnis von Menschenseelen einmal auf. Ich sagte: Man erlebt Menschenseelen entweder so, daß man die Imaginationen schafft oder nachschafft, oder indem sie sich mehr oder weniger selbst erschaffen. Dann aber kann das Erlebnis auch so sein: Man weiß, ein Wesen ist da. Dieses Wesen muß auch als Imagination, es muß auch im Erlebnis vor uns stehen, wenn wir mit ihm so recht zusammensein wollen. Aber es wird uns nicht in derselben Weise unmittelbar möglich sein, die Imagination zu erzeugen, wie in den eben beschriebenen Fällen, wo sie sich im einen Fall sogar von selbst aufbaut. Wir müssen, indem wir eben das Erlebnis haben: Ein Wesen ist da –, noch etwas ganz anderes in uns entwickeln. Wir müssen die Empfindung in uns entwickeln: Wir lassen dieses Wesen in uns schaffen. Wir geben unsere Kräfte her, damit die Kräfte dieses Wesens selber hereinströmen. – Während wir also bei der Menschenseele uns selber als schaffend in der Imagination fühlen, fühlen wir bei Wesen der höheren Hierarchien, der Angeloi, der Archangeloi, wie diese Wesen in uns die Imagination schaffen. Und so leben wir uns allmählich in dieses Miterfahren der geistigen Welt hinein.

Wir wissen ja auch, daß im Konkreten dieses Miterfahren so geschieht, daß durch eine lange Reihe von Jahren hindurch – wir haben ihre Länge im Verhältnis zum letzten Erdenleben schon öfter betrachtet – das Leben wieder rückwärts durchlaufen wird. Erst haben wir ein paar Tage das Lebenspanorama, dann beginnen wir zurückzuerleben das Erdenleben, aber in anderer Art, als wir es hier erlebt haben zwischen der Geburt und dem Tod. Wir erleben das letzte zuerst, das, was wir vorher erlebt haben, erleben wir dann, und so zurück im Geist bis zu der Geburt. Wir erleben es so, daß wir unser Leben ansehen, aber von der anderen Seite jetzt. Ich kann sagen, daß wir es ansehen von der Seite der Wirkungen. Nehmen wir etwas Grobes an, ich habe irgendeinmal im Leben einem Menschen gesagt: Du bist ein unedler

Mensch –, oder ich habe ihn in irgendeiner Weise verletzt. Da habe ich etwas erlebt während des Lebens. Was *ich* erlebt habe, ist etwas anderes, als was *er* erlebt hat. Das verletzte Gefühl, das Gekränktsein, den Schmerz, das Leid hatte *er* erlebt. Jetzt im Durchleben nach dem Tode in der seelischen Welt erlebt man selber das, was man getan, in seinen Wirkungen. Das Leid, das der andere gehabt hat, indem wir ihn beschimpft haben, dieses Leid, diesen Schmerz erleben wir selbst an uns. Die Wirkungen unserer Taten im anderen Wesen erleben wir, indem wir so zurückleben. Wir bekommen eine gewisse Anschauung von diesem Erleben nach dem Tode, wenn wir den Blick auf etwas richten, was sich dem Geistesforscher enthüllen kann als ein Zusammenhang dieses Erlebens nach dem Tode mit dem Erleben hier in der physischen Welt.

Was ich jetzt bespreche, ist etwas, das uns so recht darauf aufmerksam machen kann, wie der Geistesforscher nach und nach zu seinen Ergebnissen kommt, und wie es ein Vorurteil ist, wenn man meint, irgend jemand, der die Schwelle zur geistigen Welt übertreten hat, kenne nun die geistige Welt aus eigener Anschauung, und jetzt könne man ihn alles fragen. Wir müssen es ja immer wieder und wiederum erleben, wenn der Geistesforscher über dieses und jenes spricht, namentlich in der Öffentlichkeit, und man – wie es ja von gewissen Gesichtspunkten aus ganz wünschenswert erscheinen kann –, eine Fragenbeantwortung gibt, wie über alle Dinge im Himmel und auf Erden und der ganzen Unendlichkeit gefragt wird, indem man voraussetzt: Wer überhaupt in die geistige Welt hineinschaut, der weiß nun schon alles, alles, was man überhaupt da wissen kann. – Das ist ungefähr gerade so gescheit, wie wenn jemand hier sagen würde: Du hast ja Augen, du kennst München, also beschreibe mir Kalifornien! – Es ist wirklich in der geistigen Welt ganz genau so, daß man Schritt für Schritt sich das aneignen muß, was aus der geistigen Welt heraus gefaßt werden soll, und es ist Naivität, wenn man glaubt, daß dort nicht auch alles erst Schritt für Schritt angeschaut werden muß. Nun ist es in der geistigen Welt noch anders als hier in der physischen Welt. Hier in der physischen Welt, wenn man also, ich will sagen, noch niemals in Heidelberg war und nun Heidelberg beschreiben will, so fährt man hin, nicht wahr, man setzt sich in Bewegung. In der geistigen Welt müssen die Dinge zu uns kommen, da müssen wir in der Seele die Wartekraft, die innere Erlebekraft entwickeln. Die Dinge treten in unseren Gesichtskreis herein, wenn wir uns fähig dazu gemacht haben. Das Heidelberg der geistigen Welt muß zu uns kommen, wir müssen unsere Seele bereitmachen dazu. Es ist immer in gewissem Sinn von dem abhängig, womit wir begnadet werden, ob wir über dieses und jenes in der geistigen Welt etwas erfahren können. So kann der Geistesforscher nach und nach über die Geheimnisse der geistigen Welt ja unterrichtet werden.

Nun möchte ich von einem gewissen Gesichtspunkt aus ein geistesforscherisches Ergebnis heute besprechen, das ich noch nicht von diesem Gesichtspunkt aus hier besprochen habe. Wenn man, nachdem man gewisse innere, also geistige Beobachtungskräfte sich erschlossen hat, das seelische Erleben des Menschen beobachtet, wie er zwischen Einschlafen und Aufwachen in der geistigen Welt ist, wenn man da den schlafenden Menschen als Seele beobachtet, wie er außerhalb seines physischen Leibes ist – man lernt mancherlei kennen, aber man muß von einem gewissen Gesichtspunkt aus hinschauen lernen, wenn man gerade etwas erfassen will –, dann merkt man, daß der Mensch im Schlaf in seiner Seele eigentlich fortwährend tätig ist, viel tätiger als während des Wachens. Während des Wachens bedient sich der Mensch dessen, was sein Leib an Tätigkeit entwickelt, und in das versetzt er sich hinein als Seele, darin lebt er. Im Schlaf dagegen lebt er in seiner eigenen Tätigkeit. Und wenn man dies verfolgt, so findet man, daß der Mensch im Schlaf auf andere Art noch einmal das durchlebt, was er in der physischen Welt vom Aufwachen bis zum Einschlafen durchlebt hat. Nehmen wir an, ich habe irgend etwas getan, habe dieses oder jenes gelesen: im Schlaf erlebe ich das ganze Lesen wieder, ich gehe alles wieder durch. Wir haben nur heute noch kein solches Bewußtsein im normalen Leben, daß dieses auch Ich-bewußt wird, aber deshalb spielt es sich dennoch in der Seele ab, zwar nur dumpf, aber es geht dahin, daß die Seele eigentlich nun dasjenige tätig verarbeitet, was sie am Tag erlebt hat. Umgestaltet werden die Gedanken so, wie sie uns fruchtbar werden können in der Seele. Wir verarbeiten als

Lebensfrüchte das, was wir am Tag uns erarbeitet haben. Immer tätig die Lebensfrüchte, die Lebensergebnisse uns einarbeiten: das ist dasjenige, was wir während des Schlafes tun.

Dann kann der Geistesforscher etwas entdecken. Wenn er dieses Schlaferlebnis, das der Mensch hier hat, vergleicht mit den Erlebnissen, die der Mensch nun in den Jahren oder Jahrzehnten hat, nachdem er durch die Todespforte geschritten ist und so rückwärts sein Leben durchwandert, da ist es interessant, daß der Mensch sein Leben so durchwandert, daß er eigentlich die Nächte durchlebt, nicht die Tage. Wie er in jeder Nacht zurückgeblickt hat auf den Tag, das erlebt er jetzt in der Seelenwelt. Es ist dasselbe, was man im wachen Bewußtsein erlebt hat, aber vom Schlaf aus gesehen. Das erleben wir so, daß es sehr merkwürdig ist. Man denkt ja darüber meistens nicht nach, aber eigentlich erstreckt sich unsere Erinnerung hier im physischen Leben nur über die Tageserlebnisse. Wir erinnern uns an das, was wir im Wachbewußtsein haben. Jetzt, nach dem Tode, erinnern wir uns gerade an das, was wir in den Nächten wiedererlebt haben, was wir im Erdenleben durchgemacht hatten. Da tritt die bewußte Erinnerung an die Nachterlebnisse auf. Das habe ich früher nicht so deutlich ausgesprochen, einfach deshalb nicht, weil ich es nicht gewußt habe. Solche Dinge ergeben sich einem in einem aufeinanderfolgenden Geistesforschen.

Aber eines tritt uns da zutage, was wichtig ist, wichtig für das Bewußtsein, das wir in uns erzeugen sollen in unserem gemeinschaftlichen Arbeiten in den Zweigen. Ich habe früher – Sie können das nachlesen – von einem anderen Gesichtspunkt aus aufmerksam gemacht auf die Tatsache, daß das Leben im Seelenlande ungefähr ein Drittel der Zeit beträgt, die man durchlebt hat zwischen der Geburt und dem Tode. Es sind Gründe dafür angegeben in den Büchern. Aber diese Gründe sind von einem anderen Gesichtspunkte aus angegeben, als der ist, den ich jetzt angebe. Man durchlebt das Leben der Nächte. Wie lange schläft man denn eigentlich normalerweise? Man verschläft ein Drittel seines Lebens. Es stimmt ungefähr, daß man ein Drittel seines Lebens schläft. Indem man nun nach dem Tode die Nächte durchschreitet, dauert das ein Drittel des Erdenlebens. Das hängt zusammen mit dem Durchschreiten der Nächte. Das ist ungeheuer interessant und wichtig. Denn noch aus ganz anderen Gründen heraus wurde das bisher angegeben. Ich habe das wieder verzeichnet zum Beispiel in der «Geheimwissenschaft im Umriß»: ein Drittel des Erdenlebens dauert das nochmalige Durchleben desselben nach dem Tode, das Kamalokaleben. Jetzt, von einem ganz anderen Gesichtspunkte aus, an den früher gar nicht gedacht wurde, stellt sich wieder heraus: Dieses Kamalokaleben ist ein Drittel des Erdenlebens –, von dem Gesichtspunkte aus, daß man die Nächte durchlebt. Sehen Sie, das sind solche Dinge, die, wenn sie immer wieder und wiederum auftreten, so ungeheuer tragend und kräftigend als beweisende Kräfte sind für das, was die Geisteswissenschaft dem Menschen geben kann. Man sucht eine Wahrheit von einem gewissen Ausgangspunkte aus, kommt dazu: Das Kamalokaleben dauert ein Drittel des Erdenlebens. – Dann findet man von einem ganz anderen Gesichtspunkte aus dasselbe Ergebnis. Diese Ergebnisse stützen sich. Das tritt uns immer wieder entgegen, und das gibt eben jene Sicherheit, die auch dem wird, der noch nicht selber forschen kann. Auf dieses Zusammenstimmen habe ich schon oftmals aufmerksam gemacht. Indem wir so in dem Zweigleben wirklich im einzelnen zusammen verfolgen, wie die Dinge gefunden werden, erobern wir uns nach und nach eine innere Sicherheit und Überzeugungskraft, wenn wir uns auch noch lange anzustrengen haben, auf dem eigenen Erkenntnispfad eigene Erfahrungen, eigene Erlebnisse zu haben.

Nun möchte ich Ihnen noch zum Schluß eine Wahrheit mitteilen, die geradezu für unsere Zeit von einem besonderen Interesse ist, obwohl sie allezeit den Menschen interessieren kann. Ich habe ja schon im öffentlichen Vortrag von einem Gesichtspunkte aus gesprochen über die Tode, die dadurch eintreten, daß der Mensch im blühenden Lebensalter zum Beispiel von einer Kugel getroffen wird, daß ihm gewissermaßen sein physischer Leib weggenommen wird. Wie gesagt, ich habe gezeigt, was aus diesen unverwendeten Kräften wird. Schon früher habe ich von verschiedenen Gesichtspunkten aus das gezeigt. Heute will ich noch von einem anderen Gesichtspunkte aus auf dieses Todeserlebnis hinweisen.

Wie tritt derjenige, dem nicht durch eine Krankheit oder das Alter das physische Leibesleben hinweggeschwunden ist, sondern der gewaltsam durch eine Kugel oder eine andere Verletzung den Leib verloren hat, wie tritt der in die geistige Welt ein? Was aus seinen unverwendeten Kräften bleibt, das habe ich erörtert. Aber wie er selber eintritt in die geistige Welt, das wird zu einer Rätselfrage. Man sieht gerade in einer solchen Zeit wie der unsrigen so viele Seelen durch die Pforte des Todes hineingehen in die geistige Welt. Ihr Leib ist ihnen durch einen äußeren Einfluß weggenommen worden. Sie unterscheiden sich stark in der geistigen Welt von den Seelen, deren Leib durch Krankheit oder Alter hinweggenommen worden ist. Man muß, um solche Dinge zu erklären und zu verstehen, in der geistigen Welt das Richtige neben das Richtige stellen können. Man muß jetzt fragen können: Womit muß man zusammenstellen die eine Erscheinung, die da zum Rätsel wird, damit sich dieses Rätsel aufklärt? – Und da zeigt sich, daß man diese Erscheinung zusammenstellen muß mit etwas, was man in der physischen Welt erlebt. Nun, wir wollen das Erlebnis hier in der physischen Welt so charakterisieren, daß wir zunächst schauen auf die grob materialistisch gesinnten Geister, die nichts gelten lassen wollen als das, was in derber Weise mit der Sinneserfahrung erfaßt werden kann, was dadurch, daß es einen derben Eindruck macht, als Seiendes bezeichnet wird. Aber es gibt anderes noch in dieser Welt, was dieses Leben wertvoll macht und dieses andere sind die Ideale. Gewiß, die allergröbsten Materialisten werden sagen: Die Ideale kann man nicht essen, sie haben kein ordentliches Sein, sind ein bloß Gedachtes. – Aber diejenigen Menschen wirken eigentlich für die rechte Befruchtung, Erhöhung und Belebung des Erdendaseins, die die Ideale hereinbringen. Dasjenige, was nicht in derb materialistischem Sinn *ist,* muß gerade in den Verlauf des Erdendaseins hineingetragen werden, damit dieses Leben wertvoll werde. Die Idealisten sind diejenigen, die in gewissem Sinn für das Erdendasein die Boten sind aus göttlichen Welten. Denn die Ideale sind etwas wie Botschaften aus göttlichen Welten, etwas, was in die physische Welt hereingehört, aber nicht aus dieser physischen Welt stammt. Ideale kann man nicht beobachten, über die Ideale kann man auch nicht experimentieren, um sie durch Erfahrung experimentell darzustellen. Dennoch sind die Ideale wie Botschaften aus einer geistigen Welt.

Indem nun die Menschenseele, welcher der Leib zum Beispiel durch eine Kugel im blühenden Lebensalter weggenommen worden ist, in die geistige Welt durch die Todespforte hinaufgeht, läßt sie nicht nur Kräfte unverbraucht, die in der Weise verwendet werden, in der ich es schon früher angedeutet habe, sondern sie bringt ja auch ein ganz bestimmtes Bewußtsein in die geistigen Welten hinauf. Anders tritt eine solche Seele durch die Todespforte in die geistigen Welten ein als andere Seelen, die das Leben vollenden konnten oder denen der Leib durch eine Krankheit genommen wurde. Jene Seelen treten so in die geistige Welt ein, daß sie mitbringen den Gedanken an etwas, was da unten in der physischen Welt hätte sein können, nämlich an ihr eigenes Leben von dem Punkte an, da sie sich hingeopfert haben. Das war, was die Anlagen betrifft, was hätte sein können, schon für die physische Welt bestimmt, hätte für die nächsten Jahre deren natürliches Leben sein können. Es wäre die Möglichkeit gegeben, daß, sagen wir, zwei Jahre nach dem Tode der Leib als physischer Leib vor anderen dagestanden hätte. Jetzt steht er nicht da. Es hätte etwas in der physischen Welt sein können, das nun nicht da ist. Das nimmt die Seele, der der Leib weggenommen ist, hinauf in die geistige Welt.

Nun ist der geistigen Welt ebenso notwendig, daß da oben verkündet werden kann, wie da unten in der Welt etwas ist, was die Anlagen dieses derben Seins hat, was aber nicht als derbes materielles Sein sich auslebt. Diese Verkündigung ist für die geistigen Welten etwas Ähnliches wie für die physische Welt die Verkündigung der Ideale. Das sind die umgekehrten Idealisten. Hier unten kann das Leben so verlaufen, daß Anlagen sich nicht ausleben, daß Seelen zurückkehren aus der physischen Welt, die gewaltsam den Tod gefunden haben. Das macht da oben unter denen, die das nicht erlebt haben, eine Verkündigung, die dasselbe bedeutet wie hier die Verkündigung der Ideale. Hier im physischen Dasein verkündet man: Nicht allein ist wertvoll das, was auf die Sinne einen Eindruck macht, sondern ein Wertvolles sind die Ideale, die aus der geistigen Welt stammen. – In der geistigen Welt verkünden diejenigen, denen der Leib genommen worden ist, daß es ein Wirksames gibt, das aber, obwohl zum sinnlichen Dasein bestimmt, nicht in dieses sinnliche Dasein eintritt, das in anderer Weise in die Welt eintritt, das die geistige Welt belebt so wie die Ideale die sinnliche Welt. Das ist ein sehr bedeutungsvolles Ergebnis der Geistesforschung, und das weist uns darauf hin, daß die Opfertode für die geistige Welt auch eine Bedeutung haben, nicht nur diejenige Bedeutung, die ich gestern für die physische Welt auseinandergesetzt habe, sondern auch für die geistige Welt. Unter den Seelen der geistigen Welt leben solche, die auf den gewöhnlichen Verlauf des Lebens hinschauen, darunter aber solche, die gelernt haben, daß Anlagen durch einen Ruck abgeschnitten werden können. Und die sind gewissermaßen die umgekehrten Idealisten für die geistige Welt.

So enthüllen sich nach und nach die Erscheinungen des Lebens, die Rätsel des Daseins, und man gewinnt wirklich gerade in solchen Zeiten, wie die unsrigen sind, wo so viel, viel Rätselhaftes aus Blut und Leid heraus geahnt werden kann, den Eindruck, wie Geisteswissenschaft erst den Menschen hineinstellen kann in das ganze, volle Leben. Die Menschheit schreitet fort. Die heutige Naturwissenschaft hat es früher nicht gegeben, sie ist aus dem Dämmerdunkel des Seelenstrebens heraufgekommen. Geisteswissenschaft muß ebenso heraufkommen. Der Mensch wird sie in der Zukunft nicht entbehren können. Heute hat sie noch viele Gegner, aber der Mensch wird immer mehr und mehr die Rätsel des Daseins empfinden und dadurch immer mehr und mehr die Notwendigkeit, auf geisteswissenschaftliche Art den Rätseln des Daseins näherzutreten. Dies muß uns immer wieder und wiederum von neuem in der Seele auferstehen als der Gedanke, der uns zusammenhält mit unserer Geistesbewegung, der uns gewissermaßen darauf hinweist, wie wir innerhalb unserer Geistesbewegung etwas suchen, was in der Menschheit immer mehr und mehr sich ausbreiten muß, und was wir durchhalten müssen durch all die Gegnerschaften, die sich auf ganz naturgemäße Weise in unserer Gegenwart noch finden.

Ich möchte dies in unserer Zeit gerade aus der heutigen Betrachtung heraus ganz besonders betonen, wie der Ernst unserer Zeit uns gerade in diesen Tagen mahnen sollte, alles das, was wir tun können, aus unserer Kraft heraus zu tun, um Geisteswissenschaft wirklich der Menschheitsentwickelung, soweit es an uns ist, einzuverleiben. Und ich möchte diese Ermahnung spezialisieren dahingehend, daß wir ja jetzt diesen Gedanken um so stärker in uns lebendig machen müssen, weil die Zeitverhältnisse wirklich herbeiführen können, daß wir nicht so oft zusammen sein können wie in normalen Zeiten. Und lassen Sie mich deshalb diese Mahnung an unsere Seelen richten, daß wir jetzt in diesen Kriegszeiten um so treuer und hingebungsvoller in unseren einzelnen Zweigen arbeiten, wenn auch das Zusammenarbeiten von Ihnen und zum Beispiel mir vielleicht jetzt eben nur seltener sein kann, bis wir wiederum zu normalen Zeiten kommen, weil ja das Herumreisen in der Welt jetzt ein viel schwierigeres ist als sonst, und es sein kann, daß wir gerade jetzt lernen müssen, recht, recht fest uns auf uns selbst zu stellen und selbständig in den einzelnen Zweigen zu arbeiten. Das zu tun, was wir nach dieser Richtung tun können, wird wirklich fruchtbar werden für das, was als geistiges Streben in unserem Sinn in die Menschheitsentwickelung einfließen muß. Denn immer wieder und wiederum muß ja auch auf den Gedanken hingewiesen werden: Die großen Opfer, die so unzählige Menschen in der Gegenwart bringen müssen, und die so innig zusammenhängen mit dem, was der Tod als Geheimnis und als Schmerz verbirgt in der Menschheitsentwickelung, diese Ereignisse, die haben eigentlich nur ein rechtes Verhältnis zu unserem Seelenleben, wenn wir sie vom Gesichtspunkt der Geisteswissenschaft aus im großen Zusammenhang des Menschheitsgeschehens, des geschichtlichen Werdens, betrachten können.

Es ist nicht etwa meine Absicht, auf allerlei Hemmendes und Hinderndes einzugehen, das ja auch schon in den letzten Zeiten, weil es an einem Ort einmal besprochen werden mußte, zu Ihren Ohren gedrungen sein mag. Aber gezeigt haben diese Dinge doch, wie notwendig es ist, daß wir uns ganz sachlich von der Fruchtbarkeit und Notwendigkeit der geisteswissenschaftlichen Bewegung einnehmen lassen, und daß wir davon trennen können das, was als unser persönliches Wünschen und Wollen auftritt und immer wieder als Hindernis und Hemmnis dem richtigen Gang unserer geisteswissenschaftlichen Arbeit entgegentreten wird. Geisteswissenschaft ist so inhaltsreich, daß sie uns ganz sachlich beschäftigen kann. Versuchen wir einmal, uns oft und oft wiederum vor die Seele zu rücken, wie leicht es ist, daß persönliches, ehrgeiziges oder eitles Streben sich doch vermischt mit dem, was eigentlich von uns ergriffen werden soll und wovon wir uns als durch die Welt pulsierendes geistiges Leben ergreifen lassen sollen.

Manche Ereignisse, die sich gerade innerhalb unserer Gesellschaft abgespielt haben, haben schon unseren Seelen den Gedanken nahelegen können: Ach, da draußen fließt Blut, da draußen ringt ein großer Teil der Menschen um Dinge, deren Bedeutung heute noch gar nicht ermessen werden kann, und da gibt es eine geistige Bewegung, die wahrhaftig das Interesse rein sachlich anregen könnte, in der man den Blick nicht zu richten brauchte auf das, was nur persönlich ist, aber da drinnen waltet so viel Persönliches, noch dazu zu solch einer Zeit, in der sich die Seele verpflichtet fühlen muß, mit den großen Ereignissen zusammenzuleben. Das ist auch ein Quell von Schmerz, das, was möglich war an Zusammenmischen von Persönlichem mit dem, was unpersönlich sein soll.

Nun, immer wieder und wiederum sollten wir hinblicken, heute insbesondere, aus unserem vereinzelten Leben auf das, was die ganze europäische Menschheit und die Menschheit darüber hinaus erlebt, und uns sagen: Die richtigen Früchte, die schwer errungenen, werden in der Zukunft sich doch nur ergeben, wenn der Menschheit das eingefügt wird, was die Geisteswissenschaft der Menschheitsentwickelung einverleiben will. Wenn mit dem, was als Früchte aus Blut und Schmerz, aus Leid und aus Entbehrung hinüberlebt für die Zukunft, sich vereinigen wird das, was errungen werden kann an Gedanken aus der Geisteswissenschaft heraus, dann wird auf den Feldern, die heute so viel Opfer fordern, einstmals ein geistiges, ein Menschheitsleben erblühen können, das dieser Opfer überhaupt würdig ist. Auf solches blickend, wollen wir schließen mit den Worten:

Aus dem Mut der Kämpfer,
Aus dem Blut der Schlachten,
Aus dem Leid Verlassener,
Aus des Volkes Opfertaten
Wird erwachsen Geistesfrucht –

Lenken Seelen geist-bewußt
Ihren Sinn ins Geisterreich.

Mögen recht viel solche ins Geisterreich ihren Sinn lenkende Seelen innerhalb unserer Reihen erstehen, dann wird das, was aus ihren Anstrengungen an Blüten und Früchten entsteht, wirklich nicht bloß zu einem Persönlichen, sondern zu einem menschheitlichen Segen werden können. In diesem Sinne wollen wir, was auch das Leben bringen mag, recht intensiv an unserer Sache haltend zusammen weiterarbeiten!

FÜNFTER VORTRAG

München, 18. März 1916

Wir wollen den heutigen Abend mehr zu einer okkult-geschichtlichen Betrachtung verwenden und uns übermorgen zu einer rein menschlichen okkulten Betrachtung wenden. Wenn ich nun heute von einer Frage ausgehen will, gewissermaßen herausgefordert durch verschiedene Notwendigkeiten, die schon vorliegen und die angesichts der Ereignisse der Gegenwart besprochen werden müssen, so soll dies wirklich nicht dazu führen, daß ich Altes aufwärmen möchte, daß ich auf alte Streitigkeiten zurückkommen möchte, sondern es soll dazu dienen, einiges zu sagen, was eben gesagt werden muß. Und deshalb möchte ich von einer Frage ausgehen, die ich nicht unmittelbar beantworten will, sondern die durch verschiedene Betrachtungen, die ich nachher anstellen will, beantwortet werden soll. Ich will von der Frage ausgehen: Warum verleumdet seit dem Kriegsbeginn Mrs. *Besant* in ihren englischen Journalen unsere deutsche Bewegung in einer so unerhörten Weise? Warum hat sie mit diesem ihrem Verleumdungsfeldzug bald nach dem Ausbruch des Krieges begonnen, und warum setzt sie das auch in der Gegenwart wiederum in einer geradezu unglaublichen Weise fort? – Nun, einige Anhaltspunkte zur Beantwortung dieser Fragen werden eben gerade die nachfolgenden Betrachtungen geben können.

Die Vorträge, die ich jetzt in der Öffentlichkeit im Zusammenhange mit unserer geistigen Bewegung zu halten habe, müssen ja selbstverständlich so gehalten werden, wie sie für die Öffentlichkeit verständlich sind. Aber im Grunde liegt jedem Satze, der so gesprochen wird, viel, viel Tieferes noch zugrunde: Es ist jeder Satz aus der Notwendigkeit eines gewissen Tatsachenzusammenhanges heraus gesprochen. Und einiges aus diesem Tatsachenzusammenhang will ich eben heute sagen.

Oftmals habe ich ja darauf aufmerksam gemacht, wie wir in einem Zeitalter leben, in dem unbedingt etwas von okkult-geistiger Erkenntnis in die ganze Kulturbewegung einfließen muß. Nun ist die okkulte

Strömung, die geisteswissenschaftliche Strömung für die Entwickelung der Menschheit im Grunde genommen eigentlich niemals ganz abgerissen. Aber man muß schon mit einem, nicht gerade Vorurteil, aber mit einer Art Vorempfindung, die sehr verbreitet ist auch in unseren Reihen, brechen, wenn man gewisse Dinge, die man schon wissen soll, in der richtigen Art beurteilen will. Brechen muß man nämlich – es kann schon nicht anders gesagt werden – mit einer gewissen Traumessucht, mit einer gewissen Verschlafenheit, die so leicht sich demjenigen ergibt, der an unsere geisteswissenschaftliche Bewegung herantritt und etwas so recht Molliges haben will für seine Seele, etwas, das ihn so warm durchs Leben trägt, bei dem man zuhört, das man auf sich so wirken läßt, daß es einem dabei warm wird, daß man glauben kann an die höhere Bestimmung der Menschenseele, was ja alles ganz richtig ist, was aber auch durchaus verbunden sein kann mit einem gewissen Einlullen des Gemütes. Das beobachtet man ja nur zu häufig gerade bei denen, die Geisteswissenschaft auf ihre Seele wirken lassen und die nicht zu gleicher Zeit anstreben, gerade durch das, was Geisteswissenschaft sein kann, ein klares, sicheres Urteil über die Begebenheiten des Lebens, über die Verschlingungen der Tatsachen, innerhalb welcher ja jeder einzelne Mensch steht, zu finden.

Nun ist oftmals, wenn die Menschheitsentwickelung erörtert worden ist, darauf aufmerksam gemacht worden, wie unser fünfter nachatlantischer Kulturzeitraum, in dem wir leben, die Aufgabe hat, die Bewußtseinsseele herauszubilden aus den allgemeinen Anlagen der Menschenseele, und wie dann im sechsten nachatlantischen Zeitraum das Geistselbst wird herausgearbeitet werden müssen. Und es ist darauf aufmerksam gemacht worden, wie wesentlich mitwirken müssen gewisse menschheitliche Anlagen, die gerade im Osten Europas, heute noch schlummernd und schlafend, bei dem russischen Volke zu finden sind, wenn in einer entsprechenden Weise gerade in richtiger Art der sechste nachatlantische Kulturzeitraum wirksam werden soll. Und da ist es nötig, daß gewisse Eigenschaften, die in der russischen Volksseele so tief begründet sind, daß wirklich der russische Mensch, wenn er nicht irregeführt werden wird durch seine «Intelligenzija», in seiner Seele tief durchstrahlt ist von diesen Eigenschaften. Auf solche Eigenschaften ist da aufmerksam zu machen. Diese russische Volksseele hat in ihrer ganzen Art etwas, man könnte es fast nennen Weibliches, etwas Anschmiegungsfähiges, etwas, was sich leicht eignet, dasjenige aufzunehmen, was die Kulturentwickelung gebracht hat.

Damit steht ja im Zusammenhang, daß der russische Mensch aufnimmt und im Verlaufe der Entwickelung, die er durchgemacht hat, immer aufgenommen hat das, was aus alten Zeiten als die mehr orientalisch gefärbten, byzantinischen Religionsformen die russische Kultur durchströmt. Wenig innerlich produktiv, wenig innerlich schöpferisch ist die russische Volksseele bisher, aber im eminentesten Sinne aufnahmefähig. Daher kann auch so wenig von einer Fortentwickelung der russisch-orthodoxen Religion in den Jahrhunderten gesprochen werden, in denen diese russisch-byzantinisch orientierte Religion unter den Russen gewirkt hat. Wer eine Zeremonie in der russischen Kirche mitmacht, und wäre es auch nur vorübergehend, der kann empfinden, wie unendlich viel von orientalisch-Aurahaftem diese Zeremonien durchströmt, wie gewissermaßen Aurenhaftes fühlbar hereingetragen wird in die unmittelbare Gegenwart. Das ist das eine.

Ein Zweites: In dieser russischen Volksseele liegt enthalten, daß der einzelne russische Mensch wenig Sinn hat für dasjenige, was in West- und Mitteleuropa für die Durchgliederung des sozialen Lebens und dessen Weiterentwickelung schon einmal notwendig ist an Gedankenformen. Eine Notwendigkeit, die damit angedeutet ist, besteht ja, lag vor zum Beispiel mit der Übernahme des streng juristischen Denkens in die europäische soziale Ordnung. Aber für dieses Durchzogensein des sozialen Lebens mit Gedankenformen hat der russische Mensch wenig Verständnis. Das beirrt ihn in dem, was er das freie gefühlsmäßige Ausleben seines Schicksals nennen möchte. Er möchte nicht durch irgendwelche in die äußere soziale Struktur eingeflochtenen Gedankenformen beirrt sein.

Und ein dritter Zug ist der, welcher *Herder* so angezogen hat und der schon einmal wirklich innig verbunden ist mit dem, was man russische Volksseele nennen kann. Denn entdeckt wurde dieser Zug nicht in Rußland selber, das heißt, betont begrifflich herausgehoben wurde er nicht in Rußland, sondern ursprünglich von Herder, wie der

Slawismus und der Panslawismus überhaupt von Herder außerordentlich viel entlehnt hat; wiederum ein Beweis für die Anschmiegefähigkeit des Russentums. Der dritte Zug ist also der einer gewissen Friedfertigkeit, eines nichtaggressiven Wesens in bezug auf das Geistesleben, eines mehr passiv sich hingebenden Wesens. Das aggressive Eintreten für irgendwelche Dogmen oder dergleichen liegt dem russischen Volkstum fern. Das ist eine dritte Eigenschaft.

Natürlich können solche Eigenschaften durch verschiedene Umstände – gerade das bringt ja die Kompliziertheit des Menschenlebens mit sich – in ihr Gegenteil verkehrt werden, und durch jene Volksverführer, mit denen man es jetzt zu tun hat, sind fast alle diese drei Züge unmittelbar in ihr Gegenteil verkehrt. Dem, der in der Geisteswissenschaft darinsteht, sollte das nicht irgendwie wunderbar erscheinen.

So sieht man aber – und wir würden es noch viel mehr sehen, wenn wir das jetzt nur in ein paar Strichen Angedeutete ausführlicher studieren könnten –, daß da im Osten Europas ein Material vorhanden ist, das gewissermaßen zusammenfließen muß mit dem, was im Westen Europas aus einer viel aktiveren Entwickelung herauskommt. In dem Westen Europas sind geradezu die entgegengesetzten Charakterzüge zu ergreifen. Es wurde darauf hingewiesen, was da aus einer gewissen aktiven Entwickelung heraus der Menschheit bis in unseren fünften nachatlantischen Zeitraum herein hat gebracht werden können und was ihr weiter gebracht werden muß, wenn solche Dinge nicht verschlafen werden, wie sie zum Beispiel auch gestern wiederum in meinem Vortrag über einen verklungenen Ton des deutschen Geisteslebens gekennzeichnet worden sind.

Für denjenigen, der nun wirklich unbefangen die Entwickelung des geistigen Lebens betrachten kann – unbefangen auch dann, wenn es sich ihm ja zunächst in der äußeren physischen Wirklichkeit, gerade in der Gegenwart, in den furchtbarsten Zerrbildern, in Karikaturen darbietet –, der die inneren Triebkräfte dieses Geisteslebens betrachten kann, ist es aber doch klar, daß durch eine gewisse Tatsache gerade dasjenige, was im mitteleuropäischen Geistesleben vorhanden ist, eine Art Ehe eingehen muß mit dem, was aus den russischen natürlichen

Anlagen herausfließt. Eine Art Zusammenwirken muß stattfinden zwischen dem, was in Mitteleuropa, ich möchte sagen, durch die Eigenart dieses mitteleuropäischen Geisteslebens gezeugt werden kann, und dem, was aufgenommen werden kann durch gewisse rein natürliche Eigenschaften des europäischen Ostens.

Wenn Sie das mitteleuropäische Geistesleben noch genauer studieren würden, namentlich jenen Zug, auf den ich jetzt im öffentlichen Vortrag aufmerksam machte, so würden Sie sehen: Gewiß, in diesem Zug liegt noch nicht Geisteswissenschaft als solche, aber es liegt wirklich etwas darin, das der Keim zur Geisteswissenschaft ist. *Fichte* spricht, wie ich es oftmals angeführt habe, von einem «höheren Sinn». *Goethe* spricht von «anschauender Urteilskraft». *Schelling* spricht davon, daß sich die Seele erheben müsse, wenn sie wirklich in die Geheimnisse des Daseins hineinblicken will, zu dem, was er «intellektuelle Anschauung» nennt. Um die Dinge genauer zu verstehen, muß man auch aufmerksam machen auf etwas, was Schelling im Alter noch geleistet hat in den ungeheuer tiefsinnigen Werken «Philosophie der Mythologie» und «Philosophie der Offenbarung». Ein tiefes Erfassen des Christentums lebt in diesen Werken, die heute noch nicht verstanden werden. Eine geistige Auffassung der Welt lebt in einer Schrift wie zum Beispiel «Die Gottheiten von Samothrake», wo Schelling versucht, in die Mysterien der samothrakischen Kabiren einzudringen. Eigentlich tritt nirgends im neueren Geistesleben so stark das Bewußtsein auf, daß man es im Christentum nicht zu tun habe mit einer Summe von Dogmen, daß das eigentlich Nebensache ist, was als christliche Dogmen gepflegt wird, sondern daß die Hauptsache ist, daß das Christus-Ereignis, das Mysterium von Golgatha stattgefunden hat, nirgends tritt einem das so stark entgegen wie in Schellings «Philosophie der Offenbarung». Das alles ist entwickelungsfähig, das alles muß zu jener Entwickelung führen, die wir so oft vorgezeichnet haben, wenn wir auf das, was im fünften nachatlantischen Zeitraum gerade durch Mitteleuropa geleistet werden muß, denkend hinblicken.

Nun aber Westeuropa! Wenn man Westeuropa betrachtet, muß man vor allen Dingen sich klar darüber sein, daß dieser Westen Europas überall durchsetzt ist von einem historisch, traditionell überlieferten

Okkultismus, der sich nirgends in so organischer, in so lebensvoller Weise aus dem ergibt, was auch draußen im exoterischen Leben lebt, wie sich ein wahrer neuzeitlicher Okkultismus ergeben kann aus der Geistesströmung, die durch Goethe, Schelling, Hegel und so weiter fließt. Was im Westen als Okkultismus besteht, das knüpft nur wenig an dasjenige an, was äußere Wissenschaft ist. Es wäre unmöglich, zum Beispiel für England einen ähnlichen Zusammenhang zwischen okkulter Wissenschaft und dem eigentlichen Erkenntnisstreben herauszufinden, wie es bei dem Weltbilde des deutschen Idealismus wirklich der Fall ist. Man kann sich nicht denken, daß dasjenige, was äußerlich echt englisch ist, etwa die Philosophie des *Baco von Verulam,* des *Spencer,* der englisch gefärbte Darwinismus oder jetzt wiederum der neuere Pragmatismus, einen ebensolchen Weg hinüber finde zu dem, was da in den verschiedenen okkulten Orden des Westens lebt, wie das bei dem deutschen Idealismus der Fall ist. Was durch diese verschiedenen okkulten Orden durchgeht, das muß sich abschließen, das kann keine rechte Brücke schaffen zu einer äußeren weltlichen Wissenschaft.

Dafür aber besteht in diesen westlichen Ordenszusammenhängen, namentlich in gewissen Hochgradorden, eine Erkenntnis, die historisch überliefert ist, die jeder in sich aufnimmt, es besteht eine gewisse Erkenntnis, ich möchte sagen, jener europäischen Weltenlage, die wirklich ihr Hauptgeheimnis in der eben geschilderten Tatsache hat: daß auf der einen Seite wie aus dem Blut heraus der Osten Europas zur Aufnahme bestimmt ist, daß dasjenige aber, was westlich von diesem Osten Europas liegt, dazu bestimmt ist, etwas zu entwickeln, was von dem Osten aufgenommen werden soll. Diese Erkenntnis liegt ganz bestimmt vor bei den leitenden Persönlichkeiten der westlichen Orden. Da, wo diese leitenden Persönlichkeiten die Grundidee ihres okkulten Wirkens entwickeln, sprechen sie durchaus von diesem Zusammenhange.

Aber es ist mit der Entwickelung solcher Grundideen im Westen etwas ganz Bestimmtes verknüpft. Was damit verknüpft ist, sieht man am besten, wenn man die Dinge verfolgt, wo sie am starrsten und am eingebildetsten geworden sind: innerhalb des britischen Ordenslebens. Es lebt in jedem, der in diesem britischen Ordensleben in gewisse höhere Grade eingeführt wird – gewisse höhere Grade der Einweihung, die er historisch kennt, in die er natürlich nicht wirklich lebendig eingeweiht ist –, eine gewisse Vorstellung, nämlich, daß das Angelsachsentum aus seinem Volkswesen heraus das bringen müsse, was sich mit dem russischen Volkstum verbinden kann zu einer Art von geistiger Kulturehe. Denn ein jeder, der so, wie ich es eben charakterisiert habe, in dem angelsächsischen Okkultismus darinsteht, betrachtet ihn als dasjenige, was ablösen muß die tiefsten okkulten treibenden Kräfte des griechisch-lateinischen Wesens. So denkt man. Da war für die vierte nachatlantische Kulturperiode, die, wie wir ja wissen, im 15. Jahrhundert etwa zu Ende gegangen ist, eben maßgebend dasjenige, was das Griechen- und Römertum, was die griechisch-lateinische Kultur auch an Okkultismus aus sich hervorkommen ließ. Abgelöst aber muß werden in der fünften nachatlantischen Kultur dieses Griechisch-Lateinische durch das Angelsachsentum. Das ist geradezu etwas, was gefordert wird, was also bewirkt werden muß, was sich realisieren muß. Und jeder, der so darinsteht in diesem Dogma, das ja zugleich ein Willensdogma ist: Die fünfte nachatlantische Kultur muß angelsächsische Physiognomie, angelsächsisches Gepräge tragen –, der hat zugleich ein gewisses Bild von der zukünftigen Gestaltung Europas. Er hat das Bild von der zukünftigen Gestaltung Europas, daß dasjenige, was in Mitteleuropa an Geistesleben existiert, vor allen Dingen unterdrückt werden müsse als etwas, was nicht in die Zukunft der Menschheit hinüberfließen darf. Darüber müsse man so hinweggehen als über eine unbedeutende Tatsache.

Ein mehr oder weniger unbewußtes Dogma ist das in allen angelsächsischen, und von da ausgehend auch in allen Orden, die zum Beispiel irgendwie einen Zusammenhang haben mit dem «Grand Orient de France», und in allen westeuropäischen Geheimgesellschaften. Ein Grunddogma, das so mehr oder weniger unbewußt wirkt, ist eben: Dieses mitteleuropäische Wissen kommt nicht in Betracht für die fünfte nachatlantische Kultur, darf nicht in Betracht kommen. Es muß alles so eingerichtet werden, daß die fünfte nachatlantische Kultur angelsächsische Physiognomie trägt. Daher muß eine Art von Ehe zwischen Westeuropa und Osteuropa eben mit Vernachlässigung des mitteleuropäischen Lebens herbeigeführt werden. – In solchen okkulten Orden sprach man seit vielen, vielen Jahren immer von jenem Kriege, in dem wir jetzt leben. Man malte diesen Krieg nicht etwa weniger schrecklich aus, als er sich jetzt vollzogen hat. Es ist nur ein naiver Glaube, daß dieser Krieg so hereingebrochen wäre, ohne daß ihn viele Menschen vorausgesehen hätten, als ob nicht viel geredet worden wäre über diesen Krieg. Es ist viel darüber geredet worden! Und den Satz von dem kommenden großen europäischen Kriege finden Sie überall, auch immer wieder und wiederum gerade in den angelsächsischen Orden, angeführt und besprochen. Immer wieder und wiederum findet sich da der Hinweis, daß ein solcher großer europäischer Konflikt kommen müsse. Und man malt sich die künftige Lage Europas aus. Man weiß, daß mit der sechsten nachatlantischen Kulturperiode, die man, etwas materialistisch gefärbt, im angelsächsischen Sinne die sechste Unterrasse nennt, die genannten Eigenschaften, die Blutseigenschaften, möchte ich sagen, des russischen Volkes etwas zu tun haben und daß daher herbeigeführt werden muß eine Art Zusammenfließen des westeuropäischen Wesens mit dem russischen Wesen. Über diese Dinge muß man durchaus klar denken, man muß sie sich klar vor Augen halten, sonst lebt man schlafend in dem, was okkulte Bewegung der Gegenwart ist.

Im Zusammenhange damit möchte ich Sie auf eine Tatsache aufmerksam machen. Ich habe sie nicht vergessen, kann sie auch nicht vergessen. Als Mrs. Besant ihre erste Reise zu uns nach Mitteleuropa machte, da wurde zuerst in Hamburg mit ihr eine Versammlung veranstaltet, wo sie einen Vortrag hielt. Ich stellte damals eine bestimmte Frage an Mrs. Besant: Wenn wir jetzt beginnen wollen mit einer mitteleuropäisch-okkulten Bewegung, wie verhält es sich damit, daß am Ausgangspunkte des 19. Jahrhunderts, an der Wende des 18. zum 19. Jahrhundert, bedeutungsvolle Keime eines besonderen Geisteslebens gerade in Mitteleuropa zu bemerken sind? – Da antwortete Mrs. Besant – selbstverständlich wurde wenig verstanden von dem Zusammenhang, der der Sache zugrunde liegt –: Damals ist eben innerhalb des deutschen Lebens in abstrakter, begrifflicher Form etwas von Geisteserkennen hervorgetreten; aber weil das eben die Menschheit nicht brauchen konnte, mußte es in einer reineren, höheren, in einer wahren Form innerhalb des englischen Geisteslebens später erst richtig entfaltet werden. – Es mag für manche Leute unangenehm sein, daß gerade solche charakteristische Äußerungen von mir nicht vergessen werden. Sie werden schon nicht vergessen werden.

Nun bot sich im letzten Drittel des 19. Jahrhunderts ein besonderes, außerordentlich bedeutsames Phänomen mit Bezug auf die okkulte Entwickelung Europas dar, und sogar hinübergreifend bis nach Amerika. Und dieses Phänomen, das allerdings äußerlich nur als eine Persönlichkeit aufzutreten scheint, hat eine viel größere Bedeutung, als man gewöhnlich anzunehmen geneigt ist. Dieses Phänomen tritt uns nämlich in der Persönlichkeit von *Helena Petrowna Blavatsky* entgegen. Äußerlich liegt ja schon die Tatsache vor – aber diese außerordentliche Tatsache ist nur der Ausdruck für tiefe innere geistige Zusammenhänge –, daß Helena Petrowna Blavatsky hervorgegangen ist aus dem russischen Volkstum, mit allen Eigenschaften dieses russischen Volkstums, aber aus diesem große, medial gestaltete spirituelle Eigenschaften entwickelnd, vor allen Dingen im höchsten Maße psychische Eigenschaften.

Man muß einen Begriff davon haben, was das Auftreten eines solchen Phänomens im okkulten Entwickelungsgang der Menschheit bedeutet, wenn man ein solches Phänomen eben ganz würdigen, wenn man mit Verständnis folgen will dem, was ich jetzt zum Beispiel zu sagen habe. In den angelsächsischen, westlichen Orden, Geheimbünden und so weiter, die sich mit den okkulten Ideen so befaßten, wie ich es jetzt eben charakterisiert habe, entstand ein reges Leben, als bekannt wurde, daß solch eine einzigartige Persönlichkeit da ist, die gerade aus dem charakteristischsten russischen Volkstum heraus Zukunftseigenschaften der Menschheitsentwickelung, in hervorstechenden psychischen Eigenschaften konzentriert, in einer ganz einzigartigen Mediumnität zeigt. Es rührte sich überall. Nach Fragen drängendes Leben entstand in diesen angelsächsisch-westlichen Orden. Was da als ein drängendes Leben entstand, kann man folgendermaßen ausdrücken, wenn man auch natürlich die Dinge dabei etwas in Konturen schieben muß. Die Leute, die da die eigentlichen Wächter dieser angelsächsisch-westlichen Bewegung sind, sagten sich: Das bedeutet etwas, daß gerade aus der östlichen Menschheit heraus ein solches Individuum erwacht in der Gegenwart, das muß berücksichtigt werden, dazu muß man entsprechend Stellung nehmen. – Und es entstand jetzt wirklich die Frage: Wie bringt man dasjenige, was durch starke psychische Eigenschaften gewisse tiefe Geheimnisse der Welt weiterverraten kann, in ein Fahrwasser, so daß sich russisches Zukunftselement verbindet mit angelsächsischem Wesen? – Die Eigenschaften der Blavatsky geradezu in angelsächsisches Wesen hineinzuziehen, das wurde jetzt das Bestreben. Wenigstens wollte man es dahin bringen, daß durch die psychischen Eigenschaften der Blavatsky vor allen Dingen diejenigen okkulten Dogmen der Welt präsentiert würden, welche die westlichen Orden eben der Welt präsentieren wollten. Es sollte gezeigt werden, wie eine gewisse, von Okkultismus durchdrungene Zukunftswissenschaft kommen müsse; das strebte man an. Hinlenken wollte man das Denken der Menschen, das ja so leicht geleitet werden kann, nach dem, was hinführt von der fünften in die sechste Periode hinüber, aber so, daß es zunächst durchsetzt wird von den Trieben, die im angelsächsischen Okkultismus und in seinen Dogmen wurzeln. So sollte diese psychische Persönlichkeit der Blavatsky benützt werden, um in sie hineinzudrängen dasjenige, was historisch überliefert und als Glaubensartikel im westlichen Okkultismus lag.

Zunächst gingen die Dinge so, wie sie, ich möchte sagen, gehen sollten. Blavatsky hub durchaus damit an, sich auch in die okkulten Seiten des mitteleuropäischen Geisteslebens einzuleben. Was das bedeutet, wird uns ganz klar werden, wenn wir dieses mitteleuropäische Geistesleben auch in bezug auf seine Okkultismen noch etwas näher betrachten. Dieses mitteleuropäische Geistesleben hat nämlich immer auch Okkultes an seine Oberfläche gebracht. Dieses Okkulte ist ja sogar in einer gewissen, wenn auch äußerlichen Literatur noch zu erkennen. Es lebte im 15., 16., 17., ja noch im 18. Jahrhundert, bis dann der Jesuitismus gekommen ist und äußerlich – aber auch nur äußerlich – alles verdorben hat. Aber es lebte damals. Und wenn wir heute davon sprechen, wie in einer gewissen rein ideellen Form in der Goethe-, Schelling- und Fichte-Zeit ein tieferes Streben zum Vorschein kam, so muß man sich auch darüber klar sein, daß dieses tiefere Streben wurzelt in mitteleuropäischen Okkultismen, in einer mitteleuropäischen okkulten Entwickelung. In diese Strömung der mitteleuropäisch-okkulten Entwickelung kam zunächst auch wirklich durch einen guten Vorgang Helena Petrowna Blavatsky hinein, so daß zunächst dasjenige, was, ich möchte sagen, durch die unterirdischen Kanäle der menschlichen Persönlichkeit heraufkam in das psychische Leben der Blavatsky, durchtränkt wurde von dem, was da lebte durch das spätere Mittelalter hindurch an Okkultismus innerhalb Mitteleuropas.

Aber es war ja mit diesem mitteleuropäischen Okkultismus früher schon etwas anderes geschehen. Bloß töricht, bloß dumm sind natürlich die westlichen Okkultisten nicht; sie sind sogar mit Bezug auf das, was man so manchmal als äußere Klugheit erkennt, außerordentlich gescheit. *Grey* und *Asquith* rechne ich allerdings nicht zu diesen Gescheiten; ich will nicht etwa in das Ansehen kommen, daß ich die jetzigen englischen Staatsmänner zu diesen Klugen rechne. Aber es haben schon, namentlich innerhalb der okkulten Orden, außerordentlich bedeutende Leute gelebt, die vor allen Dingen mit großer Klugheit ausgestattet waren, und mit Hilfe dieser Klugheit ist es dahin gekommen, daß man eigentlich so ziemlich alles, was man äußerlich übernehmen konnte von dem mitteleuropäischen Okkultismus, hinübergenommen hat nach England, so daß das wieder auflebt in England in einer allerdings äußerlichen, exoterischen, aber doch umfangreichen Literatur.

Für denjenigen, der die Dinge kennt, wie sie sind, ist es ganz klar, wenn er irgend etwas nimmt von *Wynn-Westcott,* oder von denjenigen englischen Okkultisten, die etwas wissen, sogar wenn er intimer verfolgt die Schriften von *Laurence Oliphant,* worum es sich beim Produzieren dieser englischen okkulten Literatur handelt: daß man sich anschickt, demjenigen, was in Mitteleuropa erzeugt worden ist und was zunächst zurücktreten mußte in Mitteleuropa, weil eine mehr materielle Entwickelung Platz griff, ein englisches, ein westeuropäisches Gewand zu geben. Es ist ja deshalb, ich möchte sagen, so hoffnungslos betrübend, wenn man immer wieder und wiederum sah, wie gewisse Deutsche sich gar nicht genugtun konnten, darauf hinzuweisen, wie «englisch» eigentlich alles wirkliche okkultistische Streben sein müsse, und daß man da soviel wie möglich herübernehmen müsse. Die Leute wissen eben nicht, daß das, was aus mittelalterlichem Deutschtum gekommen ist, nach dort hinübergetragen worden ist und daß sie es jetzt wiederum im englischen Gewande zurücktragen. Man könnte sogar niedliche Forschungen anstellen: Sehr niedliche Forschungen würden sich zum Beispiel ergeben, wenn man englische okkulte Werke übersetzen und dann neben die Übersetzung dasjenige legen würde, was in einer viel gründlicheren, ernsteren Weise als mittelalterliche deutsche okkultistische Literatur vorhanden ist. Wenn man die zwei Dinge zusammenlegen würde, da würden sich groteske Dinge ergeben! Es würde sich nämlich ergeben, daß sehr spirituelle Dinge innerhalb der mitteleuropäischen Entwickelung nur mit einer Art von Schutt zugedeckt sind, und daß die wiederum zurückgetragen werden, von britischem Materialismus durchtränkt, ohne daß man weiß, daß sie zuerst von Mitteleuropa dort hinübergetragen worden sind.

Aber Helena Petrowna Blavatsky hat sich schon zuerst durchdrungen mit dem, was auch in mittelalterlichem Okkultismus gelebt hat. Bei ihr war ja das alles nicht voll im Bewußtsein, was sich mit ihr vollzogen hat, sie war eben in hohem Grade auch eine unterbewußt psychische Natur. Nun aber lebte das Bestreben fort, alles, was zukunftsmächtig ist, in die Unterordnung von westeuropäisch-angelsächsischem Wesen hineinzubringen. Dieser Drang lebte mächtig. Und im Zusammenhange mit diesem Drang – gewiß, ich könnte Ihnen alle einzelnen Vorgänge schildern, aber ich muß skizzieren, weil wir ja nicht so viel Zeit haben – steht, daß in einer bestimmten Zeit zum Beispiel Blavatsky veranlaßt wurde, in einen bestimmten okkulten Orden in Paris einzutreten.

Nun trat also Blavatsky, auf der einen Seite mit den okkultistisch vertieften russischen Eigenschaften, andererseits durchtränkt mit einer ganzen Summe von wirklichem Wissen, das aus Mitteleuropa stammte – sei es nun rosenkreuzerisch, oder wie Sie es nennen wollen –, in eine Pariser Geheimgesellschaft ein. Da war sie nun darin. Vermöge desjenigen, was in ihrer Seele lebte, war sie eine ungeheuer starke Seele, eine Seele, die dasjenige, was in ihr lebte, stark zur Geltung brachte, die nicht etwa so ohne weiteres darauf einging – was man natürlich in jenen okkulten Orden in Paris gerne gemocht hätte –, daß man sie nur so als ein höheres Medium betrachtete. Denn, was den Leuten besonders zu schaffen machte, das war dieses Vermögen, alle ihre okkulten Erlebnisse, wenn sie es für gut fand, der Welt mitzuteilen, da sie dieselben hineingenommen hatte in eine Art höhere Psyche. Man hätte sonst der Welt sagen können: Seht ihr, dasjenige, was wir euch zu sagen haben, das sagen wir euch nicht aus Theorien heraus, sondern das erscheint auf einem übermediumistischen Wege; da drängt es sich aus einer kernhaften, aus einer russischen Natur, aus der Psyche einer Persönlichkeit, die im höchsten Grade eine psychische Persönlichkeit ist, herein. – Hätte man das ausführen wollen, dann hätte natürlich die Blavatsky eine viel weniger eigensinnige Persönlichkeit sein müssen. Das ließ sie sich schon nicht gefallen. Daher auch die Tatsache, daß sie nun in jenem geheimen Orden in Paris Bedingungen stellte, die ich nicht nennen will – es wird auch die Zeit kommen, über diese Dinge zu sprechen –, die aber wiederum hervorgingen aus dem Blavatsky-Drang. Sie fühlte nämlich: Die da drüben im Westen wollen die westliche Herrschaft gefördert haben, soweit sie vom Okkultismus gefördert werden kann – darauf lasse ich mich nicht ein! – Denn gerade dazumal, bei all den merkwürdigen Dingen, die sich in jenem Pariser geheimen Orden abgespielt haben, fühlte sie sich stark als Russin und stellte Bedingungen, die ich, wie gesagt, nicht nennen will, für ihr Verbleiben im Orden, Bedingungen, die auch nicht im entferntesten berücksichtigt werden konnten, wenn dieser Orden noch weiter mit der Außenwelt rechnen wollte. Sie stellte Bedingungen, die gewissermaßen geeignet gewesen wären, die ganze Geschichte von Frankreich rundherum zu kugeln. Daher schloß man sie aus. Man hatte so das Gefühl, man habe sie gerade noch zur rechten Zeit ausgeschlossen, bevor sie zuviel erfahren hat von den Geheimnissen des Ordens.

Dann kamen verschiedene andere Ereignisse, unter anderem auch dieses, daß sie jetzt, ich möchte sagen, Geschmack bekommen hatte an der Teilnahme an den großen Weltereignissen. Und da ließ sie sich denn in einen anderen, jetzt in einen amerikanischen Orden aufnehmen. Da stellte sie nun nicht die Bedingungen wie in dem Pariser Orden, aber sie benahm sich so, daß das eben auf dem amerikanischen Wege hätte erreicht werden können, was sie in Paris durch die offenen Bedingungen hat erreichen wollen. Und in Verbindung mit einem Manne, dem ohnedies die amerikanischen Verhältnisse der damaligen Zeit außerordentlich wenig gefallen haben, in Verbindung mit *Olcott*, hatte sie große Dinge vor mit Bezug auf das amerikanische Leben, Dinge, welche die westlichen Okkultisten, sofern sie angelsächsisch sind, in eine Seelenstimmung gebracht haben, von der man sagen kann: Den Leuten wurde siedendheiß zumute! – Siedend heiß, so heiß war es nicht Dr. Faust zumute, nicht Richard III., wie Goethe einmal aus einer gewissen Stimmung heraus sagte. Und nun war außerdem noch das eingetreten, was ja in Paris noch nicht eingetreten war – nun, die Blavatsky hat schon zuviel gewußt, zu genau hineingeschaut in dasjenige, was eigentlich da als Absichten bestand! –, es war etwas entstanden, was ganz gewiß, wenn man es mißt an uraltheiligen okkulten Regeln, nicht so ganz zu rechtfertigen ist, was aber geschehen mußte, um großes Unglück, das hätte kommen können, zu verhüten. Die Dinge, die man sich vornahm, wurden gerade damals erwogen in einer Versammlung amerikanischer und europäischer Okkultisten, und nach mancherlei Umwegen ging aus den Maßnahmen, die man ergriffen hatte, das hervor, was man im Okkultismus nennt das Versetzen von jemandem in okkulte Gefangenschaft. Diese okkulte Gefangenschaft besteht darin, daß man durch gewisse Vorgänge bewirkt, daß das Streben eines Menschen, namentlich das okkulte Streben, wie eingeschlossen ist in einer Sphäre, so daß der Betreffende immer nur das eigene Streben zurückgeworfen sieht und aus der Sphäre nicht hinaussieht. In eine solche okkulte Sphäre hinein wurde nun Blavatsky versetzt. Äußerlich richtete man die Sache so ein, daß sie während dieser okkulten Gefangenschaft in Asien war.

Aber nun brachte die Entwickelung der Menschheit gewisse Dinge mit sich. Wie gesagt, es ist natürlich immer nicht ganz genau, was man erzählt, das heißt, es sind schon die Einzelheiten genau, aber man muß, weil man nicht Zeit hat, Dinge überspringen, die vielleicht ein anderes Mal erzählt werden können, und die zu erwähnen ein anderes Mal gewünscht werden kann. Es trat das ein, daß dann führende indische

Okkultisten versuchten, dasjenige, was nun wiederum politisch für ihr indisches Volkstum von besonderem Vorteil war, dadurch auf okkulte Weise zu fördern, daß sie die Blavatsky herauszogen aus ihrer okkulten Gefangenschaft. Und alles dasjenige, was sich zunächst mitteleuropäisch gefärbt hatte, was dann überzogen war von all dem, was man in Westeuropa in sie hat hineinbringen wollen, das war jetzt indisch gefärbt, und ein kompliziertes okkultes Erleben spielte sich jetzt sozusagen um die arme Blavatsky ab. Sie war von der okkulten Gefangenschaft eines Tages frei; aber alles dasjenige, was in ihrer Seele saß an Okkultismen, das hatte eine indische Färbung bekommen. Und dazu kam der mehr unbewußte Einfluß Olcotts, der nun doch darauf hinauslief, dem Angelsachsentum diese Okkultismen, die indisch gefärbt waren, auch wiederum dienstbar zu machen. Und so konnte denn das herauskommen, daß an die Stelle der früheren Führerschaft der Blavatsky ein anderer Führer trat, den sie nun, entsprechend dem früheren, auch weiter mit dem Namen Koot-Hoomi bezeichnete; aber der spätere, zweite Führer der Blavatsky, war im Grunde genommen – wie diejenigen, die in diese Dinge eingeweiht sind, wissen – nichts anderes als ein in russischen Diensten stehender Wicht, eine Persönlichkeit, die ganz andere Ziele verfolgte mit all den Dingen, die sie der Blavatsky und ihren Anhängern überlieferte, als in ehrlicher Weise okkulte Kenntnisse unter den Menschen zu verbreiten; eine Persönlichkeit, die vor allen Dingen große politische Ziele, eine Art von russischer Spionenschaft verfolgte, und die jetzt die Sache so leiten und lenken wollte, daß von der anderen Seite her diese geistige Ehe zwischen dem Russentum und dem Angelsachsentum zustande kommen sollte.

Alles dasjenige, was als so grauenvoll Verderbliches manche außerordentlich großen Wahrheiten, die auch in der «Secret Doctrine» enthalten sind, durchsetzt, das ist auf diese Gründe zurückzuführen, die damit angedeutet werden. Man kann auch bemerken, daß die eminent russische Färbung, die durch diesen späteren Koot-Hoomi in die ganze Blavatsky-Richtung hineingekommen ist, gewissen englischen Hochgrad-Okkultisten doch nicht paßte, und wie namentlich gewisse okkulte Kreise, die in England der Hochkirche außerordentlich nahestehen, alles daran setzten, jene Färbung, die ich eben charakterisiert habe, zu bekämpfen. Das ist eine ausführliche, eine große Geschichte, die sich da abgespielt hat.

Klar muß man sich nur vor allem darüber sein, daß Helena Petrowna Blavatsky eine außerordentlich bedeutungsvolle psychische Persönlichkeit war, in der durch ihre Psyche hindurch die mannigfaltigsten Strebungen und Strömungen gewirkt haben. Man hatte dazumal, namentlich im Anfang des äußeren Auftretens der Blavatsky, nach vielen Richtungen hin die Tendenz, gewisse politische Dinge der Zukunft auf dem Wege vorzubereiten, daß man die Leute gewissermaßen übertäubte mit gewissen Okkultismen. Es wissen ja Okkultisten einer gewissen Sorte nur allzugut, daß man – verzeihen Sie den harten Ausdruck – durch nichts die Welt besser dumm machen kann, als wenn man zunächst in einer gewissen Weise einen Okkultismus lehrt. Wenn dann nicht hinter diesen Lehren des Okkultismus die absolute Tendenz zu ehrlichem Wahrheitssinn steht, kann man die durch den Okkultismus dumm gemachten Leute überallhin führen, wohin man sie bringen will. Das ist eine Tendenz derjenigen Okkultisten, die der mehr oder weniger schwarzen, grauen Sorte angehören. Und solche verfolgen sehr häufig ferne politische Ziele, lange Zeit im voraus sorgsam alles vorbereitend. Nicht umsonst wird – oder wurde wenigstens – in gewissen Geheimgesellschaften, namentlich Britanniens, aber auch Frankreichs, immer wieder gelehrt, welches das zukünftige Schicksal Polens sein wird und wie man sich zu verhalten habe gegenüber den verschiedenen Bestrebungen und Strömungen im polnischen Volk. Nicht umsonst wurde immer gelehrt, wie der Zusammenhang entstehen müsse zwischen Rumänien, Bulgarien, Serbien und den sich angliedernden Territorien der Balkanhalbinsel, und wie man vorbereiten müsse gewisse politische Unterströmungen, damit dasjenige, was man wollte, eben gefördert werden könne. Ungeheuer viel Politik wird gerade in den westeuropäischen Geheimorden gemacht. Ich möchte sagen, große Politik wird da gemacht.

Da Blavatsky sich eigentlich doch nie hat bewegen lassen dazu, nur reines Angelsachsentum okkultistisch zu fördern, so wurde sie, weil sie eine psychische Persönlichkeit war, als gefährlich betrachtet, sagen wir zum Beispiel bei den hohen Okkultisten, die der Hochkirche besonders nahestanden und die ja einzig und allein dasjenige wollten, was ich schon angedeutet habe. Besonders dachte man da zuerst, wirken zu können durch solche Leute, die durch ihre geringen Talente, durch ihr unausgebildetes Denken eigentlich ahnungslos in einer solchen Bewegung darinstehen. Besonders viel glaubte man zu erreichen dadurch, daß man die Wege des Herrn *Sinnett* in einer gewissen Weise lenkte. Unter den angedeuteten Verhältnissen lassen sich ja die Wege eines Menschen, wie gesagt, leiten und lenken, wenn man nicht auf dem Boden steht, dasjenige als Höchstes anzuerkennen, was der echte Okkultismus als Höchstes anerkennen muß: die unbedingte Wahrung der menschlichen Freiheit und der menschlichen Würde. Aber es muß auch immer wieder dazu ermahnt werden, daß der Okkultist oder derjenige, der sich mit dem Okkultismus bekannt macht, gerade in bezug auf diesen Punkt Wache hält über seine Seele. Und Mrs. Besant ist ja auch ziemlich ahnungslos in die Dinge hineingewachsen, aber bei ihr ist außerdem ein starker angelsächsischer Trieb vorhanden, und so konnten all die Dinge dann auch durch Mrs. Besant wirken, die eben durch sie gewirkt haben. Wenn Sie bedenken, wie kompliziert alles ist in der Strömung, in die sie da hineingestellt worden ist, dann werden Sie manches begreifen gerade an dieser Mrs. Besant. Aber man muß sich schon darauf einlassen, ein wenig Verständnis zu gewinnen für solche Dinge.

Es ist sehr nötig, meine lieben Freunde, daß unser echtes, klares Urteilsvermögen, unser Vermögen, die äußeren Verhältnisse zu überschauen, nicht darunter leidet, daß wir uns auf Okkultismen einlassen, daß wir sozusagen gesunden Menschensinn bewahren in der Beurteilung der äußeren Verhältnisse, uns nicht benebeln lassen durch allerlei Okkultismen. Wir brauchen ein klares Urteil über die Vorgänge des Lebens, das uns befähigt, nicht hereinzufallen auf alle möglichen trüben okkultistischen Scharlatanerien, namentlich auf solche Dinge, bei denen, von gewissen Zentren ausgehend, ganz anderes angestrebt wird als die reine Wahrheit und wo verbreitet werden gewisse Okkultismen, um im Trüben fischen zu können für gewisse Ziele und Zwecke. Und wirklich dringend nötig ist es auch für unsere Bewegung, daß sie eine reine Scheidewand ziehe zwischen ihrem ehrlichen Wahrheitsstreben, das hervorgeht nur aus der Erkenntnis dessen, was in unserer Zeit der allgemeinen Geistesbewegung der Menschheit sich einverleiben muß, und alldem, was sich in vielfach unlauterer Weise gerade jetzt in der Welt geltend macht als Okkultismus, demgegenüber man gar nicht sagen darf, es stehe einem nicht an, sich für die entsprechenden Tatsachen zu interessieren. Man muß schon zwischen dem bloßen Aberglauben, der hereinfällt auf die «Wissenden» – aber im schrecklichsten Sinne «Wissenden» –, und der Geistesbewegung, die innerhalb unserer Strömung hell bleiben soll, eine Scheidewand ziehen, und man muß immer mehr keinen Zweifel darüber lassen, auf welcher Seite man *nicht* steht! Das ist durchaus notwendig. Sonst kommt man in einen gewissen Dusel hinein, der die allerschlimmsten Verheerungen anrichten kann. Weil diese Dinge gerade von mehr materialistischer Seite besprochen und bekanntgemacht und ganz gewiß von übelgesinnter Seite mißbraucht werden in der Zukunft, um allem Okkultismus etwas anzuhaben, möchte ich Sie schon hier heute – ich werde es vielleicht morgen sogar öffentlich tun müssen – auf gewisse Dinge aufmerksam machen, die schon geeignet sind, den Leuten über manches die Augen zu öffnen, und die notwendig machen zu betonen, mit was für Dingen, die oftmals als Okkultismus angesehen werden, wir nichts zu tun haben wollen, damit wir gerüstet und gewappnet sind, wenn der Augenblick kommen sollte, wo man mit diesen trüben Dingen dasjenige zusammenwerfen wird, was ehrliches geisteswissenschaftliches Streben ist.

Nehmen Sie eine solche Tatsache – wie gesagt, ich erwähne diese Dinge aus dem Grunde, weil sie heute eben bekannt werden, und weil wir nötig haben, dazu zu sagen, wie wir darüber denken –: In Paris lebt, ganz klar im Zusammenhange mit den Bestrebungen gewisser geheimer Orden, eine Persönlichkeit, die mediale Eigenschaften hat, deren mediale Eigenschaften auf die Menschen wirken, die bewundert wird als ein bedeutungsvolles Medium, die aber eben im Zusammenhange mit okkulten Strömungen der charakterisierten Art steht und, zum Teil bewußt, zum Teil unbewußt, solche okkulten Strömungen durch sich wirken läßt. Diese okkulte Persönlichkeit gibt ein Jahrbuch heraus: In dem Jahrbuch für 1913, das schon 1912 erschienen ist, lesen wir mit Bezug auf Österreich: Derjenige, welcher glaubt zu regieren in der Zukunft, wird nicht regieren, aber ein anderer, junger, wird regieren, von dem man noch nicht glaubt, daß er regieren werde. – Und in dem Jahrbuch, das 1913 für 1914 erscheint, wird diese Behauptung in noch deutlicherer Weise wiederholt.

Diejenigen, die sich gerne beduseln lassen wollen, können ja, wenn sie wollen, die große Prophetengabe dieses Pariser Mediums bewundern. Aber derjenige, der mehr hell ist in seinem Geistesleben, der möchte doch auch solche Fäden ziehen, wie diese, die da sichtbar werden. Wenn man nun ein gewisses Blatt nimmt, das in Paris erscheint und das sich ja vielleicht vergleichen läßt mit der «B. Z. am Mittag» – «Paris Midi» heißt das Blatt –, da ist nun, nicht weit entfernt in der Zeit von jener Behauptung des Almanachs, schon im Jahre 1913 der entschiedene Wunsch ausgedrückt worden, der österreichische Erzherzog Ferdinand möge ermordet werden. – Und in demselben Blatt ist ausgesprochen – in der Zeit, als die dreijährige Dienstzeit in Frankreich verhandelt wurde –, daß, wenn es zu einer Mobilisierung kommen würde, in den ersten Tagen der Mobilisierung *Jaurès* ermordet werden würde! Halten Sie das zusammen mit allen jenen Firlefanzereien, die jetzt gemacht werden, um möglichst einen Schleier zu breiten über die Geheimnisse, die hinter der Ermordung Jaurès' stehen, und damit, daß die Persönlichkeit, die jenen Almanach herausgegeben hat, in den ersten Tagen der Mobilisierung, im August 1914, nach Rom gefahren ist, um dort gewisse Kreise zu beeinflussen im antimitteleuropäischen Sinne. Halten Sie alle diese Tatsachen zusammen und versuchen Sie dann ein Urteil zu bilden, ob Sie es hier mit einer Prophetie zu tun haben oder mit etwas wesentlich anderem, was ich Ihnen wohl nicht weiter zu charakterisieren brauche. Aber studieren Sie daran, in wessen Dienst manchmal derjenige steht, der sich beduseln läßt und wenn da oder dort so etwas auftritt, wie in jenem Almanach, das sich später erfüllt, dann einfach von Prophetie spricht! Helles, klares Urteil ist schon notwendig, wenn man bedenkt, was an Unlauterkeit sich an die Rockschöße des Okkultismus hängt.

Und wir können weiter zurückblicken. Diese westeuropäischen Orden haben ihre Abgesandten vom Beginn des 19. Jahrhunderts an in Rußland drüben gehabt. Die Leute werden sagen, in Rußland hat man die maurerischen Orden oder dergleichen nicht geduldet. – Um so mehr haben sie im Geheimen geblüht und um so stärkere Früchte haben sie getragen, und derjenige, der einmal die Geschichte der Slawophilen und des Panslawismus studieren wird, der wird die Quellen in jenen russischen Geheimbünden zu suchen haben. Wenn man einen erwischt hat, hat man ihn ja da- oder dorthin geschickt oder füsiliert; aber stattgefunden hat es, daß der Ihnen charakterisierte westeuropäische Okkultismus verbunden wurde mit dem russischen Geistesleben.

Man muß schon hineinsehen in die tieferen Zusammenhänge, die bestehen, wenn man ein Urteil über die Vorgänge der Welt haben will. Und wenn auch jetzt, solange wir gewissermaßen blockiert sind, über die Sache wenig gesprochen werden kann, auch deshalb, weil einige Daten fehlen würden: es wird schon die Zeit kommen, wo man sehen wird, welche Rolle bei der ganzen westeuropäischen Kriegsentfesselung gerade jene westeuropäischen Orden spielen, deren Fäden – und mehr als Fäden! – hineingehen in die englischen Ministerien, in die Pariser Ministerien und so weiter, und wie diese maurerischen Orden eine große Rolle gespielt haben namentlich in Westeuropa, als es sich darum handelte, den Anschluß Italiens an die sogenannte Entente zu bewirken. Die waren sehr, sehr eifrig, und waren wiederum mit gewissen Verbindungen Osteuropas in gutem Zusammenhang. Von den deutschen Maurern der niederen und höheren Grade, die ja in einem internationalen Weltenbunde selbstverständlich mit den anderen immer verbunden waren, «brüderliche Grüße» ausgetauscht haben, brüderliche Zusammenarbeit betont haben, von ihnen kann allerdings zur Entlastung gesagt werden, daß sie zu dumm waren, von der ganzen Geschichte nichts geahnt haben, in die sie eingefügt waren. Das muß man auch zu ihrer Entlastung ganz entschieden hervorheben. Und das ist die bedeutungsvollste Eigenschaft dieses mitteleuropäischen Maurertums, daß es düpiert worden ist bis zum letzten Moment, wie ja manche andere auch, die nicht gerade im Maurertum darin gestanden haben und von denen auch die Möglichkeit vorhanden gewesen wäre, daß sie sich vielleicht nicht hätten düpieren lassen.

Wie oft mußte im Laufe der Zeit hervorgehoben werden, daß man sich einlassen soll auf die Betrachtung solcher Zusammenhänge und daß man namentlich gerade dann, wenn man sich in den Okkultismus einläßt, klares Urteil wird bewahren müssen. Jetzt liegt schon einmal die Notwendigkeit vor, in unserem Kreise auf solche Dinge aufmerksam zu machen. Vieles, was gesagt worden ist, was im Laufe der Jahre so eingeflossen ist, ist nur allzuwenig berücksichtigt worden, man hat allzuwenig auf die Dinge hingehört. Daher gibt es schon manches in unserer Bewegung, was einen gerade in unserer gegenwärtigen Zeit mit Betrübnis erfüllen kann. Unsere mitteleuropäische Bewegung ist wirklich auf einer anderen Basis begründet als andere ähnliche Bewegungen. Denken Sie nur einmal an das eine, daß wir unsere mitteleuropäische Bewegung ja schon vergleichen können mit einem lebendigen Wesen. Sie hat die Eigenschaft eines lebendigen Wesens. Wenn man einen Verein gründet, an den die Leute sich anschließen und aus dem sie wieder austreten, so ist dieser Verein nicht zu vergleichen mit einem lebendigen Wesen. Es ist gewiß vieles falsch von dem, was *Weismann* gesagt hat über ein lebendiges Wesen, aber das eine ist richtig: daß ein lebendiges Wesen einen Leichnam zurückläßt, wenn es seine Seele zurückzieht. Das trifft genau auf unsere Gesellschaft zu, in anderer Weise als auf andere Gesellschaften. Unsere Gesellschaft hat das Lebendige in sich, daß sie unsere Zyklen an die Mitglieder abgibt, die nun bei den Mitgliedern sind. Wenn eine andere Vereinigung sich auflöst, so gehen die Mitglieder auseinander, da bleibt kein Leichnam zurück. Man kann die schönsten Ideale haben und kann ruhig wieder auseinandergehen. Denken Sie aber, wenn wir auseinandergehen: die ganze Summe der Zyklen bleibt zurück. Das ist der Leichnam! Das ist das Zeugnis dafür, daß wir nicht auf strohernen Prinzipien, auf Programmen, sondern auf etwas Lebendigem begründet sind. Dieses andere wird derjenige, der die Sache betrachten will, schon finden. Und außerdem mußte unsere ganze Bewegung die Form annehmen, die sie angenommen hat. Wie schwer, wie unendlich schwer war es, ich möchte sagen, unser Schiffchen hindurchzusteuern durch all die Klippen, die Sie jetzt ein bißchen erkennen werden, wenn Sie auf all das schauen, was notwendig war, um das, was in Mitteleuropa sich geltend machen mußte, aus

Westeuropas Umgarnung, die von Anfang an da war, herauszureißen und zu befreien. Und solchem gegenüber kann es einen schon etwas betrüben, wenn gerade in der heutigen ernsten, schicksaltragenden Zeit vielfach innerhalb unserer Bewegung die Tatsache hervorgetreten ist, daß die persönlichen Streitigkeiten seit dem Kriegsbeginne nicht nur nicht abgenommen haben, sondern in vermehrter Weise wuchern, in furchtbarer Weise eigentlich wuchern. Dieses Hingelenktsein der Seele auf die persönlichen Angelegenheiten gegenüber dem Großen der Bewegung, das ist ja so stark aufgetreten gerade in dieser Zeit. Es hat etwas Betrübliches, meine lieben Freunde, daß in dieser Zeit sich so wenig das Bewußtsein zeigt, daß man doch wahrhaftig nicht wie bei einem gewöhnlichen Verein innerhalb dieser Bewegung darinsteht und daß man nicht wie aus einem gewöhnlichen Verein austritt, wenn einem dies oder jenes nicht paßt! Wir können nicht dagegen geltend machen, so und so viele seien unschuldig an dem, was so geschieht; sondern gerade wenn man auf okkultem Boden steht, müssen die Tatsachen berücksichtigt werden.

Demgegenüber muß schon gesagt werden: Wenn diese Dinge möglich sind und geschehen sind, dann läßt sich in der Form, wie die Gesellschaft besteht, nicht weiterarbeiten in der Gesellschaft! – Es läßt sich nicht weiterarbeiten, wenn nicht das Bewußtsein Platz greift, daß diese Gesellschaft etwas Lebendiges, etwas Wahrhaftiges und kein Verein ist, aus dem man austreten kann, wenn einem etwas nicht paßt. Selbstverständlich kann niemand zurückgehalten werden. Darauf kommt es aber nicht an bei dem, was ich jetzt sage. Wenn das Bewußtsein davon nicht existiert, dann kann man nur sagen, müssen die Dinge, die erreicht werden sollen in unserer Geisteskultur, eben auf andere Weise erreicht werden als durch die Gesellschaft, die dann nur ein Hindernis ist. Dasjenige, was durch unsere Bewegung gehen muß und was alles andere richtig machen wird, das ist das reinste, ehrliche Wahrheitsstreben, aber bloß dieses, bloß das reinste Wahrheitsstreben. Denn zunächst haben wir die Aufgabe, durch dieses reine Wahrheitsstreben ein neues Element in die Geistesentwickelung der Menschheit hineinzubringen. Daher ist es schon notwendig, daß gewisse Dinge zunächst eingesehen werden.

Es ist keine untergeordnete Sache, wenn ich auf so etwas, wie das Folgende, aufmerksam mache. Immer wieder kommt es vor – aber man betrachtet das auch so wie eine untergeordnete Tatsache –, daß der oder jener zu mir kommt und nicht um irgend etwas frägt, was sich auf das seelische Leben oder dergleichen bezieht, sondern etwas, was man den Arzt frägt. Da muß ich immer darauf aufmerksam machen: Man soll sich vertrauensvoll an diejenigen ärztlichen Persönlichkeiten wenden, die innerhalb unserer Gesellschaft da sind. – Das ist notwendig. Selbstverständlich ist es richtig, daß die reinste Arzneikunst und die richtigste Medizin im Zusammenhang mit unserer Bewegung stehen. Aber wenn mir selbst dasjenige Feld ordentlich verbleiben soll, durch das ich wirken soll, dann muß von meiner Person freigehalten werden alles dasjenige, was mit ärztlichen Ratschlägen zusammenhängt. Und schon deshalb ist das notwendig, weil klar werden muß, daß das auch eine Art von Einlullen ist, wenn man sagt: Die offizielle Medizin da draußen, die ist ja nichts, also wendet man etwas anderes an. – Vielmehr kommt es uns darauf an oder soll es uns wenigstens darauf ankommen, daß wir dasjenige, was wir versuchen wollen, nicht unter der Hand, sondern in ehrlicher, offener Weise machen, und daß nicht die Tendenz bei uns herrscht, Gesetze oder äußere Usancen zu umgehen. Vielmehr handelt es sich darum, solche äußeren Zustände herbeizuführen, die es erst möglich machen, daß vernünftiges Gehaben und Gebaren in der Menschheitsentwickelung Platz greift. Es muß jeder wissen, daß er, wenn er nicht durch die offizielle Medizin kuriert werden will, vor allen Dingen das Seine beizutragen hat, daß die Tyrannis der offiziellen Medizin aufhört, und er soll nicht vorher auf allerlei Schleichwegen eine Kuriererei aufsuchen. Selbstverständlich trifft das nicht den einen oder anderen, der gerade seine Tätigkeit auf diesen Zweig wendet; es trifft ihn sogar so, daß das gerade das Richtige ist. Aber es ist notwendig, daß man auch ganz ernst nehme, was ich immer wieder und wieder betone: Man wende sich an unsere ärztlichen Persönlichkeiten, wenn es sich um Arzneikunde handelt. Selbstverständlich findet jeder bei mir einen freundschaftlichen Rat, wenn er den haben will; aber die Richtung, in der prinzipiell dasjenige liegen muß, was uns vonnöten ist, die muß doch heute verstanden werden.

Ich habe versucht, Ihnen einiges wenigstens skizzenhaft zu geben, was Ihnen wichtig sein kann und was auch den Blick schärfen kann für verschiedene Dinge, die notwendigerweise geschehen mußten. Es könnte schon auch gut sein, wenn man ein bißchen darüber nachdenken würde, daß doch ein tieferer Zusammenhang war in jenem rechtzeitigen Loslösen unserer mitteleuropäischen Geistesbewegung von all dem Blech, das sich zuletzt in die Besant-Richtung hineingeschoben hat und das sich jetzt in einer so sonderbaren Weise bis zu den schlimmsten Verleumdungen entlädt. Denn das darf doch noch gesagt werden, obwohl ich, wie gesagt, durchaus nicht alte Streitigkeiten aufwärmen will: Unter den Dingen, die jetzt Mrs. Besant in ihrer englischen Zeitschrift abdruckt, befindet sich zum Beispiel die Lächerlichkeit, daß sie sagt, das Bestreben von mir wäre gewesen, möglichst zum Präsidenten der ganzen Theosophical Society gewählt zu werden, um nach Indien zu kommen und sie, Mrs. Besant, dort zu verdrängen von ihrem Wirkungskreise, und der eigentliche Grund, warum das angestrebt worden wäre von mir, der wäre gewesen, daß ich und die anderen, die zu mir gehören, eigentlich Agenten der deutschen Regierung wären, die nichts geringeres angestrebt hätten, als durch allerlei okkulte Machinationen eine Art Pangermanismus an die Stelle des Angelsachsentums zu setzen und von Indien aus namentlich die englische Regierung aus dem Sattel zu heben! Diese Dinge sind in viel schärferer Form jetzt in Artikeln von Mrs. Besant zu finden. Sie weiß auch auf anderen Gebieten noch solches Blech zu reden, das sich würdig dem Alcyone-Blech an die Seite setzen kann. Allerdings hört man jetzt, daß Alcyone abgesetzt worden sein soll von der Würde, der Christus-Träger zu werden. Na, um Alcyone einzusetzen, hat man andere abgesetzt, nicht wahr! Es war ja immer nach Bedürfnis der eine oder andere eingesetzt worden. Sogar der russische Thronfolger war ja schon in gewissen esoterischen Kreisen mit der Würde bedacht worden, der Christus-Träger zu werden, der junge Alexej! Der vorherige mußte natürlich abgesetzt werden. Aber es waren vorher schon andere, es gab sogar gleichzeitig verschiedene! Nun ja, wenn der eine das dem anderen nicht sagen darf – so immer angedeutet, geheimnisvoll, nicht wahr –, so kann man ja manches auch gleichzeitig haben!

Aber sehen Sie, wenn man diese Dinge allzu leichtfertig hinnimmt, so beachtet man nicht so etwas wie dieses, das ich doch auch erwähnen will: Es war im Jahre 1909, da bildete sich, als der schlimmste Leadbeater-Besant-Rummel losging – also «das erste Schlimmste» –, eine Gesellschaft, die international sein sollte. Ein langjähriger Freund Mrs. Besants, der ihr früher immer die Bücher korrigiert hat auf die wissenschaftlichen Fehler hin, Mr. *Keightley*, war dazumal namentlich verbunden mit jener internationalen Gesellschaft, die gegen Besant von Indien aus begründet werden sollte. Dazumal wurde mir geschrieben, ob ich nicht die Präsidentschaft dieser internationalen Gesellschaft annehmen wollte. Sie wurde mir angeboten von Indien aus. 1909 war der Kongreß in Budapest. Vor Zeugen sagte ich damals Mrs. Besant, daß mir diese Präsidentschaft angeboten worden war. Ich habe das allerdings nur einigen Menschen gesagt dann auf dem Schiffe, um ihr gleich darauf zu sagen: Aber ich habe im Verhältnis zu der okkulten Bewegung nichts anderes als einer zu sein, der innerhalb des deutschen Volkstums dasjenige zu vertreten hat, was er zu vertreten hat, und außerhalb von diesem Deutschtum werde ich nicht eine okkulte Stellung irgendwie einnehmen. – Und jetzt wagt sie es, in einer Zeitung zu sagen, es wäre von mir angestrebt worden, von Indien aus zur Präsidentschaft zu gelangen! Ich habe immer von objektiven Unwahrheiten gesprochen in bezug auf zahlreiche Dinge, die Mrs. Besant ausgesprochen hat. Aber wenn man so etwas erlebt, daß ich ihr ausdrücklich gesagt habe, ich wolle innerhalb der Theosophischen Gesellschaft niemals etwas anderes sein als höchstens der Generalsekretär der deutschen Sektion oder etwas, was diese umfaßt, dann braucht man nicht mehr von objektiver Unwahrheit zu reden, sondern dann kann man ruhig sagen: Da liegt von seiten Mrs. Besants nicht eine objektive Unwahrheit, sondern ebenso, wie bei der Jesuiten-Beschuldigung, eine bewußte Lüge vor. Und wer heute Mrs. Besant verteidigen will, muß dasjenige mit nehmen, daß einer, der die Verhältnisse kennt, ihm sagt, er verteidige also eine bewußte Lügnerin. Und wenn man zusammennimmt den Jesuiten-Vorwurf und diese Sache und den ganzen Feldzug jetzt, der aus dem englischen Chauvinismus heraus unternommen wird gegen dasjenige, was hier gewollt wird, dann kann man auch reden von systematischem Lügenfeldzug, der durchaus vorhanden ist.

Wer die Worte zu stark findet, der muß bedenken, daß von mir nie etwas gesagt wird, was Angriffe bedeutet, sondern immer erst gesprochen wird, wenn es Abwehr ist. Das sollten namentlich alle diejenigen berücksichtigen, die immer davon sprechen, man müsse gleiches Recht nach beiden Seiten walten lassen. Bei uns hat man gleiches Recht walten lassen, indem man einfach sich die Augen verschlossen hat – wenigstens hernach – gegen dasjenige, was wahr ist, auch auf unserem Gebiete! Es muß schon einmal diese gegenwärtige, schicksaltragende Zeit dazu führen, die Dinge der Wahrheit gemäß in ihrem vollen, wahren, ehrlichen Ernst anzuschauen und danach zu handeln. Denn das ist doch wahr, daß alle diese Opfer, die jetzt gebracht werden in Hunderten und aber Hunderten von Toden, dann zum Heil der Menschheit vollbracht worden sind, wenn sie hier auf der Erde Seelen finden, die über die Zeit in der richtigen Weise zu denken und zu fühlen verstehen! Das, was sich da oben vorbereitet in der geistigen Welt, wenn es richtig angesehen wird von den Verstehenden, wird dann zu Kräften werden in der Zukunft, welche gerade von verständigen, okkultistisch empfindenden Seelen umgewandelt werden zu vorwärtsbewegenden Kräften in der Menschheit. Wenn es nicht verstanden wird, dann wird in geistiger Beziehung das Ereignis der Gegenwart so vorübergehen, daß gerade diejenigen Kräfte, die da oben sind in der geistigen Welt als Ergebnisse der Hunderte und aber Hunderte von Opfertoden, in die Hände des Ahriman geführt werden. In diesem Zusammenhang sagte ich immer:

Aus dem Mut der Kämpfer,
Aus dem Blut der Schlachten,
Aus dem Leid Verlassener,
Aus des Volkes Opfertaten
Wird erwachsen Geistesfrucht –
Lenken Seelen geist-bewußt
Ihren Sinn ins Geisterreich.

SECHSTER VORTRAG

München, 20. März 1916

Es ist für ein allmähliches Sich-Aneignen dessen, was wir Geisteswissenschaft nennen, notwendig, den guten Willen dazu zu haben, die, ich möchte sagen, zunächst mehr wie eine Art von Plan angegebenen Begriffe und Begriffszusammenhänge auszufüllen mit wirklichen Vorstellungen über dasjenige, was zunächst in einem allgemeinen Umriß ja nur gegeben werden kann.

Sehen Sie, wir sagen so: Der Mensch besteht aus physischem Leib, Ätherleib, astralischem Leib und Ich und so weiter. – Das ist zunächst ganz richtig, wenn wir so sagen, denn wir haben nötig, uns gewissermaßen in umfassenden schematischen Begriffen zu orientieren. Aber im weiteren Verlauf einer Aneignung der Geisteswissenschaft ist es schon nötig, sich auf all das, was so schematisiert ist, auch genauer einzulassen.

Wir haben gerade in dem engeren Felde des durch unsere Gesellschaft gebotenen Leserkreises eine große Anzahl von Zyklen, aber in diesen Zyklen steht doch noch verhältnismäßig wenig von dem, was eigentlich schon wünschenswert wäre, daß es von der Menschheit, wenigstens von einem kleinen Kreise der Menschheit, recht bald gewußt werde.

Wenn wir das Äußere am Menschen, das mit den physischen Sinnen erschaut werden kann, das mit jener Wissenschaft betrachtet werden kann, die an den Verstand, an Versuche, an Beobachtungen gebunden ist, physischen Leib nennen, so liegt, wie wir wissen, diesem physischen Leibe zugrunde der Ätherleib.

Wir wollen zunächst auf diese beiden Glieder der menschlichen Natur heute ein wenig das geistige Auge werfen. Über den physischen Leib braucht ja Geisteswissenschaft als solche zunächst scheinbar am allerwenigsten zu sagen, denn dieser physische Leib ist das einzige, was der physischen Wissenschaft vorliegt und was diese physische Wissenschaft zunächst mit ihren Methoden zu betrachten die Absicht hat. Allein auch dieser physische Leib wird, wenn er zunächst auch das ist, als was ihn die physische Wissenschaft betrachtet, in seiner richtigen Bedeutung und Stellung in der Welt doch nur dadurch erkannt, daß auch die höheren Glieder der Menschennatur ins Auge gefaßt werden.

Nun erinnern Sie sich wohl, daß der physische Leib, so wie er hier auf der Erde den Menschen, wir können sagen, umkleidet, eigentlich erst entstehen konnte während der Erdenzeit. Seine geistigen Anlagen aber hat er schon erhalten während der alten Saturnzeit. Er wurde fortwährend umgewandelt während der Sonnen-, Monden- und Erdenzeit. Umgewandelt wurde er unter dem Einflusse dessen, was da während der Sonnen-, Monden- und Erdenzeit geschehen ist. Er wurde umgewandelt unter dem Einflusse der Tatsache, daß ihm auf der Sonne einverleibt worden ist der Ätherleib. Er mußte anders werden, dieser physische Leib, wie er vom Saturn herübergekommen ist, anders werden, als er durchtränkt wurde von dem Ätherleib. Und dieser physische Leib mußte auch anders werden, als er dann auf dem Monde durchtränkt worden ist von dem Astralleib. Nicht nur, daß der Astralleib dazugekommen ist zu der ganzen Mensch-Bildung, sondern dieser physische Leib ist umgewandelt worden dadurch, daß gewissermaßen während der Sonnenzeit der Ätherleib hineingefahren ist, während der Mondenzeit der Astralleib, während der Erde sich allmählich das Ich allseitig ausbildet, gewiß zunächst innerhalb des Ätherleibes, aber auch innerhalb des physischen Leibes.

Wenn wir nun von dem Menschlichen zu dem Kosmischen gehen, dann brauchen wir uns ja auch nur an das zu erinnern, was wir oft besprochen haben, was in unseren Zyklen enthalten ist. Wir müssen da wissen, daß, wie die erste Anlage des physischen Leibes auf dem Saturn durch, nun, wir können sagen, die Ergießung der Geister des Willens, der Throne, möglich geworden ist, die Umgestaltung während der Sonnenzeit durch die Geister der Weisheit, die Umgestaltung während der Mondenzeit durch die Geister der Bewegung, die Umgestaltung während der Erdenzeit – also dasjenige, was bewirkt werden mußte am physischen Leib dadurch, daß ein Ich in ihm wohnt – durch die Geister der Form bewirkt worden ist.

Das ist schon etwas Wichtiges, das wir ins Auge fassen müssen. Wenn uns der physische Leib des Menschen auf der Erde entgegentritt, so müssen wir ihn Ich-begabt denken, und wir müssen ihn so denken, daß er, weil er Ich-begabt ist, während der Erdenzeit eine bestimmte, ihm angemessene Form erhalten hat. Während der Mondenzeit aber hat er nur die ihm angemessene innere Bewegung erhalten. Diese ihm angemessene Form während der Erdenzeit mußte er erhalten durch die Gaben der Geister der Form, in Gemäßheit der Tatsache, daß ein Ich in ihn verpflanzt werden mußte. Wir können also sagen, dieser physisch geformte Erdenleib ist so geformt, weil er Ich-Träger werden mußte. Mit dem Ich gaben die Geister der Form dem menschlichen physischen Leib die Form, die er eben hat und die dem Ich-Träger angemessen ist.

Die anderen Wesen der anderen Naturreiche haben auch ihre Formen bekommen. Wenn Sie die intimeren Beschreibungen lesen, die von der alten Mondenzeit gegeben werden, so werden Sie sehen: alle die Wesen werden so beschrieben, daß man nicht davon sprechen kann, sie hätten damals schon ihre jetzige Form gehabt; sie sind da in einer gewissen Beweglichkeit geschildert. Erinnern Sie sich nur an die Schilderungen in der «Geheimwissenschaft im Umriß» oder in einzelnen Zyklen: Die Formen sind in einer gewissen Beweglichkeit geschildert. Auch die anderen Naturreiche haben ihre Form erst durch die Geister der Form während der Erdenzeit, ich möchte sagen, bleibend erhalten.

Betrachten wir das dem Menschen am nächsten stehende Erdenreich, das Tierreich. Das Tierreich lebt auch in Formen. Es hat die Formen, die es gegenwärtig hat, auch erst während der Erdenzeit erhalten. Aber bedenken Sie, wie gerade der Unterschied ist zwischen den Formen des tierischen Reiches und den Formen des menschlichen Reiches! Wir wenden den Blick über die Oberfläche der Erde hin und finden ja allerdings gewisse Unterschiede zwischen den einzelnen Menschen, Unterschiede, die auf ein anderes Gebiet der Schilderung gehören; aber wir finden natürlich auch gewisse Unterschiede in bezug auf die äußere Gestaltung. Alle die interessanten Völkerschaften, die jetzt von den Westeuropäern in Mitteleuropa ins Feld geführt werden, sie sehen ja natürlich etwas anders aus als die mitteleuropäische Bevölkerung! Also ein Unterschied ist schon vorhanden, wenn wir den Blick über die Erdoberfläche schweifen lassen in bezug auf die Gestaltung der einzelnen Menschen. Zu der Gestaltung ist zum Beispiel auch zu rechnen die Farbe. Aber wenn Sie das, was an Differenzierungen, an Unterschieden vorhanden ist zwischen den Menschen, vergleichen mit den Differenzierungen zwischen den verschiedenen Tiergattungen, da werden Sie sich sagen müssen: Die Tiergattungen sind natürlich in einem unendlich weiteren, unendlich größeren Sinne voneinander verschieden als die Menschen. Wir können schon von einer einzelnen Menschengattung sprechen im Gegensatz zu den verschiedenen vielgestaltigen Tierformen. Denn ein so starker Unterschied wie etwa zwischen einem Löwen und einer Nachtigall, die ja beide Tiere sind, ist natürlich im Reiche der Menschen nicht zu finden. Wenn ein so großer Unterschied wäre, wie zwischen einem Löwen und einer Nachtigall, so würde niemand behaupten können, daß Unterschiede zwischen den Menschen nicht zu bemerken seien. Aber darauf muß man schon den Blick wenden, daß die Tiere unendlich größere Differenzierungen haben als der Mensch in seiner allgemeinen Menschengattung.

Trotzdem das, was ich Ihnen eben gesagt habe, durchaus richtig ist, so ist es von dem Standpunkt der Geisteswissenschaft gleichwohl nur in eingeschränktem Sinne richtig. Denn auch folgendes ist eine Wahrheit: Nehmen Sie in Ihrer Betrachtung, in Ihren Gedanken zu dem physischen Leib des Menschen den Ätherleib dazu und stellen Sie sich vor, daß ein gewisses Experiment, das man ja natürlich nicht ausführen kann, möglich wäre: daß man den ganzen physischen Leib vom Menschen trennen, stückweise herauspräparieren könnte und daß man, bevor man beginnt, diesen physischen Leib herauszupräparieren durch eine Anrufung von Geistern der höheren Hierarchien, der Angeloi, Archangeloi und Archai, bewirken könnte, daß diese Angeloi, Archangeloi und Archai sich zurückziehen von dem Menschen, daß sie nicht tätig sind am Ätherleib. Also zweierlei müßte man machen: Man müßte den Menschen gar nicht einmal, sagen wir, schinden wollen, sondern man müßte ihm alles wegnehmen, was zu seinem physischen Leibe gehört. Und dann müßte man alle die Einflüsse der drei Hierarchien, Angeloi, Archangeloi, Archai, zurückerbitten, so daß dieser Ätherleib des Menschen ganz und gar allein sich selber überlassen wäre, daß er nicht mehr von irgend etwas anderem beeinträchtigt wäre. Er ist nämlich beeinträchtigt, er steckt in dem physischen Leibe, und dieser physische Leib hat seine feste Form, die ihm von den Geistern der Form zugewiesen ist. Deswegen muß er sich dieser festen Form fügen. Wenn Sie einen sehr weichen Kautschukkörper nehmen und in ein Glas stekken, so wird er sich der Form des Glases anpassen, er wird nicht seine eigene Form behalten. Wenn Sie ihn wieder aus dem Glase herausziehen, so springt er in seine eigene Form zurück. So muß sich auch der menschliche Ätherleib der Form anpassen, die der physische Leib ihm aufdrängt, er hat nicht seine eigene Form. Wenn wir also den physischen Leib wegziehen, so fällt diese Kraft weg, der sich der Ätherleib anpassen muß. Doch er würde auch da noch gar nicht seine eigene Form bekommen, weil in diesen Ätherleib hinein – was wir noch des genaueren ausführen werden – die Angeloi, Archangeloi, Archai arbeiten. Aber die bitten wir ja weg, so daß der Ätherleib seinen Kräften nun ganz allein folgen kann. Da würde der Ätherleib herausspringen, seine eigene Elastizität annehmen. Die Sache müßte sichtbar ausgeführt werden können; dann würden Sie sehen können, wie der Ätherleib herausspringt und seine eigene Form annimmt.

Was würde geschehen? Das ganze Tierreich hätten Sie vor sich! Der Ätherleib würde sich in Portionen teilen, und es würden – wenigstens im wesentlichen, in den Haupttypen – die Formen des ganzen Tierreiches sein. Das heißt: Der Mensch trägt ätherisch das ganze Tierreich in sich. Es ist nur zusammengehalten auf der einen Seite durch die Form des physischen Leibes, auf der anderen Seite durch die Tätigkeit der Wesen der drei genannten Hierarchien. Das ist durchaus wahr, daß der Mensch dieses ganze Tierreich in seinem Ätherleib der Anlage nach in sich trägt! Dieses ganze Tierreich unterscheidet sich von diesem Gesichtspunkte aus vom Menschen nur dadurch, daß jede Tiergattung eine eigene Form, die im menschlichen Ätherleib aber auch darinnen lebt, für sich genommen hat und für sich ausgebildet hat zur physischen Gestalt. So daß, wenn wir das Tierreich anschauen, wie es auf der Erde verwirklicht ist, es in der Tat der ausgebreitete menschliche Ätherleib ist.

Da liegt eine eigentümliche Sache vor. Da trat innerhalb der Weltanschauungs-Entwickelung Europas um die Wende des 18. zum 19.

Jahrhundert das auf, was man, genauer ausgeführt, bei solchen Persönlichkeiten wie zum Beispiel *Oken* findet. Der Naturforscher Oken konnte nach dem Standpunkt der damaligen Zeit noch nicht vom Ätherleib sprechen; das lag ihm fern. Aber bei ihm findet sich zum Beispiel der merkwürdige Satz: Das Tierreich ist der ausgebreitete Mensch. – Das heißt, er hatte eine Phantasiekonzeption von der Wahrheit. Diese Vorstellung trat dazumal, als sich die großen Gedanken der mitteleuropäischen Weltanschauung ausbildeten, in seinen geistigen Gesichtskreis herein. Das ist sehr interessant! Diese Vorstellung trat zum Beispiel auch in den Gesichtskreis von *Schelling*, und bei Schelling finden Sie auch diesen Satz. Und denjenigen, die auf die genialen, aber selbstverständlich noch nicht abgeschlossenen Gedanken zunächst nicht eingehen konnten – weil die genauen Tatsachen eben nicht gesagt werden konnten –, denen ging es dazumal ganz schrecklich. Bei Oken muß man sich vorstellen, daß das, was er noch nicht wissen konnte, in Form einer genialen Konzeption in seiner Seele lebte. Man möchte sagen, er hatte das Gefühl: Die einzelnen Glieder des Menschen sind eigentlich aus Tiergestalten zusammengesetzt. – Er hatte auch den Mut, so etwas auszusprechen, aber darüber, daß er so etwas aussprach, waren die gelehrten Philister furchtbar skandalisiert. Er hatte sich zum Beispiel auch gefragt: Was ist die Zunge? – Er konnte nicht wissen, daß man da einen Ätherleib braucht, und nun sagte er: Die Zunge ist ein Tintenfisch. – Gewiß, es liegt diesem Ausspruch das zugrunde, was ich eben auseinandergesetzt habe. Aber denken Sie sich nun das ganze gelehrte Philistertum der Behauptung gegenüber: Die menschliche Zunge ist ein Tintenfisch!

Wenn man den Gang des menschlichen Geisteslebens einsehen will, so muß man schon weitherzig werden. Man muß sich klar darüber sein, daß etwas, das vielleicht sogar ausschauen kann wie ein Unsinn, eine große Wahrheit in sich bergen kann. Und so gliederte Oken dann den Menschen so ein: Die Zunge ist ein Tintenfisch, andere Organe sind etwas anderes und so weiter. – Im Grunde genommen war es ja nur die genauere Wiederholung desjenigen, was in uralter menschlicher Anschauung vorhanden war, wo man nur die Haupttypen heraushob und den Menschen nach den vier Haupttiergruppen gliederte: Löwe, Adler, Engel und Kalb.

Also man kann schon sagen: So einfach liegt die Sache doch nicht, sondern der Mensch hat in seinem Ätherleib schon das ganze Tierreich eigentlich in sich. Er trägt es, wie der Philosoph sagen würde, der Möglichkeit nach in sich. – Nun müssen Sie allerdings etwas ins Auge fassen, damit die Sache nicht einseitig wird. Wenn das nicht stattfinden würde, was wir jetzt angeführt haben, daß – außerdem, daß der physische Leib diese ganze Tierheit zusammenhält – noch die Angeloi, Archangeloi und Archai ihre Kräfte betätigen, so würde ja, wenn der Mensch durch die Pforte des Todes geht und den physischen Leib ablegt, das eintreten müssen, was ich gerade beschrieben habe: es würde wirklich in diesem Falle, wenn der Ätherleib entlassen würde nach den paar Tagen von dem Astralleib und dem Ich, das herausfallen, elastisch, in die Welt, und es würde die ganze ätherische Tierwelt aus der menschlichen Ätherwelt entstehen. Das ist aber in der Erfahrung nicht der Fall. Das entsteht nicht. Das geht nicht hervor aus dem Menschen, sondern der Ätherleib löst sich los in einer ganz anderen Form. Er löst sich los und wird dem allgemeinen Weltenäther einverwoben.

Was liegt da eigentlich vor? Nun, es arbeiten eben an unserem Ätherleib die Wesenheiten aus der Hierarchie der Angeloi, der Archangeloi und der Archai, und die lassen es nicht dazu kommen, daß das ganze Wesen des Ätherleibes sich in das Tierreich zersplittert. Was geschieht da eigentlich? Sehen Sie, was da geschieht, möchte ich Ihnen so beschreiben, daß ich zunächst einmal an einen Vergleich appelliere. Wir Menschen auf der Erde arbeiten, wir machen zum Beispiel Maschinen aus Holz oder aus Eisen. Das Holz oder das Eisen sind unsere stofflichen Grundlagen, und dann arbeiten wir Holz oder Eisen zu Maschinen zusammen. Die Anordnung des Stoffes, das ist unsere Arbeit, die Anordnung des Holzes oder des Eisens, aber das Eisen oder das Holz selber müssen wir der Erde entnehmen. Wir brauchen diese Rohmaterialien, wir entnehmen sie aus einem Reich, das unter unserem Menschenreich ist.

Wenn Sie sich nun vorstellen, daß über uns leben die Angeloi, Archangeloi, Archai, so sind sie auch nicht im Weltenall dazu da, um fortwährend «Sonntagsruhe» zu pflegen, sondern sie haben ihre Arbeit, sie haben ihre Leistungen zu tun. – Was arbeiten denn Angeloi, Archangeloi, Archai eigentlich? Wenn sie arbeiten, dann werden sie auch ein Material brauchen, wie wir Holz und Eisen aus der Erde heraus brauchen, und sie werden dieses Material zu bearbeiten haben. Das Material für die Angeloi, Archangeloi und Archai, das sind unsere Ätherleiber! Was für uns Holz und Eisen der Erde ist, wenn wir es zu Maschinen verarbeiten, das sind unsere Ätherleiber für die Angeloi, Archangeloi, Archai; daran arbeiten sie. Und während wir Menschen hier auf der Erde herumgehen und gewissermaßen den Gedanken haben, wenn wir ihn überhaupt haben: Wir tragen da in uns unseren Ätherleib und wir tragen ihn so mit uns als unser Eigentum wie unsere Lunge –, ist um uns herum betätigt dieses ganze Wesen der Angeloi, Archangeloi und Archai, und arbeitet Gebilde für die geistige Welt heraus, die dort gebraucht werden für unser Leben. Sie arbeiten aus diesem Ätherleib heraus das, was in der geistigen Welt gebraucht wird.

Mit wessen Hilfe arbeiten diese höheren Wesenheiten? Nun, unser Leben hindurch denken wir; von dem Moment ab, wo wir zum Denken kommen, bis zum Tode, denken wir. Das Wesentliche beim Denken, wie Sie zum Beispiel auch dem gestrigen öffentlichen Vortrage entnehmen konnten, besteht gerade darinnen, daß das Denken im Ätherleibe webt und lebt. Es webt und lebt dann nur fort in dem physischen Leibe. Wir glauben im physischen Leibesleben, daß das nun unser Eigentum allein ist, was wir da als unsere Gedanken bilden. Aber was wir da haben von unseren Gedanken, was wir in unseren Gedanken ausbilden und an was wir uns erinnern können, das ist gewissermaßen nur die innere Seite unseres Denklebens. Von außen arbeiten gerade mit Bezug auf den Ätherleib an unserem ganzen Denkleben die Angeloi, Archangeloi und Archai, und es ist nicht unnötig, daß wir denken als Menschen. Unnötig ist es ja schon nicht für die physische Erde, aber es ist auch nicht unnötig für den Kosmos. Denn was wir durch unser Denken verändern in unserem Ätherleib zwischen unserer Geburt und unserem Tode, das wird als Material benützt und nach höheren Gesichtspunkten ausgearbeitet. Während unseres Lebens, während wir als denkende Wesen durch die Welt gehen und unser Gedankenleben nur von innen sehen, wird von den Angeloi, Archangeloi,

Archai gearbeitet an unseren Gedanken, damit nach unserem Tode das zustande komme, was sie dann dem Weltenäther einverleiben können. Wenn unser Astralleib und unser Ich den Ätherleib ablegen, da nähen sie – wenn ich den groben Ausdruck gebrauchen darf – dem Kosmos das Gewebe unseres Ätherleibes ein, das im wesentlichen zustande gekommen ist durch die Art, wie wir gedacht haben im Leben. Das gehört von jetzt ab dazu zu dem Kosmos. Wir leben als Mensch nicht bloß für uns, wir leben als Mensch für den ganzen Kosmos.

Wir wissen ja, nach unserer Erde soll Jupiter, Venus, Vulkan entstehen. Das muß alles vorbereitet werden, das muß alles als Kräfte dem Kosmos einverwoben werden. Dazu ist Arbeit nötig. Zu dieser Arbeit gehört zum Beispiel das, was ich jetzt eben ausgeführt habe: daß die Angeloi, Archangeloi, Archai in Gemäßheit unserer Gedanken tätig sind. Ein etwas anderes Material sind dumme Gedanken, die wir während unseres Lebens haben, ein etwas anderes Material sind gescheite Gedanken. Aber je nachdem wir ihnen das als Material liefern, werden da diese – grob gesprochen – «ätherischen Maschinen» ausgearbeitet, die dann dazu da sind, daß die Entwickelung im Kosmos weitergeht. Wenn also unser Ätherleib nach dem Tode dem Kosmos übergeben wird, so wird zugleich übergeben die Arbeit der Wesen der drei genannten Hierarchien.

Betrachten wir jetzt von einem ähnlichen Gesichtspunkte aus den menschlichen Astralleib. Wir stellen unsere Betrachtungen von neuen Gesichtspunkten aus an; daher erscheinen immer andere Beziehungen zu den umliegenden Reichen. Derjenige, der nicht lesen kann – und zum Lesen gehört die Möglichkeit des Zusammenfassens der Dinge –, der kann viele Widersprüche sehen in den Dingen, die dargestellt werden. Aber das rührt nur davon her, daß er nicht die Gesichtspunkte ins Auge faßt, von denen aus die Dinge beleuchtet werden.

Unser astralischer Leib ist in einem ähnlichen Verhältnisse zur Erdenumgebung wie unser Ätherleib. Unser Ätherleib ist das ganze Tierreich, von dem Gesichtspunkte aus, den ich Ihnen angegeben habe. Unser Astralleib ist das ganze Pflanzenreich. Ganz genau so, wie ich gesprochen habe über den Ätherleib mit Bezug auf das Tierreich, müßte ich nun sprechen über unseren Astralleib in bezug auf das Pflanzenreich. Da stecken alle Pflanzenformen unserer Erde darinnen. Und wiederum ist das so: Wenn nicht alle höheren Hierarchien arbeiten würden an unserem Astralleib, so würde nach dem Durchmachen dieses Rücklaufes von dem Tod zur Geburt, wo der Astralleib allmählich abgeworfen wird, nichts anderes eintreten, als daß der Astralleib eben abgeworfen würde, und der Astralleib draußen in der Welt würde das ganze Pflanzenreich sein. Ja, es würde sich das ganze sogar zur Kugel ordnen, es würde seiner eigenen Elastizität folgen. Aber der Astralleib kann sich nicht zur Kugel ordnen, weil während unseres Lebens zwischen Geburt und Tod an unserem astralischen Leib arbeiten die Geister der Form selber, die Geister der Bewegung, die Geister der Weisheit, sogar die Geister des Willens bis zu einem gewissen Grade.

Und wenn wir nach Jahren oder Jahrzehnten in der oftmals beschriebenen Weise nach dem Rücklauf durch das Leben den astralischen Leib allmählich befreit haben von seinem Zusammenhange mit dem irdischen Leben, dann ist zu gleicher Zeit in der Arbeit an diesem astralischen Leibe das, was die Geister der Form, der Bewegung, der Weisheit, des Willens brauchen, um dem Kosmos das einzuverleiben, was sie ihm einverleiben müssen. Das allerdings, was auf diese Weise dem Kosmos einverleibt wird, das kommt uns zugute, denn das muß darinnen sein im Kosmos. Das wird dem Kosmos anders einverwoben, als das eben vorhin Beschriebene. Wenn unser Ätherleib abgeworfen wird, wird er geradezu dem allgemeinen Weltenäther eingenäht, einverwoben, könnte ich sagen. Dasjenige aber, was jetzt, gewoben aus unserem astralischen Leib, als Arbeit der Geister der Form, der Bewegung, der Weisheit, der Throne erscheint, das wirkt zusammen mit unserem Ich, das die Zeit zwischen Tod und neuer Geburt durchmacht, und es enthält die Kräfte, die wirken müssen, damit wir wiederum in eine neue Inkarnation eintreten können. Denn damit wir in eine neue Inkarnation eintreten können, dazu gehört sehr, sehr viel! Wirklich, dasjenige, was die äußere physische Wissenschaft heute über den Bau des Schädels, des Hirnes weiß, das ist viel, so viel, daß es ja recht viele Leute gibt, denen es zuviel ist, das zu wissen. Aber wenn man dieses Wissen der äußeren Wissenschaft daraufhin betrachten würde, daß der Schädel mit dem Gehirn, dieser Wunderbau, bis in seine kleinsten Teile hinein gebildet werden sollte: wie wenig würde man mit der äußeren Wissenschaft zustande kommen, um das wirklich zu bilden! Da liegt doch ein bedeutendes Geheimnis vor. Mit diesem Geheimnis sind zwar Stumpflinge, diese Sorte von Menschen, die man Stumpflinge nennen kann, bald fertig, indem sie sagen: Was da am Menschen in der fortlaufenden Generationenfolge entsteht, kommt ganz von selbst. Daß sich so ein Menschenkopf formt im Leibe der Mutter, das kommt also ganz von selbst.

Man kann begreifen, daß die Leute das sagen, aber wie gescheit es ist, das möchte ich Ihnen durch einen Vergleich klarmachen. Wir können hypothetisch einmal annehmen, daß es in München Wesen gäbe, die vieles sehen könnten, aber gerade den Menschen nicht, auch den Menschen bei seiner Tätigkeit nicht sehen könnten. Es wäre doch denkbar, daß solche Wesen München bevölkern, die den Menschen bei seiner Tätigkeit nicht sehen könnten. Solche Wesen, die den Menschen bei seiner Tätigkeit nicht sehen könnten, könnten aber, sagen wir zum Beispiel, die Uhren sehen. Die würden also sehen, wie es Uhren gibt und wie die Uhren gemacht werden, den Menschen sähen sie nicht, den Uhrmacher, der die Uhr zusammenfügt. Die Hände sähen sie nicht, die die einzelnen Teile zusammenfügen, sie sähen nur, wie sich aus den einzelnen Teilen die Uhr formt. Sie sähen vielleicht noch die verschiedenen Pinzetten und Zangen und so weiter, mit denen die Teile angefaßt werden, aber es wird für sie gleichsam aus der Luft heraus zusammengefaßt dasjenige, was die einzelnen Teile der Uhr sind. Was würden diese Wesen denn für eine Ansicht von den Uhren haben? Sie würden nicht sagen: In München gibt es Uhrmacher –, das würden sie ganz in Abrede stellen. Sie würden sagen: Oh, das ist ein entsetzlicher Aberglaube, anzunehmen, daß es Uhrmacher gibt, denn die Uhren entstehen ganz von selbst, man sieht ja, wie sie sich von selbst zusammenfügen.

So, wie diese Wesen urteilen würden, so urteilen die Menschen, die annehmen, daß dasjenige, was nun schon einmal auf dem physischen Wege sich nach und nach bildet, von selber entsteht. All das, was da entsteht, das entsteht durch die Handlungen der geistigen Wesen der höheren Hierarchien. Wahrhaftig nicht bloß durch die Wechselwirkung von Vater und Mutter und durch dasjenige, was dann im Leibe der Mutter sich bildet, bildet sich «von selbst» der Mensch, sondern die ganze Welt wirkt herein, da ist der ganze Kosmos mit den Wesen der höheren Hierarchien daran beteiligt.

Natürlich ist der Kosmos bis in die höchsten Regionen hinauf auch an dem beteiligt, was am Haupte daranhängt; aber am menschlichen Haupt ist er ganz besonders beteiligt. Dazu wird es auch noch die physische Wissenschaft bringen – wie sich im allgemeinen physische Wissenschaft und Geisteswissenschaft allmählich ausgleichen werden –, daß sie lernen wird, in der Embryologie anders zu denken über das menschliche Haupt und anders über alle anderen Organe. Die anderen Organe, so wird man herausfinden in verhältnismäßig gar nicht ferner Zeit, hängen sehr stark von vererbten Eigenschaften ab. Viel weniger hängt die Bildung des Hauptes von vererbten Eigenschaften ab. Da werden sie nur hineingedrängt durch den Zusammenhang mit den anderen Organen. An der Bildung des menschlichen Hauptes ist wirklich der ganze Kosmos beteiligt, und zwar geistig beteiligt; er wirkt hinein in den Leib der Mutter.

Daß die Leute die Kräfte nicht sehen – nun, der Bauer schaut auch nicht die Kräfte, die am Magneten wirken –, das ist kein Beweis, daß es diese Kräfte nicht gibt. Und was da an diesem menschlichen Kopfe vorhanden ist, das ist gewissermaßen etwas, was ausgearbeitet wird im Zusammenhang mit dem, was der Mensch mitbringt in seinem Ich in die Zeit zwischen Tod und neuer Geburt, was ausgearbeitet wird von den Geistern der Form, von den Geistern der Bewegung, den Geistern der Weisheit, den Thronen, die da alle an einer mächtigen Hohlkugel arbeiten. Das, was da ausgearbeitet wird, ist riesig groß, ist eine Sphäre, und in diese Sphäre wird alles eingearbeitet. Denken Sie sich eine riesige Kugel, in deren Oberfläche eingearbeitet wird wie in einen Globus alles das, was eingearbeitet werden soll nach Maßgabe desjenigen, was zuerst einmal der Mensch da dem allgemeinen Kosmos übergeben hat in seinem Ätherleib. Das bildet gewissermaßen etwas, das man abzeichnet, wenn ich den Ausdruck gebrauchen darf. Dann aber namentlich dasjenige, was da mitgebracht worden ist aus dem Verarbeiten des astralischen Leibes. Dann kommt die Zeit – sie beginnt mit dem, was ich in dem einen Mysterium bezeichnet habe als die Mitternachtsstunde des Daseins –, wo allmählich diese Sphäre wiederum kleiner und kleiner wird. Und diese Sphäre, die da ausgearbeitet wird von hohen Geistern nach Maßgabe früherer Inkarnationen des Menschen, wird endlich so klein, immer kleiner und kleiner, und vereinigt sich mit dem Menschenkeim, der im Leibe der Mutter empfangen wird. Daraus entsteht dann vor allen Dingen die Kopfesform. Diese Entstehung der Kopfesform ist ein wunderbares Geheimnis, sie ist das Ergebnis einer jahrhundertelangen Arbeit höherer Hierarchien.

Denken Sie nur einmal, wie des Menschen Empfinden über sein Verhältnis zur Welt vertieft werden kann, wenn er weiß, wie er drinnensteht im ganzen kosmischen Zusammenhange! Dieser Mensch, der sein Haupt trägt, muß lernen – in aller Bescheidenheit, ohne Stolz und Hochmut selbstverständlich –, daran zu denken, wie wenig dasjenige, was in menschlicher Weisheit vorhanden ist, von dem enthalten kann, was notwendig ist, um dieses Haupt zu bilden, das ihm gegeben ist. Den ganzen kosmischen Inhalt trägt der Mensch in sich.

Da gewinnt, wenn man so die Sache betrachtet, Geisteswissenschaft Unendliches dadurch, daß sie der Ausgangspunkt wird für gewisse Empfindungen, die ja gefährlich werden können in der hochmütigen Seele. Ich habe darauf angespielt in dem zweiten Mysterium, wo Capesius im Gespräch mit Benedictus diese Wahrheiten an sich herantreten fühlt: daß ganze Götterleistungen dazu notwendig sind, um den Menschen zustande zu bringen. Bei vielen, die zunächst eitel veranlagt sind, kann das, und zwar recht unbewußt, die Eitelkeit noch fördern; der Mensch kann sich ungeheuer wichtig vorkommen. Gescheiter ist, wenn man mehr die Empfindung hegt, wie wenig man im Bewußtsein hat von all der Weisheit, die notwendig ist, um einen selbst zustande zu bringen!

Man kann natürlich der Ansicht derjenigen sein, die da sagen: Ja, aber wozu ist es notwendig, daß der Mensch das alles weiß? Er kann ja auch ohne das Wissen von diesen Dingen leben, er lebt ganz gut ohne das Wissen von diesen Dingen. – Darin liegt ein großer Irrtum, daß der Mensch ganz gut ohne dieses Wissen leben könne. Er kann es nämlich in Wahrheit nicht. Wir leben allerdings gerade in demjenigen Zeitalter, wo man sich diesem Irrtum hingeben kann, daß man ohne das Wissen von der geistigen Welt ganz anständig auf der Erde leben kann, nämlich frühstücken, Mittag essen, Abendbrot essen und so weiter, und auch sonst noch verschiedenes daneben und dazwischen tun. Aber dieser Glaube beruht nicht auf Wahrheit. Man muß allmählich den Menschen zur Empfindung bringen, daß dieser Glaube nicht auf Wahrheit beruht.

Aus einer solchen Grundlage heraus führe ich jetzt zum Beispiel in öffentlichen Vorträgen *Karl Christian Planck* an, diesen merkwürdigen Menschen, der jahrelang in Ulm ein einsames Dasein verlebt hat, den die Universität Tübingen nicht einmal berufen hat, als der Lehrstuhl dort frei geworden ist, weil niemand da war, der einen Einblick hatte in die Bedeutung dieses Mannes. Gewiß, die Stumpflinge werden sagen, er ist ja am Ende seines Lebens so nervös geworden, daß er allerlei, was man als Größenwahn auslegen kann, gesagt hat. Nun, das sagen die Stumpflinge. Aber ein Mensch, dem ja, wie Planck, nicht Geisteswissenschaft schon vollständige Bestätigung gegeben hat, der konnte schon nervös werden unter solcher Mißhandlung von seiten seiner Mitmenschen, und dann auch solch ein Wort aussprechen, wie er es in der Vorrede seines «Testamentes eines Deutschen» ausgesprochen hat, wo ihm das Wort des alten Römers in den Mund kam: «Undankbares Vaterland, nicht einmal meine Gebeine sollst du haben!» Aber ich habe jenen Ausspruch angeführt, den Karl Christian Planck getan hat vor dem Jahre 1880, wo er gestorben ist, und der genau dasjenige wiedergibt, was wir jetzt als unseren europäischen Weltkrieg haben. Der idealistisch anschauende Mensch war geeignet, auch die Wirklichkeit zu sehen, weil die Kraft, die sich innerlich entwickelt, wenn man in einer solchen Weise aus den Quellen des Daseins heraus zu denken vermag, zugleich das Praktischste in der Welt ist. Nicht dasjenige, was die Menschen denken, die die Praxis mit Löffeln gegessen zu haben vermeinen, ist das eigentlich Praktische. Nur durch die Brutalität der Menschen kann zur Praxis erklärt werden, wenn man jedes berechtigte Streben einfach totdrückt, das aus den wirklichen Quellen des Lebens hervorgeht.

Ich führe solche Beispiele an, um zu zeigen, wie jene Kraft des Menschen, die auch notwendig ist im äußeren praktischen Leben, das klare, eindringliche Denken, nur dadurch entstehen kann, daß die Seele des Menschen befruchtet ist von geisteswissenschaftlichen Wahrheiten. Warum können denn die Menschen in unserem Zeitalter glauben, daß das Leben der Menschheit auf Erden möglich ist, ohne daß man von geisteswissenschaftlichen Erkenntnissen eine Ahnung hat? Weil sie so unendlich kurzsichtig sind! Wenn sie nicht so kurzsichtig wären, könnte man nämlich ganz äußerlich beweisen, wie unrecht diejenigen haben, die da sagen, der Mensch brauche sich nicht zu kümmern um eine geistige Welt: er werde ja von selbst geboren, wachse dann von selbst heran; eine Art Erziehung müsse ihm allerdings geboten werden, aber da stelle die heutige Pädagogik so unendlich gescheite Erziehungsprinzipien auf, die sogar heranreichen bis zu der Riesenhöhe Foersterscher Pädagogik. Nun, und dann werde man allmählich ein gesetzter Mensch, der über dasjenige nachdenkt, was er machen muß, damit die Menschheit etwas zu essen und zu trinken hat, und er auch.

Aber so war es nicht immer im Menschengeschlecht. Und es ist noch nicht lange her, daß man es für möglich hält, daß der Mensch ohne den Besitz geistiger Erkenntnisse überhaupt auf der Erde leben kann. Dafür kann man auch schon äußere Beweise erbringen, und einen solchen möchte ich Ihnen anführen. Ich habe ihn jetzt in verschiedenen Zweigen angeführt. Wahrscheinlich würde man, wenn man Zeit hätte – aber in München gibt es diese Zeit ja nicht –, auch hier in München selber einen solchen Beweis finden können. Wir haben ihn neulich bei einer Betrachtung des Hamburgischen Bildermuseums gefunden. Er ergibt sich aus dem folgenden: Denken wir einmal an jenes große Symbolum, das am Beginne des Alten Testamentes steht, von der Verführung der Eva und des Adam, was wir kennen als die luziferische Versuchung. Nicht wahr, wenn das heute der Maler malt – es ist ja ziemlich gleichgültig, auf welchem Standpunkte er steht, ob er realistisch malt oder idealistisch, als Expressionist, Impressionist, Futurist oder was immer –, er wird immerhin glauben, am meisten der Wirklichkeit Rechnung zu tragen, wenn er Adam und Eva, nun ja, nicht wahr, mehr oder weniger scheußlich malt. Aber dazu wird er malen den Baum des Paradieses, darauf die Schlange mit einem richtigen Schlangenkopf, die Schlange so groß wie der Baum, aber mit einem richtigen Schlangenkopf. Kann das im wahren Sinne des Wortes realistisch genannt werden? Ich glaube nicht, meine lieben Freunde! Von der jetzigen Frau gar nicht zu sprechen – aber nicht einmal die Urmutter Eva kann man für so beschränkt halten, daß sie sich von einer wirklichen Schlange verführen ließe! Das kann doch nicht «realistisch» sein! Denken Sie sich eine wirkliche Schlange, die durchs grüne Gras schleicht; auf die sollte die Urmutter Eva hereingefallen sein? Nicht wahr, naturalistisch kann die Sache doch wohl nicht sein! Auch die gegenwärtige Schlange kann, trotzdem sie als wirkliches Tier herumkriecht, nur als ein Symbolum für etwas anderes aufgefaßt werden.

Aber jetzt erinnern wir uns einmal daran, was wir eigentlich für Begriffe verbinden müssen mit dieser luziferischen Verführung. Luzifer ist es ja! Die Schlange kann ja höchstens das Symbolum vom Luzifer sein. Mit dem Luziferischen ist verbunden, daß dieses Wesen während der Mondenbildung zurückgeblieben ist. Da kann man es also überhaupt nicht sehen, dieses Wesen als solches, mit physischen Augen der Erde. Wenn der Luzifer noch auf dem Standpunkte der Mondenbildung ist, da kann man ihn natürlich nicht sehen mit den gewöhnlichen physischen Augen der Erde, man kann ihn nur sehen mit innerlichen Augen. Er kann also nicht sein wie eine irdische Schlange, die man sehen kann mit gewöhnlichen physischen Augen.

Man muß sich den Luzifer schon so vorstellen, wie ihn die Geisteswissenschaft vorstellen kann. Bedenken Sie nur, daß der Mensch sein Haupt an sich trägt als dasjenige Glied, das am vollkommensten ausgebildet ist. Daran hängt – Sie brauchen ja nur das Skelett anzusehen –, ich möchte sagen auf ganz dünne Weise, wie angehängt, der übrige Organismus. An dem Haupte hängt allerdings dann das Rückgrat mit dem Rückenmark. Aber das, was physisch später entstanden ist, das hat sich vorher gebildet. Würde man zurückgehen in der Entwickelung und mit dem inneren Auge Luzifer sehen, so würde man ihn selbstverständlich in seiner Mondenbildung sehen müssen, vorbereitend das menschliche Erdenhaupt. Da würde man ein menschliches Haupt sehen, noch nicht so verdichtet, innerlich beweglich, noch vielgestaltig, und daran hängend so etwas wie menschliches Rückgrat, Rückenmark, von dem man sich ja vorstellen kann, daß es in Form eines Schlangenleibes daranhängt. So müßte man also eigentlich Luzifer malen, mit einem möglichst vieldeutigen Antlitz, und daran hängend einen Schlangenleib, der aber sich nähert dem Urbeginne des menschlichen Rückgrats. Das wäre im Sinne der Geisteswissenschaft eine Art Bild von Luzifer.

Nun gibt es in dieser Hamburgischen Bildergalerie aus dem 13., 14. Jahrhundert ein Bild von *Meister Bertram*, das die biblische Schöpfungsgeschichte darstellt, und wo dieses paradiesische Symbolum wirklich in der Weise gemalt ist, daß Luzifer, so wie ich ihn jetzt beschrieben habe, genau im Sinne unserer Geisteswissenschaft gemalt ist. Also im 13., 14. Jahrhundert hat der Meister Bertram richtig im geisteswissenschaftlichen Sinne den Luzifer gemalt. Das ist etwas, was man sehen kann. Dies ist eine historische Tatsache.

Wir haben ja öfter hingewiesen auf das alte atavistische Hellsehen, das erst nach und nach verglommen ist. Aber was der Meister Bertram da gemalt hat, das weist noch darauf hin, daß bis ins 13., 14. Jahrhundert herein die Möglichkeit vorhanden war, Luzifer richtig im Sinne der alten Geisteswissenschaft, der atavistischen Geisteswissenschaft zu malen. Man kann also äußerlich beweisen, daß es erst ein paar Jahrhunderte her ist, seit die Menschen so geistverlassen geworden sind wie jetzt. Solche Beweise werden Sie genug finden.

Das heißt, dasjenige, was die Stumpflinge heute für die urewige Natur der Menschenseele halten – daß man durch seine Augen hinaussieht und das, was man durch seine Augen sieht, mit dem Verstande kombiniert –, das ist überhaupt erst eine menschliche Seeleneigenschaft seit ein paar Jahrhunderten. Vorher haben alle Menschen gewußt von einem Zusammenhang mit der geistigen Welt. Natürlich ist es allmählich verglommen. Aber wir finden, daß selbst noch im 13., 14. Jahrhundert Menschen so malen konnten, daß es im Sinne der alten Wissenschaft ist. Es ist wichtig, eine solche Tatsache zu beachten. Aus dieser Tatsache ersieht man, wie die alte Geisteswissenschaft, die ja, wie wir wissen, weichen mußte um der Ausbildung der menschlichen Freiheit willen, bis ins 13., 14. Jahrhundert noch in den Seelen lebendig war. Weil da die Bewußtseinsseele ausgebildet werden mußte, mußte zurückweichen die alte Geisteswissenschaft.

Aber die Geisteswissenschaft muß wieder zurückgeholt werden. Heute lebt die Menschheit noch in bezug auf alles dasjenige, was Erfindungsgeist ist, was schöpferischer Geist ist, auf allen Gebieten von der alten Erbschaft, die durch die alte Geisteswissenschaft hereingekommen ist. Wenn heute einem etwas einfällt, das noch nicht da war, so ist es, weil noch immer fortwirkt die alte Geisteswissenschaft. Aber es wird keine fünfzig, keine hundert Jahre mehr dauern, da werden alle Erfindungen und alle Einfälle, die durch Schöpferisches in der Menschenentwickelung bewirkt werden, verschwunden sein, auch auf dem Gebiet des Maschinenwesens, wenn die Geisteswissenschaft nicht befruchtend auf die Menschheit wirken kann. Geisteswissenschaft muß eben von unserer Zeit an in die Entwickelung des Menschengeschlechts sich hineinstellen, sonst wird dieses Menschengeschlecht auf der Erde steril und unfruchtbar im Seelenleben.

Heute tritt es einem ja erst mehr oder weniger stark entgegen, aber gar oftmals sehr stark auf dem Gebiet der Kunst. Da tritt es einem recht stark entgegen, daß die Menschen gewissermaßen geistverlassen sind, wenn sie nichts anderes mehr in das Kunstwerk hineinzugeheimnissen finden als dasjenige, was sie in der äußeren Natur vorgebildet haben, wenn also die innerliche Befruchtung vom Geiste aus schon vollständig fehlt.

Diese Dinge stehen auf der einen Seite. Sie zeigen uns, wie es notwendig ist, daß der Mensch gewahr werde, daß er als ganzer Mensch im Zusammenhange mit Wesen höherer Reiche steht. Man kann sich Menschen denken – es gibt heute noch solche –, die nichts davon wissen, daß es Luft gibt; für sie ist der Raum leer. Wenigstens kommt es ihnen nicht zum Bewußtsein, daß es Luft gibt. Aber der physische Leib ist im Grunde genommen gar nicht denkbar ohne die umliegende Luft, denn, was sind wir mit unserem physischen Leib ohne die umliegende Luft? Wir denken ihn abgeschlossen, weil er in seiner Haut eingeschlossen ist. Aber das ist ja ein dummer Gedanke. Hier ist die Luft, im nächsten Moment ist die Luft in Ihnen, dann wieder draußen. Gehört diese Luft, die dann im nächsten Moment draußen ist, nicht ebenso zu Ihnen wie der Muskel in Ihrem physischen Leib? Haben Sie da nicht, was draußen ist, drinnen? Und dann wiederum, was drinnen ist, draußen? Aber ebenso, wie wir mit unserem physischen Leib eins sind mit der Luft, so sind wir mit Bezug auf unser Seelisches, mit Bezug auf unseren Ätherleib eins mit den Wesen, die durch die Welt weben und leben als Angeloi, Archangeloi, Archai, durch unseren Astralleib eins mit den Wesen, die durch die Welt weben und leben, den Thronen, den Geistern der Weisheit, der Bewegung, der Form. Die wirken fortwährend in uns, wie die Luft fortwährend in unserem physischen Leib wirkt. Das gibt uns das rechte Bewußtsein der Wesenheit des Menschen, wenn wir solches wissen.

Das ist die eine Seite der Sache. Dann aber gibt es noch eine andere Seite der Sache. Und ich möchte schon von diesen verschiedenen Seiten einer heute notwendigen Betrachtungsweise eine Vorstellung bei Ihnen hervorrufen. Lesen Sie einmal – es ist ein anschauliches Beispiel – «Die Brüder Karamasow» von *Dostojewskij.* In diesen «Brüdern Karamasow» kommen unter anderen Gestalten vier Persönlichkeiten vor, die vier Söhne des alten Karamasow, Dmitrij Karamasow, Iwan Karamasow, Aljoscha Karamasow, Smerdjakow Karamasow. Es ist sehr merkwürdig, wie dieser Roman Dostojewskijs gerade in Mitteleuropa gewirkt hat. Ich müßte viel sprechen darüber, wenn ich die ganze Art und Weise darlegen wollte, wie aus dem Menschenleben so etwas hervorgeht und durch eine Seele, wie die Dostojewskij-Seele war, zieht und solches Werk wird wie «Die Brüder Karamasow». Aber ich will nur soviel sagen: Man kann große Bewunderung haben für die eindringliche psychologische Kunst – so nennen sie ja wohl viele Leute der Gegenwart, weil heute so wenig bekannt ist, was wirkliche psychologische Kunst ist –, auch für eine gewisse eindringliche feine Beobachtung des Lebens; trotzdem, wer es vielleicht dazu gebracht hat, geisteswissenschaftliche Begriffe und Vorstellungen nicht so aufzunehmen, daß er lernt: der Mensch besteht aus physischem Leib, Ätherleib, astralischem Leib und Ich, auf einer Tafel aufgeschrieben oder, wie man es früher gemacht hat, mit Farben, daß man es sich merken kann, wer das also nicht so aufnimmt, sondern sich allmählich durchdringt mit diesen Gliedern der Menschennatur, so wie wir es im Laufe der Jahre versuchen, der hat ein unbehagliches Gefühl gegenüber der ja vielfach chaotischen Schilderung in den «Brüdern Karamasow». Da ist allerdings vieles, das, wenn man nur auf das Äußere sieht, schon feine Lebensbeobachtung genannt werden kann, zum Beispiel, daß der älteste Karamasow von einer anderen Mutter ist, mit ganz anderen Charaktereigenschaften als die beiden mittleren Brüder, der Iwan, der Aljoscha, und daß der vierte, der eigentlich eine Art Kind ist, wieder von einer ganz anderen Mutter abstammt. Der alte Karamasow ist ja ein außerordentlich großer, ganz phänomenaler Lump, der alle möglichen Lebensallotria treibt, so daß dieser Smerdjakow eine ganz eigentümliche Person zur Mutter hat. Man weiß eigentlich gar nicht von ihm, daß er der Sohn des alten Karamasow ist. – Aber ich will ja nicht den Roman erzählen, doch wenn man das auch einmal in dieser Weise betrachtet, wer die Mütter der vier Brüder Karamasow waren, so kann man das Gefühl haben: da steckt überall etwas dahinter! Und es ist schon so, ein mitteleuropäischer Mensch würde nicht so schildern. Ein mitteleuropäischer Mensch schildert viel, viel bewußter, und daher bringt er nicht so viele ganz unterbewußte Faktoren in seine Schilderungen hinein wie Dostojewskij. Er stellt mehr zusammen, und da er nur das zusammenstellt, was er mehr oder weniger weiß, so ist er natürlich weniger reich als ein Dostojewskij, der nicht auf das hingeht, was er weiß, sondern vom Leben abschreibt. Aber das Leben ist reicher, als die Menschenseele weiß, durch das, was da als Geist dahinter ist.

Und nun bekommt man dem allem gegenüber ein solches Gefühl: Da ist durch einen unendlich chaotischen Geist, durch einen Geist, der ja durch seine Epilepsie ganz chaotisch gemacht worden ist, durch eine ganz krankhafte Seele vieles gezogen, und zwar deshalb, weil in unserem Zeitalter gleichsam die Natur das Menschenleben geneigt macht, das eine oder das andere zu offenbaren. Und dann kann man darauf kommen, wenn man sich eine richtige Empfindung, eine reale Vorstellung verschafft hat von dem, was man unter physischem Leib, Ätherleib, Astralleib und Ich versteht, daß in den vier Brüdern Karamasow menschliche Wesenheiten dastehen, die man richtig begreift, wenn man sagt: In dem einen liegt ein Mensch vor, in dem mehr das eine Glied der menschlichen Natur, der physische Leib, wirkt, zur Wirkung gekommen ist; in dem anderen der Brüder liegt mehr eine menschliche Wesenheit vor, wo der Ätherleib zur Wirkung gekommen ist, in dem dritten Bruder mehr der Astralleib, in dem vierten Bruder mehr das Ich.

So ist es wirklich, wenn Sie diesen Roman Dostojewskijs «Die Brüder Karamasow» nehmen und diese vier Brüder innerlich betrachten, daß Sie sich sagen können: In all dem, was da als Menschenstrudel auf den Dichter wirkt und ihn anleitet, mehr aus einem Unbewußten heraus zu schildern, wirken diese vier verschiedenen Glieder der Menschennatur so, daß bei dem einen das Ich, bei dem anderen der Astralleib und so weiter die Oberhand hat, so daß diese vier Brüder Karamasow gleichsam die auseinandergezogene Menschheit sind, wie das Tierreich der auseinandergezogene Ätherleib ist. Und da findet man, wenn man einzugehen vermag auf eine solche Sache, in Smerdjakow Karamasow den physischen Leib vorwiegend, in Iwan Karamasow den Ätherleib, in Aljoscha den Astralleib, in Dmitri das Vorwiegen des Ich. Wenn das auch zunächst sonderbar ist, aber es ist eben nach realen Anschauungen geschaut, nicht wie man es konstruieren würde; konstruieren würde man es wahrscheinlich ganz anders, aber so ist es, wenn man die Dinge in der Wirklichkeit sieht.

So liegt hier das Eigentümliche vor, daß ein Dichter, der vorzugsweise aus dem Unterbewußten heraus schafft und sogar ein chaotisches Seelenleben durch seine Epilepsie hat, hingestoßen wird nach der Wirklichkeit, außerdem noch verwandt wird in seinem astralischen Leibe, also wiederum in seinem Unterbewußten, mit dem, was durch die Welt webt und lebt. Denn, meine lieben Freunde, wir dürfen es schon glauben, daß man nicht umsonst, wie Dostojewskij, bereits unter dem Galgen steht und wartet, daß man gehängt wird – vorher sind die anderen gehängt worden; man wartet und ist bereit, gehängt zu werden –, und im allerletzten Augenblick kommt noch die Begnadigung! Es ist das allerdings etwas, was in einer Menschenseele andere Empfindungen auslöst, als ausgelöst werden können in einer Menschenseele, die das nicht durchgemacht hat: im nächsten Augenblick gehängt werden zu können. Man muß das schon berücksichtigen.

Das alles aber zeigt uns, wie dadurch, ich möchte sagen, die Wirklichkeit gerade auf eine solche Seele in unserer Zeit so wirken konnte, daß diese Seele nun chaotisch durch das ganze Romanwerk hindurch wirklich vier Brüder schildert, die in dieser Weise ausgestattet sind, wie ich es Ihnen geschildert habe, und die man nur versteht, wenn man dieses weiß und empfinden kann. Dann wird man zum Beispiel begreifen, warum derjenige, der den Ätherleib vorwiegend hat, und derjenige, der den physischen Leib vorwiegend hat, warum diese gerade abstammen müssen auch von einer Person, die wiederholt gewisse hysterische Anfälle hat. Und so klären sich alle Einzelheiten wunderbar auf, wenn man dies berücksichtigt.

Daraus ist aber ersichtlich, wonach unsere Zeit drängt in einem Volksgebiete, das, wie ich wiederholt geschildert habe, dazu geeignet ist, gewissermaßen die Blutseigenschaften herzugeben, die sich verbinden sollen mit den mitteleuropäischen Eigenschaften, wie ich es vorgestern hier beschrieben habe. Verstehen, was geschieht – auch bei denen, die in dieses Geschehen noch unbewußt einverwoben sind –, man kann es in der Gegenwart nur, wenn man Geisteswissenschaft hat. Es sieht albern aus, wenn man das sagt, aber lassen Sie uns das schon einmal aussprechen: Die Welt ist tief, und etwas zu wissen und beurteilen zu können über die Welt, ist nicht eine so einfache Sache, wie es sich die Menschen heute vorstellen, die das Leben so führen, wie nun schon einmal dieses Leben geführt wird. Diese Menschen gehen traumhaft und berauscht durch das Leben, ohne daß sie irgend etwas wissen von dem, was um sie her vorgeht.

Es bereiten sich schon einmal große Dinge vor, und es ist ja nicht so leicht, die Menschen auf solche Dinge aufmerksam zu machen. Nicht wahr, Sie gehören – wenigstens durch Ihr Karma – zu denjenigen Menschen, die nach und nach sich auf diese Dinge einlassen, durch Jahre hindurch diese Dinge anhören und sie sich so allmählich aneignen und eine Vorstellung dafür bekommen, was alles unter der Oberfläche des Lebens ist. Der außenstehenden Menschheit kann man wohl manchmal – und man kann ja nicht weit gehen – Andeutungen geben über diese Dinge. Dann sitzen aber gerade diejenigen da, die besonders Gescheite sind und die vor allen Dingen den Glauben haben, daß der, der wirklich geisteswissenschaftlich spricht und dies oder jenes sagt, nichts anderes weiß, als was er sagt; die gar keine Ahnung haben, daß alles aus einem umfassenden Wissen heraus geholt werden muß, aber aus einem Wissen, das wirklich erhärtet werden kann an den Einzelheiten, das gerade dann interessant wird, wenn es an den Einzelheiten erhärtet wird.

Daß manches in der Menschheitsentwickelung anders werden muß, das werden Sie daraus erkennen, daß ich Ihnen diese zwei Tatsachen zusammengestellt habe: auf der einen Seite habe ich Ihnen gezeigt, was im Menschen ist, auf der anderen Seite, wie man Dinge, die sich wirklich jetzt vollziehen, sehen muß. Wenn ein Mensch, der nichts gelernt hat vom Mikroskopieren, ins Mikroskop hineinschaut, so sieht er doch gewöhnlich nichts. So sieht der Mensch auch gewöhnlich nichts, wenn er so ins Leben schaut, das 19. Jahrhundert im Osten betrachtet und bemerkt, daß da auch ein Dostojewskij gelebt und «Die Brüder Karamasow» geschrieben hat. Und weil in dem, was in den «Brüdern Karamasow» von Dostojewskij da ist, das unterirdische Element lebt, weil das wirklich in ihm vorhanden ist – mit dem, was da wiederum im Osten vorhanden ist –, so ist es auch zum Bewußtsein gekommen im Osten, daß man eine gewisse Art, sich ins Leben hineinzustellen, genannt hat «Karamasowschtschina». Dasjenige, was so gelebt wird wie das Leben der Brüder Karamasow, ist die Karamasowschtschina. Ja, es ist eigentlich schwer zu sagen, denn es ist ein viel qualitativerer Begriff, als wenn man für München hier sagen würde «Strizzitum»; das ist viel abstrakter! Es ist dort viel konkreter. Es ist ja auch selbstverständlich nicht dasselbe. Aber es steht dort im Leben darinnen und geht in die Kunst über, und man versteht, wie notwendig es ist, damit man sieht, was vorgeht, daß man im Hintergrund seiner Seele beim Schauen das hat, was eben nur aus der Geisteswissenschaft stammen kann.

Auch aus den äußeren Vorgängen, die ja insbesondere jetzt dem Menschen so vor Augen treten können, wenn er nur gedankenvoll auf das Leben hinsieht, zeigt sich dieselbe Notwendigkeit, von der ich eben gesprochen habe und die ich Ihnen von zwei Seiten her zu beleuchten versuchte.

Eine außerordentlich betrübliche Erscheinung in der jetzigen Zeit ist zum Beispiel die folgende. Sehen Sie, da hat es lange Zeit vor dem Kriege ja allgemeine Urteile gegeben: man hat gewisse Menschen für auf diesem oder jenem Gebiete hervorragende Menschen gehalten. Es war gar kein Grund, sich besonders dagegen aufzulehnen, denn sie haben im Sinne der heutigen Kultur, die materialistisch ist, auch Hervorragendes geleistet. Nun kam der Krieg. Diese Menschen haben sich geäußert, haben Briefe geschrieben. Es ist ganz unglaublich, was Menschen, die als hervorragende Menschen in aller Welt galten, nachdem dieser Krieg ausgebrochen ist, für Zeug geschrieben haben! Lesen Sie die Briefe, die sie seit Kriegsausbruch geschrieben haben, lesen Sie, um auf ein anderes Gebiet zu kommen, die Briefe, die zum Beispiel der Mann geschrieben hat – man braucht ja seine Ansichten nicht zu teilen –, der ja vielen als ein hervorragender, überzeugter Freigeist gelten mußte: *Kropotkin*! Was hat er für dumme, blitzdumme Briefe geschrieben seit dem Ausbruch dieses Krieges! Das sind Dinge, die doch außerordentlich ins Gewicht fallen.

Ich möchte sagen: Es zeigt sich gerade jetzt, wo die Menschheit sehr schnell hereingebrochenen, gewaltigen Situationen gegenübersteht, wie wenig eigentlich die Menschen, auch wenn es hervorragende Leute sind, gerade mit ihrem Denken demjenigen gewachsen waren, was da eben einmal nicht im gewöhnlichen bequemen Programm hereingebrochen ist. Am besten sind dabei noch – von ihrem Standpunkte aus – die gewöhnlichen Philister daran; nicht für unseren Standpunkt, aber für den modernen Standpunkt. Nun, die leben ja jetzt auch weiter und urteilen weiter nach ihren eigenen Anschauungen. Diese eigenen Anschauungen, wie kommen die zumeist zustande? Man kennt das ja, die Menschen geben heute nichts auf Autorität, sie haben ihre eigenen Anschauungen, die sie sich selber gebildet haben. Diese eigenen Anschauungen beruhen allerdings meist nur darauf, daß es sich bei diesen eigenen Anschauungen um solche handelt, bei denen man vergessen hat, in welchem Blatte oder in welchem Programm man sie gelesen hat. Das sind die eigenen Anschauungen! Man unterscheidet zwischen fremden Anschauungen und eigenen Anschauungen; die letzteren zeichnen sich dadurch aus, daß man vergessen hat, wo man sie gelesen hatte.

Alle diese Dinge weisen uns darauf hin, daß vieles, vieles gerade im geistigen Leben ganz anders werden muß, daß die Menschen sich werden bequemen müssen, nicht so durch die Welt zu gehen, wie die Materialisten durch die Welt gehen, die da eigentlich immer träumen über die Welt. Sie glauben natürlich, daß die anderen träumen, aber in Wahrheit träumen die Materialisten, die eigentlich niemals recht aufwachen. Es muß schon anders werden mit dem Anschauen des geistigen Lebens, und daß es anders werden soll, das müßte schon in das Bewußtsein derjenigen eindringen, die sich mit dem eigentlichen Lebensnerv gerade der geisteswissenschaftlichen Weltanschauung mit ihrem Herzen verbinden wollen.

Wir mußten bei dieser Anwesenheit einmal ernstere Worte sprechen, aus dem einfachen Grunde, weil ja heute gerade die Dinge so stehen, daß man die Gelegenheiten benützen muß, die sich vielleicht nicht immer so leicht finden. Es ist gegenwärtig das Herumreisen schwierig. Es hängt das alles doch auch mit dem zusammen, was ich ja wiederholt schon hier erwähnt habe und was im Zusammenhange auch betrachtet werden kann mit dem, was ich auch heute wiederum gesagt habe.

Ich habe heute wiederum gesagt, daß unser Ätherleib nicht einfach so etwas ist, was wir wie den Träger unserer Gedanken, die wir als unser Eigentum betrachten, so durch das Leben schleppen, und er sich dann einfach so verflüchtigt. Nein, er verflüchtigt sich nicht! Er ist dasjenige, was einverwoben wird dem allgemeinen Weltenäther, nachdem ganze Hierarchien daran gearbeitet haben.

Wenn aber Hunderte und Tausende von Menschen, so wie es jetzt der Fall ist, durch den Tod abgehalten worden sind, ihren Ätherleib durch so viele Jahrzehnte zu tragen, wie das im menschlichen Leben normal ist, wenn so viele junge Ätherleiber übergeben werden der geistigen Welt, der Ätherwelt, so tritt eben dasjenige ein, was ich oftmals geschildert habe: diese Ätherleiber bleiben da mit demjenigen Teil, der noch hätte verwendet werden können für die Welt selber; denn es geht keine Kraft verloren. Das wird oben sein. Aber wie es wirken wird oben, das wird davon abhängen, wie die Seelen unten sind. Kraft zum geistigen Fortschritt werden die Seelen in der Zukunft finden können, die wissen werden: Da sind viele durch den Opfertod gegangen; ihre Ätherleiber sind noch da. Wenn man sich ihrer bewußt wird, bewußt wird der Kräfte, die da hereinwirken können aus diesem, was die da zurückgelassen haben, dann wird ein großer spiritueller Aufschwung kommen können. Aber es müssen die Seelen auf der Erde sein, die empfänglich sind für Spirituelles, wie für geistiges Erfassen der Welt. Dann wird das, was da in der geistigen Welt vorhanden ist durch die Opfertode, für die Erde fruchtbar gemacht werden. Sonst wird es Beute des Ahriman! Denn es muß ja nicht fruchtbar gemacht werden für die Erde, weil die Dinge nicht von selbst kommen, sondern dadurch, daß sie durch die Vermittlung der Menschenseelen kommen.

Davon, ob sich möglichst viele Menschenseelen finden werden, die geneigt sind, sich in Gedanken, in der Empfindung zu verbinden mit dem, was in den noch unverbrauchten Ätherleibern an Kräften vorhanden ist von den durch die Opfertode Gegangenen, davon wird es abhängen, ob das für eine zukünftige spirituelle Kulturepoche der Erde verwendet werden kann, oder ob es eine Beute des Ahriman wird.

Denken Sie diese Gedanken meditativ durch, meine lieben Freunde, dann wird es schon bedeutungsvoll werden für Ihre Seelen, und dann wird sich schon finden dasjenige, was ich öfter hier gesprochen habe, und mit dem ich auch heute wieder schließen will:

Aus dem Mut der Kämpfer,
Aus dem Blut der Schlachten,
Aus dem Leid Verlassener,
Aus des Volkes Opfertaten
Wird erwachsen Geistesfrucht –
Lenken Seelen geist-bewußt
Ihren Sinn ins Geisterreich.

SIEBENTER VORTRAG

München, 19. Mai 1917

Ich will heute einen Ausgangspunkt nehmen, der uns zum Verständnis führen kann von manchem, was uns in der gegenwärtigen Zeit umgibt und dem wir fragend gegenüberstehen. Unsere Zeit fordert so verstanden zu werden, daß der Mensch sich in sie hineinstellt mit einem tieferen, einem geistigen Verständnis. Doch ist auf der anderen Seite in weitesten Kreisen eine tiefe Abneigung vorhanden gegen ein geistiges Verstehen der menschlichen Verhältnisse; ja, eine solche Abneigung ist vorhanden, daß man den Versuch nach geistigem Verständnis, den Versuch nach dem Verständnis solcher Impulse, welche die menschlichen Handlungen in unserer schwierigen Zeit zu tragen vermögen, als etwas Phantastisches, etwas Unmögliches, etwas Kindisches von vornherein ablehnt. Dennoch sollen gerade diese Betrachtungen, die wir hier zusammen pflegen können, dem gewidmet sein, was zwar, wie das leicht begreiflich ist, nicht unmittelbar von den Verhältnissen der Zeit spricht – das kann man ja nicht, wie bekannt ist –, was aber zu einigem Verständnis denjenigen führen kann, der sich Mühe gibt, zu einem solchen Verständnis von wahrhaftig tieferen Ausgangspunkten aus zu kommen.

Zum Verständnis einer Zeit, in der tiefste Menschheitskräfte gewissermaßen aufgewühlt werden, in der tiefste Menschheitskräfte wirken, wenn auch für die meisten Menschen ganz unbewußt, ist notwendig, daß man nicht nur herumredet über allerlei Ideale und allerlei Dinge, sondern daß man das Verständnis sucht aus einem größeren Überblick über die Menschheitsentwickelung im allgemeinen. Wir haben ja immer versucht, innerhalb unserer geisteswissenschaftlichen Betrachtungen zu einem solchen größeren Überblick über die Menschheitsentwickelung zu kommen, und das Mannigfaltigste in dieser Beziehung ist schon getan worden. Ich möchte heute einiges von etwas anderen Gesichtspunkten aus wiederum vorbringen.

Wir wissen, daß sich innerhalb der Menschheitsentwickelung das zugetragen hat, was wir den Durchgang durch die große atlantische

Katastrophe nennen. Wir wissen, daß das, was jetzt als Menschheit lebt, zurückverfolgt werden kann zu gewissen Entwickelungszuständen, die sich vor jener atlantischen Katastrophe abgespielt haben, und daß dann nach dieser atlantischen Katastrophe für uns zu verzeichnen sind die erste nachatlantische Kulturperiode, die ich gewöhnlich nenne die altindische, die zweite, die ich gewöhnlich die altpersische nenne, die dritte die assyrisch-babylonisch-ägyptische, die vierte die griechisch-römische; und in der fünften leben wir und haben darauf hinzusehen, wie die fünfte von einer sechsten abgelöst werden soll.

Nun handelt es sich darum, daß so innerlich, so geistig, ich möchte fast sagen, so menschlich, wie die Entwickelung innerhalb der Menschheit jetzt sich abspielt, sie sich überhaupt erst nach der atlantischen Katastrophe abspielen konnte. Die Menschen, die heute im allgemeinen abgeneigt sind, die Dinge im Zusammenhang zu betrachten, denken: Mensch ist Mensch, und so wie die Seelenentwickelung der Menschen heute ist, so war sie, seit es Menschen gibt; und wenn wir zurückgehen von dem, was man heute als Menschheit ansieht, so kommt man allerdings zu primitiven Zuständen, dann aber in die Tierheit hinunter. – Diese materielle Auslegung der Entwickelungsgeschichte kann ja vor einer geistigen Betrachtungsweise nicht bestehen; denn gerade wenn wir zurückgehen und immer weiter und weiter zurückgehen in der Menschheitsentwickelung, finden wir, daß die Grundimpulse, die Grundkräfte, die der Entwickelung zugrunde liegen, immer geistiger und geistiger werden, obwohl, wenn wir die Sache richtig einsehen wollen, wir uns erst zu einem richtigen Begriffe vom Geistigen durchringen müssen.

Für unsere nachatlantische Zeit ist der vierte Zeitraum vor allen Dingen ein bedeutungsvoller, der bedeutungsvollste für den Sinn der ganzen Erdenentwickelung: er ist der Zeitraum, in den das Mysterium von Golgatha hineinspielt. Und der fordert uns auf, die Zeit vorher wie eine Art von Vorbereitung zum Mysterium von Golgatha aufzufassen, die Zeit nachher wie eine Art Erfüllung dessen, was als Impuls gekommen ist durch das Mysterium von Golgatha. Wenn wir aber in der atlantischen Entwickelung zurückgehen, dann finden wir, daß der fünfte Zeitraum innerhalb der atlantischen Entwickelung für diese

Zeit zwischen der lemurischen Entwickelung und der unsrigen der wichtigste ist, weil in diesem fünften Zeitraum der atlantischen Entwickelung innerhalb des atlantischen Menschenlebens sich außerordentlich Bedeutungsvolles, Einschneidendes zugetragen hat, weil dazumal gewissermaßen der Ausgangspunkt genommen wurde von etwas, was wir gerade die mehr seelische Entwickelung nennen können der nachatlantischen Zeit. Wenn wir zurückgehen in die atlantische Zeit, finden wir dort nicht die tierische Menschheit, von welcher der materialistisch gedeutete Darwinismus so gerne spricht; wir finden eine Menschheit, die allerdings ein Leben hatte, welches viel dumpfer war als das der nachatlantischen Menschheit, und wenn man von der Dumpfheit des Seelenlebens spricht, dann möchte man ja – aber der Vergleich bleibt ein ganz äußerlicher – sagen: Es gleicht dieses dumpfere traumhafte Seelenleben der atlantischen Zeit dem traumhaften Seelenleben der gegenwärtigen höheren Tiere. – Aber der Vergleich, wenn man ihn so machen würde, wäre ein durchaus hinkender, weil die gegenwärtigen Tiere in ihrem dumpfen, traumartigen Bewußtseinsleben durchaus nicht das erleben, erfahren, was die Atlantier fast bis zum Ablauf des fünften Zeitraumes in ihrem traumartigen dumpfen Bewußtsein erlebten.

Was ist denn das wesentlichste Kennzeichen dieses traumartigen Bewußtseins der alten Atlantier? Das wesentlichste Kennzeichen ist, daß die Menschen, die damals lebten – verzeihen Sie, wenn das, was ich sage, materialistisch ausschaut; aber das Materialistische erkennt man eben nur dann, wenn man es beherrscht, wenn man weiß von den Impulsen des Geistigen –, so lebten, daß mit ihrem seelischen Leben ihr Ernährungs-, ihr Essensleben in einer sehr nahen Beziehung stand. Sie können ja natürlich dann einwenden: Nun, eine genügend nahe Beziehung herrscht schon auch zwischen dem Seelenleben manches Menschen der Gegenwart und demjenigen, was er ißt! – Das ist alles richtig, wir wissen, daß ein großer Teil der gegenwärtigen Menschheit das Essen keineswegs unterschätzt. Es braucht das auch nicht als ein Vorwurf an sich schon bezeichnet zu werden. Aber der Unterschied zwischen dem inneren Erleben beim Schmecken einer Speise, dem Wohlgefühl, das ein heutiger Mensch empfindet, wenn er die Speise mit sich leiblich verbindet, und dem inneren Erleben der atlantischen Menschheit in der Zeit, von der ich jetzt spreche, ist doch ein großer. Der atlantische Mensch aß, er aß diese oder jene Speise; er nahm also diese oder jene Stoffe zu sich, und indem er sie mit seinem leiblichen Dasein verband, ging in seinem Bewußtsein eine Erkenntnis davon auf, von welchen Elementargeistern dieser Stoff durchdrungen ist. Er schlang also nicht so wie der gegenwärtige Mensch mit großer Bewußtlosigkeit den Stoff hinunter, sondern war sich bewußt, welche Elementargeistigkeiten er mit sich vereinte, indem er den Stoff mit seinem leiblichen Dasein verband. Der Stoffwechsel war damals zu gleicher Zeit ein Geisteswechsel, ein Elementargeisterwechsel.

Es war so, daß man die Stoffe bezeichnen konnte als Träger dieser oder jener elementargeistigen Impulse oder sogar Wesenheiten, daß man fühlte, es gehen mit dem Essen geistige Kräfte in einen hinein, und daß man fühlte, indem man verdaute: es arbeiten geistige Impulse in einem. So einer setzte sich nicht bloß hin und verdaute wie ein gegenwärtiger Mensch, sondern fühlte sich leiblich durchdrungen von diesen oder jenen Elementargeistern, so daß ein Materialismus, wie er heute herrscht, in der damaligen Zeit eigentlich gar nicht möglich war. Man konnte gar nicht sagen, man glaube nur an die Sterblichkeit des Daseins, denn man aß ja die geistigen Impulse, sie durchwallten einen, indem man verdaute. Man brauchte gewissermaßen, um Antimaterialist zu sein, nur zu essen. Und das Hinuntergehen in die Dumpfheit des Unbewußtseins, das ist wesentlich eine Errungenschaft dieses fünften atlantischen Zeitraumes. Das Essen und Verdauen wurde gewissermaßen ungeistiger; es blieb aber immer noch etwas im sechsten atlantischen Zeitraum, was noch geistiger war: das war das Atmen.

Wenn heute der Mensch einatmet oder ausatmet, so kommt ihm zum Bewußtsein, daß er die Luft ein- oder ausatmet; wenigstens sagt es ihm so der Chemiker. Dazumal war nicht dies bloß im Bewußtsein, sondern es war – das hielt noch im ganzen sechsten atlantischen Zeitraum an – dem Menschen klar: mit der eingeatmeten Luft nahm er elementargeistige Kräfte ein, und mit der ausgeatmeten atmete er elementargeistige Kräfte aus. Das Atmen wurde von vornherein durch das, was es eben war, als ein geistig-seelischer Vorgang, nicht nur als ein körperlich-leiblicher Vorgang angesehen. Und im letzten atlantischen Zeitraum nahm dann etwas ab, was bis dahin geblieben war, was später eigentlich nur noch in der Erinnerung lebte: Indem man Töne hörte, Farben sah, war man sich klar, daß in dem Tone, den man hörte, in der Farbe, die man sah, Geistiges lebte, daß geistige Kräfte ins Auge drangen, wenn man Farben sah, und geistige Kräfte in das Innere drangen, wenn man Töne hörte. Diese Dinge sind alle im dumpfen Bewußtsein der damaligen Zeit vorhanden gewesen. Die Menschen haben sich das hellere Bewußtsein erobert, aber auf Kosten ihres geistigeren Bewußtseins haben sie die Durchgeistigtheit ihres Wechselverkehrs mit der äußeren Welt aufgeben müssen. Jede Epoche hat eben ihre besondere Eigentümlichkeit. So wie der einzelne Mensch Lebensalter durchmacht und die Lebensalter in bezug auf leibliche und seelische Beschaffenheit verschieden sind, so macht eben auch die ganze Menschheitsentwickelung Zustände durch, und die späteren Entwickelungszustände sind verschieden von den früheren. Es wäre töricht, wenn ein Mann zwischen fünfzig und sechzig Jahren glauben würde, daß das, was sein leiblich-geistiges Dasein ist, wieder zurückrufen sollte sein Dasein zwischen dem zehnten und zwanzigsten Jahre, wie es töricht wäre, wenn man nicht unterscheiden würde zwischen den verschiedenen Lebensaltern in ihren Qualitäten. Töricht ist es, zu glauben, daß dasjenige, was in einer späteren Lebensentwickelungsepoche das Artgemäße ist, auch so war in einer früheren. Die Dinge kehren niemals wieder, und sie sind in aufeinanderfolgenden Lebensaltern verschiedener als man denkt.

Ich habe mir nun angelegen sein lassen, gerade etwas zu erfahren über die Lebensalter der Menschen in der nachatlantischen Zeit. Derjenige, der bloß von Analogien ausgeht, der kann ja auch auf die Entwickelung der Menschheit hinblicken, dann wird er sich sagen: Wie der einzelne Mensch durchmacht Kindheit, Jugend, Mannheit, Alter, so wird es auch die Menschheit durchmachen. Wenn man aber auf die wirkliche Beobachtung, auf die wirklichen Tatsachenverhältnisse eingeht, so stimmt das nicht. Man kann einfach diese Analogien nicht zugrunde legen, und nur, wenn man es ernst meint mit der Geistesforschung, dann findet man, was eigentlich zugrunde liegt. Und da hat sich mir denn herausgestellt, daß etwas ganz anderes zugrunde liegt als das, was man vielleicht so bezeichnen könnte, daß man sagt, wie der einzelne Mensch, so mache auch die Menschheit Jugend, Mannbarkeit und Alter durch. – Das ist nicht richtig. Es hat sich mir herausgestellt, daß die Menschheit in der ersten nachatlantischen Kulturperiode, der urindischen, in einem gewissen Lebensalter allerdings war, aber in einem Lebensalter, das sich nicht mit der Jugend vergleichen läßt, sondern das sich vergleichen läßt mit dem individuellen menschlichen Lebensalter vom sechsundfünfzigsten bis zurück zum neunundvierzigsten Lebensjahr. Wenn man also das Alter von dazumal für die ganze Menschheit mit dem Lebensalter des einzelnen Menschen vergleichen will, muß man es nicht mit der Jugendperiode, sondern mit diesem reiferen Lebensalter vergleichen. Dann kommt die urpersische Kulturperiode. Da macht die Menschheit, indem sie sich weiter entwickelt, ein Lebensalter durch, das nun, wenn man es vergleichen will mit einem Lebensalter des einzelnen, dem vom neunundvierzigsten bis zum zweiundvierzigsten Lebensjahre entspricht. Der Mensch wird älter, die Menschheit wird jünger. Der ägyptische Zeitraum muß verglichen werden beim Einzelmenschen mit dem Lebensalter zwischen dem zweiundvierzigsten und fünfunddreißigsten Lebensjahr. Der griechisch-römische Zeitraum muß verglichen werden mit dem Lebensalter des einzelnen zwischen dem fünfunddreißigsten und achtundzwanzigsten Lebensjahre, und die jetzige fünfte nachatlantische Kulturperiode ist vergleichbar mit dem Lebensalter des Menschen vom achtundzwanzigsten bis einundzwanzigsten Jahre. Und wenn wir fragen: Wie alt ist die jetzige Menschheit? – so müssen wir antworten: Sie hat ein Alter von ungefähr siebenundzwanzig Jahren. Und nur dann versteht man alles das, was sich innerhalb der Menschheit zugetragen hat, wenn man dieses merkwürdige Geheimnis der Entwickelung vor seine Seele hintreten läßt. Denn so verhält sich die Sache wirklich.

Das aber hat ganz bestimmte Folgen, hat ganz bestimmte Wirkungen in bezug auf das Erleben der Menschen. Was heißt denn: In der ersten nachatlantischen Kulturperiode war die ganze Menschheit in einem Alter von sechsundfünfzig bis neunundvierzig Jahren? Das heißt: der einzelne Mensch machte selbstverständlich das durch, daß er zuerst ein, zwei, drei Jahre alt wurde; aber das Grundhafte der Menschheit, in das der einzelne sich hineinlebte, was die ganze Menschheit umfaßte, bot etwas dar, was der individuelle Mensch erst erlebt zwischen dem neunundvierzigsten und sechsundfünfzigsten Lebensjahr. Daher kommt auch in dieser Zeit so viel vor von ursprünglichem, elementarischem Wissen der Menschheit, das wir bewundern können, weil die ganze Menschheit so alt war, und weil man hineinwuchs in eine so alte Menschheit. Man nahm als junger Dachs von fünfundzwanzig Jahren mit der Menschheitsaura dasjenige auf, was weisheitsvoll ist, wie wenn es von einem älteren Menschen kommt. Das Weisheitsvolle war über die ganze Menschheit ausgegossen. Man nahm auch moralisch in dieser Weise auf, indem man dasjenige schätzte, in das man hineinwuchs wie in die Menschheitsaura, so wie man ein grau gewordenes Haupt schätzt deshalb, weil es grau geworden ist. Und so war ausgegossen über dem menschlichen Kulturleben ein Gefühl der Andacht und Pietät, das selbstverständlich war. Es hatte das die weitere Folge, daß man mit seiner individuellen Entwickelung hinauswuchs über das, was Gemeingut der Menschheit war, erst nachdem man sechsundfünfzig Jahre alt geworden war. Erst dann konnte man von einer eigenen Entwickelung reden, dann erst konnte man sich individuell herausheben aus dem Untergrund desjenigen, was einem von außen zufloß. Allerdings kamen damals viele Menschen nicht dazu, eine der Lebensperiode zwischen dem neunundvierzigsten und sechsundfünfzigsten Lebensjahre entsprechende innere Entwickelung durchzumachen. Dann wurden sie wie Kinder angesehen, fühlten sich auch wie Kinder, die um sich herum spüren den geistigen Inhalt des Menschheitsalters.

Der nächste Zeitraum, der urpersische, brachte schon nicht mehr solch hohe Offenbarungen und Kulturimpulse, wie sie die weisen Väter im ersten nachatlantischen Zeitraum durch ihren Umgang mit geistigen Wesenheiten in die Menschheit getragen haben. Die ganze Menschheit zeigte nur jene Reife, die sich vergleichen läßt mit dem individuellen menschlichen Lebensalter zwischen dem neunundvierzigsten und zweiundvierzigsten Lebensjahre. Und wollte man gewissermaßen individuell hinauswachsen über die allgemeine Menschheitsaura, so konnte man das erst mit dem neunundvierzigsten Lebensjahre. Aber man wuchs durch die individuelle Entwickelung in eine Reife hinein, die eben erst eintreten konnte mit dem neunundvierzigsten Lebensjahre.

Und so war es wiederum in der chaldäisch-ägyptischen Zeit. Die Aura, in die man hineinwuchs, läßt sich vergleichen mit dem Lebensalter des einzelnen Menschen zwischen dem zweiundvierzigsten und fünfunddreißigsten Lebensjahre; in der griechisch-lateinischen Zeit mit dem Lebensalter zwischen dem fünfunddreißigsten und achtundzwanzigsten Jahre. Das ist das Merkwürdige dieser griechisch-lateinischen Zeit, daß die individuelle Lebensmitte des Menschen zusammenfällt mit der Lebensmitte der allgemeinen Menschheit, nur daß die Menschheit im allgemeinen Strom herunterläuft, der Mensch aber hinaufsteigt. Daher das eigentümlich Harmonische der griechischen Bildung, von der die gegenwärtige Menschheit nur so wenig einen Begriff hat. Aber wenn dafür ein Grieche fünfunddreißig Jahre alt war, dann blieb er gewissermaßen ein Durchschnittsmensch, blieb immer fünfunddreißig Jahre alt, wenn er nicht etwas Individuelles in sich entwickelte, das über die allgemeine Menschheitsaura hinausging. Dafür wurde nämlich in den älteren Zeiten gesorgt, daß sich der einzelne hinaufentwickeln konnte.

Nun kam die fünfte nachatlantische Zeit, in der wir leben. Die Menschheit wird in dieser fünften nachatlantischen Zeit durchmachen ein Lebensalter, das sich vergleichen läßt mit dem individuellen Lebensalter zwischen dem achtundzwanzigsten und einundzwanzigsten Jahre. Das heißt: ein Mensch, der sich nur im allgemeinen dem Strom des Daseins überläßt, demjenigen, was in das Seelenleben einfach dadurch eingeht, daß man Mensch ist, der wird nicht älter als achtundzwanzig Jahre. Sorgt er nicht durch eine spirituelle Entwickelung dafür, daß er seine Seele individuell vorwärts bringt, so bleibt er immer achtundzwanzig Jahre, besser gesagt, er wird nicht über siebenundzwanzig Jahre kommen. Die allgemeine Menschheit kann uns nicht mehr geben, als daß sie uns bis zum siebenundzwanzigsten Lebensjahre bringt. Suchen wir nicht in unserer Zeit nach einer Anfeuerung und Aneiferung der individuellen Seelenkräfte, die uns über den Strom des allgemeinen Menschheitsdaseins hinübertragen, so werden wir, auch wenn wir hundert Jahre alt werden, nie älter als siebenundzwanzig Jahre. Und ob wir manuelle Arbeiter sind oder Professoren, oder was immer: Wenn wir nicht eine spirituelle Entwickelung suchen, die der Seele Begriffe gibt, welche die äußere Menschheit ihr nicht geben kann, bleiben wir immer siebenundzwanzig Jahre alt. Gewiß, wir werden äußerlich selbstverständlich älter, die Zeit läßt sich nicht aufhalten; aber unsere Seele erlangt ohne eigene Entwickelung nicht mehr als eine Reife von siebenundzwanzig Jahren. Man versteht unsere Zeit wirklich nicht, wenn man nicht diese Eigentümlichkeit, die eben geschildert worden ist, entsprechend ins Auge faßt. Ich habe mir wirklich im Laufe der Jahre viele charakteristische Fragen unserer Zeit vorgelegt, Fragen des Lebens, der Kulturentwickelung, der Menschheitsmisere, über das, was die gegenwärtige Menschheit freut, worunter sie leidet: der Schlüssel zum Verständnis unserer Zeit ist erst gegeben, wenn man die Tatsache ins Auge faßt, die ich eben auseinandergesetzt habe. Das, was unserer Zeit fehlt, kann man nicht durchdringen, wenn man nicht dieses ins Auge faßt.

Wir erleben Philosophien, vor denen wir deshalb staunend stehen, weil sie bei allgemeinen Deklamationen stehenbleiben und nicht die geringste Fähigkeit zeigen, in konkrete Wirklichkeiten einzutauchen. Woher kommt das? Ich habe mir gegenüber einer einzelnen Persönlichkeit diese Frage vorgelegt. Da habe ich gefunden, daß der Träger der Euckenschen Philosophie ein Mann ist, der alles Feuer hat eines Menschen, der nicht älter werden kann als siebenundzwanzig Jahre. Gewiß, er redet dann weiter – denn er hat heute schon ein erkleckliches Alter erreicht –, er redet mit etwas rauher Stimme, bewegt sich mit anderen Gesten, lernt noch etwas dazu. Aber das bedeutet nichts; die ganze Art ist nicht älter als siebenundzwanzig Jahre. Diese siebenundzwanzigjährige Art trägt man durchs ganze Leben hindurch. Das wird besonders auffällig, wenn Menschen Ideen ins Leben einführen sollen, wenn sie Ideen hegen sollen, durch die das Leben beherrscht wird.

Nun kommen wir da auf ein etwas gefährliches Gebiet; aber machen wir das so, daß wir möglichst weit die Beispiele suchen. Ich habe mir bei verschiedenen Persönlichkeiten der Gegenwart, welche die Aufgabe haben, Ideen zu entwickeln, die in das gegenwärtige Leben eingreifen, so eingreifen, daß die Zeitereignisse von diesen Ideen beherrscht werden sollen, die Frage vorgelegt, wie es mit ihnen steht. Da gibt es nun eine charakteristische Persönlichkeit. Ich habe mir viel Mühe gegeben, auf diesem Gebiet ja nicht danebenzuhauen, aber es nützt nichts, wenn man den Dingen nicht auf den Grund geht in ihren konkreten Erscheinungen. Sucht man nach einer Persönlichkeit, die ganz so ist, daß sie niemals älter werden kann als siebenundzwanzig Jahre, niemals reifere Ideen haben kann als ein Mensch mit siebenundzwanzig Jahren, so findet man sie merkwürdigerweise, als eine besonders charakteristische Persönlichkeit, zum Beispiel in dem Präsidenten der Vereinigten Staaten von Amerika. Wenn man die verschiedenen Programme studiert, die er entwickelt hat, so tragen diese den besonderen Typus eines Menschen, der nicht älter werden kann als siebenundzwanzig Jahre, weil diese Seele niemals das Geringste von dem aufgenommen hat, was nicht von außen den Seelen zugetragen wird. Gewiß, ein Mensch kann mehr oder weniger begabt sein. – Begabung mag einem solchen Menschen zugestanden werden –, aber die Ideen, die er entwickelt, sind in bezug auf Reife der Anschauung, auf Durchschlagskraft und auf das Praktische des Lebenssinnes siebenundzwanzig Jahre alt und werden nicht älter, und wenn der Mann hundert Jahre alt wird, wenn er nicht anfängt sich spirituell zu vertiefen und der Seele Feuerkraft zuzuführen von innen.

Wir leben heute in einem solchen Zeitalter, daß wir das, was über das siebenundzwanzigste Lebensjahr hinausgeht, von innen den Seelen zuleiten müssen. Im siebenundzwanzigsten Jahre sind die Menschen noch nicht lebenspraktisch; sie können noch so sehr sich dafür halten, sie sind nicht lebenspraktisch. Das ist der Grund, warum die verschiedenen Ideen des *Wilson* so unpraktisch und sprunghaft sind, und warum sie in weitesten Kreisen so gefallen. Sie gefallen mit derselben Gefallenskraft, mit der jugendliche Ideen eben gefallen, jugendliche Ideen, die sich ergeben in allerlei Deklamationen von Freiheiten der Völker und dergleichen. Das ist ja alles sehr schön! Aber so regiert man heute die Welt, die Anforderungen stellt an die Durchschlagskraft der Ideen, daß man eine große Deklamation erläßt über den Frieden, und dann – den Krieg um so stärker entfesselt!

Man möchte so recht eine Empfindung hervorrufen von dem, was in die Wirklichkeit einschlagende Ideen sind, Ideen, die Schlagkraft haben, die mit der Wirklichkeit verwachsen können. Ideen, die bloße Deklamationen sind, schöne Ideen werden ja viel geäußert; gerade junge Ideen sind ja schön. Aber wir brauchen Ideen, die den Menschen verbinden mit der Wirklichkeit. Was ist es denn für eine wunderschöne Idee, wenn sich einer heute hinstellt und sagt: Die Welt muß eine Neuorientierung empfangen! – Von dieser hat sich bis jetzt als das Schönste erwiesen das Wort selber! Das ist das einzig schöne: das Wort selber, denn stellt man sich hin und redet davon, so ist das gewiß sehr schön. Sehr schön ist es auch, zu sagen: Der Tüchtigste muß an den richtigen Ort gestellt werden. – Wunderbar schöne Ideen! Aber wie ist es, wenn just der Neffe oder der Schwiegersohn der Tüchtigste ist? Mit der schönen Idee ist gar nichts getan, sondern mit der realen Erkenntnis der Wirklichkeit, mit der Fähigkeit für das, was real ist, was wirklich ist.

Dies ist so einer der Gesichtspunkte, um die es sich handelt, wenn man in einem tieferen Sinn verstehen will, wie die Kultur der gegenwärtigen Zeit ist. Durch diese Eigentümlichkeit der Zeit drängt sich ja gerade auf, wie notwendig es ist, daß die Menschen sich heute seelisch vertiefen, daß sie suchen, für das spätere individuelle Lebensalter dasjenige durch individuelle Entwickelung zu erlangen, was die allgemeine Menschheit nicht mehr hergibt. Es ist natürlich leichter, in Euckenscher Weise zu reden von Wiedererneuerung des Lebens, Erfassung der Lebensmächte im Inneren, von allen möglichen Dingen, bei denen man sich ganz schön jugendlich erheben kann, die aber zu nichts anderem geeignet sind als zu Deklamationen. Und wenn man gar politische Programme macht mit solchen Ideen wie Wilson, dann ist das von unabsehbaren Folgen! Es ist natürlich leichter, als in ernster Forschung, in ernster Vertiefung die Wirklichkeit aufzusuchen und in die tieferen Impulse des Lebens einzudringen.

Soll unsere geisteswissenschaftliche Bewegung einen wirklich tiefen Sinn haben, dann muß sie vor allen Dingen den Willen in sich bergen, in die konkreten Entwickelungsimpulse der Menschheit einzudringen, muß dafür vorhanden sein, diese großen Zusammenhänge des Lebens zu erfassen, denn sonst bleibt auch innerhalb unserer Geisteswissenschaft alles bloße Theorie. Und bloße Theorie ist gar nichts wert, wenn man noch so sehr sich selbst erhaben dünkende Empfindungen damit verbinden will. Einzig und allein das, was unterzutauchen vermag in das Leben, was das Leben erfaßt, ist wirklich von Wert. Allerlei Mystik, wobei die Menschen darnach streben, in sich selbst das oder jenes zu finden, das kann ja sehr schöne Resultate zeitigen, aber wir müssen von uns absehen und auf die großen Menschheitsaufgaben hinsehen können, um vor allen Dingen zu verstehen, was not tut, was man eigentlich verstehen muß, was man verstehen soll. Sonst wird man gerade über die wichtigsten Dinge der Geisteswissenschaft einfach hinweghören. Und über wichtige Dinge der Geisteswissenschaft ist ja im Laufe der Jahre, seitdem wir unsere anthroposophisch orientierte Geisteswissenschaft haben, eigentlich in großem Maßstabe hinweggehört worden.

Wenn sich die lieben Freunde nur einmal erinnern würden, welche Antwort von mir immer gegeben worden ist seit vielen Jahren, wenn ich gefragt worden bin, wie es sich denn verhalte mit der Reinkarnation, da doch die Menschheit immer zunehme, wenn sich die Freunde erinnern möchten, wie seit Jahrzehnten die stereotype Antwort gegeben worden ist: Es könnte sein, daß die Menschen sehr bald erfahren, welche Dezimierung der Menschheit stattfinden könnte gerade in Europa –, dann werden Sie ermessen, was gemeint war, wenn Sie jetzt zurückblicken, und wenn Sie sich erinnern an den Ton, mit dem diese Antwort gegeben worden ist. Immer wurde gesagt, wenn von der Zunahme der Bevölkerung gesprochen wurde: Es könnte sehr bald eine Zeit kommen, wo auch in schmerzlicher Art eine Abnahme der Bevölkerungszahl eintreten könnte! – Es handelt sich auf geisteswissenschaftlichem Gebiete wirklich nicht darum, mit Theorien den leichtgeschürzten Bedürfnissen mancher Menschen entgegenzukommen, sondern aus den Impulsen der Zeit heraus auch auf nebenher gestellte Fragen Antwort zu geben. Und beim Entgegennehmen der Geisteswissenschaft handelt es sich viel mehr darum, das Gewicht desjenigen, was gesagt werden soll, aufzufassen und ins Herz zu schließen, als die Neugierde, und wenn sie eine scheinbar noch so hochstehende ist, zu befriedigen.

Dies, meine lieben Freunde, wollte ich zunächst als den ersten Teil der Betrachtungen Ihnen überliefern, die bei entsprechender Berücksichtigung zum Verständnis unserer Zeit gerade führen sollen, und die wir in diesen Tagen tiefer pflegen wollen.

Da die Zeit abgelaufen ist, die verwendet werden muß zu den allgemeinen Betrachtungen, so darf ich vielleicht, ohne daß jemand den Vorwurf erheben kann, daß ich etwas abknipse von dem eigentlich anthroposophischen Inhalt, übergehen zu etwas, was schon einmal mit ein paar Worten angedeutet werden muß. Ich kann aber nicht dazu übergehen, ohne auch mancher Seelen zu gedenken, die von dem physischen Plan hinübergegangen sind in das geistige Leben, die manchen von denen nahegestanden haben, welche heute hier sitzen. Es ist nicht möglich, auf die einzelnen Namen alle einzugehen. Von der Aufrichtigkeit der Empfindungen gegenüber allen, die von dem physischen Plan nach dem geistigen hinweggegangen sind, sind ja wohl unsere lieben Freunde entsprechend orientiert. Nicht umhin kann ich aber, gerade eines Mannes dem Namen nach zu gedenken, der nach mancherlei Hindernissen sich zuletzt gerade mit der anthroposophisch orientierten Geisteswissenschaft so schön, so innig zusammengefunden hat, und der gerade in der letzten Zeit für die Vertretung dieser Geisteswissenschaft nach außen ganz Erhebliches und Bedeutsames geleistet hat. Ich meine unseren lieben Freund *Ludwig Deinhard*, bei dessen Übergabe des physischen Leibes an die physischen Elemente und Hinweggehen der Seele in die geistige Welt unser lieber Freund *Sellin* so schöne Worte gesprochen hat. Er mußte um so mehr geschätzt werden, als er nicht aus einem blinden Glauben, aus blinder Anhängerschaft, sondern gerade nach mancherlei Widerstand sich so schön mit unserer Strömung zusammengefunden hat, und in der letzten, immer schwieriger gewordenen Zeit rückhaltlos nichts gescheut hatte, um vor der breiteren Öffentlichkeit für diese geistige Strömung mit ganzer Seele einzutreten. Ich scheue mich nicht, ausdrücklich zu sagen, daß ich die Art und Weise, wie Ludwig Deinhard vor der breiten

Öffentlichkeit für diese Bewegung eingetreten ist, zu dem ganz besonders Wertvollen zähle.

Dann darf ich auch gedenken des in diesen Tagen verstorbenen Professors *Sachs,* der sein ganzes Leben einer großen Idee nachgegangen ist, einer großen musiktechnischen Idee, und der stets zu verbinden wußte das bescheidene Wirken, in das der einzelne Mensch eingespannt werden kann, mit umfassenden Ideen, und mit dem es wirklich erhebend war zu sprechen, weil das, was er als Mensch wollte, immer einmündete in großes künstlerisches Wollen. Man kann sich glücklich schätzen, gerade solche Menschen inmitten unserer Bewegung zu haben.

Nach diesen erhebenden Ausblicken bin ich schon einmal genötigt, wieder einmal genötigt, einige weniger erhebende Ausblicke zu pflegen, weil ich durch das, was sich zugetragen hat, in gewisser Beziehung doch zu einschneidenden Maßnahmen gezwungen bin, insofern mein Anteil an der geisteswissenschaftlichen Bewegung, die durch die Anthroposophische Gesellschaft gepflegt werden soll, in Betracht kommt. Es hat sich ja im Laufe der Zeit etwas, was in hohem Grade ein Segen sein sollte innerhalb der gegenwärtigen Kulturentwickelung, die anthroposophische Bewegung, durch viele ihrer Erscheinungen mehr oder weniger zu einer Art von Hemmnis entwickelt für das, was von mir gemeint ist als die geisteswissenschaftliche Bewegung. Und es nützt nichts, über diese Dinge etwa sich hinwegzutäuschen, insbesondere nützt es nichts, wenn Gefahr vorhanden ist, daß mancherlei Dinge, die mit der Anthroposophischen Gesellschaft verknüpft sind, Hemmnisse werden könnten gerade für die anthroposophisch orientierte Geisteswissenschaft. Gestatten Sie deshalb – da wir lange Jahre miteinander gewirkt haben, so dürfen solche Dinge rückhaltlos besprochen werden –, daß diese Dinge von mir ganz offen, so wie es mir ums Herz ist, behandelt werden. Man kann sagen: Im allgemeinen hat sich innerhalb der Anthroposophischen Gesellschaft gewohnheitsmäßig etwas herausgebildet, was in dieser Weise nicht weiter bestehen darf, weil die Urteile der gegenwärtigen Welt über das, was Anthroposophie oder Geisteswissenschaft will, allzusehr getrübt werden müßten, wenn es in derselben Weise weiterginge, wie es bisher gegangen ist.

Gehen wir von einer Einzelheit aus: Oftmals wird in der Außenwelt draußen gesagt – und es ist das schon Usus geworden –, daß ich wegen geisteswissenschaftlicher Dinge selber eigentlich weniger angegriffen werde, wegen dessen, was mit der Gesellschaft zusammenhängt, sehr viel. Insbesondere ist einer der Vorwürfe, die erhoben werden, der, daß in der Gesellschaft ein blinder Autoritätsglaube herrsche, eine blinde Anhängerschaft, daß hier vieles aus reiner Devotion gemacht werde und dergleichen. Darf ich demgegenüber auch einmal meinen Eindruck vorbringen, so muß ich sagen: Für die meisten Dinge liegt das vor, daß zuallerletzt das geschieht, was eigentlich von mir als das Richtige angesehen wird, von mir als das angesehen wird, was vielleicht wünschenswert wäre. Ich glaube nicht, daß in irgendeiner sonstigen Gesellschaft so sehr nichts gegeben wird auf das, was eigentlich die speziellen Wünsche irgendeines in ihr Wirkenden sein können. Wenn das auch anders aussieht, es ist doch so. Nur muß die Dinge niemand übelnehmen. Und daß man die Augen zudrückt, den Kopf in den Sand steckt, das ist nur von Übel.

Meine lieben Freunde, ich habe mancherlei über Stimmungen in der hiesigen Anthroposophischen Gesellschaft in diesen Tagen gehört. Ich kam heute Abend hierher, hier in den Vorraum, und entgegen strömte mir der frömmste Weihrauchduft. Glauben Sie nicht, daß jemand, der auf das Sachliche, Innere sich richtet, gerade besondere Wünsche darnach hat, daß ihm das Sprechen den ganzen Abend schwer gemacht wird dadurch, daß zu dieser Äußerlichkeit des frommen Weihrauchduftes gegriffen wird, und daß er sich Kopfschmerzen nach Hause tragen muß wegen des frommen Weihrauchduftes, wobei ich noch ganz absehe davon, wie die Wahrheit mißverstanden wird, wenn der Weihrauchduft – verzeihen Sie – in die profane Welt hinausduftet. Es mag ja unangenehm sein, dergleichen besonders zu erwähnen, aber symptomatisch sind solche Dinge doch. Fragen Sie einmal nach, ob von mir jemals zu etwas so Äußerlichem eine Initiative ausgegangen ist? Doch das nur nebenher.

Das aber, was mir das Allerwichtigste ist, das ist, in welcher Weise sich die Mitgliedschaft in Verbindung fühlt mit dem, was als geistiges Leben durch die anthroposophisch orientierte geisteswissenschaftliche Bewegung geht. Sehen Sie, es sind in der letzten Zeit, wie Sie wissen, die mannigfaltigsten Angriffe, zum Teil gedruckt, zum Teil noch gedruckt werdend, in die Öffentlichkeit gekommen. Wenn von der heutigen äußeren Welt gegen die Geisteswissenschaft Einwürfe kommen, braucht man sich darüber weder zu wundern, noch braucht man das besonders schmerzlich zu empfinden; das ist nur natürlich, nur selbstverständlich. Dem kann schon begegnet werden. Vor sachlichen Diskussionen braucht sich Geisteswissenschaft wahrhaftig nicht zu scheuen. Vor dem, was gerade aus der Mitgliedschaft emporwirbelt, braucht man sich vielleicht auch nicht zu scheuen. Aber folgendes schadet ungeheuer demjenigen, was die Kraft unserer Bewegung eigentlich sein soll: Man darf schon sagen, es steht einzig da in dieser Bewegung, in dieser Gesellschaft vor allen Dingen, daß die wohlwollendsten Absichten und Maßnahmen, die wohlwollendsten Verhaltungsmaßregeln gegenüber den Mitgliedern gerade hier am meisten in Gift und Galle und auch in das Kleid der Verleumdung, der Verunglimpfung, des allerpersönlichsten Angriffs getaucht werden, was alles nach einer sehr bekannten Richtung hinzielt. Die Dinge, die geleistet werden, vielleicht aus mystischem Bedürfnis heraus – ich weiß es nicht –, an reinen Erfindungen, an reinen Unwahrheiten, die sind eigentlich so leicht nirgends anders zu finden. Der Wille aber, sich richtig zu diesen Dingen zu verhalten, der wird nicht energisch genug gepflegt. Ja, der Wille, die Dinge nur wirklich unbefangen zu sehen, wird auch nicht energisch genug angestrebt.

Der Ernst, der in der geisteswissenschaftlichen Bewegung liegt, die besondere Art, mit der sie vertreten werden muß, sollte wenigstens studiert werden. Was der einzelne tun kann, hängt natürlich von den Lebensverhältnissen und von dem Verschiedensten ab; aber studieren sollte man doch das, was ist, und sich nicht allen möglichen Wahnideen hingeben. Sachlichkeit und Unpersönlichkeit ist ja insbesondere innerhalb unserer rein den geistigen Dingen gewidmeten Bewegung notwendig, und nichts ist schädlicher, als wenn persönlichste Interessen, Eitelkeit, Ehrgeiz in die Reihen unserer Bewegung hereingetragen werden. Gewiß, die Dinge treten verbrämt, maskiert auf, aber man sollte auf das wahre Antlitz der Dinge hinschauen, sollte sie so betrachten, daß man auf die Wahrheit der Sache kommt. Wenn irgend jemand eine Summe von Angriffen verfaßt und ganz gut weiß, was hinter den Angriffen steckt, ganz gut weiß, wie gerade das, was er angreift, so sein muß, wegen des eigentümlichen Charakters der Geisteswissenschaft, dann tut man nicht genug, wenn man Satz für Satz widerlegt. Behauptet und widerlegt werden kann viel, nämlich alles, aber oftmals kommt es bei den Dingen nicht auf das an, was gesagt wird: die Gründe liegen ja in etwas ganz anderem. Wenn jemand dem Philosophisch-Anthroposophischen Verlag eine Schrift anträgt und diese zurückgewiesen werden muß, und der Betreffende dann Feind wird, so sind die Ursachen doch woanders zu suchen als in den Sätzen, die der Betreffende drechselt. Und man erfährt nicht die Wahrheit, wenn das Allerwichtigste, wenn die eigentlichen Gründe in den Hintergrund treten.

Wenn jemand diesen oder jenen Angriff drechselt über allerlei törichte esoterische Wirkungen, deren Torheit handgreiflich ist für jeden, der nicht blind ist, dann geht man auch fehl, wenn man dergleichen Dinge, die reine Erfindungen sind, nicht zurückführt auf die ganze Sachlage. Dann steckt vielleicht ein Mensch dahinter, der einmal in einem kleinen Orte Mitteldeutschlands gelebt hat, dem plötzlich die Idee kam, ein großer Mann zu werden. Zuerst suchte er ein großer Mann zu werden auf eine kleine Weise; er schrieb an Frau Dr. Steiner, was er denn tun solle, um aus den engen Verhältnissen der kleinen Stadt befreit zu werden. Soll er in ein Geschäft hinein heiraten, oder dies auf irgendeine andere Weise bewirken? Wenn ihm dann bedeutet wurde, daß wir uns mit der Entscheidung der Frage, ob man einheiraten soll oder nicht, nicht befassen, wird er vielleicht immer noch nicht abgedrängt. Er kommt weiter, kommt heran, nimmt Teil an manchem, stellt sich vielleicht auch vor die Gesellschaft, wenn eine große Versammlung ist, und deklamiert mit riesiger Lungenkraft ein Schillersches Gedicht, obwohl er von Deklamation nicht die geringste Ahnung hat. Er wird ausgelacht. Das beleidigt den Ehrgeiz. Dann will er ein großer Maler werden. Es wird sogar eingegangen bis zu einem gewissen Grade auf die Idee. Es wird alles getan, um den Betreffenden zu unterstützen, daß er etwas lernen kann; es wird ihm entgegengekommen. Allein der Betreffende will ein Künstler werden, findet es aber unbequem, etwas zu lernen. Er will nicht ein Künstler *werden* eigentlich, sondern will es *sein,* und wenn dann die anderen aus innerster Überzeugung nichts anderes tun können, als den Rat geben, etwas zu lernen, dann ist es kränkend. Man ist doch ein Genie, und die muten einem zu, daß man erst etwas lernen soll! Sie tun zwar alles, ihn etwas lernen zu lassen, aber gerade das ist kränkend.

Nun, in solcher Linie könnte noch manches angeführt werden. Das sind die wahren Gründe, warum man ein Feind einer solchen abscheulichen Gesellschaft werden muß. Dann wird allerlei Zeug geschrieben. Was geschrieben wird, auf das kommt es wenig an. Es könnte natürlich ebensogut etwas anderes geschrieben werden, denn die wirklichen Gründe sind ganz woanders zu suchen. Und so kann es weitergehen, und wird weitergehen, wird noch ganz andere Dimensionen annehmen. Alle diese Dinge haben aber mit Geisteswissenschaft als solcher nicht das geringste zu tun. Aber sie können sich mit großer Intensität entwickeln aus einer Gesellschaft heraus, welche versucht, nicht auf der sachlichen Basis, welche die Geisteswissenschaft als solche liefert, sich aufzubauen, sondern welche innerhalb derselben allerlei Cliquenwesen sucht, allerlei persönliche soziale Verhältnisse. Sie sehen, ich deute nur das eine oder das andere an. Vielleicht läßt sich noch in den folgenden Tagen das eine oder das andere sagen. Aber all das geht wirklich nicht auf Geisteswissenschaft zurück, sondern geht zurück auf die Auffassung, die vielfach herrscht über das, was in der Gesellschaft geschehen soll. Gerade diejenigen, für die am meisten gesorgt worden ist, gehören zu denen, die jetzt mit Verunglimpfungen, mit reinen Erfindungen am allermeisten hausieren.

Deshalb bin ich genötigt, meine lieben Freunde, zu einschneidenden Maßregeln zu greifen. Ich bitte Sie wenigstens darum, die zwei Teile dieser Maßregeln immer wirklich zu nennen, damit nicht wiederum neuerdings Verleumdungen entstehen, indem man nur einen Teil mitteilt. Wenn diese Maßregel hart ist für manchen, dann bitte, bedenken Sie, daß sie für mich ebenso hart ist wie für die davon Betroffenen, daß es mir ebenso leid tut, daß sie notwendig ist, und daß Sie sich nicht an mich wenden, sondern an diejenigen, die diese Maßregeln verursacht haben. Suchen Sie dort die Gründe, suchen Sie dort aber auch das, was in der Zukunft zu geschehen hat, zu erkennen, indem Sie Ihre Betrachtung dahin lenken: wovon die Verleumdungen ausgegangen sind. Das ist vielfach das, was als Persönliches spielt. Gewiß, ich bin jedem mit persönlichem Rat zur Seite gestanden: für esoterische Dinge war diese persönliche Aussprache sehr häufig ziemlich unnötig und, was das Esoterische betrifft, so werde ich Sorge tragen, daß ein guter Ersatz da sein kann. Aber weil das Persönliche dazu geführt hat, ist es nötig, daß künftighin alles im vollsten Licht der Öffentlichkeit vor sich geht. Daß dabei jeder zu seinem esoterischen Recht kommen kann, dafür werde ich sorgen; aber ich werde niemand mehr zu einer sogenannten esoterischen Privatbesprechung aus der Gesellschaft heraus empfangen. Diese Privatbesuche muß ich ausnahmslos einstellen, damit nicht gerade von diesen Privatbesuchen die Verleumdungen hergeholt werden können. Ist für den einen oder anderen dies hart, so muß doch gerade aus zwei Gründen diese Maßregel getroffen werden: erstens weil für den Betrieb des esoterischen Lebens gerade diese Dinge nicht notwendig sind. Das werde ich sehr bald beweisen. In kurzer Zeit sollen Sie einen vollständigen Ersatz haben, trotzdem die Privatgespräche wegfallen müssen, die sich häufig so abspielten, daß die Mitglieder mit Dingen herankamen, die mit dem esoterischen Leben nichts zu tun hatten. Zweitens aus dem Grunde, weil ich dadurch dokumentiere, wie das aus der Luft gegriffen ist, daß für das esoterische Leben des einen oder anderen nicht gesorgt wurde. Lesen Sie nur «Wie erlangt man Erkenntnisse der höheren Welten?» Niemand hat es nötig, nach so und so vieler Zeit gerade einen persönlichen Impuls zu erlangen. Das zweite, was zu dieser Maßregel gehört und was ich bitte, nicht zu vergessen, ist, daß ich jeden, der Privatbesprechungen bis jetzt gehabt hat, entbinde irgendeines Versprechens, was ja auch niemals gegeben worden ist, irgendeiner Gepflogenheit, über solche Privatbesprechungen nicht zu sprechen. Von mir aus kann jeder, so viel er will, mitteilen von dem, was ich mit irgend jemand gesprochen habe, denn ich habe nichts zu verbergen. Wer will, kann jedem alles mitteilen. Auch das Vergangene kann in das volle Licht der Öffentlichkeit gestellt werden. Dann wird am besten die Möglichkeit gewonnen werden, die Unwahrheit von der Wahrheit zu unterscheiden, wird am besten der Maßstab dafür gefunden werden können, wieviel gerade innerhalb unserer Bewegung geflunkert wird. Aber die beiden Maßregeln gehören zusammen. Noch einmal wiederhole ich, daß derjenige nicht die Sache im wahren Licht vertreten wird, der nur den ersten Teil mitteilt; der andere gehört dazu.

Noch will ich erwähnen, meine lieben Freunde: Sollte es manchem schwer sein, dann bitte, wenden Sie sich an diejenigen Orte, die Sie ja insbesondere hier leicht finden können, wenden Sie sich an diejenigen, die diese Dinge notwendig gemacht haben. Es geht nicht, daß dasjenige, was die geisteswissenschaftliche Bewegung für die Welt sein soll, unmöglich gemacht werden sollte durch die Cliquenwirtschaft innerhalb der Anthroposophischen Gesellschaft, denn dadurch wird gerade das, was als Nerv in der Geisteswissenschaft lebt, am meisten den Mißverständnissen der äußeren Welt ausgesetzt. Glauben Sie, daß die Dinge, die im Sinne der Gesellschaft unternommen werden müssen, zu meiner persönlichen Befriedigung unternommen werden? Man hat mir vorgeworfen, daß ich nach der einen oder anderen Richtung irgend etwas der Gesellschaft entzöge, weil zum Beispiel der Dornacher Bau unternommen werden mußte. Glauben Sie, daß mir persönlich an dem Dornacher Bau irgend mehr liegen kann als einem anderen Mitglied, das es ernst meint mit unserer Sache, daß ich bei diesem Bau irgendwelche persönlichen Aspirationen gehabt habe? Würde der Bau nicht möglich gewesen sein, ich wäre der allerletzte gewesen, der sich in die Notwendigkeit nicht gefügt hätte. Daß irgend etwas von dem, was vertreten werden muß, auch aus so wichtigen Dingen heraus, wie es der Dornacher Bau ist, anders vertreten werden sollte, als es aus den inneren Gründen der Dinge sein muß, das dürfte nimmer geschehen.

Die einschneidenden, eben erwähnten Maßregeln müssen insbesondere aus dem Grunde endlich einmal getroffen werden, weil, nachdem ich jahrzehntelang über das eine und andere hinlänglich geredet habe, nie der Ernst meiner Worte empfunden worden ist. Vielleicht wird dieser Ernst empfunden werden, wenn nun diese Maßregel eingeführt wird. Es bestehen ja auch andere Gesellschaften, ohne daß sie zu denselben Dingen führen, die gerade in dieser Gesellschaft vorgekommen sind.

Dies, meine lieben Freunde, mußte gerade wegen unserer Freundschaft gesagt werden, darf nicht ungesagt bleiben. Wer es ernst meint mit der anthroposophischen Bewegung, wird den Weg finden, wenn durch den Ernst der Sachlage auch solche Maßnahmen nötig sind. Denn die Bewegung als solche ist zu heilig, als daß sie durch allerlei persönliche Aspirationen ausgelöscht werden dürfte, und es ist ja hinlänglich viel nach dieser Richtung geschehen. Diejenigen unserer lieben Mitglieder – und es gibt ja viele gerade solche –, die in hingebungsvoller Art, in aufopferungsvoller Art in der Bewegung, in der Gesellschaft arbeiten, werden die letzten sein, die über diese Maßregeln sich beschweren, die werden sie am allerbedeutungsvollsten finden. Ich glaube nicht, daß ich gerade von denjenigen mißverstanden werde, welche es wirklich ernst und aufrichtig mit unserer Bewegung meinen; die werden mir recht geben. Es werden auch solche da sein, die mir unrecht geben; dieses Unrecht nehme ich gerne hin.

Die Zeit ist vorgeschritten. Ich werde in den Betrachtungen, die ich heute angestellt habe, morgen fortfahren und vielleicht auch noch einige Bemerkungen hinzusetzen zu dem, was ich zuletzt über allerlei in der Gesellschaft gesagt habe. Es ist oft recht hart gewesen, manchem zuzuschauen.

ACHTER VORTRAG

München, 20. Mai 1917

Aus den gestrigen Auseinandersetzungen konnten Sie ersehen, wie in unserer Zeit der Mensch drinnensteht in der gesamten Entwickelung der Menschheit. Es wurde gezeigt, was gewissermaßen durch die Entwickelung der Menschheit selbst an die einzelne Persönlichkeit herankommt, und wie es diese Menschheitsentwickelung durchaus erfordert, daß immer mehr der Trieb erwache, das Innere der Seele zu befeuern, zu erwecken, so daß der Mensch den Fortschritt immer weniger gewissermaßen als äußeren Anflug wird finden können, sondern daß er ihn aus seinem Inneren heraus sich wird aneignen müssen. Das ist ja der Sinn desjenigen, was die Geisteswissenschaft will: Die menschliche Individualität in die Möglichkeit zu bringen, weiter vorzuschreiten, während in alten Zeiten, einfach dadurch, daß der Mensch in die Menschheit hineingeboren worden ist, er eine gewisse Summe von Erlebnissen hatte, die ihn bis zu einem gewissen Grade reif machten. Sie werden fühlen, daß die Erkenntnis eines solchen Tatbestandes, wie wir ihn gestern schildern konnten, von einer ungeheuer großen Bedeutung ist und gründlich beleuchtet das, was unserer Zeit, was den Menschen unserer Zeit vonnöten ist.

So richtig in diese Dinge hineinkommen, wie man es soll im Sinne eines Geisteswissenschafters, kann man wirklich nur dadurch, daß man mit offenen Augen hinsehen will auf die Art und Weise, wie in der Gegenwart die Menschen sich zu der ganzen Erdenentwickelung stellen. Da kann man unendlich bedeutsame Entdeckungen machen. Man muß nur diese Entdeckungen so machen, daß man in die Lage kommt, die Tatsachen zu werten. Es gibt gewiß in unserer Zeit Menschen, die fühlen, daß etwas notwendig ist, um die Seele gewissermaßen über sich hinaus, das heißt über die siebenundzwanzig Jahre hinaus zu führen. Aber der Mut, die Energie, die auf äußeren Gebieten heute solche Wunder leistet, der Mut, die Energie, wirklich die inneren Seelenkräfte zur Entfaltung zu bringen, die sind heute nicht so häufig vorhanden. Und so kommt es denn, daß wir Menschen begegnen, die in ihrer Art ein gewisses Streben haben, anderes zu finden, als dasjenige bieten kann, was an Zeitkultur, an Zeitenaufgaben in der Umgebung lebt. Aber sie haben nicht den Mut, an jene Wirkungsweise und Gesinnung heranzutreten, die etwas wirklich Neues will: an die Geisteswissenschaft. Und so erfahren wir denn, daß solche Menschen sich nicht klar sagen, aber fühlen: Früher gab die Umwelt den Menschen mehr, also müssen wir wiederum suchen, was früher die Welt den Menschen gab, wir müssen den Anschluß an frühere Menschheitsgaben wiederum finden.

Das ist der Grund, warum gerade nach dem Geiste sehnsüchtigere Menschen, ich möchte sagen, aus Kraftlosigkeit heraus ihre Zuflucht nehmen zu allerlei, was eigentlich schon verglommen ist innerhalb der Menschheitsentwickelung. Überall könnten wir Beispiele dafür anführen. Lassen Sie uns ein ganz charakteristisches anführen in dem Schriftsteller *Maurice Barrès*, der in jugendlichem Ungestüm einmal, man möchte sagen, den geistigen Himmel erstürmen wollte, dann aber, weil er doch nicht den Mut fand, irgendeiner neuen geistigen Bewegung sich anzuschließen, seinen Anschluß suchte an den Katholizismus, wie so viele in der Gegenwart. Aber es ist eine merkwürdige Gesinnung, die also statt einen Vorwärtsweg einen Rückwärtsweg sucht. Und charakteristisch sind Worte, mit denen Barrès gerade sein Streben nach dem Katholizismus schildert, denn diese Worte bezeugen uns so recht, wie ein mutloser, energieloser Seelendrang, weil er Neues nicht suchen will, nach Altem greift. Aber wie er greift, das ist das Charakteristische. Nehmen Sie einmal eben die Worte eines solchen Geistes, der ganz aus der Bildung der heutigen Zeit hervorgegangen ist, ganz in derselben auch steht, und aus dieser Bildung heraus zum Katholizismus hin seine Neigung entwickelt hat, nehmen Sie diese Worte: «Es ist vergebliche Mühe, das Jenseits zu suchen. Es existiert vielleicht nicht einmal!» Denken Sie sich, nachdem einer diesen Anschluß an den Katholizismus gesucht hat, redet er so über das Jenseits: «Es ist vergebliche Mühe, das Jenseits zu suchen. Es existiert vielleicht nicht einmal; und wie wir es auch anpacken, wir können nichts davon erfahren. Überlassen wir jedweden Okkultismus den Erleuchteten und den Gauklern; welche Form der Mystizismus auch annehmen mag, er widerspricht der Vernunft. Aber geben wir uns dennoch der Kirche hin», – denken

Sie! – «erstens, weil sie untrennbar verbunden ist mit der Tradition Frankreichs. Und dann, weil sie mit der Autorität der Jahrhunderte und großer praktischer Erfahrung die Regeln jener Ethik formuliert, die man die Völker und die Kinder lehren muß. Und endlich, weil sie, weit davon entfernt, uns dem Mystizismus auszuliefern, uns direkt gegen ihn verteidigt, die Stimmen der geheimnisvollen Haine zum Schweigen bringt, die Evangelien auslegt und den großmütigen Anarchismus des Heilands den Bedürfnissen der modernen Gesellschaft opfert.» Sie sehen die Motive eines für die Gegenwart charakteristischen Menschen, den es treibt, zu suchen nach dem Geist nach seiner Art: er greift nach dem, was die Menschheit ohne menschliche Anstrengung einstmals gehabt hat. Aber er nimmt es, ohne eigentlich irgendwie Anspruch zu machen auf den ganzen Sinn dessen, was er nimmt. Man möchte sagen, so etwas ist zynisch oder frivol, wenn nicht dahinter ein großer Ernst des Strebens läge. Aber das ist gerade das Verhängnisvolle: Der Ernst des Strebens wird selber frivol durch die Zeitverhältnisse. Nehmen Sie dieses Wort nicht leicht! Die großen Schäden unserer Zeit wurzeln darin, daß die Menschen immer geneigt sind, die Dinge leicht zu nehmen. Beispiele wie das des Maurice Barrès könnte man ungezählt viele anführen. Es würde überall in den mannigfaltigsten Arten das hervortreten, was Charakteristikon unserer Zeit ist im Sinne des eben Ausgeführten.

Wir fragen uns: Was liegt denn der Sache zugrunde? Wir fragen uns deshalb so, weil es wichtig ist für uns, zu erkennen, wie wir es anders machen müssen. Darin können wir uns aber nur ordentlich zurechtfinden, wenn wir ein wenig Einblick haben in diese Misere der Zeit, in das, was einer solchen Gesinnung zugrunde liegt. Man muß schon ein wenig zurückblicken in den Sinn der Menschheitsentwickelung, wenn man verstehen will, was man verstehen muß in der Gegenwart, wenn es vorwärtsgehen soll. Geht man zurück in der Entwickelung der europäischen Menschheit und des zu ihr gehörigen asiatischen Teiles der Menschheit – man braucht nur zurückzugehen in das erste Drittel der nachatlantischen Zeit –, so findet man heute, selbst auf äußerlich forscherischem Weg, daß die Menschen dazumal klar unterschieden haben die drei Grundbestandteile des Menschenwesens, und daß das alte, allerdings dumpfere, traumhaftere Verständnis dahin gekommen ist, daß die Menschen zu unterscheiden wußten zwischen den drei Grundbestandteilen des Menschenwesens. Und dies ist wiederum die Ursache, daß ich in meiner «Theosophie» mit besonderer Deutlichkeit hervorgehoben habe, daß der ganzen Gliederung des Menschen diese drei Grundbestandteile eben unterlegt werden müssen. Wenn wir zurückgehen, so finden wir überall, daß die Menschen überschauen, wie der Mensch zurückführbar ist auf Leib, Seele und Geist. Aber denken Sie einmal darüber nach, welche Unklarheit heute eingetreten ist selbst bei denen, die nach Klarheit suchen, in bezug auf eine Überschau über das Menschenwesen nach Leib, Seele und Geist! Sie können heute Philosophien nach Philosophien in die Hand nehmen, Sie können den nicht bloß deutschberühmten, sondern weltberühmten *Wundt* durchaus studieren mit heißem Bemühen, und Sie werden sehen, daß der Herr nicht imstande ist, die Seele vom Geist zu unterscheiden, trotzdem es heute zu den grundlegendsten Notwendigkeiten gehört, die Seele vom Geist zu unterscheiden. Wann ist denn eigentlich äußerlich zur Offenbarung gekommen, daß die Menschen die Seele mit dem Geist durcheinandergemuddelt haben? Wie gesagt, Sie können überall finden: der Mensch zerfällt in Leib und Seele, und in die Seele wird hineingemuddelt, ohne irgendwelche Unterscheidung, auch der Geist. So ganz klar zum Ausdruck gekommen ist dieses im Jahre 869 auf dem Konzil zu Konstantinopel, wo damals der Geist abgeschafft worden ist – verzeihen Sie den harten Ausdruck –, denn die Lehren, die dazumal formuliert worden sind, gipfelten im wesentlichen darin, es zum Dogma zu machen, daß der Mensch in sich eine denkende und eine geistige Seele habe. Man hat also den Geist abgeschafft und hat das bißchen Geist, das man damals noch ahnte, in die Seele hineingeschmuggelt, indem man sagte: Sie hat die Denkkraft und noch etwas Geistiges. Dann kam das Mittelalter mit seiner in vieler Beziehung bewundernswürdigen scholastischen Forschung; aber diese stand überall unter dem energischen Zwang des Dogmas, und die sogenannte Trichotomie war streng verpönt. Man mußte den Geist überall auslassen. Und davon schreibt sich auch die Art und Weise her, wie über Seele und Geist denken – oder auch nicht denken – die modernen Universitätsprofessoren, die nach ihrer Aussage voraussetzungslose Wissenschaft treiben. Sie kennen die Voraussetzungen aber nicht, nämlich die Beschlüsse des Konzils von 869. Daß sie gar nicht ahnen, wovon sie eigentlich abhängig sind, ist der Grund, warum sie sich voraussetzungslos nennen. So liegen die Dinge schon einmal, und sie müssen gehört und energisch ins Auge gefaßt werden, es hilft nichts, gegenüber diesen Dingen die Augen zuzumachen. Denn soll anthroposophisch orientierte Geisteswissenschaft den Menschen das werden, was sie eigentlich werden muß nach den Entwickelungsgesetzen der Menschheit, dann müssen solche Dinge vor allem ins Auge gefaßt werden und es muß wiederum der Menschheit zurückgegeben werden das Verständnis für die Gliederung der menschlichen Wesenheit nach Leib, Seele und Geist. So wie auf der einen Seite der Leib dasteht, der zwischen Geburt und Tod oder Empfängnis und Tod, der physische Vermittler des Bewußtseins ist, so muß der Geist erkannt werden als der geistige Vermittler jenes höheren Bewußtseins, das der Mensch zu entwickeln hat zwischen dem Tod und einer neuen Geburt. Dies hängt aber zusammen mit tiefen innerlichen, mit bedeutsamen Lebensverhältnissen der modernen Menschheit.

Nehmen wir einmal Charakteristisches aus unserer Zeit. Es fußt ja vielfach das Denken, von dem wir sagen müssen, daß es ein abstraktes geworden ist, im öffentlichen Leben doch – wenn auch da oder dort die Leute davon abgekommen sind – auf drei abstrakten Ideen. Und insbesondere in unserer Zeit sehen wir diese drei abstrakten Ideen von der ganzen Welt ins Feld geführt werden gegen die Mitte von Europa. Diese Mitte von Europa wird aber geistig ihre Aufgabe nur begreifen, wenn sie sich dazu bequemt, die drei abstrakten Ideen zu konkreten, von Wirklichkeit durchtränkten Ideen zu machen. Diese drei Ideen sind mit großer Vehemenz ins Bewußtsein der Menschen hineingerufen worden am Ende des 18. Jahrhunderts in den Worten: Brüderlichkeit, Freiheit, Gleichheit. Sie erinnern uns fast an drei recht konkrete Ideen, die nur jetzt auch recht abstrakt verstanden werden, aber in ihrer Zeit, als sie dem Menschheitsbewußtsein einverleibt wurden, sehr wirklichkeitsgemäß gemeint waren. Sie erinnern uns an Glaube, Hoffnung und Liebe. Aber bleiben wir bei den drei Ideen der Brüderlichkeit, Freiheit und Gleichheit. Schattenhaftes Denken ist es, daß man über die ganze moderne Welt hin diese drei Ideen sich denkerisch zu vergegenwärtigen sucht. All das, was in dieser Richtung die Menschenseele an Anstrengungen macht, beruht eben darauf, daß die Menschen nicht die Neigung haben, in die Wirklichkeit hineinzugehen. Sie machen es mit diesen drei großen, mit diesen drei Kardinalideen auch nicht anders als mit der Idee der Neuorientierung: daß jeder Mensch an dem Platz, der ihm am besten gebühre, stehen soll. Sie deklamieren schöne Ideen, machen sich von diesen Ideen abstrakte Begriffe, haben aber nicht die Neigung, auf die Wirklichkeit einzugehen. Und diese Wirklichkeit, sie liegt beim Verstehen der Geisteswissenschaft.

Wie man durcheinandermuddelt Geist und Seele, so muddelt man auch durcheinander Freiheit, Gleichheit und Brüderlichkeit. Die Idee der Brüderlichkeit wird erst dann von der Menschheit in der richtigen Weise erfaßt werden können, wenn man sich einmal klar werden wird, daß der Mensch nur mit einem Glied seiner Wesenheit voll hier auf dem physischen Plan steht, mit dem Glied, das wir als die Leiblichkeit bezeichnen. Mit der Leiblichkeit steht der Mensch hier auf dem physischen Plan; aber diese Leiblichkeit verbindet den Menschen mit dem ganzen Menschengeschlecht durch Bluts- und andere Bande. Denken wir gerade mit Bezug auf die Art, wie der physische Mensch zum physischen Menschen hier in der Welt steht, an ältere Zeiten zurück. Der Mensch hat ja nicht bloß das in sich, was er von den Eltern ererbt hat, er trägt das Unsterblichkeitsteil in sich, das durch Geburten und Tode geht. Das aber gliedert sich aus Verkörperungen in der Leiblichkeit. In alten Zeiten war der Mensch, wie ich gestern auseinandergesetzt habe, fähig, indem er Essen, Verdauen, Atmen durchmachte, das Geistige in der Umwelt doch mit wahrzunehmen, mit gewahr zu werden; dazu war er imstande. Dadurch war gewissermaßen instinktiv etwas in ihm, was wir eine Summe von Gefühlen, Empfindungen, Vorstellungen und Begriffen nennen können, die ihn regelten in seinem Verhalten zu seinen Mitmenschen. Instinktiv war dieses in ihm. Dieses Instinktive sehen wir abnehmen in der neueren Zeit, und die furchtbaren Explosionen des Hasses, die uns jetzt begegnen, sie können nur verstanden werden, wenn wir sie ihrer realen Grundlage nach verstehen, wenn wir verstehen, wie die alten Instinkte abnehmen. Diese

Instinkte des Hasses sind viel ernster, als heute noch gesehen wird. Man wird Furchtbares erleben als Ergebnis dieses Zustandes. Und wenn dasjenige, was im Sinn der Entwickelungsgeschichte der Menschheit erobert werden muß, nicht erobert werden könnte, so würden die Instinkte des Hasses immer größer und größer werden. Denn wenn auch einzelne Menschen gerade heute in der Zeit der Autoritätsfreiheit, in der Zeit der Voraussetzungslosigkeit der Wissenschaft, ganz besonders danach streben, immer wieder und wiederum am Gängelband geführt zu werden, so lassen das die Empfindungen, die aus dem Unbewußten heraufströmen, nicht zu. Es suchen sich solche Menschen heute allerlei Führer: je unnatürlicher sie danach streben, diesen Führern bedingungslos anzuhängen, desto stärker sind sie der Gefahr ausgesetzt, daß ihre sogenannte Liebe in Haß umschlägt. Das ist nicht etwas, dem man mit bloßer Kritik beikommt, weil es in den ganzen Entwickelungsgesetzen der Menschheit tief begründet ist, und je mehr die Menschenliebe bloß gepredigt wird als abstrakte Idee, je mehr bloß im Abstrakten die Brüderlichkeit gepredigt würde, desto mehr würde sich die gegenseitige Antipathie der Menschen entfalten. Das ist auch eine Wahrheit, die man ganz ernst und tief ins Auge fassen muß, wenn man die Gegenwart verstehen will. Was eintreten muß, das ist, daß sich in Empfindung umsetzt dasjenige, was wir die Anschauung von den wiederholten Erdenleben nennen. Daß man bloß der Theorie von den wiederholten Erdenleben anhängt, das allein macht es nicht aus!

Aber nehmen wir alles das zusammen, was versucht wird zusammenzutragen, um aus den Entwickelungsgesetzen der Menschheit im Laufe der Zeit dasjenige herauszuholen, was nicht wie eine abstrakte Idee, sondern wie eine konkrete Tatsache uns vor Augen führt, daß in jedem Menschen etwas lebt, was durch Geburten und Tode geht, dann verwandelt sich die abstrakte Idee in Empfindung, nicht in Instinkte wie die, welche früher vorhanden waren, sondern in bewußte Instinkte, in eine gewisse Art, sich den Menschen gegenüberzustellen. Heute ist ja noch allzusehr der Trieb vorhanden, dasjenige, was man aufnimmt als Idee der wiederholten Erdenleben, in egoistischem Sinne auszudeuten. Und wieviel haben gerade wir davon erlebt, daß der oder jener vor allen Dingen bestrebt ist, irgendeine frühere Inkarnation von sich ja recht genau zu kennen! Das kann zunächst nicht die praktische Konsequenz der Idee der wiederholten Verkörperungen, der Idee von den wiederholten Erdenleben sein, sondern die echte Konsequenz muß die sein, daß wir immer mehr und mehr lernen, jeden Menschen so anzuschauen, als ob eigentlich viel mehr in ihm wäre, als er ausleben kann in dem einen Erdenleben, in dem er gerade jetzt uns gegenübersteht. Da bildet sich vor allen Dingen das heraus, was oft auch schon genannt worden ist das Distanzgefühl, in richtigem Maße das Gefühl dafür, das rechte Verhältnis zum anderen Menschen zu finden: ohne ihn zu vergöttlichen, doch immer Tieferes und Tieferes, das der Unendlichkeit angehört, in ihm zu suchen.

Es ist eine falsche Mystik, wenn man immer in sich hineinbrütet. Die Mystik, die wir brauchen, ist die, welche uns anleitet zu praktischer, aber empfindungsmäßiger Menschenerkenntnis, so daß wir dem Menschen nicht entgegentreten, indem wir ihn von vornherein als einen sympathischen oder unsympathischen finden, sondern mit dem Bewußtsein: eine jede Menschenseele ist eigentlich ein unendliches Rätsel. Es strömt, wenn die Idee ernst genommen wird, etwas aus von den wiederholten Erdenleben, und von diesem Ausgeströmten ergießt sich in unsere Seele das, was im rechten Sinn für die neuere Menschheit als Brüderlichkeit, als Bruderliebe erlebt werden sollte. Solche Bruderliebe wird nicht in typischer Weise immer wieder und wiederum den Menschen nur nach der Idee helfen wollen, die uns selbst gefällt, sie wird auf den Menschen eingehen wollen, damit wir ihm so helfen, wie es ihm gemäß ist, daß ihm geholfen werde, wie es sein tieferes Selbst erfordert. Solche Idee wird uns aber auch von der leichtfertigen Kritik zurückhalten, die oftmals zwischen uns und dem anderen Menschen gerade heute nur zu sehr eine Schranke aufrichtet, die uns nicht unbefangen hinschauen läßt auf das, was in einem anderen Menschen lebt. Nur wenn in unserer Seele lebendig und praktisch die Idee der wiederholten Erdenleben wirkt, dann wird die Idee der Brüderlichkeit für das, was die Menschen in ihrer Leiblichkeit füreinander sind, die richtige Form gewinnen können.

Ein Zweites, das Platz zu greifen hat im Sinne der Entwickelung der Menschheit, ist, daß wir nicht bloß anerkennen die Leiblichkeit des Menschen, die der Materialismus heute ja allein anerkennen will, sondern daß wir die Seele des Menschen anerkennen, daß wir jedem Menschen bewußt Seele zuschreiben. Aber wir schreiben ihm nicht Seele zu, wenn wir diese Seele auch nur in unserer Gesinnung zu vergewaltigen trachten, das heißt, wenn wir der Meinung sind, daß wir die Seele wirklich achten, indem wir dieser Seele unsere Gedanken, gerade die Form unserer Gedanken zumuten. Freiheit müssen wir der Seele zubilligen, wir können sie nicht dem Leibe zubilligen. Freiheit ist nur im Verkehr zwischen Seele und Seele das Tragende, das, worauf es ankommt. Und der Grundnerv der Freiheit ist nämlich die Gedankenfreiheit. Wird man dieses zweite Glied der Menschheit, das seelische neben dem leiblichen, recht verstehen, dann wird man nicht mehr durcheinandermuddeln Freiheit und Brüderlichkeit, sondern wird sagen: Brüderlichkeit ist notwendig, weil die Menschen eine soziale Ordnung im Sinne der Brüderlichkeit sich begründen müssen. Eine soziale Struktur im Sinne der Brüderlichkeit muß heraufkommen, und ehe nicht die Menschen ergriffen werden von richtigen praktischen Ideen der Brüderlichkeit, werden sie keine Staatsstrukturen finden können, in welchen die Menschen vernünftig zusammenleben können. Aber wenn die Menschen nicht anerkennen werden, daß innerhalb des staatlichen Gefüges der Mensch nicht nur als Leiblichkeit lebt, sondern auch als Seele, werden sie die Idee der Freiheit niemals in der entsprechenden Weise begreifen können. Denn die Freiheit liegt im Verhalten von Seele zu Seele, nicht von Leib zu Leib. Die Freiheit, welche die Leiber brauchen, die kommt von selbst als notwendige Konsequenz, wenn Seele zu Seele im Sinne der Gedankenfreiheit sich ausbreitet. Dies aber bedingt vor allen Dingen, daß wir endlich lernen, nicht mehr den Menschen die eigenen Gedanken aufoktroyieren zu wollen, sondern daß wir lernen, in jeder Seele die eigene Richtung des Denkens gebührend zu achten. Da müssen wir uns aber insbesondere den Sinn für die Wirklichkeit aneignen, denn auf keinem Gebiet kann man mehr sündigen als auf dem Gebiet der Wissenschaft und der Religion.

Ich kann immer nur auf das Beispiel hinweisen, das mir einmal begegnet ist in einer süddeutschen Stadt. Ich hielt einen Vortrag über Weisheit und Christentum. Es war eine südwestdeutsche Stadt, so daß auch zwei katholische Geistliche bei meinem Vortrag waren. Die sagten nach dem Vortrag: Ja, nach dem, was Sie heute gesagt haben, kann man inhaltlich gegen Ihre Behauptungen nicht viel einwenden, aber man kann doch nicht einverstanden sein. – Ich sagte: Ja, warum? – Ja, die Hauptsache ist, sagten die beiden Herrn, Sie reden so von all diesen Dingen in bezug auf das Christentum, wie es nur verständlich sein kann für gewisse Leute mit einem gewissen Bildungsgrad, mit bestimmten Bedürfnissen und so weiter. Wir aber suchen eine Art, zu reden, die für alle Menschen ist; wir formen unsere Gedanken so, daß alle zustimmen können. – Ich antwortete: Herr Pfarrer, wie ich oder Sie darüber denken, was allen Menschen frommt, das kommt auf Sie oder mich an, darüber können wir uns, Sie und ich, schon Vorstellungen machen; und wir werden selbstverständlich, wenn wir uns solche Vorstellungen machen, voll überzeugt sein, daß das richtig ist. Wir wären sonderbare Käuze, wenn wir uns Ideen bildeten, von denen wir nicht glaubten, daß sie für alle Menschen geeignet sind. Aber darauf kommt es nicht an, was Sie oder ich denken nach unserer besonderen Entwickelung, daß etwas für alle Menschen geeignet ist. Das ist zuletzt ganz gleichgültig, darüber müssen wir gerade hinwegkommen durch eine ordentliche, tätige, praktische Selbsterkenntnis. Worauf es ankommt, das ist, die Wirklichkeit zu studieren und zu fragen: Was diktiert denn die Wirklichkeit, was lehrt uns die Zeit und ihr Inhalt als notwendig für die Menschen, was lehren uns die Sehnsuchten der Menschen? Dann aber ergibt sich eine Frage, die anders ist als diejenige, die Sie stellen, die Frage: Gehen alle Menschen heute zu Ihnen in die Kirche? Wenn Sie für alle Menschen reden würden, würden alle zu Ihnen gehen. – Da konnten sie nicht umhin zu sagen: Es gehen allerdings nicht alle Menschen mehr in die Kirche. – So, sagte ich; sehen Sie, und unter denen, die hier gesessen haben, sind zumeist solche, die nicht in die Kirche gehen, die aber auch das Recht haben, den Weg zu Christus zu finden, und für die rede ich.

Man darf nicht nach seinen eigensinnigen Meinungen sich eine Idee darüber bilden, was die Menschen brauchen, sondern nach dem, was die Wirklichkeit sagt. Aber es ist unbequemer, die Wirklichkeit zu studieren. Da muß man immer und immer wiederum den Beobachtungssinn entsprechend anwenden, immer wieder und wiederum den Willen haben zu fragen: Welches sind denn eigentlich die Bedürfnisse der Zeit? Wie stellt sich das, was gerade in unserer Zeit notwendig ist? – Und ehe dieser Sinn, dieser praktische Sinn, welcher der Gedankenfreiheit zugrunde liegen muß, nicht in die Seelen der Menschen einzieht, kommen wir nicht zu einem entsprechenden Verhältnis von Seele zu Seele. Wie die soziale Struktur, welche die Menschheit anstreben muß, davon abhängt, daß man im Sinne der Geisteswissenschaft zu einem richtigen Verständnis der Leiblichkeit kommt und die Idee der Bruderliebe verstehen kann, so muß man lernen, für die Seelen Verständnis zu gewinnen und die Idee der Gedankenfreiheit zu verwirklichen helfen auf dem Gebiet der Wissenschaft und der Bildung, auf dem Gebiet der religiösen Gesinnung.

Und ein Drittes ist der Geist. Wenn es nun wirklich gelingt, den Geist wiederum einzusetzen in seine Rechte, rückgängig zu machen dasjenige, was konzilmäßig das Konzil zu Konstantinopel 869 anerkannte, dann wird auch für den Geist das kommen, was im praktischen Sinne das Leben der Menschen der Zukunft entgegenführt. Wir haben schon einmal heute zwei Tendenzen: Die eine geht dahin, in derselben Richtung sich zu bewegen wie das Konzil von Konstantinopel, das heißt, den Geist abzuschaffen. Eine monistische Weltanschauung strebt dahin, auch noch die Seele abzuschaffen, und wer da meint, der naturwissenschaftliche Monismus habe soviel Toleranz – wie man das Wort heute nimmt –, daß er es nicht dazu bringen würde, ein Konzil abzuhalten und die Seele zu verbieten, der denkt falsch. Die Tendenz geht schon dahin, zu dem Geist auch noch die Seele abzuschaffen. Und diejenigen, die heute die kleinen Monistlein sind, werden sich zu ganz großen Monisten auswachsen wollen, und wenn sie es auch verschmähen, Konzilien abzuhalten, denn sie sind ja freie Geister, weil sie sich frei gemacht haben meistens von allem Geiste, wenn sie es auch verschmähen, Konzilien abzuhalten, so werden sie eben einbürgern lassen einen gewissen Usus. Und es wird kommen – lassen Sie das nicht einen Witz sein! –, daß die Seele abgeschafft wird. Zu den verschiedenen Heilmitteln, zu den leiblichen Heilmitteln, die es heute gibt, wird eine Reihe von anderen treten, die dazu bestimmt sein werden, diejenigen damit zu behandeln, die von so etwas Phantastischem, wie Geist und Seele, reden; die wird man kurieren, denen wird man Medizinen eingeben, damit sie nicht mehr vom Geist und von der Seele reden. Den Geist brauchte man bloß abzuschaffen; die Seele wird man nur dadurch den Menschen austreiben können, daß man den Leib medizinisch richtig behandelt. So grotesk das heute erscheint, die Tendenz einer gewissen Richtung geht dahin, Mittel zu erfinden, durch die man dem Kinde allerlei Zeug einimpft, wodurch seine leibliche Organisation so herabgelähmt wird, daß materialistische Gesinnung ganz gut in ihm lebt, und es gar nicht darauf kommt, die alte Idee von Seele und Geist als etwas anderes zu behandeln denn als etwas, an das die alten Zeiten geglaubt haben und in das hineinzusehen es ein großes Ergötzen ist.

Solche Dinge zu sagen, gilt natürlich für sehr viele Menschen heute als Verrücktheit; aber wenn man nicht den Mut hat, diese Dinge sich zu gestehen, so wird man niemals die Energie finden, die geisteswissenschaftliche Spiritualität in den Seelen zur Entfaltung, zur Entfachung zu bringen. Daher muß zu dieser Tendenz, die ich eben charakterisiert habe, die auch noch die Seele hinwegkuriert, weil sie als eine Krankheit gelten wird, die andere hinzutreten: die Tendenz, nun wieder energisch geltend zu machen, daß der Mensch zum Leib und zur Seele hinzu auch den Geist in sich trägt. Dazu wäre allerdings notwendig, daß Erkenntnis vom Geiste Platz greift, daß Geisteswissenschaft sich wirklich einlebt, daß erkannt wird von dem Menschen, was zu seinem Wesen gehört, wenn er durch die Pforte des Todes gegangen ist. Und eines von den alten Volkssprichwörtern, die so oft alte gute Anschauungen in die neue Zeit herauftragen, ist dieses: Im Tode sind alle gleich –, weil da alle Geist werden, und weil die Idee der Gleichheit diejenige ist, die dem Geist entspricht. Gleichheit den Geistern! Nicht durcheinandermuddeln kann man die drei Ideen – Freiheit, Brüderlichkeit, Gleichheit –, sondern man muß wissen im Konkreten, der Wirklichkeit nach, was der Mensch ist, und daß er frei sein soll nach der Seele, brüderlich nach dem Leibe, daß die Menschen gleich sein müssen nach dem Geiste. Denn die Ungleichheit, die unter den Menschen existiert, das ist jene Spezialisierung, die durch Leib und Seele herbeigeführt wird, indem der Geist sich in Leib und Seele spezialisiert. Pneumatologie, Geistlehre, Geistanschauung ist die Grundlage für die Gleichheitsidee. Und so haben wir die merkwürdige Tatsache vor uns, daß am Ende des 18. Jahrhunderts in alle Welt chaotisch hinausgeschrien wurde die Idee von Brüderlichkeit, Freiheit, Gleichheit, daß aber allmählich verstanden werden muß, wie die Ideen von Brüderlichkeit, Freiheit und Gleichheit nur verwirklicht werden können, wenn man auch imstande ist, die Erkenntnis des dreifachen Wesens des Menschen nach Leib, Seele und Geist in die Wirklichkeit hineinzutragen.

Das lag zugrunde, als in so energischer Weise in meiner «Theosophie» versucht wurde, diese Gliederung nach Leib, Seele und Geist durchzuführen: Diese Gliederung ist eine Forderung unserer Zeit und der nächsten Zukunft. Dadurch aber, daß man diese Ideen praktisch macht, daß man die Menschheit so ansehen lernt, dadurch ganz allein kann man über die siebenundzwanzig Jahre hinauskommen; sonst bleibt man in den siebenundzwanzig Jahren stecken. Und denken Sie sich die Aussicht: Auf unsere fünfte nachatlantische Zeit wird eine sechste und siebente folgen. In der sechsten wird die allgemeine Menschheit hergeben dasjenige, was in der individuellen Entwickelung der Zeit zwischen dem vierzehnten und einundzwanzigsten Jahre entspricht. Man wird in der Außenwelt, wenn auch noch so gescheite Leute die Erziehung leiten, nicht mehr hereinbekommen als das, was der individuellen Entwickelung bis zum einundzwanzigsten Jahre entspricht. Man wird nicht älter werden können als einundzwanzig Jahre, wenn man da auch nicht stirbt. Und gar im siebenten nachatlantischen Zeitalter wird man nicht über das Alter hinauskommen, das in der individuellen Entwickelung dem vierzehnten Lebensjahre entspricht. Wenn man nicht durch Anfeuerung des Inneren älter wird, so ergreift die Menschheit ein epidemischer Jugendschwachsinn. Wer Augen hat zu sehen und Ohren zu hören, und nicht gedankenlos dahinlebt, der kann, mit solchen Ideen ausgerüstet, schon mancherlei Erscheinungen in der Gegenwart in der richtigen Weise bewerten!

Nehmen wir nur ein Gebiet: Wohin hat es unsere Gegenwart gebracht in der Auffassung, sagen wir des Christus-Impulses? Wie viele

Menschen sind doch dem Gedanken des Barrès recht nahe, daß die großzügige Weltanschauung des Heilands durch die Kirche den Bedürfnissen der modernen Gesellschaft angepaßt ist, daß man gerade deshalb mit den Kirchen so gut auskommen könne? Wer bemüht sich denn – vielleicht noch einzelne, gewiß, aber im allgemeinen –, wer bemüht sich denn wirklich, auferstehen zu lassen dasjenige aus den Evangelien, was der Christus entgegengesetzt hat dem anderen, dem er vor allen Dingen entgegenzutreten hatte? Die bedeutungsvollsten, tiefsten Dinge des Christentums, wie werden sie denn heute verstanden? Ich will nur erinnern an eine Zentralidee des Christentums: das Kommen der Reiche der Himmel. Selbst *Blavatsky* hat darüber gespottet, daß vorausgesagt worden sei, die Reiche der Himmel würden kommen, und in der Zeit, in der sie hätten kommen sollen, hätte doch nicht mehr Weizen geblüht als früher, die Trauben wären nicht größer geworden, kurz, das Himmelreich wäre nicht auf die Erde gekommen.

Man dünkt sich gescheit; aber aus dieser Gescheitheit kommt eben nichts anderes heraus als diese Beurteilung, und diese Gescheitheit läßt nicht zu die tiefere Frage: Könnte nicht vielleicht der Christus etwas anderes gemeint haben? – Man erkennt heute schon den Christus an, aber so, daß man vor allen Dingen will, daß die eigenen Ideen, gerade so, wie man sie selber gefaßt hat, auch beim Christus leben. Der Sozialist macht einen braven Sozialisten aus ihm, der Liberale einen Liberalen, der Protestantenvereinler einen Vorstand des Protestantenvereins und so weiter. Ein moderner Schultheologe konstruiert ihn sich so wie Professor *Harnack,* und die Leute hören zu, wie der Professor Harnack über die wichtigsten Begriffe des Christus Jesus spricht. Da passierte es einmal, daß ich einen Vortrag zu halten hatte in einem Verein, dessen Vorsitzender ein in der Bibel und auch in der modernen Theologie gut beschlagener Mann war. Ich sagte im Verlaufe dieses Vortrags, daß der gute Harnack eigentlich einen merkwürdigen Auferstehungsbegriff habe, denn in seinem «Wesen des Christentums» stünde der merkwürdige Satz: Was auch im Garten von Gethsemane vorgegangen sein mag, darüber können wir heute nicht mehr urteilen, weil das die menschliche Erkenntnis übersteigt, und auch die berechtigten Anforderungen des Glaubens übersteigt. Aber vom Garten in Gethsemane ist ausgegangen der Auferstehungsglaube, und dieser ist der Menschheit besonders wert geworden. – Ob es wahr ist, daß der Christus irgendwie auferstanden ist, darauf kommt es nicht an! Glauben soll man, daß von dem Garten in Gethsemane der Glaube ausgegangen ist. – Das ist Harnacksche Lehre. Derjenige, welcher der Vorsitzende war des Vereines, sagte: Sie haben sich geirrt, denn da wäre Harnack geradezu Katholik – der Betreffende fühlte sich so recht protestantisch erhaben –, es wäre ja dann wie bei den Katholiken, die sagen: Woher das Stückchen Kleid rührt, das man als Heiligenrock von Trier anbetet, oder woher irgendwelche Knöchelchen stammen, darauf kommt es nicht an, es kommt nur darauf an, daß sich der Glaube verbreitet hat, daß diese Dinge von einem bestimmten Heiligen herrühren. Das aber ist katholisch – meinte der Betreffende –, an so etwas können wir selbstverständlich nicht glauben. Und das wäre ja dann ganz gleich, wenn Harnack sagt, es käme nicht darauf an, ob es wahr ist, daß der Christus irgendwie auferstanden ist, sondern darauf, daß man glaubt, daß von dem Garten Gethsemane der Glaube ausgegangen ist. Also, sagte er zu mir, Sie haben sich sicher geirrt. – Da sagte ich: Ja, wissen Sie, das steht aber im «Wesen des Christentums». – Nein, antwortete er, das kann nicht drinstehen. Haben Sie es gelesen? – Oh, oftmals, sagte ich, ich werde Ihnen morgen auf einer Karte Seite und Zeile aus dem Buche «Das Wesen des Christentums» mitteilen, wo das steht.

Der Mann, der so gut die Theologie kannte und bibelbeschlagen war, konnte also nicht so genau lesen, daß er das wußte, was im Buche steht. Es steht aber darinnen. So ist es um das heutige Denken beschaffen. Mit diesem heutigen Denken hat es auf allen Gebieten eine recht merkwürdige Bewandtnis, besonders wenn man sich bemüht, es so recht populär zu machen.

Aber nicht allein die Theologen erweisen sich als sündhaft, auch die Naturforscher. Da gibt es ein Büchlein «Die Mechanik des Geisteslebens». Ich weiß nicht, ob es auch schon ein Buch gibt über die Hölzernheit des Eisens. Der Verfasser trägt den Namen – ich schätze ihn sonst, wie viele, die ich angreife – *Verworn.* Er behandelt in diesem Büchelchen auch den Traum und macht geltend, daß beim Traum ein herabgestimmtes, abgelähmtes Gehirnleben stattfindet, daß das Gehirnleben nur teilweise tätig ist. Wenn jemand mit einer Stecknadel kleine Stöße gegen die Fensterscheibe ausführt, sagt Verworn, können wir träumen, daß nacheinander Kanonenschüsse losgehen. – Das ist ein bekannter Traum. Das sagt Verworn oben; dann sagt er einiges dazwischen, und zum Schluß sagt er auf derselben Seite weiter unten: Der Traum trägt seinen eigentümlichen Charakter, weil das Gehirn in seiner Tätigkeit herabgestimmt ist. – Nun denken Sie sich die Gescheitheit: Wenn wir das volle Gehirn haben, dann hören wir die leisen Antupfungen, die leisen Stöße der Stecknadel; wenn das Gehirn herabgestimmt ist, weniger tätig ist, dann hören wir den Kanonendonner. – Das ist eine Erklärung, die hingenommen wird, wie manches von *Freud,* und wohlgefällig hingenommen wird, weil ein paar Zeilen dazwischen stehen.

Das liegt aber überhaupt unserer Zeit zugrunde: Der Wille, mit dem Denken wirklich durchzugehen durch das, was an einen herantritt, ist sehr selten in unserer Zeit. Und deshalb ist es gar nicht so besonders unbegreiflich, daß man so etwas, wie das Kommen der «Reiche der Himmel» nicht leicht verstehen will, denn dazu gehört schon einiges. Bis dahin, bis zum Mysterium von Golgatha, kamen ja die Reiche der Himmel an den Menschen wie im Traume heran. Vor der atlantischen Katastrophe nahm man sie sogar mit der Verdauung auf. Aber jetzt mußten sie herabkommen. Sie kamen herab, aber so, daß der Mensch seinen Geist anstrengen mußte, um die Reiche der Himmel zu erfassen. Nicht das ist gemeint, daß die Trauben größer werden, daß die Weizenähren voller werden, sondern daß das Reich mitten unter uns lebt, wir es aber durch die Zubereitung unseres eigenen Geistes um uns herum finden müssen.

Dieses liegt, indem ich es kurz skizziert habe, der grandiosen Auffassung des Christus Jesus zugrunde. Dieses ist allerdings eine Vorstellung, die Energie von unserer Seele fordert, wenn wir uns in sie hineinfühlen wollen. Und so sind viele christliche Vorstellungen. Mit diesen trat der Christus dem Imperium Romanum entgegen, dem Römischen Reich, das im vollen Gegensatz zum Christentum sich ausgebildet hat. Dieses Imperium Romanum, das ins Cäsarentum übergegangen ist, hat durch seine Gewaltherrschaft die alten Mysterien unter seine Botmäßigkeit gebracht. *Augustus* war der erste Cäsar, der wegen seiner äußeren Gewalt in die Mysterien eingeweiht werden mußte. Und seine Nachfolger, *Tiberius, Caligula* und andere, waren in die Mysterien eingeweihte Leute. Sie wandten nur die Mysterienanschauung auf das äußere Reich der Welt an, nicht trugen sie, wie die ägyptischen Tempelpriester, das Reich des Geistes herein in das Reich der Welt. *Commodus* hat sich sogar zum Initiator machen lassen, und als er einen anderen, den er zu initiieren hatte, initiierte, soll er ihm, symbolisch, einen so starken Schlag gegeben haben, daß er ihn erschlagen hat.

Da standen sich also gegenüber zwei mächtige Gegensätze: das Imperium Romanum und das Christentum. Dieser Gegensatz muß seine Ausgleichung finden. Er hat sie bis heute noch nicht gefunden. Wir müssen fähig werden, den Geist anzuerkennen, den Geist auch in das Leben einzuführen. Nur soviel will ich über diesen Punkt sagen, denn in unserem Denken, in unserem Empfinden lebt vielfach dasjenige fort, was in die Menschen eingezogen ist als die Logik, die Art des Denkens und Fühlens, wie sie im Römischen Reich herrschend war. Unsere Gymnasiasten lernten als erstes lateinisch und damit die Denkweise des Imperium Romanum, die sich fortgepflanzt hat. Man weiß nicht, wieviel von dem an dem innersten Grundnerv unseres Lebens ist, man weiß heute noch nicht den Geistesweg zu dem Christus im richtigen Sinne zu suchen und zu finden. Dieser Weg kann aber nur ein solcher sein, der den Willen zum Denken hat, der besonders zurückgegangen ist in unserer Zeit, man kann sagen, die Intelligenz eigentlich. Unsere auf die Intelligenz so stolze Zeit entbehrt eigentlich der Intelligenz, weil sie der Gewissenhaftigkeit entbehrt auf dem Boden des Denkens.

Ein viel gelesenes Büchelchen, das über das «Christentum im Weltanschauungskampfe der Gegenwart» handelt, gibt Vorträge wieder, die vor Tausenden und aber Tausenden von Menschen gehalten worden sind von einem sehr führenden Geist der Gegenwart, der selbstverständlich Philosophie, Theologie durchaus studiert hat. Da werden Ideen entwickelt – es ist zum die Wände hinaufkriechen! Zuletzt stolpert man noch über den schönen Satz, schon *Goethe* habe ja gesagt:

Ins Innre der Natur
Dringt kein erschaffner Geist,

Glückselig, wem sie nur
Die äußre Schale weist!

Dahin müßten wir eigentlich kommen, so etwas anzuerkennen! So gut kennt der Mann seinen Goethe, daß er diesen Hallerschen Ausspruch zitiert als einen Goetheschen, trotzdem Goethe dazu gesagt hat:

Ich fluche drauf, aber verstohlen.
Natur hat weder Kern noch Schale,
Alles ist sie mit einem Male.
Dich prüfe du nur allermeist,
Ob du Kern oder Schale seist.

So wird den Menschen heute aufgeschwatzt als Goethesche Anschauung, worüber Goethe selber sagte: «Ich fluche drauf»! Aber die Leute hören es willig an, das ist das allgemeine Denken der heutigen Zeit. Es nützt nichts, daß man wollüstig aufblickt zu gewissen Ideen, die aus der Geisteswissenschaft kommen. Diese Ideen müssen in das seelische Leben voll eingehen, dann begründet sich die andere Strömung, die spirituelle Strömung, die nicht die heutige Denkweise über die Menschheit kommen läßt, sondern die Menschen individuell sich entwickeln läßt, so daß sie in die allgemeine Entwickelung dasjenige hineintragen können, das sich nun herauslösen kann aus dem, was von selbst da ist. Aber vieles wird noch kommen müssen, bevor solche Dinge im richtigen konkreten Sinne erfaßt werden, so erfaßt werden, daß wirklich wirklichkeitsgetragenes Denken die Menschen erreicht.

Es ist ein sehr schönes Buch erschienen: «Der Staat als Lebensform» von *Kjellén,* dem berühmten schwedischen Staatswissenschafter. Ich führe ihn aus dem Grunde an, weil er ein Mann ist, welcher gerade mit großem Wohlwollen unserer Sache, meiner Sache entgegengekommen ist, so daß man nicht glauben darf, daß ich irgendwelche Rankünen habe. Aber gerade deshalb darf ich ihn als charakteristisch anführen für gewisse Arten des Lebens.

Er versucht in diesem Buch, Ideen über den Staat zu gewinnen, die aus mancherlei Irrtümern hinausführen können. Er kommt natürlich zurück auf die Idee von dem Staat als Organismus. Er ist weiter als *Wilson*. Wilson hat seinerzeit sehr scharf getadelt, daß zu Newtons Zeit die Menschen nicht selbständig über den Staat nachgedacht haben, sondern sich von der Schwerkraftslehre so haben beeinflussen lassen, daß sie die verschiedenen Impulse beim menschlichen Denken nach der abstrakten Schwerkraft beurteilten. Man müsse über den Staat so denken wie über einen Organismus. Dabei merkt er nicht, daß die Leute Newtonisch dachten und er darwinistisch. Kjellén denkt auch, der Staat sei ein Organismus; die einzelnen Menschen sind dann die Zellen. Nun gewiß, man kann ein Ganzes, das in sich Lebensregungen hat, mit einem Organismus vergleichen und seine Teile mit Zellen. Aber vergleichen kann man eigentlich alles, wenn die Ideen nicht willig sind, in die Wirklichkeit unterzutauchen, schließlich auch eine Eidechse mit einem Taschenmesser. Vergleichen läßt sich alles. Erst wenn man Sinn für Wirklichkeit hat, dann führt der Vergleich von selber auf das Richtige. Dieser Vergleich bei Kjellén würde dahin führen, den einen Staat als Organismus, und den zweiten als angrenzenden Organismus aufzufassen. Wer wirklichkeitsgemäß denken kann, kann aber die Menschen ganz unmöglich als Zellen denken. Der Vergleich könnte gelten, wenn man das Ganze der Staaten mit einem Organismus vergleicht, und die einzelnen Staaten als Zellen; dann aber geht der ganze Mensch nicht auf in dem Staat. Es läßt sich dann nur das soziale Leben über die ganze Erde hin mit dem Organismus vergleichen. Wollte man aber den Menschen jetzt einfügen, da würde das so ausschauen: Stellen wir uns einen Organismus vor, so müßten die Zellen überall herausstechen. Eine merkwürdige Art von Igel käme da heraus. Nur wenn das so wäre, ein Organismus, wo überall Lebendiges herauskäme, dann wäre das ein solcher Organismus, mit dem wir das ganze soziale Leben auf der Erde vergleichen können.

Das heißt aber: Das gesamte Leben des Menschen kann überhaupt nicht in der staatlichen Ordnung aufgehen. Es muß überall herausragen in das Geistige hinein aus dem, was der Staat zu umfassen vermag. Das vergißt man im Praktischen heute allzusehr auf allen Gebieten, und man könnte Einrichtung über Einrichtung anführen, die beweisen würde, wie man das vergißt, wie man vergißt, neben dem äußeren, nach dem Modell des Imperium Romanum Aufgerichteten, das Reich des Geistes, das der Christus bringen wollte, über die Erde hin aufzurichten. Es war sehr nötig, diesen Gedanken in seinem vollen Ernst zu würdigen.

Wissen Sie, wo es auf das Konkrete geht, da reicht gewöhnlich das Denken nicht hinein. Denken Sie, wie in der letzten Zeit alles danach getrachtet hat, die Autonomie der gelehrten Bildung zurückzudrängen in der Form, daß man all die Dinge, die an den gelehrten Anstalten hängen, zurückgedrängt hat und das Staatsprinzip darübergestellt hat. Heute muß schon ein Mediziner, damit er überhaupt Mediziner werden kann, die Staatsprüfung vorher ablegen, dann kann er den medizinischen Doktortitel wie eine Art Dekoration erhalten. Die Autonomie der Geistesanstalt als solcher ist vollständig zurückgedrängt. Viele Beispiele könnten wir anführen, wo ein wahrer Enthusiasmus herrscht, sich in dieser Richtung zu bewegen. Die Leute können sich nicht genug tun, alle Titel zu verstaatlichen. Ingenieur hat man zusammengebracht mit «ingenium». Jetzt bestrebt man sich nicht mehr, das zu tun, sondern man strebt nach dem Diplom. Wenn darauf steht, daß man Ingenieur ist, dann darf man sich so nennen; sonst hilft das Ingenium nichts. Dies liegt in der Richtung, die abführt von einer geistigen Auffassung der Welt. Daran denken die Menschen nicht. Sie sind im Gegenteil begeistert für diesen Kampf gegen den Geist auf allen Gebieten. Man müßte schon, um das bemerklich zu machen, weil man heute so gern auf Worte schwört, vielleicht ein neues Wort erfinden und sagen: Die Menschen sind «beleibert» für die Entgeistigung. Dann würden vielleicht einzelne anfangen, doch ein bißchen aufzupassen auf das, was die Richtung ist, die man einschlägt! Aber daß man nicht aufpaßt, das ist ja gerade der Beweis für die Gedankenlosigkeit des Lebens, für den Haß, den man geradezu gegen den Willen zum Denken hat.

Da sehen Sie, wie es notwendig ist, Geisteswissenschaft schon wirklich einzuführen in das alleralltäglichste Leben. Sie ist eine ernste Sache, diese Geisteswissenschaft. Deshalb mußte schon neben dem Bedeutsamen von gestern auch das unmittelbar Aktuelle erwähnt werden. Denn es darf nicht dasjenige, was Geisteswissenschaft will, dadurch beeinträchtigt werden, daß es verphilistert und vercliquiert wird, daß durch die Anthroposophische Gesellschaft Hemmnisse über Hemmnisse geschaffen werden für das, was Geisteswissenschaft will. Bei vernünftigen Leuten wird man natürlich immer wieder Verständnis dafür finden, daß ja in die Anthroposophische Gesellschaft gerade die Menschen hereinkommen, die in irgendeiner Weise in Zwiespalt gekommen sind mit dem Leben, und zwar so stark, daß sie das Gleichgewicht verloren haben. Immer entsteht dann die Frage: Will man diesen Menschen entgegenkommen, oder hart sein? – Es verwandeln sich dann manchmal solche Menschen so, daß sie noch mehr das Gleichgewicht verlieren, oder sie verwandeln sich so, daß sie nachher Dinge erzählen, wie sie jetzt erzählt werden, die geeignet sind, eine heilige Sache in den Tratsch, in die Verleumdung, in die Verunglimpfung einmünden zu lassen. Wenn es als ungerecht befunden worden ist, was ich gestern gesagt habe: Daß man im Grunde genommen wenig gibt auf das, was ich sage –, dann ist das natürlich das gute Recht des einzelnen. Ich habe auch nur gesagt: Draußen spricht man von «blinden Anhängern». Für die Lehre braucht man dies nicht, denn sie kann geprüft werden. Nur für manche Dinge, die sich auf Einrichtungen beziehen, ist manchmal Vertrauen notwendig. Aber gerade in solchen Dingen geschieht gewöhnlich das Gegenteil von dem, was ich selber meine. Und so kann das ungerecht empfunden werden, was ich gestern als notwendige Maßregel hingestellt habe. Aber diese Maßregel wird schon aufrechterhalten werden, trotzdem andererseits dafür gesorgt werden wird, daß derjenige eine esoterische Entwickelung durchmachen kann, der sie energisch durchmachen will. Lassen wir uns nur ein wenig Zeit. Wie viele Dinge werden gerade durch jene Wirtschaft in der Anthroposophischen Gesellschaft sich zur Offenbarung bringen, wieviel wird gerade dadurch dem Mißverständnis, der Verleumdung der Welt preisgegeben! Menschen, die ganz gut wissen, wieviel Zeit manches in Anspruch genommen hat, sie werden sich überzeugen, daß Bücher, die nicht erschienen sind, erscheinen werden, wenn diese Maßregel einige Zeit durchgeführt sein wird. Seinerzeit ist mir abgerungen worden der Druck der Zyklen, den ich nicht durchsehen kann. Mein Wille war es nicht; der Wille anderer war es, die sie lesen wollen. Gewiß, man braucht nicht auf seinem Willen zu verharren, es ist nachgegeben worden; aber Sie können die Vorwürfe lesen, die gemacht werden, indem gesagt wird, es wäre ein Trick, und in den Zyklen herrsche ein Stil, den man nur tadeln müsse. Alles wird zuletzt verkehrt durch den bösen Willen. Aber, meine lieben Freunde, wenn Geisteswissenschaft im rechten Verhältnis zur Anthroposophischen Gesellschaft stehen soll, dann muß sich die Anthroposophische Gesellschaft auch verbunden fühlen mit dem Leben der Geisteswissenschaft als solcher. Wie viele fühlen sich aber nur verbunden mit ihrem eigenen, persönlichen Leben!

Es gibt ja wirklich in der Anthroposophischen Gesellschaft, hat immer gegeben zahlreiche Menschen, die es in der einen oder anderen Form einfach ausgesprochen haben, daß sie eigentlich nur in die Anthroposophische Gesellschaft hereinkommen, um dieses oder jenes Esoterische mit mir besprechen zu können, und die es ablehnen, Menschen Vertrauen entgegenzubringen, denen ich selber Vertrauen entgegenbringe. In dieser Beziehung wird ja besonders Schlimmes erlebt. Das nützt gar nichts, daß ich dem oder jenem Freunde in der Gesellschaft da oder dort Vertrauen entgegenbringe; man will den betreffenden Menschen nicht, und man sucht über ihn hinwegzugehen. Nun, diese Dinge haben alle ihren Ursprung darin, daß so viel, so unzähliges Persönliche hineingetragen wird in diese Anthroposophische Gesellschaft. Wissen Sie, welches Wort ich bei den sogenannten esoterischen Besprechungen wirklich am öftesten gehört habe? Glauben Sie nicht, daß ich am öftesten habe reden hören über solche Angelegenheiten, wie Freiheit, Gleichheit, Menschheitsentwickelung und so weiter. Am meisten habe ich gehört das Wort «Ich» von jedem einzelnen. Mit ihren allerpersönlichsten Angelegenheiten kommen da die Menschen. Dem wurde auch mit Freuden Rechnung getragen, aber es geht eben nicht weiter, aus den gestern angegebenen Gründen. Und das muß verstanden werden.

Ich weiß, am besten wird es gerade bei denjenigen verstanden, welche wirklich hingebungsvoll und verständnisvoll mit der anthroposophischen Entwickelung mitarbeiten, welche in der anthroposophischen Entwickelung eine Menschheitsaufgabe zu sehen vermögen, welche nicht bloß eine Erleichterung ihrer Familienangelegenheiten oder sonstiger persönlicher Angelegenheiten durch ihre Zugehörigkeit zur Anthroposophischen Gesellschaft suchen, welche nicht bloß ein vor dem Gesetz unerlaubtes Hintertürchen suchen, weil sie sich immerfort zurückziehen würden, wenn es sich darum handelte, öffentlich zu bekämpfen das materialistische Ärztewesen; aber ein Hintertürchen suchen sie, um kuriert zu werden, abgesehen von diesem materialistischen Ärztewesen! – Es ist auf keinem anderen Wege mehr möglich, all den Dingen, die als Schäden aus der Gesellschaft zur Schädigung der anthroposophischen Bewegung hervorgegangen sind, entgegenzutreten, als durch diese Maßregeln, von denen ich gestern gesprochen habe, und von denen sicherlich für die nächste Zeit nicht abgegangen werden wird. Nur dadurch wird man wirklich dasjenige bekämpfen können, was sich so furchtbar eingenistet hat. Die Anthroposophische Gesellschaft wird gerade dadurch immer besser und besser gedeihen können. Und auch das esoterische Leben – dafür werde ich sorgen – wird gerade dadurch immer besser und besser gedeihen können. Jenen Erfindungen – und darauf kommt es an –, auf die ich gestern hingedeutet habe, denen wird vielleicht doch noch einigermaßen der Boden entzogen werden können, wenn nur die gestern erwähnte, aus zwei Teilen bestehende Maßregel energisch durchgeführt wird. Verstehen Sie dies, denn mit diesem Verständnis zeigen Sie Verständnis für die Eigenart und Aufgabe der anthroposophischen Bewegung. Draußen sind heute genug Leute, die sich nicht fähig fühlen, Anthroposophie, wie sie hier gemeint ist, [sachlich] zu bekämpfen. Das ist ihnen auch zu unbequem, das macht ja notwendig, daß man die Anthroposophie erst kennt. Das ist eine unbequeme Sache für viele, die sie bekämpfen wollen. Aber sich zutragen lassen Verleumdungen und Verunglimpfungen und diese verbreiten, das gibt ein Mittel, um Anthroposophie zu bekämpfen, ohne daß man sie versteht. Denn unsere Zeitgenossen sind ja recht sehr zugänglich für Verleumdungen und Verunglimpfungen. Nichts liest man so gerne als Verleumdungen und Verunglimpfungen. Fassen wir die Aufgabe der Anthroposophie ernsthaft, fassen wir den Ernst der Lage auf, dann werden wir auch mit dieser Maßregel zurechtkommen. In diesem Sinne wollen wir schließen. Hoffentlich bleiben wir, arbeitend in der entsprechenden Weise mit unseren Kräften, zusammen.

NEUNTER VORTRAG

München, 14. Februar 1918

Bevor ich zu dem Gegenstand unserer heutigen Betrachtung übergehe, ist es mir ein Herzensbedürfnis, in meinem persönlichen und im Namen unserer Sache meine tiefste Befriedigung darüber auszusprechen, daß die Räumlichkeiten, in denen wir uns heute hier zusammenfinden, einem Ziel, einer Arbeit, einer Bestrebung hier in München dienen können, die in so außerordentlich segensreicher Weise zu wirken verspricht, zu wirken auch schon begonnen hat, und von der wir uns denken müssen, daß sie bedeutende Impulse senden kann in das Geistesleben unserer Zeit.

Übergehend zu dem Gegenstand unserer Betrachtung, möchte ich, insbesondere in dieser Zeit, bei dieser Gelegenheit, nicht unterlassen, darauf hinzuweisen, daß demjenigen, der sich für die Bestrebungen unserer anthroposophisch orientierten Geisteswissenschaft wirklich herzlich interessiert, naheliegen muß in dieser Zeit schwerster Menschheitsprüfung, nachzusinnen über die Beziehungen, welche bestehen zwischen der Tatsache, daß gerade in dieser Zeit vom Beginne des 20. Jahrhunderts an, diese geisteswissenschaftliche Richtung versuchte, ihre Impulse in die Menschheitsentwickelung hineinzusenden, und der anderen Tatsache, daß die Menschheit in der Gegenwart mit ihren anderen Bestrebungen, wie man wohl zugeben muß, in katastrophale Ereignisse auf vielen Gebieten hineingekommen ist. In welch katastrophalen Ereignissen die Menschheit darinnen ist, davon macht man sich heute in den weitesten Kreisen noch nicht einen genügend schweren und eindrucksvollen Begriff. Man ist ja heute vielfach gewohnt, ohne den Geist leben zu wollen. Ohne den Geist leben zu wollen, heißt aber im Grunde genommen doch oberflächlich leben, und oberflächlich leben bedingt auf der anderen Seite, daß man vieles verschläft, was im besonderen Eindruck macht aus den Ereignissen, die um uns herum sind. Und man muß schon sagen, die Menschen in der Gegenwart sind besonders darauf hinorganisiert, vieles zu verschlafen. Die wenigsten suchen sich einen hinlänglichen Begriff von der Schwere und Eindringlichkeit der Gegenwartsereignisse zu machen. Die meisten leben von heute auf morgen. Und wenn man je einmal den Versuch macht, von einer Zeit zu sprechen, die später kommen könnte, dann weisen das die Menschen, und oftmals gerade diejenigen, auf die mancherlei ankommt, in der heftigsten Weise zurück. Wenn Geisteswissenschaft unter ihren mancherlei Aufgaben diese erfüllt, die Menschenseele etwas energischer zu machen, etwas aufgewachter zu machen, dann hat sie ja im Grunde genommen gerade für unsere Gegenwart ein Wichtiges erfüllt. Geisteswissenschaftliche Begriffe erfordern eben eine größere Anstrengung des Denkens, eine größere Intensität des Fühlens und Empfindens als andere Begriffe, namentlich als diejenigen, die die Gegenwart eigentlich beherrschen.

Insbesondere in dieser Zeit ist es nicht unwichtig, sich bekanntzumachen gerade mit den aus der Geistesforschung zu gewinnenden Begriffen, die hineinweisen, hineinleiten können in das Verständnis der Gegenwart im weitesten Sinn. Ich will heute einige grundlegende Begriffe entwickeln, auf denen wir dann am nächsten Zweigabend einiges aufbauen können, Begriffe, die geeignet sind, Wichtiges in der Gegenwart zu beleuchten. Heute will ich von allgemeineren Vorstellungen, von mehr das Persönliche des Menschen berührenden Vorstellungen ausgehen, die aber dann, von einem gewissen Gesichtspunkte aus, die Grundlagen für die nächsten Betrachtungen im geisteswissenschaftlichen Sinne uns bieten sollen.

Man muß es ja im Verlaufe der geisteswissenschaftlichen Betrachtungen immer wieder und wiederum betonen, wie ein Wechsel unserer Bewußtseinszustände unser Leben durchzieht zwischen unserer Geburt oder Empfängnis und unserem Tode: der Wechsel zwischen Schlafen und Wachen. Im allgemeinen Sinne, in großen Zügen kennt der Mensch den Unterschied zwischen Schlafen und Wachen; in intimerer Bedeutung kann erst eine geisteswissenschaftliche Anschauung den wahren Unterschied zwischen Schlafen und Wachen vor die menschliche Seele führen. Im gewöhnlichen Leben meint man, man schlafe nur eben vom Einschlafen bis zum Aufwachen, und man sei wach vom Aufwachen bis zum Einschlafen. So ist aber die Sache nur in groben Zügen. In Wahrheit ist diese Grenze, die wir da ziehen zwischen Schlafen und Wachen, durchaus falsch gezogen. Denn der Zustand des dumpfen Bewußtseins, der in vieler Beziehung kein Bewußtsein ist, das, was wir so als Schlafzustand durchmachen, das dehnt sich hinein in unser Tagesleben, darin sind wir mit einem Teil unseres Wesens auch vom Aufwachen bis zum Einschlafen. Wir wachen nämlich vom Aufwachen bis zum Einschlafen keineswegs mit unserem gesamten menschlichen Wesen, sondern wir wachen nur mit einem Teil davon, und ein anderer Teil schläft fort, auch wenn wir uns wachend meinen. Wir sind immer in einer gewissen Beziehung schlafende Menschen. Richtig wach sind wir eigentlich nur mit Bezug auf unser Wahrnehmen und mit Bezug auf unser Vorstellen. Indem wir durch unsere Sinne die Außenwelt wahrnehmen, indem wir hören, sehen und so weiter, sind wir in diesem Hören, Sehen, kurz, in diesem Wahrnehmen wachend; da wachen wir vollständig. Wir sind auch wachend, obwohl in einem geringeren Grade, im Vorstellen. Wenn wir uns Gedanken bilden, wenn Vorstellungen in uns ablaufen, wenn die Erinnerungen heraufziehen aus dunklen Untergründen des Seelenlebens, dann sind wir wach in bezug auf die Vorgänge, die wir da durchleben, also mit Bezug auf die Vorgänge des Wahrgenommenen, des Wahrnehmens, des Vorstellens.

Sie wissen aber, wir haben in unserem Seelenleben außer dem Wahrnehmen und dem Vorstellen noch das Fühlen und das Wollen. Mit Bezug auf das Fühlen sind wir nicht wach, wenn wir uns auch wachend meinen, sondern mit Bezug auf das Fühlen wissen wir von alldem, was in uns vorgeht, wenn wir fühlen, nicht mehr, als was wir wissen, wenn wir im Schlafe träumen. Der Grad, die Intensität des Bewußtseins, in denen wir sind, während wir fühlen, ist ganz gleich dem Grad, der Intensität des Bewußtseins, wenn wir träumen. Und wie die Träume als Bilder heraufsteigen aus unbewußten Untergründen der Seele, so steigen als Gefühlskräfte eben die Gefühle herauf. Nicht wachender sind wir, indem wir fühlen, als indem wir träumen; nur daß wir die Träume, nachdem wir geschlafen haben, in das gewöhnliche wache, vorstellende Bewußtsein hereinbringen und den Traum von dem Wachen dadurch unterscheiden, daß wir uns an den Traum erinnern, während wir beim Gefühl das gleichzeitig machen. Das Gefühl selbst wird geträumt in uns, aber wir begleiten unser Gefühl mit den Vorstellungen. In den Vorstellungen haben wir nicht das Gefühl drinnen, sondern wir schauen von dem Vorstellen auf das Gefühl so hin, wie wir nach dem Aufwachen auf den Traum hinschauen; nur tun wir das beim Gefühl gleichzeitig, daher werden wir dessen nicht bewußt, daß wir eigentlich im wirklichen Bewußtsein nur die Vorstellung des Gefühls haben. Das Gefühl ist unten in den Traumregionen wie der Traum selbst.

Und der Wille selber, Sie können es schon rein äußerlich erkennen: Was wissen Sie von dem, was eigentlich geschieht, wenn Sie den Entschluß fassen, ein Buch zu ergreifen und die Hand dann dieses Buch ergreift? Was wissen Sie, was sich da abspielt zwischen Ihren Vorstellungen, die Sie allein im Bewußtsein haben: Ich will das Buch ergreifen – und all den geheimnisvollen Vorgängen, die sich dann im Organismus abspielen? Wir kennen das, was wir über das Wollen denken, aber für das gewöhnliche Bewußtsein wissen wir nichts von dem Wollen. Während wir das Gefühl verträumen, verschlafen wir den eigentlichen wesentlichen Inhalt des Wollens. Indem wir wahrnehmender, vorstellender Mensch sind, wachen wir; indem wir aber während des Wachens fühlen und wollen, träumen und schlafen wir. So dehnt sich im Fühlen und im Wollen der Schlafzustand in unser wachendes Bewußtsein herein. Wir müssen daher sagen: Der Zustand, in dem wir vom Einschlafen bis zum Aufwachen mit Bezug auf unseren ganzen Menschen sind, eignet uns in bezug auf unser Fühlen und unser Wollen auch, wenn wir wachen.

Durch das Wahrnehmen und durch das Vorstellen lernen wir eine Welt um uns herum erkennen, die wir als die physisch-sinnliche Welt bezeichnen; durch das Fühlen und durch das Wollen lernen wir die Welt, in der wir sind als fühlende und wollende Menschen, nicht kennen. Wir sind fortwährend in einer übersinnlichen Welt. Aus dieser übersinnlichen Welt stammt unser Fühlen und unser Wollen mit Bezug auf ihre Kräfte gerade so, wie unser Wahrnehmen und unser Vorstellen aus der physisch-sinnlichen Welt stammt. Für das Fühlen und für das Wollen haben wir keine körperlichen Organe, für das Wahrnehmen und Vorstellen haben wir körperliche Organe. Daß die Physiologen glauben, es gäbe für Fühlen und Wollen Organe – manche Physiologen, denkende Physiologen, glauben es nicht –, das kommt nur daher, daß sie nicht wissen, wovon sie reden und doch über etwas reden, wovon sie etwas wissen wollen und nichts wissen.

Das, was ich eben beschrieben habe, ist gewissermaßen der gesetzmäßige Zustand, in dem wir leben zwischen der Geburt und dem Tode. Da wachen wir in bezug auf unser Wahrnehmen und Vorstellen, da schlafen wir in bezug auf unser Fühlen, in bezug auf unser Wollen.

Anders ist es zwischen dem Tode und einer neuen Geburt. Da ist es in gewissem Sinne umgekehrt, da beginnen wir zu wachen in bezug auf unser Fühlen und unser Wollen. Und in einer gewissen Beziehung verschlafen wir dann – obwohl der Schlaf ein anderer Zustand ist in der Welt, in der wir dann mit unserer Seele leben – unser Wahrnehmen, unser Vorstellen. Aber Sie werden aus dem, was ich jetzt gesagt habe, erkennen können, daß sich die sogenannten Toten von den sogenannten Lebendigen im Grunde genommen nur dadurch unterscheiden, daß der sogenannte Lebendige dasjenige verschläft, in dem der sogenannte Tote eigentlich drinnensteht. Der sogenannte Lebendige verschläft das Fühlen und das Wollen, das fortwährend durch sein Wesen strömt; der Tote steht in diesem Fühlen und Wollen drinnen. Nicht schwer wird es Ihnen sein, zu verstehen, daß in derselben Welt, in der wir sind als sogenannte Lebende, auch die Toten sind. Wir sind von ihnen nicht anders getrennt als dadurch, daß wir die Welt, in der sie sind, in der sie leben und weben, nicht wahrnehmen. Immer sind um uns diejenigen, die tot sind, immer sind um uns diejenigen Wesen, die da leben, ohne daß sie es zu einer physischen Inkarnation gebracht haben. Wir nehmen sie nur nicht wahr. Sie brauchen sich nur die Vorstellung zu bilden eines im Zimmer schlafenden Menschen: die Gegenstände sind um ihn herum, er nimmt sie nicht wahr. Daß irgendetwas nicht wahrgenommen wird, ist ja kein Beweis dafür, daß es nicht da ist. Es sagt überhaupt gar nichts darüber aus, ob es um uns da ist oder nicht. In der Tat sind wir mit Bezug auf die Welt der Toten ganz in derselben Lage, in der wir mit Bezug auf die physischen Wesen sind, wenn wir schlafen. Wir leben in derselben Welt, in der die Toten und in der die übergeordneten Reiche der höheren Hierarchien sind; sie sind mitten unter uns, wir sind nur durch unsere Art des Bewußtseins von ihnen getrennt.

Dann aber ist die Sache doch so, daß der Mensch gewissermaßen nur einen Teil derjenigen Wirklichkeit wahrnimmt, nur einen Teil derjenigen Wirklichkeit auffaßt, in der er eigentlich drinnen ist. Wenn der Mensch die volle Wirklichkeit auffassen würde, dann würde selbstverständlich sein Wissen ganz anders aussehen, als es jetzt aussieht. Aber innerhalb dieses Wissens würden nicht nur die Kräfte sein, die aus den uns bekannten Naturreichen kommen, sondern innerhalb dieses Wissens würden auch die Kräfte von höheren geistigen Wesenheiten liegen und auch die aus dem Reiche der sogenannten Toten. Dies ist heute noch für die weitesten Kreise der Menschheit eine groteske Sache. Dies muß für weitere Kreise der Menschheit, insbesondere für diejenigen, die sich zu interessieren haben für Entwickelung und Fortgang des Menschenlebens, eine Sache werden, die erkenntnismäßig durchdrungen wird. Denn bis in unsere Zeit herein war der Mensch mehr oder weniger von dunklen, unbekannten Kräften geführt mit Bezug auf all dasjenige, was er nicht wahrnehmen kann in seiner Umgebung. Diese Führung durch dunkle, unbekannte Kräfte – wir werden davon noch zu sprechen haben am nächsten Zweigabend –, die hat in unserer Zeit mehr oder weniger aufgehört. Der Mensch muß in unserer Zeit in bewußter Art sich in Verbindung setzen mit gewissen Kräften, die aus jenem Reiche hereinragen in das unsere, in dem auch die sogenannten Toten sind. Es wird allerdings einige Schwierigkeiten machen, solche Dinge zu dem Bewußtseinsgrade der Menschheit zu bringen, der erforderlich ist, wenn anstelle mancher Phantastik, manches Ungenügenden, das die Gegenwart durchschwirrt und sie so katastrophal gestaltet hat, das Wirkliche, das Wahre treten soll. Ich will in dieser Richtung nur auf einen einzigen Punkt, auf eine einzige Sache einleitungsweise aufmerksam machen.

Unter mancherlei Betrachtungen, die man als sogenannte «wissenschaftliche» anstellt, befinden sich auch historische. Geschichte zum Beispiel wird gelehrt und gelernt in den Schulen. Aber was ist diese Geschichte? Geschichtswissenschaft ist ja – der Kundige weiß das – nicht viel älter als etwas über hundert Jahre. Wer die Literatur früherer Zeiten kennt, der weiß, daß das, was man jetzt Geschichtswissenschaft nennt, nicht viel älter ist. Darauf will ich nicht weiter eingehen.

Aber das, was jetzt Geschichte ist, das wird aufgefaßt von den Menschen, begründet von den Menschen mit denselben Vorstellungen, mit denselben Begriffen, die man im äußeren gewöhnlichen Leben hat, mit denselben Begriffen, die man anwenden kann, wenn man die Natur betrachtet. Und niemand frägt sich, ob es denn eigentlich angehe, das geschichtliche Leben auch so zu betrachten, wie man die äußere Natur betrachtet. Das geht nämlich nicht an. Denn in dem geschichtlichen Leben der Menschheit walten Impulse, die nicht erfaßt werden können mit den Vorstellungen, die wir in unserem wachen Bewußtsein haben. Aber wer Geschichte wirklich betrachten kann, der weiß, daß wir von solchen Impulsen im geschichtlichen Leben beherrscht werden, die für das gewöhnliche Bewußtsein nur dem Traumzustand zugänglich sind, höchstens dem Traumzustand. Das, was als Geschichte verfließt, verträumt die Menschheit. Geradeso wie die Menschheit ihr Gefühlsleben verträumt, so verträumt sie auch, was Geschichtsimpulse sind. Und will man mit den gewöhnlichen, für die Naturwissenschaft sehr guten Begriffen das geschichtliche Leben der Menschheit betrachten, so kann man es nicht erfassen. Man betrachtet es nur an seiner Oberfläche. Was ist das, was in den Schulen gelehrt und gelernt wird als Geschichte? Es ist nicht mehr in bezug auf die wirkliche Geschichte, als wenn Sie einen Leichnam betrachten, und das, was Sie beschreiben können an dem Leichnam, für die Beschreibung des Menschen halten. Leichnambetrachtung ist die ganze Geschichte, wie sie heute üblich ist. Die Geschichte muß die gründlichste Umgestaltung erfahren. Und dasjenige, was in der Geschichte waltet, wird man in der Zukunft nur mit Inspiration, mit inspirierten Begriffen erfassen können. Dann wird man eine wahre Geschichte haben. Dann wird man wissen, was in der Menschheit waltet, wird auch wissen, was aus dem geschichtlichen Leben in das soziale Leben hereinwirkt.

Das, was ich damit sage, hat eigentlich eine tiefgehende Bedeutung. Die Menschen glauben, das sozialgeschichtliche Leben zu verstehen. Sie verstehen es nicht, weil sie es nur auffassen wollen mit den gewöhnlichen Vorstellungen des wachen Tageslebens. Das zeigt sich natürlich nicht, wenn man Geschichte schreibt, denn da kommt nicht viel darauf an, ob man das Richtige trifft. Man könnte an naheliegenden Beispielen zeigen, daß nicht viel darauf ankommt! Nun, ich will solch ein naheliegendes Beispiel einmal vorbringen: Sie lernen in den Geschichtsbüchern gewöhnlich, glaube ich, daß 1492 Amerika entdeckt worden ist. Das ist ja auch der Fall. Aber man bildet sich dann durch das, was in den Geschichtsbüchern so vorkommt, überhaupt in der Geschichte vorkommt, die Vorstellung, daß Amerika früher ganz unbekannt war, so weit man auch zurückgehen mag. Das ist nicht der Fall. Amerika war kaum wenige Jahrhunderte hindurch unbekannt. Noch im 12., 13. Jahrhundert gab es einen lebhaften Verkehr von Island, von Irland nach Amerika hinüber. Insbesondere Heilkräuter und anderes wurde durch den lebhaften Verkehr nach Europa geführt. Und aus gewissen Gründen, die mit dem inneren Karma von Europa, mit der Rolle zusammenhängen, die in früheren Zeiten Irland gespielt hat, geschah es, daß von Rom aus alles getan worden ist, um Europa von Amerika abzuschließen und Amerika geradezu vergessen zu machen. Es war eigentlich das, was dazumal von Rom aus geschah, nicht einmal zu ungunsten der europäischen Verhältnisse; es war gut gemeint mit Europa. Ich will mit diesem Beispiel nur anführen, daß dasjenige, was eine Tatsache ist, noch nicht eine historische Tatsache zu sein braucht, daß man über eine wichtige Sache historisch ganz unwissend sein kann.

Nun, auf der anderen Seite ist es aber bedeutsam, historisch wissend oder historisch unwissend zu sein in bezug auf das soziale, das gesellschaftliche Leben der Menschheit überhaupt. Das ist bedeutsam. Wie oft hört man heute, daß die Leute sagen: Über dieses Ereignis, über jenes Ereignis muß man so oder so denken, denn die Geschichte lehrt dies oder jenes. – Versuchen Sie einmal, sich die heutige, namentlich äußere publizistische Literatur vorzunehmen, so werden Sie sehen, wie oft Sie heute auf die Phrase stoßen: Die Geschichte lehrt dies oder jenes. – Historische Ereignisse, die der Mensch miterlebt, werden zwar zum Teil verschlafen, aber ihnen gegenüber bildet er sich doch ein Urteil, oder läßt es sich einimpfen. Sehr häufig hört man die Phrase, die Geschichte lehre das oder jenes. Und sehr bedeutsame Männer haben im Anfange dieses Krieges etwas darüber gesagt, was die Geschichte lehre. Es war dazumal die ehrliche Überzeugung von sogenannten gescheiten Leuten, daß dieser Krieg höchstens vier bis sechs

Monate dauern könne nach den allgemeinen sozialen und ökonomischen Verhältnissen der Erde. Das haben viele vorausgesagt: höchstens vier bis sechs Monate! Es ist dies geradeso eingetroffen, wie eingetroffen ist, was von einem viel Größeren als eine historische Prophetie ausgesprochen worden ist, aber eben nur als eine historische Prophetie aus gewöhnlichen Vorstellungen des gewöhnlichen Bewußtseins der Menschheit, welche eben Geschichte nicht einfangen können, weil Geschichte höchstens geträumt, zum Teil verschlafen wird und nur mit großen Begriffen erfaßt wird. *Schiller,* als er seine philosophische Jenenser Professur antrat, hielt die weltbekannte Antrittsrede über das Studium der Geschichte. Diese Rede hielt er kurz vor Ausbruch der Französischen Revolution. Da sagte Schiller, also wahrhaftig keine unbedeutende Persönlichkeit, als seine aus der Geschichte geschöpfte Überzeugung – aber er hatte eben auch nur eine mit den gewöhnlichen Vorstellungen aus der Geschichte geschöpfte Überzeugung –, nicht wörtlich, aber dem Sinne nach: Die Geschichte lehrt uns zwar, daß in älteren Zeiten viele Streitigkeiten und Kriege unter den Menschen stattgefunden haben; aber aus alledem, was sich zugetragen hat, können wir entnehmen, daß in der Zukunft die europäischen Völker zwar noch Disharmonien haben werden, daß sie sich aber immer fühlen werden als die Glieder einer großen Familie und sich nicht gegenseitig zerfleischen werden. – So Friedrich von Schiller! Danach ist 1789 die Französische Revolution gekommen. Und was alles im 19. Jahrhundert gekommen ist über die Völkerfamilien von Europa, und was jetzt, so und so viele Jahre nachher, gekommen ist, das alles hat das sogenannte historische Urteil Schillers wahrhaftig in der gründlichsten Weise zunichte gemacht.

Geschichte wird erst dann etwas lehren, wenn man sie mit inspirierten Begriffen wird durchdringen können. Denn in das geschichtliche Leben der Menschheit spielen nicht nur die Lebenden herein, sondern die Seelen der sogenannten Toten, die Geister, mit denen die sogenannten toten Seelen so leben, wie wir mit den Wesenheiten des Tierreiches, des Pflanzenreiches und des Mineralreiches leben. Heute nimmt man das vielfach als Phrase. Aber die Menschheit wird sich gründlich abgewöhnen müssen, der Phrase jene Anerkennung entgegenzubringen, die sie ihr gegenwärtig entgegenbringt. Das wird sie aber nur können, wenn sie wirklichkeitsgesättigte Begriffe, wahre Begriffe sich aneignet. Und ein besonders wichtiger, wahrer Begriff ist eben jener, der uns das Bewußtsein übermittelt, daß wir von den sogenannten Toten nicht getrennt sind durch etwas anderes als durch unser Bewußtsein, das mit Bezug auf die Welt, in der die Toten um uns herum sind, mit Bezug auf unsere Gefühls- und unsere Willenswelt ein schlafendes Bewußtsein ist, so wie sonst das Schlafbewußtsein ist vom Einschlafen bis zum Aufwachen gegenüber den Gegenständen um uns herum. Das hellsichtige Bewußtsein bietet auf Schritt und Tritt die Bestätigung für dasjenige, was ich jetzt in mehr allgemeinen Worten charakterisiert habe.

Aber es kann da doch die Frage auftauchen: Wie kommt es denn, daß der Mensch von der Welt, in der er so eigentlich drinnen lebt, die er mit jedem Schritt seines Lebens durchwandert, nichts weiß? – Ja, sehen Sie, gerade die Art und Weise, wie das hellsichtige Bewußtsein im Konkreten aufklärt über das, was wir den Verkehr mit den sogenannten Toten nennen können, ist der lebendige Beweis dafür, daß für das gewöhnliche Bewußtsein zunächst diese Welt, in der die Toten leben, unbekannt bleiben muß. Ich brauche Ihnen nur einige Züge jenes Verkehrs zu erzählen, der – allerdings bei einer gewissen Entwickelung des hellsichtigen, des schauenden Bewußtseins – mit den sogenannten Toten eintreten kann, dann werden Sie daraus sehen, worauf es beruht, daß man im gewöhnlichen Leben nichts weiß über den Verkehr mit den Toten. Es ist durchaus möglich, wenn es auch nach gewissen Richtungen hin seine bedenkliche Seite hat, daß der Mensch nach einer bestimmten Seite hin sein Bewußtsein so zum Erwachen bringt, daß die Welt der Toten offen ist, daß er die Welt der sogenannten Toten wahrnehmen kann, daß der Mensch mit den einzelnen Toten, wenn ich so sagen darf, zu verkehren in der Lage ist. Dann muß er, wenn er wirklich mit dem Toten sich verständigen will, eine ganz andere Art sich aneignen, im Bewußtsein sich zu verhalten, wenn er zu einem sicheren Verkehr kommen will. Eine ganz andere Art muß er sich aneignen, als die Bewußtseinsart ist, die man hier für die physische Welt hat. Ein paar Züge will ich anführen.

Sehen Sie, wenn man hier in der physischen Welt mit einem anderen Menschen verkehrt, hat man für diesen Verkehr gewisse Gewohnheiten. Wenn ich mit jemandem rede, so bin ich hier für den physischen Plan gewöhnt, daß, wenn ich ihn etwas frage, ihm etwas mitteile, ich dann rede, und ich bin mir bewußt, daß die Rede aus meiner Seele heraus, durch meine Sprachwerkzeuge zu ihm hingeht. Ich bin mir bewußt, daß ich rede. Auch mit Bezug auf die äußere Wahrnehmung bin ich mir dessen bewußt. Und wenn er mir antwortet oder mir etwas mitteilt, dieser andere Mensch hier auf dem physischen Plan, dann vernehme ich seine Worte, dann tönen seine Worte zu mir herüber.

So ist es nicht bei vollbewußtem Verkehr – bei halbbewußtem Verkehr ist es etwas anderes –, mit dem Toten. Da ist es gerade umgekehrt. Und es ist – wenn man sich so ausdrücken darf auf einem solchen Gebiete – so, daß es eben ganz anders ist, als wie man es erwartet. Wenn ich dem Toten gegenüberstehe, dann redet er in seiner Seele dasjenige, was ich ihn frage, oder was ich ihm mitteilen will; das bekomme ich von ihm her gesagt. Dasjenige, was er mir sagt, das tönt aus meiner eigenen Seele herauf.

An das muß man sich gewöhnen. Man muß sich daran gewöhnen, daß dasjenige, was der andere sagt, aus der eigenen Seele herauftönt, und das, was man selber sagt, einem von der geistigen Außenwelt entgegentönt. Das ist so unähnlich alledem, was der Mensch hier gewohnheitsmäßig in der physischen Welt erlebt, daß er gar nicht darauf kommt, irgendwie sich zu einer solchen Sache zu stellen. Denn denken Sie nur einmal: Wenn Sie durch das Leben gehen und bei irgendeiner Gelegenheit etwas aus Ihrer Seele herauftönt, so schreiben Sie es sich ja zu. Der Mensch ist in gewisser Beziehung doch wohl, wie mancher sagt, ein egoistisches Wesen, und er ist nicht leicht geneigt, dasjenige, was aus seiner Seele heraufsteigt, nun nicht seiner Eingebung oder seinem Genie – wie man es nun nennen will – zuzuschreiben. Daß unter dem, was aus unserer Seele aufsteigt, vieles ist, was uns in Wahrheit die Toten sagen, das lernt man erst erkennen im schauenden Bewußtsein. Das Reich der Toten spielt in unseren Willen, spielt in unsere Gefühle fortwährend hinein, steigt fortwährend herauf. Wir schreiben vielleicht irgend etwas, was in uns aufsteigt, einem guten Einfall zu: in Wahrheit ist es die Verständigung mit einem Toten. Und das andere ist ja dem Menschen auch recht ungewöhnlich. Daher gibt er überhaupt auf so etwas nicht acht, ob aus der grauen Geistumgebung heraus, möchte ich sagen, ihm sein kann, wie wenn seine eigenen Gedanken ihn umgäben. Wenn er seinen Gedanken gegenüber so objektiv sein kann, daß sie ihn wie umschwirren, dann versteht der Tote diese Gedanken. Der Mensch steht schon im gewöhnlichen Bewußtsein in Verbindung mit den Toten, doch wird er das nicht gewahr, weil er die Tatsache, die ich eben angeführt habe, nicht auszudeuten in der Lage ist.

Um das einzusehen, muß man allerdings ins Auge fassen, daß wir noch zwei andere Bewußtseinszustände haben außer dem Schlafen und dem Wachen und dem Traume. Zwei andere wichtige Bewußtseinszustände, sogar außerordentlich wichtige Bewußtseinszustände haben wir noch, aber wir beachten sie nicht im gewöhnlichen Leben. Wir beachten sie aus einem gewissen Grunde nicht, der Ihnen einleuchten wird in dem Augenblick, wo ich diese zwei anderen Bewußtseinszustände nenne: Wir haben den Zustand des Einschlafens und den Zustand des Aufwachens. Nur dauern sie nicht lange; sie gehen so rasch vorüber, daß der Mensch sie ihrem Inhalte nach nicht beachtet. Im Momente des Einschlafens und im Momente des Aufwachens gehen die wichtigsten Dinge vor sich. Und lernt man ihrer Wesenheit nach die Momente des Einschlafens und des Aufwachens erkennen, dann bekommt man auch von einem gewissen Gesichtspunkte her rechte Begriffe über das Verhältnis des Menschen zu der Welt, in der auch die Toten mit uns zusammen sind.

Ich sagte: Der Mensch steht eigentlich fortwährend mit der Welt der Toten in Verbindung, und besonders rege ist diese Verbindung im Momente des Einschlafens und im Momente des Aufwachens. Und zwar ist es so, wie das hellsichtige Bewußtsein zeigt, daß im Momente des Einschlafens der Mensch besonders geeignet ist, Fragen an die Toten zu stellen, Mitteilungen den Toten zu bringen und so weiter, eben sich an die Toten zu wenden. Im Momente des Aufwachens ist der Mensch besonders geeignet, Mitteilungen, Botschaften von den Toten zu empfangen. Er bekommt sie rasch, diese Botschaften, er ist dann sogleich aufgewacht. Das, was so vorübergehuscht ist, wird gleich übertönt von dem tumultuarischen Wachsein. In atavistischen Zuständen hat man das vor gar noch nicht langer Zeit bei primitiveren Menschen gewußt und auch angedeutet. Aber selbst in primitiveren Gegenden gehen solche Dinge nach und nach unter dem Einflusse unserer materialistischen Kultur zugrunde. Wer bei unseren alten Leuten in Bauerngegenden aufgewachsen ist, der weiß, daß eine Grundregel der Leute war, man solle morgens, wenn man aufwacht, möglichst ein bißchen stille bleiben, nicht gleich ins durchleuchtete Fenster schauen, nicht ins Licht schauen, weil die Leute das, was aus dem Schlafe nachwirkt, was namentlich im Aufwachen an die Seele herantrat, sich nicht übertönen lassen wollten durch das stürmische Wachwerden. Der primitive Mensch wollte noch etwas im dunkeln Zimmer ruhig liegen, wollte nicht zum Fenster hinausschauen, wenn er aufgewacht war.

Nun gehört allerdings schon etwas dazu, obwohl es nicht allzu schwierig ist, es wahrzunehmen, daß mit dem Momente des Aufwachens und des Einschlafens etwas Besonderes verbunden ist. Um auf solche Dinge achten zu können, dazu gehört, wenn ich so sagen darf, eine gewisse Wachsamkeit des Denkens, eine Eigenschaft, die zu keiner Zeit so wenig vorhanden war wie zu unserer Zeit. Man könnte groteske Beispiele anführen, wie es mit der Wachsamkeit des Denkens ist. Banale Beispiele, die das alltägliche Leben durchziehen, man kann sie gewissermaßen auf der Straße finden. Ich will ein ganz banales Beispiel anführen.

Vor einigen Tagen fiel mein Blick auf eine Annonce, die so ziemlich ein Achtel des Blattraumes einer großen Zeitung ausfüllte, eine Annonce, von der ich aber gesehen habe, daß sie sehr verbreitet ist. Sie behandelte eine reklamehafte Anpreisung einer sehr weit verbreiteten Gedächtnislehre: *Pöhlmann*, oder so etwa heißt es. Es wird ja viel Reklame gemacht. Diese Annonce begann etwa in der folgenden Weise: Sie wolle anzeigen, daß man nicht Einfluß gewinnen könne auf andere Menschen, wenn man sich nicht der Methode des Herrn Pöhlmann bediene, sondern einer anderen Methode. – Ich spreche jetzt nicht über die Erlaubtheit oder Unerlaubtheit, über Recht oder Unrecht von «Einflußgewinnen» und so weiter, das geht uns hier nichts an, aber ich spreche über das, was in formaler Beziehung über die Sache gesagt wird in der Annonce. Da stand also: Gewisse Leute geben vor, durch Pflege des persönlichen Magnetismus, durch Erstarken von was weiß ich im menschlichen Wesen, Einfluß zu gewinnen auf andere. Man könne leicht diesen Menschen nachweisen, daß sie nicht die Wahrheit sprechen, denn es soll einer der Leute nur sagen, ob es ihm schon gelungen sei, durch persönlichen Einfluß es dahin zu bringen, daß ihm Rothschild oder andere reiche Leute eine Million überlassen haben. Da das nachweislich nicht gelungen sei, und es ganz gewiß versucht worden wäre, wenn es hätte gelingen können, so beweise das, daß man durch diese Methode keinen Einfluß auf die Menschen gewinnen könne. Denn Einfluß gewinne man nur auf dem Wege von Wissenschaft und Bildung. – Dann wird die Methode Pöhlmann beschrieben. Man weiß nun, daß eine ganze Anzahl von Menschen überzeugt werden davon: Die anderen Kerle alle gewinnen nicht die Möglichkeit, Fähigkeiten zu kultivieren, die einen Einfluß auf die Leute gewinnen, denn das zeige sich ja ganz klar, nicht wahr: Sie haben nicht einen solchen Einfluß auf Rothschild gewonnen, daß er ihnen seine Millionen überlassen hat. – Wie viele Menschen – das fragen Sie sich selbst – lesen einmal diese Annonce und machen sich nicht sofort den Einwand: Ja, hat denn der Pöhlmann so viele Schüler, die dem Rothschild eine Million abgewonnen haben? – Sie brauchen sich nur zu fragen, wie vielen dieser naheliegende Gedanke kommt!

Das ist ein triviales Beispiel, das Ihnen aber zeigt, wie das Denken gegenüber Gelesenem nicht aufwacht. Ich habe dieses Beispiel gewählt, erstens wegen seiner Alltäglichkeit, und zweitens, weil ja selbstverständlich unter den hier Anwesenden niemand ist, der diesen Gedanken nicht hätte, daß es auch wohl dem Pöhlmann nicht gelungen ist, die Million zu bekommen. Selbstverständlich, jene, die auf eine solche Annonce hereinfallen würden, sind alle draußen, und aus einer gewissen Höflichkeit erwähne ich kein Beispiel, auf das irgendeiner der Anwesenden hereinfallen könnte! Was ich aber sagen will, ist, daß es in zahllosen Fällen des Lebens von morgens bis abends fortwährend vorkommt, daß der Mensch diese Dinge liest. Man sagt, man achte gar nicht darauf. Man achtet nicht darauf. Ich habe neulich einmal eine

Rede gelesen, da kam der Satz vor: «Unsere Verbindung mit einem bestimmten Reiche ist der Kernpunkt, welcher unserer Politik in der Zukunft die Richtung geben muß.» Stellen Sie sich ein so konstruiertes Denken vor: eine Verbindung ist ein Kernpunkt, der zu einer Richtung wird! Wer so denkt, ist in der Lage, allerlei zu behandeln und zu tun im Leben. Aber man merkt nicht, welche Zusammenhänge zwischen einem so verkrüppelten Denken und dem öffentlichen Leben sind.

Man hat aber heute nötig, auf die Unwachsamkeit des Denkens, die gerade ein Kennzeichen unserer Kultur ist, einzugehen, gerade auf diese Unwachsamkeit des Denkens zu achten. Vollziehbare Gedanken: das ist das erste Erfordernis, wenn man achten können will auf so etwas wie die Offenbarungen des Augenblickes von Einschlafen und Aufwachen.

Ich nahm einmal an der Vorlesung eines sehr berühmten Literaturhistorikers teil. Es war seine Antrittsvorlesung, und er gab sich sehr viel Mühe. Da hatte er alle möglichen literarhistorischen Fragen formuliert und zum Schlusse sagte er: Also, meine Herren, Sie sehen, ich habe Sie in einen Wald von Fragezeichen geführt! – Ich mußte mir dazumal vorstellen: einen Wald von Fragezeichen! Denken Sie sich einmal: ein Wald von Fragezeichen!

Wer gewöhnt ist, die Vorstellungen zu vollziehen, die sich in ihm bilden, wer also Wachsamkeit in seinem Denken entwickelt, der nur ist vorbereitet, auch zu achten auf solche Dinge wie die Augenblicke des Aufwachens und des Einschlafens. Was aber nicht wahrgenommen wird, das ist doch da. Und der Verkehr des Menschen mit den Toten ist da, und er ist insbesondere rege im Moment des Einschlafens und des Aufwachens. Im Grunde genommen stellt jeder Mensch im Momente des Einschlafens unzählige Fragen und gibt unzählige Mitteilungen an geliebte Tote, und empfängt Kundschaften und Antworten im Momente des Aufwachens von den Toten. Man kann aber in einer gewissen Weise, ich möchte sagen, kultivieren diesen Verkehr mit den Toten. Mancherlei Arten, den Verkehr mit den Toten zu kultivieren, haben wir ja öfter besprochen, aber wir wollen noch das Folgende heute sagen.

Es ist ein Unterschied, ob irgendein Gedanke, den wir in Verbindung mit einem Toten haben, dazu führt, daß wir uns im Momente des Einschlafens an ihn richten können, oder ob er nicht dazu führt. Das ist ein gewisser Unterschied. Derjenige, welcher sich nicht einzig und allein in sinnlich-egoistischer Weise in das Leben hineinstellt, wird ja schon aus einem gesunden Empfinden heraus das Bedürfnis haben, den Verkehr nicht zu unterbrechen, den das Karma ihm gebracht hat mit gewissen Persönlichkeiten, die nun durch die Pforte des Todes vor kurzer oder vor längerer Zeit gegangen sind, und er wird wohl seine Gedanken öfter verbinden mit solchen hingegangenen Persönlichkeiten. Es kann durchaus sein, daß solche Gedanken, die wir anknüpfen an die Vorstellung dahingegangener Persönlichkeiten, einen richtigen Verkehr mit den Toten ergeben, auch wenn wir sie nicht kennen, auch wenn wir nicht achten können auf das, was im Momente des Einschlafens vor sich geht. Aber gewisse Gedanken sind günstiger für einen solchen Verkehr, andere Gedanken sind ungünstiger. Abstrakte Gedanken, Gedanken, die wir in einer gewissen Gleichgültigkeit, vielleicht gar nur aus Pflichtgefühl hegen, die sind wenig geeignet, im Momente des Einschlafens zu dem Toten hinüberzugehen. Dagegen Gedanken, Vorstellungen, welche hervorgehen aus dem Erfühlen eines besonderen Interesses, das uns vereinigt hat im Leben mit dem Toten, diese Gedanken sind geeignet, zum Toten hinüberzugehen. Erinnern wir uns an den Toten so, daß wir nicht bloß mit abstrakten Gedanken, mit kalten Vorstellungen an ihn denken, sondern einen Moment in unsere Seele rufen, wo wir an seiner Seite warm geworden sind, wo uns das, was er sagte, nicht nur Mitteilung war, sondern etwas Liebes war, erinnern wir uns eben derjenigen Momente, die wir mit dem Toten verbracht haben in einer Gefühlsgemeinschaft, in einer Gemeinschaft auch der Willensimpulse, erinnern wir uns solcher Momente, wo wir mit dem Toten zusammen dies oder jenes unternommen, beschlossen haben, was uns beiden wert ist, was uns beide geführt hat zu einer gemeinsamen Handlung, kurz, an irgend etwas, was die Herzen zusammenklingen ließ, machen wir dieses Zusammenklingen der Herzen lebendig, dann färbt das den Gedanken an den Toten so, daß der Gedanke zu ihm hinüberströmt im Momente des nächsten Einschlafens. Ob man diesen Gedanken um neun Uhr, um zwölf Uhr, um zwei Uhr hat, der ganze Tag kann uns irgendwelche Zeit geben, um diesen Gedanken zu haben, er bleibt und geht im Momente des Einschlafens zum Toten.

Im Momente des Aufwachens können wir von dem Toten wieder Antwort, Mitteilung, Botschaften bekommen. Das braucht nicht gerade im Moment des Aufwachens, wenn man nicht darauf achten kann, an unsere Seele heranzutreten, sondern es kann im Laufe des Tages irgendwie aus unserer Seele heraufkommen in Form irgendeines Einfalles, wie wir glauben, wenn wir überhaupt an solche Dinge glauben. Aber auch da wiederum ist einiges günstiger, einiges ungünstiger. Unter gewissen Verhältnissen finden die Toten eher den Zugang zu unserer Seele, um uns dieses oder jenes in unsere Seele hereinzusprechen, so daß es in unserer Seele selbst spricht; in anderen Fällen sind die Verhältnisse für so etwas ungünstiger. Günstiger sind insbesondere die Verhältnisse, wenn wir eine gute, treffsichere Vorstellung von dem Wesen der Toten uns angeeignet haben, wenn wir so starkes Interesse an dem Wesen der Toten haben, daß uns dieses Wesen vor dem geistigen Auge wirklich gestanden hat. Sie werden sich fragen: Warum sagt er denn das eigentlich? Wenn einem jemand nahegestanden hat, so hat man doch eine Vorstellung von seinem Wesen! – Das glaube ich gar nicht, meine lieben Freunde, insbesondere nicht in unserer Zeit! In unserer Zeit gehen die Menschen aneinander vorüber und kennen einander sehr, sehr wenig. Das entfremdet einen vielleicht gar nicht für hier, für die physische Welt; das entfremdet einen aber gar sehr für die Welt, die der Tote durchlebt. Sehen Sie, für hier, für die physische Welt, sind zahlreiche unbewußte oder unterbewußte Kräfte und Impulse, welche die Menschen einander nahebringen, auch wenn sie sich nicht kennenlernen wollen. Es soll ja vorkommen im Leben, wie vielleicht manche von Ihnen schon gelesen haben, daß man schon Jahrzehnte verheiratet sein kann und sich sehr wenig wirklich kennenlernt. Aber da gibt es eben andere Impulse, die nicht auf der gegenseitigen Erkenntnis beruhen, die die Menschen zusammenführen. Das Leben ist überall durchsetzt von unterbewußten und unbewußten Impulsen. Aber wie gesagt, diese unterbewußten Impulse, sie binden uns hier, sie binden uns nicht mit den Wesen zusammen, die durch den Tod uns vorangegangen sind. Da ist es schon notwendig, daß wir wirklich etwas in die Seele aufnehmen, wodurch das Wesen des anderen lebendig in uns lebt. Und je lebendiger es in uns lebt, desto leichter hat es zu unserer Seele den Zugang, desto leichter kann es sich mit uns verständigen.

Das ist es, was ich Ihnen charakterisieren möchte über den fortdauernden, immer und immer vorkommenden Verkehr der sogenannten Lebenden mit den sogenannten Toten. Jeder von uns verkehrt fortwährend mit den sogenannten Toten, und daß es nicht gewußt wird, kommt nur daher, weil man nicht in genügender Weise beachten kann den Moment des Einschlafens, den Moment des Aufwachens. Ich sagte dieses, um Ihnen konkreter dieses Zusammensein mit der übersinnlichen Welt, in der die Toten sind, zu gestalten. Es wird sich uns noch konkreter gestalten, wenn wir einige andere Verhältnisse noch in Erwägung ziehen.

Es sterben jüngere Leute, es sterben ältere Leute. Und doch ist der Tod bei jüngeren Leuten, die dahinsterben, im Verhältnis zu den zurückbleibenden Lebenden etwas anderes als der Tod alter Leute, die dahinsterben. Über solche Dinge läßt sich ja wirklich nur reden, wenn man einzelne konkrete Verhältnisse auf diesen Gebieten ins Auge zu fassen vermag. Es ist durchaus nicht aus einer allgemeinen Wissenschaft heraus, daß ich das schildere, sondern ich fasse nur zusammen dasjenige, was in einzelnen konkreten Fällen wirklich vorgekommen ist. Wenn man mit dem schauenden Bewußtsein verfolgt, was geschieht, wenn Kinder ihren Eltern wegsterben, wenn junge Leute von ihren Angehörigen hinweg durch die Pforte des Todes gehen, und wenn man dann erkennen lernt, wie diese Seelen weiterleben, dann stellt sich diese Erkenntnis so dar, daß man sie in folgende Worte zusammenfassen möchte. Man muß sagen: Im Bewußtsein dieser durch die Pforte des Todes gegangenen jüngeren Leute lebt das, was man damit charakterisieren kann, daß man sagt: Sie sind eigentlich den Lebenden nicht verloren, sie bleiben da, sie bleiben in der Nähe, in der Wesenheit der Überlebenden. Sie trennen sich als jüngere Leute durch lange Zeit hindurch nicht von den Zurückgebliebenen, sie bleiben in ihrer Sphäre. – Von älter hingestorbenen Menschen, von Eltern zu Kindern und so weiter, kann man etwas anderes sagen. Diese Dinge sind vielleicht am besten, wenn man sie epigrammatisch ausdrückt. Von älter Hingestorbenen kann man sagen: Die Seelen dieser im späteren Leben hingestorbenen Menschen, die verlieren ihrerseits die Seelen derer, die zurückgeblieben sind, nicht. – Also, während die Zurückgebliebenen die jüngeren Seelen nicht verlieren, verlieren die älteren Leute, wenn sie durch die Pforte des Todes gegangen sind, diese, die dann auf der Erde sind, die Seelen der Zurückgebliebenen nicht, trotzdem diese anderen hier sind. Sie ziehen gewissermaßen dasjenige mit, was sie von uns haben wollen; sie haben von den hier gebliebenen Seelen alles leichter, was die Jüngeren nur haben können, wenn sie da bleiben. Das tun diese auch, sie bleiben mehr oder weniger in der Sphäre der Übriggebliebenen, die jüngeren Seelen.

Man kann diese Verhältnisse auf eine ganz bestimmte Weise studieren, so daß einem das, was ich jetzt gesagt habe, zur Gewißheit werden kann. Man muß natürlich diese Dinge mit dem schauenden Bewußtsein studieren. Und man kann mit dem schauenden Bewußtsein studieren die Trauer, den Trennungsschmerz. Trauer und Trennungsschmerz sind eigentlich zwei ganz verschiedenartige Zustände. Die Menschen wissen das nicht, aber wenn man in der Seele eines Menschen die Trauer, den Schmerz über ein hingestorbenes Kind beobachtet, so ist das ganz etwas anderes, als die Trauer und der Schmerz, den man beobachten kann, wenn ein älterer Mensch dahingestorben ist. Die Menschen wissen es nicht, aber es ist doch grundverschieden, wenn man es in der Seele als einen inneren Zustand beurteilt.

Das Merkwürdige ist dieses: Wenn, sagen wir, Eltern ihre früh gestorbenen Kinder betrauern, so ist dies eine Trauer, die eigentlich ihrem wirklichen Inhalte nach, ihrem tieferen Impulse nach, nur ein Reflex, ein Widerschein desjenigen ist, was das dagebliebene Kind hineinlebt in die Seele der Zurückgebliebenen. Das Kind ist dageblieben, und es empfindet, indem es dageblieben ist, allerlei, und das lebt sich hinein in die Seele des Zurückgebliebenen und erweckt da einen Impuls. Es ist ein Mitleidsschmerz, ein Mitgefühlsschmerz, es ist eigentlich der Schmerz oder das Leid des Kindes selber, den man in sich erlebt. Man schreibt ihn natürlich sich zu, den Schmerz, aber es ist ein Mitgefühlsschmerz. Sie müssen mich nicht mißverstehen – wir müssen ja diese Ausdrücke in vernünftiger Weise nehmen, nicht mit allerlei schlimmen Nebendeutungen –, man könnte sagen: Wenn ein jüngerer Angehöriger einem dahinstirbt, so ist man von dem Schmerze aus dem eigenen Seelenleben des Dahingestorbenen heraus besessen, wenn auch in normaler Weise besessen, so daß es nicht schadet, er lebt in einem weiter, und was sich als Schmerz interpretiert, das ist sein Leben in uns.

Anders ist es bei der Trauer einem älteren Menschen gegenüber, der uns verlassen hat. Da tritt ein Schmerz ein, der nicht der Widerschein ist desjenigen, was in dem anderen lebt, denn der andere kann das wirklich hinaufbekommen, was in unserer Seele ist; er verliert uns nicht von sich aus. Wir können nicht von seinem Schmerz besessen sein, überhaupt nicht von seinen Empfindungen in dieser Weise besessen sein, denn er hat keine Sehnsucht danach, mit seinen Empfindungen in uns hineinzudringen, weil er uns ja mitzieht. Er verliert uns nicht. Deshalb ist dieser Schmerz, diese Trauer eine egoistische Trauer, ein egoistischer Schmerz. Das ist kein Tadel, es ist gewiß berechtigt, aber wir müssen diese beiden Arten der Trauer in ganz wesentlicher Art voneinander unterscheiden.

Wichtig wird die Sache dann, wenn man übergeht in der Betrachtung von der Beschreibung des Schmerzes oder des Zusammenlebens mit den dahingegangenen Toten zu den Toten selbst. Wenn das Verhältnis zu einem in jüngeren Jahren dahingegangenen Menschen ganz anders ist als das Verhältnis zu einem in späteren Jahren hingegangenen Menschen, dann wird es begreiflich sein, daß auch für die Pflege des Andenkens, für die Pflege des Gedächtnisses gegenüber den Toten in dem einen und dem anderen Falle es anders sein muß. Einem jüngeren Kinde gegenüber werden wir den richtigen Kultus, das richtige Gedächtnis haben, wenn wir darauf Rücksicht nehmen, daß das Kind dageblieben ist, daß das Kind mit uns lebt und sich besonders gerne einlebt in das, was hier uns möglich gewesen wäre, an das Kind heranzubringen, wenn das Kind hier geblieben wäre. Die Erfahrung zeigt, daß solche Kinder nach ihrem Tode besonders begehren, im Gedächtnis, in dem, was man ihnen entgegenbringt, allgemein menschliche Verhältnisse zu finden, auch im Totenkultus etwas zu finden, was mehr allgemeine Interessen darbietet, was wenig zu tun hat mit speziellen Interessen. Für Kinder, die dahingestorben sind, ist zum Beispiel die katholische Totenfeier angemessener, wo ein allgemeiner Ritus ist, wo man einen Ritus hat, der für alle in gleicher Weise gilt. Ein dahingestorbenes Kind möchte eine Totenfeier haben, die mehr allgemeinmenschlich, die nicht für es allein, für es speziell ist, sondern die für alle sein könnte.

Für einen dahingestorbenen älteren Menschen ist die protestantische Totenfeier besser, wo man sich einläßt auf die besonderen Lebensverhältnisse, wo man eine Leichenrede hält, die sich auf seine speziellen individuellen Verhältnisse bezieht. Und will man das Andenken pflegen für einen solchen älteren Dahingestorbenen, dann ist es besonders günstig, sich an Einzelheiten des Lebens, die ihm eigen waren, an sein spezielles, an sein individuelles Leben anzuklammern und dort die Gedanken zu suchen, durch die man das Andenken des älter Dahingestorbenen feiert.

Sie sehen daraus, daß, richtig betrachtet, Geisteswissenschaft nicht bloß Theorie bleiben kann. Sie zeigt uns etwas über die Verhältnisse, die in der Welt sind, von der wir nur abgeschlossen sind, weil wir unsere Gefühle verträumen, unsere Willensimpulse verschlafen. Sie redet von den Welten, in denen wir mit Gefühl und Wille drinnen sind. Fassen wir mit genügender Intensität, mit rechter Energie die geisteswissenschaftlichen Vorstellungen, so bleiben sie nicht Vorstellungen, so wirken sie auf Gefühl und Wille. Denken Sie, wie befruchtend auf das Leben diese geisteswissenschaftlichen Vorstellungen wirken können! Geistliche, die den Totenkultus zu leiten haben, werden die richtige Art, den richtigen Takt für diesen Totenkultus in ganz anderer Weise finden, als wenn man bei der bloßen abstrakten Theologie bleibt.

Nun ist dies ja wirklich kein Wunder, da die Welt, von der die Geisteswissenschaft redet, die wirkliche Welt ist, in der unsere Gefühle, unsere Willensimpulse leben, so daß, was sie zu geben vermag, auch wiederum in Gefühl und Wille hineinspielt. In das Gefühl spielt sie hinein – aber überall sonst auch –, wenn wir zum Beispiel unsere Gefühle den Toten gegenüber entwickeln. Doch auch in die Willensimpulse soll sie hineinspielen. Das sollte insbesondere in unserer Zeit bedacht werden. Denn wenn man nachgehen würde den Willensimpulsen der Menschen unserer Zeit, man würde auf nicht sehr tiefe Untergründe der menschlichen Seele stoßen. Das ist gerade das Eigentümliche unserer Zeit, daß die Menschheit nötig hat, für ihren Willen geistige Impulse zu suchen. Und das ist das Tragische der gegenwärtigen Zeit, daß man bisher nicht entschlossen ist, sie zu suchen. Erlösung aus den Wirren unserer Zeit wird es nur geben, wenn man aus dem Geiste heraus Impulse für das äußere Leben wird suchen wollen. Das weisen in weitesten Kreisen, wie ich heute abend schon gesagt habe, die Menschen heute noch zurück. Sie werden es lernen müssen, denn diese Zeit wird für das Geschlecht, das sie zu durchmessen hat, in noch viel reicherem Maße der große Lehrmeister werden, als es schon der Fall gewesen ist.

An diese heute gegebenen, mehr auf das einzelne Persönliche bezüglichen Begriffe wollen wir dann am nächsten Sonntag vormittag anknüpfen, um gerade mit Bezug auf die gegenwärtigen Zeitverhältnisse, aber in rechtem geisteswissenschaftlichem Sinn, zu sprechen.

ZEHNTER VORTRAG

München, 17. Februar 1918

Es wird heute meine Aufgabe sein, von den Grundlagen geistiger Betrachtungsweise, die wir neulich hier gepflogen haben, überzugehen zu solchen geistigen Vorgängen, welche in einer gewissen Beziehung unmittelbar hinter unserem, uns so schwer in die Seele hereinsprechenden Zeitleben liegen.

Es ist ja, wie Sie sich denken können, in demjenigen, was wir im Sinne unserer Geisteswissenschaft das Zusammenleben mit den Kräften nennen, die von den sogenannten Toten hereinströmen in das Reich, in dem wir selber sind während unserer Inkarnation, es ist in diesem Zusammenleben zu gleicher Zeit mit aller Lebendigkeit zu beobachten, was gerade geistig einer so schweren Zeit zugrunde liegen kann. Nun suchen allerdings die Menschen der Gegenwart wenig nach den geistigen Hintergründen des Daseins. Dieses Nichtsuchen nach den geistigen Hintergründen des Daseins hängt viel enger, als man eigentlich denkt, damit zusammen, daß diese schwere Katastrophe über die Menschheit in der Gegenwart hereingebrochen ist. Ich habe darauf aufmerksam gemacht, daß in der Zeit, die als das letzte Drittel des 19. Jahrhunderts bezeichnet werden kann, gegenüber früheren Zeitläufen für das Ganze der menschlichen Entwickelung große, umfassende Veränderungen sich vollzogen haben. Ich habe wiederholt hingewiesen auf das Ende der siebziger Jahre, habe darauf hingewiesen, daß das Ende der siebziger Jahre einen bedeutsamen Einschnitt in der Entwickelung der Menschheit bedeutet. Man muß zugeben, daß die wenigsten Menschen in der Gegenwart sehen, wie grundverschieden das geistige Leben seit dem Ende der siebziger Jahre von dem ist, was vorangegangen ist. Ich möchte sagen: Die Menschen haben, um dies zu sehen, viel zu wenig Distanz gewonnen. – Man kann ja so etwas nur dann sehen, wenn man es in seinen Unterschieden, in seiner Differenzierung beobachten kann, wenn man nicht unmittelbar in der Sache drinnensteht, sondern einen gewissen Abstand davon gewonnen hat. Dieser Abstand muß allerdings, wenn die Menschheit nicht einem noch größeren Elend entgegensehen soll, von dieser Menschheit möglichst bald gewonnen werden. Denn es herrscht in unserer Gegenwart, geistig betrachtet, ein ganz merkwürdiger, wirklich lebendiger Widerspruch. Und indem ich diesen Widerspruch so bezeichne, werden Sie eigentlich ihn außerordentlich grotesk finden: Es war keine Zeit in der Menschheitsentwickelung, die geschichtlich verfolgt werden kann, so spirituell wie die Zeit, in der wir leben, die Zeit seit dem Ende der siebziger Jahre. Wir leben, geschichtlich betrachtet, in der allerspirituellsten Zeit. Und wir leben doch – was unleugbar ist – so, daß sehr viele Menschen, die gerade vermeinen, recht spirituell zu sein, glauben können, die Zeit wäre ganz materialistisch. Sehen Sie, materialistisch dem Leben nach ist unsere Zeit nicht; dem Glauben vieler Menschen nach, und dem nach, was aus diesem Glauben vieler Menschen fließt, ist unsere Zeit ja gewiß materialistisch. Was meint man eigentlich damit, wenn man sagt, unsere Zeit sei spirituell?

Ja, wir haben zunächst eine naturwissenschaftliche Weltbetrachtung: gegenüber dieser naturwissenschaftlichen Weltbetrachtung ist alles frühere an naturwissenschaftlicher Weltbetrachtung materialistisch! Wir haben nämlich eine solche naturwissenschaftliche Weltbetrachtung, welche zu den feinsten, durchgeistigtsten Begriffen sich aufschwingt. Das merkt am besten derjenige, welcher das Dasein über die unmittelbare physische Gegenwart hinaus sieht.

Von den meisten Vorstellungen, die heute im spirituellen Sinne gut gemeint sind, haben die sogenannten Toten außerordentlich wenig, die sogenannten Toten. Von den naturwissenschaftlichen Vorstellungen in der Gegenwart, wenn sie unbefangen nachgedacht werden, haben sie außerordentlich viel. Und interessant ist es, daß der sogenannte materialistische Darwinismus gerade im Reiche der Toten ganz spirituell aufgefaßt und auch angewandt wird. Die Dinge nehmen sich im Leben eben ganz anders aus, als sie sich oftmals ausnehmen in dem Glauben, in dem oft sehr irrtümlichen Glauben, der herbeigeführt wird durch das, was die Menschen hier im Leibe erleben. Was meine ich eigentlich, wenn ich zunächst auf das naturwissenschaftlich Spirituelle hinweise? Ja, sehen Sie, um diese Begriffe auszubilden, um sich aufzuschwingen zu solchen Gedanken, wie man sie heute über die Entwickelung und so weiter hat, dazu gehört eine Geistigkeit, die nicht vorhanden war in früheren Zeiten. Es ist viel leichter, Gespenster zu sehen und sie für Geistiges zu halten, als fein ausziselierte Begriffe über dasjenige auszubilden, was scheinbar materiell nur ist. Dies hat bewirkt, daß die Menschen in ihrem Seelenleben die durchgeistigtsten Begriffe ausbilden und diese durchgeistigten Begriffe verleugnen. Sie dichten diesen durchgeistigten Begriffen an, daß sie nur über Materielles etwas aussagen dürften. Die materialistische Interpretation unserer naturwissenschaftlichen Weltanschauung ist nichts anderes als eine Verleumdung des eigentlichen Charakters der naturwissenschaftlichen Weltanschauung. Sie ist hervorgegangen aus einem Hang, der im Grunde genommen Feigheit ist! Man bringt es nicht dazu, mit seinem lebendigen Empfinden bei den fein durchgeistigten Begriffen zu leben, die Geistigkeit in solcher – wenn ich mich so ausdrücken darf – Verdünnung zu erfassen, wie sie erfaßt werden muß, wenn man reinliche Begriffe über die Natur sich ausbildet. Man getraut sich nicht zu gestehen, daß man im Geistigen lebt, im Geiste lebt, wenn man solche verdünnten, vergeistigten Begriffe hat, und deshalb lügt man sich an, indem man sagt: Diese Begriffe bedeuten nur Materielles –, was nicht wahr ist, was nur ein Selbstbelügen ist. Und so ist es auch auf anderen Gebieten des Lebens. Man kann darauf hinweisen – ich habe es auch vorgestern getan –, daß zum Beispiel für manches künstlerische Schaffen in der Gegenwart nur durch das spiritualisierte, verfeinerte Empfinden Werte zutage getreten sind, die frühere Kunstentwickelungs-Epochen gar nicht gehabt haben. Es ist ganz zweifellos, daß heute manches zutage tritt auf dem Gebiete des künstlerischen Schaffens, das man vergebens bei Raffael oder Michelangelo suchen würde. Dieser Umschwung im geistigen Leben ist herbeigeführt worden durch ein ganz bestimmtes geistiges Ereignis. Und dieses geistige Ereignis möchte ich heute von gewissen Gesichtspunkten aus wiederum vor Ihnen charakterisieren.

Als die Mitte des 19. Jahrhunderts noch nicht ganz herangekommen war, so im Beginn der vierziger Jahre des 19. Jahrhunderts, da schickte sich eine gewisse geistige Wesenheit an – die Namen tun nichts zur Sache, um aber einen Namen zu haben, kann man den der christlichen

Theologie entlehnten Namen des Erzengels Michael wählen –, es schickte sich also der Erzengel Michael an, nach und nach aus einem bloßen Erzengel ein Zeitgeist zu werden, eine solche Entwickelung zu erlangen, daß er eingreifen könne in das Leben der Menschen nicht nur vom Standpunkte des Überirdischen, sondern unmittelbar vom Standpunkte des Irdischen aus. Vorzubereiten hatte sich der Erzengel Michael, auf die Erde selbst herabzusteigen, gewissermaßen nachzuleben den großen Vorgang des Christus Jesus selber, nachzuleben diesen großen Vorgang: hier auf der Erde seinen Ausgangspunkt zu nehmen und weiter zu wirken vom Gesichtspunkte der Erde aus. Dazu war notwendig, daß von den vierziger Jahren des 19. Jahrhunderts bis zum Ende der siebziger Jahre eine Vorbereitung gepflogen wurde von seiten dieses geistigen Wesens aus. Und so kann man denn beobachten, daß die Jahre, von den vierzigern bis zum Jahre 1879 etwa, einen bedeutungsvollen Kampf im Überirdischen darstellen, aber in demjenigen überirdischen Gebiet, das unmittelbar an das irdische Gebiet angrenzt. Einen schweren, harten Kampf hatte also diese geistige Wesenheit, die man als Erzengel Michael bezeichnen kann, auszufechten gegen gewisse widerstrebende Geister. Man muß sich diese widerstrebenden Geister ein wenig ansehen, wenn man verstehen will, was da eigentlich geschehen ist.

Diese geistigen Wesenheiten, die von diesem, zum Zeitgeist werdenden Erzengel Michael bekämpft werden mußten, sie haben immer eingegriffen in das Leben, in die Evolution der Menschheit. Sie haben nämlich in den letzten Jahrtausenden vor der Mitte des 19. Jahrhunderts die Aufgabe gehabt, die Menschen von der geistigen Welt aus zu differenzieren. Diejenigen geistigen Wesenheiten, welche unmittelbar Anhänger der Erzengel sind, haben das Bestreben, die Menschen in einem gewissen Sinne zur Gruppenseele der Menschheit zurückzuführen, Einheit auszugießen über die ganze Menschheit. Dies würde nicht gegangen sein, wenn sie allein gewirkt hätten auf die Menschheit. Die Menschheit würde gewissermaßen in einem Ununterscheidbaren verschwommen sein, würde nur eine Art vorstellen, wie im Grunde die tierische Art nur eine ist, nur auf einer etwas höheren Stufe. Diese geistigen Wesenheiten, die das michaelische Prinzip zu bekämpfen hatte, sind die, welche die Aufgabe hatten, Differenzierung in die Menschheit hineinzubringen, das einheitliche Menschengeschlecht zu spalten in Rassen, in Völker, in alle diejenigen Unterschiede, welche mit dem Blute, mit den Nerven, dem Temperament zusammenhängen. Das mußte geschehen. Man mag diese geistigen Wesenheiten, die solche Differenzierung in die Menschheit hineinzubringen hatten, ahrimanische Wesenheiten nennen; man mag sie so nennen, aber man muß sich darüber klar sein, daß im gesamten Gang der Menschheitsentwickelung dieses ahrimanische Prinzip notwendig war.

Nun kam die Zeit heran, die eine wichtige Zeit in der Menschheitsentwickelung war mit Bezug auf das, was ich jetzt erörtert habe. Es kam die Zeit heran, von den vierziger Jahren des 19. Jahrhunderts angefangen, in welcher die alten Differenzierungen verschwinden sollten, die Zeit, in welcher zusammengefaßt werden sollte das differenzierte Menschengeschlecht in eine Menschheitseinheit.

Die kosmopolitischen Anschauungen, die manchmal ja auch gewiß zur kosmopolitischen Phrase ausgeartet sind im 18. Jahrhundert und in der ersten Hälfte des 19., die sind nur eine Widerspiegelung desjenigen, was in der geistigen Welt sich zugetragen hat. Es tendiert schon die Menschheit dahin, auszulöschen die verschiedenen Unterschiede, welche das Blut, das Nerventemperament beförderte. Es ist tatsächlich nicht eine Tendenz der geistigen Welten, die Menschheit weiter zu differenzieren, sondern es ist eine Tendenz in den geistigen Welten, Kosmopolitisches über die Menschheit auszugießen. So wenig Verständnis auch heute dafür da ist unter dem Eindruck unserer katastrophalen Zeit, so ist es eben doch so, daß man der Wahrheit gemäß dies gestehen muß. Und diese in den irdischen Ereignissen sich spiegelnde Tatsache, die führt dazu, wenn man sie in ihren geistigen Hintergründen beobachtet, zu schauen, wie die Rassengeister, jene die Menschheit differenzierenden Volksgeister, von den vierziger Jahren ab bekämpft worden sind gerade von dem Geiste, der Zeitgeist werden sollte in der neueren Zeit. Es hat sich da vollzogen, wenn auch auf einer anderen Stufe, dasjenige, was immer durch ein bedeutungsvolles Symbolum dargestellt wird. Das Symbolum bezieht sich ja auch auf andere Stufen der Entwickelung, denn die Dinge wiederholen sich auf den verschiedenen Stufen immer wieder, und was ich jetzt erzähle, ist nur eine Wiederholung auf einer bestimmten Stufe von einem geistigen Ereignisse, das auf anderen Stufen stattgefunden hat. Es ist das, was dargestellt wird durch das Symbolum der Besiegung des Drachen durch den Erzengel Michael. Diese Besiegung des Drachen durch den Erzengel Michael, die da bedeutet, daß aus dem Reiche, in dem der Erzengel Michael gebietet, die entgegenstrebenden Mächte ausgestoßen worden sind, die hat sich in einem gewissen Gebiete vom Anfang der vierziger Jahre ab vollzogen. Gewisse geistige Wesenheiten, die bis dahin ihre Aufgabe gehabt hatten in der geistigen Welt zur Differenzierung der Menschheit in Rassen und Völker, die sind – wenn ich es mit diesem Ausdruck bezeichnen darf – vom Himmel auf die Erde gestoßen worden. Diese selben geistigen Wesenheiten, die bis in die vierziger Jahre hinein in einer solchen Art die Menschheit differenziert haben, sie haben in dem an die irdische Welt angrenzenden Gebiete heute keine Macht mehr. Sie sind unter die Menschen gestoßen, sind mit alledem, was sie haben mitbringen können, unter die Menschen auf die Erde gestoßen. Das ist dasjenige, was man in der Geisteswissenschaft bezeichnet als den Sieg des Erzengels Michael über die widerstrebenden Geister, der Ende der siebziger Jahre eintrat: das Hinunterstoßen gewisser ihm widerstrebender Geister auf die Erde.

Und so haben wir seit dem Ende der siebziger Jahre ein Zwiefaches. Wir haben auf der einen Seite für diejenigen, von denen man sagen könnte, daß sie guten Willens sind – wenn man den Ausdruck im bedingten Sinne versteht –, wir haben seit dem Jahre 1879 auf der Erde die Herrschaft des Zeitgeistes Michael, der einen befähigt, spiritualisierte Begriffe, ein spiritualisiertes Geistesleben zu bekommen. Und wir haben auf der Erde die widerstrebenden Geister, die einen dazu verführen, die Geistigkeit der Gegenwart abzuleugnen. Wenn man gegen den Materialismus der Gegenwart kämpft, so sollte man sich immer bewußt sein, daß man nicht kämpfen soll gegen das Gute unseres Zeitalters, sondern daß man kämpft gegen die Lüge unseres Zeitalters. Denn es sind im wesentlichen Lügengeister, welche vom Himmel auf die Erde gestoßen worden sind, jene Geister, welche vorläufig auch als Geister der Hindernisse verhindern, daß gerade in dem Erfassen des naturgemäßen Daseins das Spirituelle gesucht werde. Wenn man die Menschen kennenlernt, welche in der Zeit nach dem Jahre 1841 von der geistigen Welt zur irdischen Inkarnation heruntergestiegen und seither wiederum verstorben sind, so sieht man in der Tat, wie, ich möchte sagen, von der anderen Seite der Welt diese Dinge aufgefaßt werden. Und man kann dann vieles korrigieren von dem, was ja hier in der physischen Welt sehr schwer zu durchschauen ist.

Als im Beginn des 20. Jahrhunderts sich allmählich gezeigt hat, wie es notwendig ist, wiederum auf die verschiedensten Gebiete des Geistes im Leben hinzuweisen, da waren diejenigen, die so hingewiesen haben, wesentlich solche Menschen, die nach dem Jahre 1848, nach 1840 eigentlich schon, mitgemacht hatten den harten Kampf, der vom Erzengel Michael geführt worden ist in der geistigen Welt, und der 1879 geendet hat mit dem Herunterstoßen der widerstrebenden Geister in das Leben auf der Erde, wo sie mit den Menschen zusammen sind. Und im wesentlichen ist es ein Mitkämpfen mit dem Erzengel Michael, wenn man sich gegen diese Geister auflehnt, wenn man sucht, sie aus dem Felde zu schlagen.

Nun gibt es ein gewisses Gesetz, meine lieben Freunde. Dieses Gesetz besagt, daß man von jedem Punkte aus die Entwickelung ebenso wie vorwärts auch zurück verfolgen kann. Man kann, wenn man irgendeinen Zeitpunkt des geschichtlichen Werdens der Menschheit ins Auge faßt, sagen: Da steht dieser Zeitpunkt, da geschieht in diesem Zeitpunkte das eine oder das andere. – Nun verfließt die Zeit weiter, und man kann die Ereignisse beobachten; man kann auch die Zeit rückläufig beobachten. Man kann von 1879 zu 1878, 1877, zu 1860, 1850 und so weiter zurückgehen, und man kann dann betrachten, wie sich das ausnimmt, was in der geistigen Welt rückwärts zu verfolgen ist. Dann wird man folgendes sehen. Man wird sehen, daß in der tieferen Struktur der Ereignisse auch im Fortlaufenden sich dasjenige wiederholt, was man in der Anschauung als zurückliegend findet. Wenn man irgend etwas Großes einfach sagt, klingt es leicht trivial. Doch will ich einfach sprechen. Wenn man den Zeitpunkt 1879 ins Auge faßt, kann man bis 1880 weiter vor- oder bis 1878 zurückgehen. Geht man bis 1880 weiter vor, so wird man in der tieferen geistigen

Struktur bemerken, daß das, was 1878 sich vollzogen hat, in einer gewissen Weise mitwirkt, so mitwirkt, daß hinter dem Ereignisse von 1880 das Ereignis von 1878 wie eine Kraft steht, die mitwirkt. Und hinter dem Ereignisse vom Jahre 1881 wirkt wiederum das Ereignis von 1877 wie eine dahinterstehende Kraft mit. Es ist so, wie wenn sich, je weiter man zurückgeht, die Zeitlinie umkehrt, und die Ereignisse, die weiter zurückliegen, sich gegenüber denen, die von einem gewissen Zeitpunkte an weiter vorwärts gehen, dahinterstellen würden. Man versteht viel, wenn man diese Dinge versteht.

Nun bitte ich Sie, sich zu erinnern, daß ich von dem Jahre 1879 schon seit vielen Jahren spreche, nicht etwa erst seit 1914, wo es billig geworden ist. Das ist wichtig, meine lieben Freunde. Und ich bitte Sie, einmal eine einfache Rechnung mit mir auszuführen. Rechnen Sie von 1879 zurück bis zu diesem Jahr, das ich oftmals als die andere Grenze bezeichnet habe. Ich habe immer gesagt: Der Kampf, von dem ich jetzt rede, hat begonnen anfangs der vierziger Jahre, etwa 1841, 1840. – Rechnen Sie zurück: 1879, 1869, 1859, 1849 und etwa acht oder neun Jahre dazu, gibt also achtunddreißig oder neununddreißig Jahre. Rechnen Sie vorwärts: 1879, 1889, 1899, 1909, 1914, bis in unsere Tage hinein, gibt genau ebensoviel: gibt achtunddreißig oder neununddreißig Jahre. Würden Sie gar das Jahr 1917 ins Auge fassen, so würden Sie ein überraschendes Resultat erzielen. Sie würden begreifen, welche tiefe Bedeutung es hat, wenn der Okkultist sagt: Geht man von einem einschneidenden historischen Ereignis weiter, so wiederholt sich das vorhergehende geistige Ereignis in dem folgenden.

Hinter den Ereignissen unserer Tage hier auf dem physischen Plan stehen die geistigen Ereignisse, die begonnen haben in den vierziger Jahren, und die zu bezeichnen sind als Bekämpfung widerstrebender Geister von seiten des Erzengels Michael. Sie stehen dahinter. Wir haben eine Wiederholung desjenigen, was im Anfang der vierziger Jahre stattfand. Und Sie können sich denken, wie anders man die Ereignisse in der Gegenwart anschaut, wenn man auf diese Gesetzmäßigkeit zurückgeht. Man wird vielleicht dann etwas tiefer verstehen, was heute sonst nur eigentlich tonlos an der Menschen Ohr vorbeigeht, was nicht in die Seelen geht. Man wird sich sagen, daß ja der Kampf des Erzengels Michael gegen die widerstrebenden Mächte bis zu einem gewissen Grade an seinen Ausgangspunkt zurückgekehrt ist.

Es ist im allgemeinen immer schwierig, zu den Menschen der Gegenwart von diesen tieferen Zusammenhängen zu sprechen, weil diese so energisch abweisen dasjenige, was gerade helfen würde, diese Gegenwart in der richtigen Weise zu verstehen und in der richtigen Weise handelnd in sie einzugreifen. Unsere Zeit macht wirklich notwendig, sich von alten Vorurteilen loszusagen, macht notwendig, dasjenige, was ist, auch zum Verständnis zu bringen, auch ins Bewußtsein heraufzurufen. Und es geschehen einmal Dinge unmittelbar hier auf dem physischen Plan, die in ihrer Art viel geistiger sind als sonst Geschehnisse. Das aber hängt zusammen mit dem Herabsteigen des Erzengels Michael in unsere Erdenregion. Es sprechen ja viele von diesem Herabsteigen des Erzengels Michael in unsere Erdenregion. Aber wenn es im Ernste darauf ankommen sollte, diese Sache mit ihrem wahrhaftigen Hintergrunde zu nehmen, dann gehen die Leute nicht mit, dann wollen sie nicht mitgehen! Das aber ist gerade notwendig, daß in immer breiteren und breiteren Kreisen unserer Zeit spirituelles Verständnis der wichtigsten Impulse unseres Zeitenlebens Platz greife. Deshalb war es schon durchaus notwendig, was ja die ganzen Jahre her in unseren Zweigversammlungen geschehen ist, darauf aufmerksam zu machen, daß der Strom der Ereignisse, der vom Geiste her so stark beeinflußt wird in unserer Zeit, nicht verschlafen werde. Und das Verschlafen der Ereignisse, das ist geradezu ein Grundzug unserer Zeit. Die Menschen gehen wie schlafend an den Ereignissen vorbei, und man konnte die Beobachtung machen, daß ein Ereignis, je einschneidender, je tiefbedeutsamer es hereintritt auf den physischen Plan, desto mehr von den Menschen verschlafen wird.

Der März 1917 – wenn ich auf Konkretes nur andeutungsweise hinweisen darf – war etwas so Gewaltiges in seiner Anlage, wird so bedeutende Dinge nach sich ziehen, von denen sich heute die Menschheit noch nichts träumen läßt, daß es geradezu grotesk ist, wie wenig die Menschen verstehen, daß es heute notwendig ist, fast alle Urteile zu revidieren, fast alles dasjenige, was je vor 1914 von den Menschen geglaubt worden ist, einer Revision zu unterziehen.

Es darf vielleicht bei dieser Gelegenheit hingewiesen werden darauf, daß ich 1910 in Kristiania eine Anzahl von Vorträgen gehalten habe über die europäischen Volksseelen. Im ersten dieser Vorträge können Sie den Satz lesen, daß sehr bald die Menschheit aufgerufen werden wird, etwas zu verstehen von den Verhältnissen der europäischen Volksseelen. Immer wieder und wiederum ist betont worden in unseren Vorträgen: Der Blick soll nach dem unmittelbaren Osten hin gerichtet werden; das ist wichtig, was von da aus für die Menschheitsentwickelung geschieht. – Wie oft ist das gesagt worden. Jeder, der zugehört hat, weiß das. Und noch im Frühling 1914 im Vortragszyklus zu Wien über das Leben zwischen Tod und neuer Geburt habe ich einen eindringlichen Satz gewagt, den Satz, daß das soziale Leben unserer Zeit in einem wahrhaftigen Sinne verglichen werden kann mit einer besonderen Krankheitsform, mit einem Karzinom, daß eine schleichende Krebskrankheit durch das soziale Leben geht. – Natürlich, diese Dinge können unter unseren gegenwärtigen Verhältnissen nicht anders als so gesagt werden, aber sie müssen verstanden werden.

Die Weltereignisse spielen sich keineswegs so ab, daß dieser schöne Fortgang herrscht, der eine Fabel der Historiker ist: daß immer das Spätere so aus dem Vorhergehenden sich entwickelt, dies wieder aus dem Vorhergehenden und so weiter. Das Vorurteil, daß sich das Spätere immer so möglichst ruhig aus dem Vorhergehenden entwickelt oder entwickeln müsse, dieses Vorurteil kann man ja Menschen überlassen, welche weniger Wirklichkeitssinn haben, als der anthroposophisch Denkende entwickeln soll. Man kann dieses Vorurteil – wenn ich konkret auf etwas hinweisen soll – den Politikern der alten Schule, auch der heutigen Gegenwart, noch vielfach überlassen, solange die Menschheit will. In Wirklichkeit handelt es sich aber um etwas ganz anderes. Es handelt sich darum, daß der Gang der Ereignisse wie eine in voller Tätigkeit, in voller Bewegung begriffene Waage ist, wo bald der eine Waagebalken, bald der andere Waagebalken heruntersinkt. Und deshalb kann man die Zeit seit dem Beginn der vierziger Jahre etwa so charakterisieren: Es wäre eine Möglichkeit gewesen, wenn von dem Jahre 1840 ab bis 1914 – welche Zeit durch 1879 in zwei geteilt wird – versucht worden wäre, in einer sachgemäßen Weise vorzubereiten jene Spiritualisierung der Menschheit, welche durch den Erzengel Michael angestrebt wird; wenn versucht worden wäre in größerem Maße, spirituelle Begriffe, spirituelle Vorstellungen in die Menschheit hineinzubringen. Wenn so etwas – da die Menschheit in der neueren Zeit auf Freiheit gestellt werden muß – aus dem freien Menschenwillen heraus unterlassen wird, so sinkt die Waagschale auf die andere Seite hinunter. Dann entlädt sich das, was auf spirituellem Wege hätte erreicht werden können, durch das Blut. Dann entlädt sich das auf eine, ich möchte sagen, überphysische Weise. Es ist nur das Gleichstellen der Waage, was wir in unserer katastrophalen Zeit erleben. Die Menschheit, die zurückgewiesen hat die Spiritualisierung, muß in die Spiritualisierung hineingezwungen werden. Das kann durch eine physische Katastrophe geschehen.

Man kann wiederum sich diese Vorstellung bestätigen, wenn man fest auf dem folgenden Boden steht: Hier leben wir in dieser physischen Welt, aber eigentlich wachen tun wir in dieser physischen Welt nur durch unsere Wahrnehmungen und unsere Vorstellungen, wie ich es neulich ausgeführt habe. Mit unseren Gefühlen träumen wir hier, mit den Willensimpulsen schlafen wir. Das ist selbstverständlich für den Menschen. Wenn man sich aber einlebt durch Imagination, Inspiration, Intuition in jene Welt, die als die spirituelle Welt wie die Luft immer um uns ist, und in der die sogenannten Toten mit uns gemeinsam sind, mit ihren Impulsen wirken, dann nimmt man wahr, wie das Leben hier in der physischen Welt zusammenhängt mit dem Leben der sogenannten Toten. Aufnehmen aus den Herzen der Menschen heraus können die Toten nur die spirituellen Vorstellungen.

Erinnern Sie sich an dasjenige, was ich vor drei Tagen gesagt habe: Wenn ein Mensch in jüngeren Jahren dahinstirbt, dann ist er eigentlich, geistig genommen, nicht von seinen Angehörigen weggegangen; er ist dageblieben, er ist in Wirklichkeit da. Aber für den Toten handelt es sich noch um etwas ganz anderes, als da zu sein – ich bitte Sie, das recht ernst zu nehmen –, darum handelt es sich für den Toten, dieses Dasein zu ertragen, es erfassen zu können. Wenn der Tote da ist in einer Familie, die materialistisch gesinnt ist und die nicht sich hingibt spirituellen Vorstellungen, so ist der Tote zwar da in dieser Familie, aber er ist in dieser Familie so da, daß sie ihn fortwährend bedrängt und beklemmt. Die Familie ist für ihn etwas wie ein Alp, wie die Luft, die wir in zu starkem Maße einatmen, unter der wir den Alpdruck empfinden. Nur die spirituellen Vorstellungen schaffen dieses Alpdrücken weg und machen das Zusammenleben mit denen, unter denen man geblieben ist, erträglich, möglich.

Wiederum habe ich Ihnen gesagt: Wenn ein älterer Mensch seinen Angehörigen entrissen ist, nimmt er ihre Seelen in einer gewissen Beziehung mit. Er nimmt sie mit, er zieht sie nach sich. Aber wiederum, wenn sie nicht mit spirituellen Vorstellungen sich durchsetzen, sind sie für ihn wie ein Alp.

Nun bedenken wir etwas anderes. Man kann ungeheuer viel lernen, wenn man, unter irgendwelchen Voraussetzungen, das durch äußere oder auch durch abnorme innere Verhältnisse herbeigeführte plötzliche Ableben eines Menschen beobachtet. Nehmen wir an, ein Mensch wird erschlagen oder erschossen. Da wird der Tod in einer anderen Weise herbeigeführt, als wenn er allmählich durch Krankheit, auf naturgemäße Weise herbeigeführt wird. Nun denken Sie sich, ein Mensch wird im fünfunddreißigsten Jahr seines Lebens erschossen; also von außen her wird sein Leben vernichtet. Wenn der Schuß nicht gekommen wäre – gewiß hängt die Sache mit dem Karma zusammen, aber trotzdem gilt das Folgende, das ich jetzt auseinandersetzen werde –, wenn der Mensch nicht erschossen worden wäre, so würde er durch seine Konstitution vielleicht noch weitere fünfunddreißig Jahre haben leben können. Nicht wahr, er trägt in sich die Konstitution zu noch weiteren fünfunddreißig Jahren. Das bewirkt etwas ganz Bestimmtes.

Wenn ein Mensch in der Zeit, in der die Lebenskräfte noch besonders rege sind, auf gewaltsame Weise den Tod findet, dann erlebt er in diesem Augenblick ungeheuer viel. Zusammengedrängt in einen Augenblick erlebt er gewisse Dinge, die sich sonst über einen langen Zeitraum ausdehnen. Was er noch hätte erleben können in den fünfunddreißig Jahren, die auf die anderen fünfunddreißig Jahre gefolgt wären, was verteilt gewesen wäre über viele Jahre, das wird zusammengedrängt in einen einzigen Augenblick. Denn das Wichtigste, was man in der Stunde des Todes erlebt, das ist, daß man in dieser Stunde des

Todes dazu kommt, in Wahrheit seine Leiblichkeit von außen zu sehen, wie sie den Übergang durchmacht von der Beherrschung der Kräfte, die sie früher gehabt hat, als die Seele drinnen war im Leibe, zu dem, daß sie jetzt ein Naturwesen wird, an die Naturkräfte abgegeben wird, an die äußeren physischen Kräfte. Das ist das ungeheuer Bedeutungsvolle im Todesmoment, daß der Mensch zurückschaut, wie sein Organismus den physischen Naturkräften ausgeliefert wird. Wenn ein Mensch gewaltsam den Tod erleidet, wird er plötzlich nicht nur denjenigen Naturkräften ausgeliefert, welche die normalen sind, sondern er wird als Organismus durch den Kugeldurchschuß so behandelt wie ein unorganischer, unlebendiger Körper, er wird ganz ins Unorganische versetzt. Es ist ein großer Unterschied, ob man dahinsiecht, oder ob man plötzlich den Tod erleidet dadurch, daß von außen das Universum, sei es in Form einer Kugel oder in anderer Form, in den menschlichen Organismus eingreift. Da geschieht ein plötzliches Aufleuchten, ein Auffeuern von unendlich viel Geistigkeit. Es ist ein Überflammen einer geistigen Aura, welches sich da vollzieht. Und derjenige, der durch die Pforte des Todes gegangen ist, schaut auf dieses Aufflammen zurück. Dieses Aufflammen, das ist sehr ähnlich dem, was nur dann zustande kommt, wenn die Menschen sich spirituellen Begriffen hingeben. Es sind geradezu Werte, die austauschbar sind. Es ist unglaublich interessant zu sehen, wie ähnlich, von der anderen Seite, von der Seite der Toten geschaut, der Gedanke, der empfindende Gedanke ist, den einer hat, wenn er ein Bildwerk, eine Malerei, welche aus spirituellem Leben herausgeboren ist, genießt oder schafft, jener Empfindung, die einer dadurch hat – ohne daß es durch das Bewußtsein des Menschen geht –, daß von außen, sagen wir, ein Arm verletzt, verwundet wird, und Schmerz beim Menschen entsteht. Es ist eine ungeheure Verwandtschaft zwischen den beiden Ereignissen, so daß das eine für das andere eintreten kann.

Jetzt werden Sie den karmischen Zusammenhang begreifen, der da besteht zwischen zwei Ereignissen. Natürlich haben eine ganze Anzahl von Menschen, als die vierziger Jahre herangenaht sind, gewußt, wie, ich möchte sagen, der «Stand der Sterne» ist. Dies ist nur ein technischer Ausdruck bei den Okkultisten, daß sie, wenn sie ein solches

Ereignis wie den Kampf des Erzengels Michael mit dem Drachen bezeichnen wollen, sagen: Das ist der Stand der Sterne. – Es gab natürlich eine ganze Anzahl von Menschen, welche damals gewußt haben, daß ein so wichtiges Ereignis vorging. Es gab auch Menschen, die Vorsorge haben treffen wollen; nur war, ich möchte sagen, die andere Waagschale zu stark beladen: der materialistische Sinn der Menschen war zu stark. So hat man zu dem falschesten gegriffen, zu dem man greifen konnte dazumal. Man sah ein: Spirituelles Leben muß in die Menschheit hineinkommen. Das zeigte sich ganz klar. Denn in den vierziger Jahren waren viele, welche die Zeichen der Zeit verstanden, davon überzeugt, spirituelles Leben müsse in die Menschheit hineinkommen. Wäre dieses spirituelle Leben vom Anfang der vierziger Jahre an in die Menschheit hineingekommen, viele Katastrophen wären dieser Menschheit erspart geblieben. Denn das, was sich vollzogen hat, hätte sich trotzdem vollzogen, aber in anderer Form. Was karmisch notwendig ist, das geschieht, aber es kann sich in verschiedenen Formen abspielen. Das muß man immer festhalten.

Ich will mich deutlicher aussprechen: Wenn der Mensch heute nachdenkt über dasjenige, was geschehen soll auf sozialem Felde oder auf anderen Feldern, ja, dann kann er das in zweifacher Weise machen. Er kann ein Programm aufstellen, kann Begriffe sich bilden, die programmatisch sind, kann sich ausdenken, wie die Welt werden soll auf einem gewissen Gebiete. Das kann in schön klingende Worte gebracht werden. Man kann auf diese Worte so schwören wie auf Dogmen, aber herauskommen tut dabei nichts, gar nichts! Man kann die schönsten Ideen haben über das, was werden soll: Herauskommen kann dabei gar nichts. Von Ideen, die noch so schön sind, braucht gar nichts herauszukommen. Programme, die ausgedacht sind, sind überhaupt das Allerallerwertloseste im Leben. Dagegen kann man etwas anderes tun: Man kann – und manche Menschen erreichen das ohne besonderes Hellsehen – einfach durch ein naives, intuitives Erkennen der Zeitverhältnisse sich fragen: Was geschieht auf jeden Fall in den nächsten zwanzig bis dreißig Jahren? Was liegt in der Zeit, das sich verwirklichen will? – Dann kann man sagen, wenn man das herausbekommen hat, was auf jeden Fall geschieht: Man hat jetzt die Wahl, entweder nimmt man Vernunft an und lenkt die Entwickelung in der Richtung, die sich unter allen Umständen vollzieht; dann geht die Sache gut. Oder aber man unterläßt dieses, man läßt die Dinge auf sich beruhen, man schläft, man wacht nicht; dann vollzieht sich die Sache durch Katastrophen, dann kommen Revolutionen, Kataklysmen und so weiter. – Keine Statistik, kein Programm, das noch so schön ausgedacht ist, hat einen Wert. Einen Wert hat allein die Beobachtung desjenigen, was im Schoße der Zeit liegt. Das muß aufgenommen, das muß durchdrungen werden, von dem müssen die Intentionen der Gegenwart beherrscht werden.

In den vierziger Jahren haben die mannigfaltigsten Leute, die Programm-Menschen waren, über die geringe Anzahl derjenigen, die das einsahen, was ich eben gesagt habe, gesiegt. Dadurch ist alles mögliche gekommen zur Spiritualisierung der Menschheit: Spiritismus zum Beispiel, der nur ein Versuch ist, die Menschheit mit untauglichen Mitteln zu spiritualisieren, der in materialistischer Weise reformieren, die geistige Welt darleben, offenbaren will. Man kann auch im Gedanken recht materialistisch sein. Man ist zum Beispiel dann materialistisch, wenn man sagt: Ja, aber dieser oder jener Teil der Menschheit hat doch recht, warum greifen die geistigen Mächte nicht ein und verhelfen dem zum Recht? – Wie oft hört man das sagen in der Gegenwart: Warum greifen die geistigen Mächte nicht ein? – Ich antwortete in mehr abstrakter Form neulich: Die Menschheit ist gegenwärtig auf Freiheit gestellt. – Diejenigen, die fragen: Warum greifen die geistigen Mächte nicht ein? – die gehen ja von dem Glauben aus, daß Gespenster Politik machen sollten statt der Menschen. Das wäre freilich ein leichtes Vorwärtskommen, wenn Gespenster statt der Menschen die Reformen einführen würden, auf die es ankommt. Das tun sie natürlich nicht, weil die Menschen auf Freiheit gestellt sind. Das Warten auf Gespenster, das ist dasjenige, was die Menschen am konfusesten macht, das lenkt sie von dem ab, was eigentlich geschehen soll. Und so ist denn gerade die Zeit, in der die Menschheit, ihrem Leben nach, in verfeinerte spirituelle Begriffe sich hineinarbeitete, die bei manchen deutlich leben, so ist diese Zeit auf der anderen Seite den stärksten materialistischen Versuchungen ausgesetzt gewesen. Die Menschen können nur nicht unterscheiden zwischen den verfeinerten spiritualisierten Begriffen und Empfindungen und zwischen dem, was versuchend an sie herantritt, und was entgegenarbeitet der Auffassung von dem, was man spiritualisiert in sich hat, und was wirklich auch etwas Spirituelles ist. Deshalb – weil zur rechten Zeit nicht begriffen worden ist, wie die Entwickelung geschehen muß – ist das katastrophale Zeitalter, ist unsere schwere Gegenwart notwendig geworden. Ohne diese schwere Gegenwart wäre die Menschheit noch tiefer hineingesunken in den Unglauben an sich selbst. Noch mehr wäre sie dazu gekommen, zwar Spirituelles zu entwickeln, aber dieses Spirituelle abzulehnen.

Das sind solche Hintergründe des geschichtlichen Werdens. Ich würde ja so gerne von diesen Hintergründen aus manches, was im Vordergrunde liegt, beleuchten wollen, allein aus leicht begreiflichen Gründen geht das, insbesondere in der Gegenwart, nicht. Es muß jedem einzelnen überlassen sein, mit solchen Hintergründen sich nun dasjenige, was in seiner unmittelbaren Gegenwart lebt, wirklich zu beleuchten.

Das Verschlafen, welches ich vorhin charakterisiert habe, das bedingt, daß man auch innerlich so gerne über die Ecken und Kanten des Lebens hinwegsieht. Wenn man aber über die Ecken und Kanten des Lebens hinwegsieht, dann entstehen Kompromisse. Nun kann es Zeiten geben, die für Kompromisse sehr geeignet sind. Dasjenige, was vorangegangen ist den vierziger Jahren des 19. Jahrhunderts, das war eine Zeit, die für Kompromisse recht geeignet war; aber unsere Zeit ist es nicht. Sie stellt an uns die Aufgabe, die Dinge zu sehen, wie sie sind, mit allen ihren Kanten und Ecken. Aber sie stellt auch in die Menschengemüter den Drang hinein, gerade weil diese Kanten und Ecken da sind, die Augen schläfrig zu verschließen vor diesen Kanten und Ecken. Selbst den allergrößten und bedeutsamsten Ereignissen der Menschheitsentwickelung gegenüber kann man das wahrnehmen, was ich jetzt eben gesagt habe.

Gegenüber dem größten Ereignis der Weltgeschichte hat es die Menschheitsentwickelung zu diesen Ecken und Kanten gebracht, selbst dem größten Ereignis der Weltgeschichte gegenüber: dem Mysterium von Golgatha. Wir wissen, was alles an Betrachtungen über das Mysterium von Golgatha im Laufe der theologischen Entwickelung des 19. Jahrhunderts geleistet wurde. Von der Zeit, da *Lessing* gesprochen hat über das Mysterium von Golgatha bis zu dem Philosophen *Drews,* ist ja alles mögliche geredet worden. Und man kann sagen: Diese ganze theologische Entwickelung des 19. Jahrhunderts liefert den vollsten Beweis dafür, daß man völlig verlernt hat, überhaupt noch etwas zu verstehen von dem Mysterium von Golgatha. Aber es gibt einige sehr interessante Publikationen über den Christus Jesus. Zum Beispiel eine dänische, die stellt sich ganz auf den Standpunkt des heutigen naturwissenschaftlich Denkenden. Der Mann sagt von seinem Standpunkte aus: Ich bin Psychologe, Physiologe, Psychiater, ich beobachte von meinem Standpunkte aus die Evangelien. – Zu welchem Schluß ist er gekommen? Sachgemäß im Sinne der heutigen Psychiatrie, so wie sie urteilen kann, ist der Mann zu dem Schluß gekommen: Das Bild, das die Evangelien von dem Christus Jesus entwerfen, ist ein Krankheitsbild. Man kann eigentlich den Christus Jesus nur auffassen als ein Wesen, welches zusammengesetzt ist aus Wahnsinn, Epilepsie, krankhaften Visionen und dergleichen. Alle die Symptome einer schweren Geisteskrankheit sind eigentlich da. – Wenn man, wie ich es kürzlich einmal gemacht habe, die wichtigsten Stellen dieses Buches vorliest, entsetzen sich die Menschen. Man kann das begreifen. Wenn das, was sie für heilig halten, ihnen als Krankheitssymptome entgegentritt, entsetzen sich die Menschen. Aber was liegt da eigentlich vor? Ja, es liegt vor, daß da einmal unter einer großen Anzahl von unehrlichen Kompromißlern einer aufgetreten ist, der sich nun vollständig auf den naturwissenschaftlichen Standpunkt stellt, der nicht mehr mit irgend etwas Kompromisse schließt, sondern sagt: Ich bin ganz Naturwissenschafter; und wenn ich das bin, dann muß ich es so sagen, wie ich es sage, denn das ist eine Tatsache.

Würden die Menschen ehrlich sich auf den Standpunkt stellen, auf den die Naturwissenschaft sich gestellt hat, dann würden sie solche Ansichten gewinnen müssen. Da gibt es diese Ecken und Kanten, da kann man nicht anders. Und man kann nicht anders, als entweder den naturwissenschaftlichen Standpunkt verlassen und zum geisteswissenschaftlichen Standpunkte übergehen – dann bleibt man auch ehrlich –, oder man kann ehrlich bleiben auf dem naturwissenschaftlichen Standpunkte, dann muß man die Dinge, ohne Kompromisse zu machen, so betrachten, wie sie solch ein ganz bornierter Naturforscher, aber auf seinem Gebiete ehrlicher Mann betrachtet, der nur ganz borniert ist und nicht seine Borniertheit irgendwie übertüncht, borniert, aber konsequent. Man muß sich auf diesen Standpunkt stellen. Würden die Menschen sehen, was heute manche Nuance notwendig macht, wenn es beleuchtend auftritt, dann würden sie erst kompromißlos das Leben sehen.

Es wurde in diesen Tagen ein interessantes Zettelchen in meine Hand gedrückt. Ich wußte schon von dem Buche, das da erwähnt wurde, aber ich habe es nicht hier, deshalb kann ich Ihnen nur das Zettelchen vorlesen. Es wurde mir also in die Hand gedrückt, um zu bezeugen, was heute alles möglich ist.

«Wer jemals die Bank eines Gymnasiums gedrückt hat, dem werden die Stunden unvergeßlich sein, da er im Plato das Gespräch zwischen Sokrates und seinen Freunden ‹genoß›. Unvergeßlich wegen der fabelhaften Langeweile, die diesen Gesprächen entströmte. Und man erinnert sich vielleicht, daß man die Gespräche des Sokrates eigentlich herzhaft dumm fand; aber man wagte natürlich nicht, diese Ansicht zu äußern, denn schließlich war der Mann, um den es sich handelte, ja Sokrates, ‹der größte Philosoph›. – Mit dieser ganz ungerechtfertigten Überschätzung des braven Atheners räumt das Buch ‹Sokrates der Idiot› von *Alexander Moszkowski* gehörig auf. Der Polyhistoriker Moszkowski unternimmt in dem kleinen, unterhaltend geschriebenen Werke nichts Geringeres, als Sokrates seiner Philosophenwürde so ziemlich vollständig zu entkleiden. Der Titel ‹Sokrates der Idiot› ist wortwörtlich gemeint. Man wird nicht fehlgehen in der Annahme, daß sich an das Buch noch wissenschaftliche Auseinandersetzungen knüpfen werden.»

Nun kann man es schrecklich finden, daß so etwas geschrieben wird, nicht wahr? Aber ich finde es gar nicht schrecklich. Ich finde es selbstverständlich und ehrlich von Moszkowski. Denn nach den Begriffen und Empfindungen, die Moszkowski hat, kann er, wenn er konsequent bleibt, den Sokrates nur einen Idioten nennen; das ist selbstverständlich. Und wenn er es tut, so ist er ehrlicher als so und so viele andere, die eigentlich nach den Ansichten, die sie haben, Sokrates auch einen Idioten nennen müßten, aber aus Kompromißlerei es nicht tun. Ich brauche Ihnen nicht zu sagen, daß nicht irgend jemand durch die durchlässigen Wände des Münchener Zweiges jetzt hier verbreiten soll, daß ich mich einverstanden erklärt habe, wenn Moszkowski Sokrates als Idioten erklärt. Ich hoffe, daß man versteht, was ich eigentlich meine.

Aber ebenso muß ich anerkennen, daß in unserer Zeit gewisse Urteile nur dadurch in den Gemütern der Menschen zusammenkommen, weil man unehrliche Kompromisse schließt. Man kann nicht gleichzeitig so denken über Seelenkrankheiten, wie die heutige Psychiatrie denkt, und nicht ein solches Buch schreiben, wie der Däne geschrieben hat über den Christus Jesus. Man kann das nicht. Man ist nicht ehrlich, wenn man nicht entweder diese Begriffe ablehnt und durch geistige Begriffe ersetzt, oder eben auf den Standpunkt sich stellt, daß der Christus Jesus ein Geisteskranker war. Und man kann nicht, wenn man jene eigentümliche Ansicht von Alexander Moszkowski kennt, über die Strahlungstheorie, über die Quantentheorie – man muß solche Leute nur kennen, muß nur kennen die Ansichten über die Grenzbegriffe, über das ganze Gefüge des Weltenbaues, die Moszkowski hat –, man kann dann nicht anders, als Sokrates und auch Plato für Idioten halten, wenn man ehrlich und konsequent ist.

Zu denjenigen Impulsen, die der Menschheit besonders notwendig sind, gehört vor allen Dingen dieser: Kompromisse abzulehnen, Kompromisse nicht zu schließen, wenigstens im Gemüte zunächst. Das ist wichtig, außerordentlich wichtig, daß man dies als eine Forderung unserer Zeit ansieht. Denn gerade das gehört zu den wichtigsten Impulsen des Zeitgeistes Michael, Klarheit hineinzugießen, unbedingte Klarheit hineinzugießen in die menschlichen Seelen. Will man dem Erzengel Michael folgen, dann ist es notwendig, Klarheit hineinzugießen in die menschliche Seele, die Schläfrigkeit zu überwinden. Sie tritt auf anderen Gebieten auch auf, aber es ist ein unbedingtes Erfordernis vor allen Dingen, sich überall heute die Konsequenzen einer Sache klarzumachen. In früheren Zeiten war das anders. In früheren Zeiten, durch die Jahrhunderte, in denen vor dem Erzengel Michael im wesentlichen die europäische Menschheit durch Gabriel regiert worden ist, war es so, daß dasjenige, was der Mensch hier als Kompromiß gedacht hat, von der geistigen Welt her abgeschwächt worden ist. Michael ist der Geist, der mit der Freiheit der Menschen im eminentesten Sinne arbeitet. Daher macht Michael schon das Richtige. Sie dürfen nicht glauben, daß Michael nicht das Richtige macht, er macht schon das Richtige. In den unbewußten Regionen der Seele ist heute bei jedem Menschen scharf hingestellt jede Kante und Ecke des geistigen Lebens. Es ist schon da. Wer nur die geringste Anlage – sei es eine noch so geringe – dafür hat, das heraufzubringen, was im Untergrunde des Seelenlebens ist an latenten Visionen, der weiß, was heute alles auf dem Grunde der Seele an Diskrepanz, an Unzusammengehörigem lebt. Er weiß, wie in den Seelen nebeneinander wohnen die heutige materialistische Psychiatrie, die sich nicht scheut, in ihm einen Epileptiker zu sehen, und sogar die Anerkennung des Christus Jesus. Er weiß das. Wenn sich die Dinge nur ein wenig ins Bewußtsein heraufheben, wenn jemand nur ein wenig die Anlage dazu hat, die Dinge ins Bewußtsein hinaufzuheben, ja, dann wird er schon gewahr, wie die Dinge sind. Es wäre interessant, wenn mit einem wirklichen Sinne für die Gegenwart einmal ein guter Maler malen würde «Christus, gesehen von einem Psychiater der Gegenwart», und würde das, was sich abspielt, expressionistisch zum Ausdruck bringen. Es wäre sehr interessant, was da herauskommen würde, wenn der Maler wirklich Verständnis hätte für dasjenige, was sich in der Gegenwart in den Untergründen des seelischen Lebens abspielt.

Sie sehen, man muß schon gerade für unsere Zeit tief schürfen, wenn man verstehen will, was sich an der Oberfläche des Daseins abspielt. Aber man begreift auf der anderen Seite auch, daß die Menschen von einer gewissen Feigheit und Mutlosigkeit befallen werden, wenn sie an die angedeutete Sache herankommen sollen. Und das ist das andere, was eben in der Gegenwart notwendig ist: Mut, sogar eine gewisse Kühnheit der Anschauungsweise, der Denkweise, eine solche Kühnheit, welche die Begriffe nicht abstumpft, sondern sie vielleicht möglichst spitzig werden läßt. Ich habe diese Dinge alle gesagt, damit sie, soweit sie jedem geistig zugänglich sind, von jedem selbst beobachtet werden. Man kann sie selbst beobachten, wenn man das geistige Leben in der Gegenwart wirklich beobachten will. Man kann schon alles das, was heute gerade gesagt werden muß, aus den äußeren Ereignissen heraus finden; der Geistesforscher wird es nur präziser beschreiben, weil er den Hintergrund dazu sieht. Und wenn man dann vom Geistesforscher diesen Hintergrund geschildert bekommt, dann wird man um so mehr in den Ereignissen bewahrheitet finden, worauf zum Beispiel heute hingedeutet worden ist.

Es frägt heute mancher, was er eigentlich tun solle. – Es liegt so nahe, was man tun soll. Man möchte sagen: Die Augen aufmachen soll man, allerdings die geistigen Augen! – Der Wille kommt dann schon, wenn man die Augen aufmacht. Der Wille hängt ja vielfach ab von dem Platze, wo man hingestellt ist. Man kann nicht immer gerade an seinem Platze seinem Karma gemäß das Richtige machen, aber man muß versuchen, die Augen geistig aufzumachen. Heute ist es ja allerdings vielfach so, daß wenn man versucht, in Worten vor die Menschen irgend etwas hinzustellen, was notwendig ist für die Gegenwart, sie dann schnell die Augen zumachen; dann wenden sie schnell den Sinn davon ab. Das ist nur das andere Ausschlagen der Waagschale.

Wenn man so spricht, könnte das sehr leicht aufgefaßt werden, als wenn man eigentlich eine Kritik der Zeit geben wollte. Das meine ich nie. Was ich meine, ist: aufmerksam zu machen auf das, was als Impulse aus der spirituellen Welt in die menschlichen Seelen, in die menschlichen Gemüter hinein muß, wenn wir aus der katastrophalen Zeit, in die wir hereingekommen sind, hinaus wollen. Wie gesagt, auf konkrete Einzelheiten einzugehen, ist leider nicht möglich. Das kann jeder für sich selbst tun.

ELFTER VORTRAG

München, 2. Mai 1918

Heute, am ersten Tage unserer Zweigbetrachtungen, wollen wir, wie es den Zeitverhältnissen angemessen ist, eine Betrachtung anstellen, die sich auf dasjenige erstreckt, was von unserer geisteswissenschaftlichen Bestrebung als Licht fallen kann auf manches, das dem Menschen in unserer Zeit entgegentritt, fragend, fordernd entgegentritt, und ihn mit Aufgaben wenigstens erfüllen sollte, Aufgaben, die ja im eminentesten Sinn durch den Geist der Zeit gestellt werden und von deren Erfassung durch jeden einzelnen vielleicht vieles von dem Schicksal der Menschheit in der nächsten Zukunft abhängen könnte. Gehen wir von etwas aus, was uns ja naheliegen kann. Sie werden wohl bemerkt haben, daß schon seit längerer Zeit in gewissem Sinn eine Änderung in der Stimmung der Außenwelt gegenüber unserer anthroposophisch orientierten Geisteswissenschaft eingetreten ist, eine Änderung der Stimmung dahingehend, daß man mit einer wachsenden Feindseligkeit da und dort auf diese Geisteswissenschaft blickt. Nur derjenige, der die Geschichte von geistigen Bewegungen nicht in der richtigen Weise würdigt, kann überrascht sein davon, daß solcher Stimmungswechsel, solche Stimmungsänderung einmal gekommen ist; sie wird noch in größerer Intensität kommen. Solange sich eine solche Bewegung wie diese in ihrer Hauptsache innerhalb eines gewissen sektiererischen Betriebes hält, solange sie sich so hält, daß da oder dort in den verschiedenen Städten ein paar Leute zusammenkommen, sektenartig sich in Vorder- oder Hinterhäusern vereinigen, um dieses oder jenes sektenartig zu treiben, so lange betrachtet man solche aufstrebenden Bewegungen mit einem gewissen nachsichtigen Wohlwollen, das sich gewiß da oder dort auch in etwas anderes verwandelt, das aber dabei stehen bleibt, man habe nicht nötig, im Ernst einzugehen auf solche Bewegungen; sie werden schon wieder verschwinden, und die Räume in den Vorder- und Hinterhäusern, in denen sektiererisch, in mehr familienhafter Art solche Dinge getrieben werden, die werden schon wiederum durch etwas anderes in Anspruch genommen werden. Solche Stimmung war ja durch viele Jahre hindurch in der Außenwelt unserer Bewegung gegenüber vorhanden, und was als Feindseligkeit aufgetreten ist, hob sich mehr oder weniger nur oasenhaft aus dieser allgemeinen Stimmung heraus. Aber die Sachen haben sich ja ein klein wenig geändert dadurch, daß wenigstens von einer Seite her immer mehr und mehr gestrebt worden ist, den sektiererischen Charakter der Bewegung abzustreifen. Obwohl gerade aus den Reihen unserer Gesellschaft selber heraus immer wieder und wiederum Widerstände erwachsen gegen das Abstreifen dieses Sektiererischen, gegen das Sich-Vereinigen mit der allgemeinen Kultur der Gegenwart, so muß doch in energischer Weise der Versuch gemacht werden, gegen alle Widerstände und gegen alle Feindseligkeiten sich zusammenzufinden mit dem, was sonst in der Kultur der Gegenwart strebt. Man wird ferner nicht sich nur zusammensetzen und in behaglicher Weise Vorträge vorlesen können und dergleichen – obwohl das selbstverständlich eine schöne familiäre Aufgabe sein kann –, man wird genötigt sein, sich mit dem auseinanderzusetzen, was Menschen da und dort wollen, anzuknüpfen an das, was da und dort gewollt wird, um gerade durch das Wechselverhältnis mit den vielleicht widerstrebenden Bewegungen der Außenwelt dasjenige zu finden, was für die Gegenwart gerade durch die anthroposophisch orientierte Geisteswissenschaft gefunden werden muß.

Und eine sehr bedeutsame Aufgabe unserer Freunde wird es sein, die notwendige Beweglichkeit des Geistes zu entfalten, die etwa dazu gehören wird, um dieses Herausgehen aus dem Behaglichen, Sicheren, Warmen, Familienhaften wirklich zu finden. Notwendig ist es, aber empfunden wird die Notwendigkeit noch nicht überall. Dies führt aber direkt dazu, sich zu fragen: Wie wird sich denn in der Zukunft das eine oder das andere aus den Impulsen unserer geistigen Bewegung auseinanderzusetzen haben mit demjenigen, was althergebracht oder auch neu erstehend ist, oder mit dem Glauben ausgerüstet, daß es vielleicht etwas Neues sei, wie wird sich das, was von uns kommt, mit solchen Bewegungen auseinanderzusetzen haben? Wie wird sich das gestalten?

Nun, vor allen Dingen, trotz aller scheinbaren da und dort auftretenden Zustimmungen von dieser oder jener Seite, wird der Widerstand insbesondere groß werden von seiten der offiziellen Vertreter religiöser, konfessioneller Weltanschauungen. Diese religiösen, konfessionellen Vertreter von Weltanschauungen, aus deren Reihen ja gewiß musterhafte Bekenner unserer Bewegung hervorgehen werden, sie werden doch in ihrer Mehrzahl immer wieder und wiederum dasjenige betonen, was sie gerade auflesen können aus dem ererbten Gute ihrer Anschauungen, und werden bei der Masse der Menschen der heutigen Zeit, die ja selbstverständlich nicht autoritätsgläubig sind, aber auf jede Autorität hineinfallen, reichlich Zustimmung finden. Insbesondere wird es schwer werden, gegen *eine* Stimmung das geisteswissenschaftliche Gut durchzubringen, und diese eine Stimmung, die ruht in einer gewissen außerordentlich bequemen Art und Weise, wie die Menschenseelen gewohnt worden sind, ihr Verhältnis zu der geistigen Welt zu finden. Wie viele Menschen in der Gegenwart sind doch eigentlich vorhanden, die da sagen: Ach, da kommen solche Geistesforscher, die eine ganze Etagenwelt von Hierarchien konstruieren! Man soll durch die Hierarchien der Angeloi, Archangeloi und so weiter erst hinaufkommen zu einem höchsten Geistigen, zu einem höchsten Göttlichen. – Das alles finden solche Menschen viel zu «intellektuell», um mitzugehen, und sie weisen hin auf das einfache, wie sie es nennen, naive Verhältnis, in das durch inneres starkes Erleben die Seele kommen kann zu dem Gott oder auch zu Christus und dergleichen. Das ist ja heute dasjenige, was man von den Bessermeinenden immer wieder und wiederum hören kann: Unmittelbares Erleben des höchsten Göttlichen! Warum sollte der Mensch erst so und so vieler hierarchischer Vermittlungen brauchen, um zu einer geistigen Erkenntnis zu kommen? Er kann in seinem kindlich einfachen Erleben den Zusammenschluß mit dem höchsten Göttlichen ja finden.

Da müssen wir uns nun aber fragen: Was geschieht denn in den Seelen derjenigen, die, wirklich mit einer gewissen Ehrlichkeit, wenn auch diese Ehrlichkeit eine bequeme ist, ihr Streben so charakterisieren: Sie reden von dem Göttlichen, das sie erleben. Es gibt ja Menschen, die durchaus einen gewissen Umschwung in ihrem Seelenleben erfahren haben, durch den ihnen alles das, was sie das Göttliche, das Geistige nennen, anders erscheint, als es ihnen früher erschienen ist. Die einen nennen es Evangelisation, die anderen anders, darauf kommt es schon nicht an. Es ist der Glaube, daß diese Menschen einen Zugang gefunden haben auf kindliche, naive Weise zu dem höchsten Göttlichen. Das stellen sich manche Menschen recht einfach vor, den Christus im Inneren zu erleben. Was erleben sie aber wirklich?

Nun, ich gehe davon aus, daß die Erlebnisse, welche hier gemeint sind, echt und ehrlich sind, daß die Leute wirklich etwas erleben, daß sie wirklich einen Umschwung in ihrem Seelenleben erfahren haben. Ich gehe von einer ganz ehrlichen Überzeugung aus. Ich gehe auch aus von einer gewissen Vorurteilslosigkeit gegenüber den hergebrachten konfessionellen Glaubensrichtungen. Dasjenige, was diese Menschen erleben, ist dann höchstens das nächste Geistige, das der Mensch erleben kann. Und was ist dieses nächste Geistige? Dieses nächste Geistige ist jenes Wesen aus der Hierarchie der Angeloi, das jedem Menschen zu seiner Führung zugeteilt ist, das man taufen kann, wie man will: Christus, den höchsten Gott, wenn man will! – Darauf, wie man es benennt, kommt es nicht an, sondern darauf, was das wirklich ist, was sich da der Seele nähert, wenn man ein ehrliches, wirkliches Erlebnis hat: Es ist der Angelos, der Engel, und diesen Engel sieht man nur als den höchsten Gott an. Man ist zu bequem, zu etwas anderem fortzuschreiten, und das Nächste, das man erlebt, bezeichnet man als seinen Gott und konstruiert sich damit – ja, was denn eigentlich? – die egoistischste Religion, die man sich nur konstruieren kann! Daß da alle Menschen sich verständigen, indem sie die Sache einheitlich benennen, darauf kommt es nicht an, denn indem die Menschen nichts anderes erleben wollen als das Angedeutete, erlebt eben jeder nur seinen Engel, jeder betet nur seinen Engel an. Und wenn noch so viele Prediger von dem einheitlichen Gott reden, von dem scheinbar monotheistischen Gott, in Wahrheit sprechen sie nur von den Millionen Engeln, welche die Menschen anbeten und denen sie den gleichen Namen geben, so die Menschen in die Konfusion hineintreibend, daß diese Millionen von Wesen nur *ein* Wesen seien. Das ist die Wirklichkeit, und das deutet zugleich auf die Illusion hin, in die man sich begibt, wenn man sich in dieser Weise mit dem egoistischsten Gott vereinen will.

Schon ein äußeres Kennzeichen gibt es für das, was ich eben ausgesprochen habe. Versuchen Sie einmal Ihre Zuflucht zu nehmen zu den gelehrten Hilfsmitteln, die bei solcher Gelegenheit auch benützt werden können, dann werden Sie etwas Sonderbares erfahren können: Nehmen Sie die heute gelehrtesten Dinge auf diesem Gebiete zur Hand und versuchen Sie, sich eine Kenntnis davon zu verschaffen, welches der Ursprung eines sehr gebräuchlichen Wortes ist. Sie werden namentlich *ein* Wort finden, von dem Ihnen alle Gelehrten innerhalb des deutschen Sprachgebietes sagen werden: Den Ursprung davon kann man nicht ergründen. – Das ist das Wort Gott und sein Adjektiv göttlich. Nehmen Sie das Deutsche Wörterbuch: Der Artikel «Geist» im Wörterbuch ist auch recht wenig befriedigend, aber doch noch befriedigender als der Artikel «Gott». Da kommt man überhaupt nur dazu, zu wissen: Man weiß nicht, woher das Wort Gott kommt. – Es gibt ja alle möglichen Hypothesen, aber man weiß nicht, woher es kommt. Wird man gegenüber einem solchen gelehrten Resultat noch zurückschrecken können vor der Behauptung, daß zahlreiche Menschen, die von Gott und dem Göttlichen sprechen, gar nicht wissen, wovon sie reden? Ganz selbstverständlich, weil sie ein Wort unbekannten Ursprungs zu irgend etwas verwenden, nun, wozu sie es eben gerade gerne verwenden möchten. Die Dinge liegen eben ernster, als sie sich gestehen möchten. Aber man will diesen Dingen nicht zu Leibe gehen. Man weiß gar nicht, wie stark man in der Phrase lebt und wie glücklich man sich fühlt, in dieser Phrase leben zu können. Das ist das eine. Man kann aber auch noch etwas anderes finden.

Wenn man auf das Reale losgeht, das die Leute dann erleben, wenn sie heute, sogar über das Konfessionelle hinausschreitend, von ihrem Gott sprechen, den sie in ihrem eigenen Inneren erleben, mögen sie es mystisch nennen oder theosophisch, kann man unendlich oft erfahren, daß die Leute sagen: Es kommt nur darauf an, den Gott in seinem Inneren zu erleben, mit dem Gott in seinem Inneren eins zu werden! – Mit was wird man denn da eigentlich eins? Geht man der Sache nach, mit der dann der Mensch eins wird, ohne daß er es erkennt, so ist das nichts anderes als die eigene Seele, wie sie war, bevor sie durch die Empfängnis beziehungsweise Geburt in das physische Dasein getreten ist, wie diese Seele gelebt hat zwischen dem letzten Tod und dieser Geburt. Entweder betet heute der Mensch, auch wenn er aufrichtig religiös sein will, seinen Engel an oder sein eigenes Ich, wie es war vor der Geburt oder Empfängnis. Er nennt es seinen Gott und belegt es mit dem Worte unbekannten Ursprungs; aber dasjenige, was er in Wirklichkeit heraufdämmern fühlt aus dem Unbewußten, das ist er selbst. Und das Kuriose tritt zutage für denjenigen, der die Wirklichkeit durchschaut, daß von allen Kanzeln fortwährend geredet wird von der Prädestination, und da man diese nicht denken kann ohne die wiederholten Erdenleben, so wird in Wahrheit geredet von diesen Erdenleben, nämlich von dem eigenen Selbst, das durch diese geht, und es wird gleichzeitig verleugnet die Tatsache dieser wiederholten Erdenleben. In Wahrheit wird von nichts mehr geredet als von dem, was Anthroposophie zum bewußten Erkennen der Menschen bringen will.

Nun finden die Menschen, daß es notwendig ist, der Sache einen Namen unbekannten Ursprungs beizulegen. Sie reden eigentlich davon, daß aus dem Unterbewußten etwas heraufdämmere, was man erfahren kann im mystischen Erleben. Sie nennen es das Zusammensein des Menschen mit Gott. In Wirklichkeit ist es das Zusammensein des Menschen mit sich selbst, mit seinem Selbst, wie es war vor der Geburt. Nennt man es Gott und fordert die Menschen auf, es anzubeten, so fordert man die Menschen auf, sich selber anzubeten. Götzendienst mit sich selbst ist heute vielfach dasjenige, was als Religion gefeiert wird. Das auszusprechen ist heute notwendig, weil es den ganzen Ernst der Wirklichkeit bezeichnet. Aber es ist zu gleicher Zeit unbequem, weil es ja hinweist auf die ungeheuer tiefgehende Lebenslüge, die unser Leben durchzieht.

Zu dieser Lebenslüge hat im wesentlichen dasjenige geführt, was ich schon hier erwähnt habe: daß im Jahre 869 auf dem achten allgemeinen ökumenischen Konzil von Konstantinopel der Geist abgeschafft worden ist. Ich habe erwähnt, daß die philosophischen, vorurteilslosen Leute, die von der sogenannten voraussetzungslosen Wissenschaft ausgehen, heute davon sprechen, der Mensch bestehe aus Leib und Seele. In Wahrheit besteht er aus Leib, Seele und Geist. Aber im Jahr 869 ist verboten worden, vom Geist zu sprechen. Und es ist ja nichts, nichts so sehr vermieden von den christlichen Philosophen des Mittelalters, als von der sogenannten Trichotomie, von dem Geist zu sprechen. Sobald man aber die Trichotomie verließ, von welcher zum Beispiel noch ausgegangen war *Dionysios der Areopagite,* von dem noch Abschriften angefertigt worden sind im 6. Jahrhundert, die noch alle von den höheren Hierarchien sprechen, sobald man Abschied nahm von dem, was man auch in der heutigen Zeit so eifrig bekämpft, von der alten Gnosis, die ja heute natürlich in einer anderen Form uns entgegentreten muß, die aber eben für ihre Zeit ein ungeheuer Hohes war, sobald man von ihr Abschied nahm und Rücksicht nahm auf die Bequemlichkeit des Intellekts, war man auch dazu verurteilt, allmählich von etwas zu sprechen, was eigentlich seelisch in eine furchtbare Lebenslüge hineinführt. Kein Wunder, daß, weil Geisteswissenschaft die Wahrheit sagen muß über diese Dinge, sie heute die heftigste Gegnerschaft erweckt. Und man läßt sich ja heute vielfach nicht ein auf das, was eigentlich die Menschen in ihrem Inneren zum Ausdruck bringen wollen, sondern es ist wirklich so, daß die Menschen zum großen Teile heute das seelische Zuhören vollständig verlernt haben.

Das tritt ja manchmal in grotesken Beispielen an die Oberfläche. Den Leuten kommt es gar nicht mehr darauf an, was in Wirklichkeit gesagt wird, sondern darauf, irgend etwas selber zu sagen, ganz gleichgültig, ob es trifft oder nicht trifft. Das ist nicht eine vereinzelte Erscheinung, das ist typisch, das geschieht überall auf Schritt und Tritt. Beispiele dafür könnte ich Ihnen nicht in hundert-, sondern in tausendfältiger Weise erzählen. So geht es zu auf literarischen Gebieten, so geht es auch zu auf dem großen Welttableau.

Mit solchen Dingen, mit solcher geistigen Verfassung der Gegenwart hängt aber innig zusammen, was in der Gegenwart überhaupt impulsierend ist, was die Gegenwart treibt und schließlich in eine solche Katastrophe hineingeführt hat. Darauf muß man immer und immer wiederum hinweisen. Es finden sich ja immer noch heute Leute gedrängt, von Nächstenliebe zu sprechen, davon zu sprechen, daß man verständnisvoll, daß man liebevoll auf den anderen einzugehen hat. Aber in Wirklichkeit ist das alles nicht vorhanden, sondern in Wirklichkeit ist die Grundstimmung die, welche bei *Fritz Mauthner* sich ausspricht, in dem Ihnen bekannten Falle *Boll,* wo er fürchterlich losschimpft auf einen, der eigentlich ganz mit ihm einverstanden ist.

In solchen Dingen drückt sich charakteristisch und typisch das aus, was man in der Gegenwart klar und scharf ins Auge zu fassen hat. Nur wenn man den Willen dazu entwickelt, einzugehen auf solche Dinge, wird man den Standpunkt finden, der notwendig ist, um heute irgendwie an einem Ort, auf den man durch sein Karma gestellt ist, im Sinne der Menschheitsentwickelung vorwärts zu kommen.

Erkennen müssen wird man heute vor allen Dingen folgendes: Man wird wirklich hinschauen müssen auf dasjenige, was sich im Menschenwesen entwickelt hat vom letzten Tod bis zu der jetzigen Geburt. Man wird nicht mehr weiter sich täuschen können, sich Illusionen vormachen können durch Selbstvergötterung, durch Selbstanbetung, indem man dasjenige, was man eigentlich in sich findet als sein wirkliches Ich, Gott nennt. Man wird sich nicht mehr solchen Täuschungen hingeben können, sondern wird hinschauen müssen auf das, was wie ein Erbgut aus geistigen Welten jeder durch seine Geburt in sein physisches Dasein hereinbringt. Wo steckt das eigentlich? Ja, meine lieben Freunde, wir bringen es alle mit herein, wir bringen ein ungeheures Weisheits- und Geistesgut durch unsere Geburt ins physische Dasein herein. Wo steckt es denn? Wir sind, indem wir geboren werden, alle so weise, daß wir es gar nicht glauben können, wie weise wir sind. Aber wo steckt diese Weisheit? Auf der einen Seite steckt sie verzaubert in unserer Leiblichkeit und ihren Anlagen, mit denen sie sich vereinigt hat, und auf der anderen Seite in unserem Schicksal. Daraus will sie erlöst werden. Und im heutigen Zeitenzyklus der Menschheit liegt es, daß dieses Erbgut durch die freie Betätigung des Menschen erlöst werde, heraufgeholt werde als höhere Ich-Erkenntnis dessen, was verzaubert in uns selber und unserem Schicksal liegt. Wir können dadurch, daß wir uns klarmachen: Der heutige Mensch lebt anders als der Mensch verflossener Kulturepochen –, über solche Dinge auch zu einiger Einsicht kommen.

Ich will Sie an etwas erinnern, was ich auch hier schon erwähnt habe. Ich habe erwähnt, daß im ersten Kulturzeitraum der nachatlantischen Epoche der Mensch in anderer Weise lebte als heute. Er lebte geistig-seelisch das mit, was körperlich sich in ihm darlebte. So wie wir als Kinder heute den Zahnwechsel als einen besonderen Umschwung miterleben, die Geschlechtsreife auch im Seelischen als Umschwung erleben, so erlebte bis in die Fünfzigerjahre hinein der Mensch der ersten nachatlantischen Kulturperiode sein leibliches Werden. Dann kam die Zeit, wo man das nur bis in die Vierzigerjahre hinein erlebte, dann bis in die Dreißigerjahre. Wir erleben heute diese Dinge nur bis in die Zwanzigerjahre hinein. Bis in die Zwanzigerjahre hinein erlebt der Mensch heute dasjenige, was leiblich, körperlich in ihm vorgeht; dann wird er gewissermaßen emanzipiert. Er kann nicht mehr das, was in der absteigenden Lebensentwickelung lebt, von selbst erleben; er muß es dadurch erleben, daß er sich seelisch von dem Geistigen anregen läßt. Die Geisteswissenschaft muß den Impuls geben, um das zu erlösen, was in unserem Leibe oder in unserem Schicksal verzaubert liegt. Dazu ist unsere heutige Erziehung lange noch nicht einmal herangedrungen, geschweige denn vorgedrungen. Das wird man einsehen müssen, daß in frühester Jugend in den Menschen ein Impuls gelegt werden muß, damit der Mensch verstehen lerne, älter zu werden. Die Menschen verstehen heute nicht, alt zu werden. Sie verstehen höchstens, daß sie graue Haare bekommen oder – heute besonders häufig – frühe Glatzen oder ähnliche Alterszeichen, aber es ist nicht dasjenige da, was da sein kann in den Menschen: die Erwartung, die hoffnungsvolle Erwartung auf jedes neue Jahr, mit der Gewißheit: Man erlebt, indem man älter wird, jedes Jahr etwas, was man gar nicht früher erleben kann. Jedes Jahr bringt ein Neues, jedes Jahr bringt eine neue Offenbarung, wenn man es zu nützen versteht.

Die Stimmung freilich muß über die Menschen dann kommen, durch die sie sich sagen: Jetzt werde ich zwanzig Jahre alt, der Dreißig- bis Vierzigjährige hat etwas erlebt, was ich heute noch nicht erleben kann. Ich muß warten, dann wird sich mir das offenbaren. – Bedenken Sie nur einmal ganz im Ernste in allen Teilen, was das eigentlich bedeuten würde, wenn die Erziehung dahin wirken würde, daß man hoffnungsvoll erwartend das Herankommen seines Lebens erschaut. Die gegenteilige Stimmung wird heute großgezogen. In die Staatsparlamente und in die anderen Parlamente wollen die Leute in frühester Jugend gewählt werden, weil sie glauben, man ist in frühester Jugend fertig, man hat das schon alles. Was trifft man heute öfter, als daß die jüngsten

Dachse und Dachsinnen bei jeder Gelegenheit sagen: Das ist mein Standpunkt! – Jeder hat heute schon einen Standpunkt in der allerfrühesten Lebensjugend. Es ist den Menschen vollständig unbekannt, daß erwartungsvoll die Hoffnung lebt, das Leben berge Geheimnisse, die sich nach und nach offenbaren. Es würde aber viel bedeuten, wenn das in unsere Erziehung hineinkäme. Dann würde man den Willen haben, nach und nach dasjenige zu erlösen, was in unseren Leib und in unser Schicksal hineinverzaubert ist.

Allerdings, man wird die Kultur, wie sie sich allmählich entwickelt hat, in einem ganz besonderen Lichte sehen müssen, wenn man sich über solche Dinge wird aufklären wollen. Man wird sich fragen müssen: Wie findet man eigentlich den richtigen Standpunkt, um das, was in uns verzaubert liegt, nach und nach zu erlösen? – Ja, man wird sich vielleicht sogar etwas anderes noch als Frage vorlegen müssen: Warum soll man denn das, was man in Verzauberung in sich hat, erlösen? Ist es nicht viel bequemer, das da unten dem Fleisch und den Nerven und dem Blut zu überlassen? Da kann es ja ruhen, bis man stirbt, und in die andere Welt hineinkommen; da kann es ja sein Dasein fristen. Man überläßt den Nerven, den Muskeln, dem Schicksal, was in einem verzaubert liegt. Warum soll man denn das erlösen? – Man soll und muß es aus dem Grund erlösen, weil der Geist auf seinem Wege ganz bestimmten Gesetzen unterliegt. Dasjenige, was uns mitgegeben wird als Erbgut aus geistigen Welten, das will heraus, will aus seiner Gefangenschaft befreit sein. Und das tritt ein, indem es aufgenommen wird in das Bewußtsein. Was im Leib und im Schicksale liegt, will heraufwandern in unser Bewußtsein. Es hat seinen richtigen Hort in unserem Bewußtsein. Es soll in unserem Bewußtsein leben, nicht verzaubert in unserem Nervensystem und Blutsystem, in unseren Muskeln oder in unseren Knochen. Denn bleibt es in den Nerven, Muskeln, Knochen oder in dem unbestimmten, nur erlittenen Schicksal, dann verwandelt sich dieses Geistige in etwas anderes: in schlechte Kräfte. Es ist dazu bestimmt, durch das Bewußtsein ins Leben getragen zu werden. Bleibt es außer dem Bewußtsein mit dem Menschen vereint, so verwandelt es sich entweder in luziferische oder in ahrimanische Kräfte, es wird Ahriman oder Luzifer nach und nach übergeben.

Aber man hat eine lange Zeit mit luziferischen Kräften in unserer abendländischen Kulturentwickelung gerechnet und schickt sich eben jetzt an, durch eine ganz besonders angesehene geistige Strömung mit ahrimanischen Kräften zu rechnen, mit ihnen weiter zu leben. Der Mensch soll ja hineingestellt werden in das Leben, soll seinen Platz finden im Leben: daraufhin erzieht man ihn. Man züchtet gewisse Impulse, gewisse Empfindungen, gewisse Gefühle. Was hat man denn insbesondere für Impulse, für Gefühle benützt? Sehen Sie sich um in der Welt, jetzt ist es im Abnehmen, wird sehr bald sehr wenig bedeuten, aber es hat durch Jahrhunderte viel, viel bedeutet: Orden, Ehrenzeichen, Titel, Würden. Aber was steckt hinter all dem? Gefühle, Empfindungen, die einen darnach streben lassen, Triebe, Begierden, Luziferisches in der Menschheit zu entwickeln. Denken Sie nach, wieviel Luziferisches in der Menschennatur angestrebt wurde, angezüchtet wurde, um auf dem Umweg durch dieses Luziferische den Menschen hinzustellen auf den Platz, auf den man ihn eben stellen wollte. Das war die luziferische Periode. Sie ist im Abfluten. Man braucht heute über sie kaum mehr zu reden, denn dasjenige, was auf diesem Gebiete geschieht, ist im Abfluten. Wenn auch die Menschen noch nicht glauben, wie sehr dies der Fall ist, sie werden es schon sehen. Man redet von etwas, was im Abfluten ist, wenn man von den eigentlich luziferischen Kulturimpulsen redet.

Aber die ahrimanischen ziehen in bedrohlicher Form herauf. Ein Beispiel dafür: Jetzt eben geht – ja, wie nennt man es? – durch den deutschen und durch den anderen kulturellen «Gelehrtenwald» gerade in ruhmvoller Vertretung dasjenige, wovon man sich so ungeheuer viel verspricht für die Kultivierung der Menschheit in der Zukunft, dasjenige, was man die Begabtenprüfung nennt, das Prüfen der menschlichen Begabungen. Es haben sich ja innerhalb der Gelehrtenwelt in der neuesten Zeit ganz besondere Pflanzen ergeben: das sind gewisse Psychologen, gewisse Seelenkenner. Sie treiben Experimentalpsychologie, sie experimentieren an den Menschen herum, um das Seelische zu erforschen. Nun, in der allerletzten Zeit haben sich diese Menschen auch über die Jugend hergemacht. Weil man eigentlich nicht mehr zurechtkommt mit dem alten Examenwesen und der alten sozialen Ordnung, macht man sich über die Jugend her und prüft die Begabungen, damit, wie man sagt – das ist ja an hervorragenden Stellen schon gesagt worden –, der rechte Mann an den rechten Platz gestellt wird. Da muß man selbstverständlich schon beim Kinde anfangen, um zu prüfen, wie man den Rechten findet. Man prüft zunächst die Auffassungsfähigkeit, indem man allerlei Experimente anstellt: wie schnell ein Kind das oder jenes errät, was irgendein unbestimmtes Zeug ist, in das es einen Sinn hineinlegen soll. Man prüft dann die Intelligenz, man prüft das Gedächtnis. Die Intelligenz zum Beispiel dadurch, daß man zwei möglichst unzusammenhängende Worte dem Kinde oder dem jungen Menschen vorlegt, sagen wir zum Beispiel «Spiegel» und «Räuber». Und dann weist man so eine Anzahl von jungen Leuten, deren Intelligenz man prüfen will, an, diese Worte sinnvoll zu verbinden, zu sagen, was sie zwischen diese Worte Spiegel und Räuber hineinsetzen wollen. Der eine setzt hinein: Auch ein Räuber kann sich, wenn er sich im Spiegel sieht, selber begucken. – Den betrachtet man als den Unintelligentesten. Ein anderer denkt sich aus: Derjenige, der von dem Räuber bestohlen oder gar getötet werden soll, hat einen Spiegel; da sieht er von weitem den Räuber herankommen und er kann sich retten. – Das ist ein intelligenterer Knabe oder ein intelligenteres Mädchen.

Es liegen jetzt Zeitschriften auf, in denen man diese haarsträubenden Methoden, die Intelligenz zu prüfen, geschildert findet; sie werden als eine besondere Errungenschaft der Gegenwart entwickelt und analysiert. Auf diese Weise wird das Gedächtnis, wird die Intelligenz geprüft. Man geht da statistisch vor. Derjenige, der am meisten erzählt hat von dem, was zum Beispiel zwischen Räuber und Spiegel sich ereignen kann, bei dem werden zwei oder mehr Zeichen gemacht, wie bei der Zensur, und wer dann die meisten Strichelchen hat, wer am meisten geistvolle Zusammenhänge hat finden können, der ist der Intelligenteste. Das ist der Mann oder die Frau, die irgendwie an besonderen Hochschulen durch alle möglichen Unterstützungen zu fördern sind, und dergleichen mehr. Das Charakteristische bei diesen Dingen, die heute wirklich als eine besondere Errungenschaft der Menschheit gerühmt werden – und die wackersten Pädagogen setzen sich mit all ihrer Energie für diese Begabtenprüfungen ein –, ist, daß man überhaupt auf diese Weise an das Seelische nicht herankommt, sondern nur im Menschen prüft, was ahrimanisch in seiner Körperlichkeit ruht, daß man auf diese Weise nur prüft, wie stark Ahriman sich entwickeln kann durch den einen oder anderen jungen Menschen. Was man einführen wird auf diese Weise in die menschliche Kultur, das werden die ahrimanischen Impulse sein. Aber solchen Illusionen, solchen Täuschungen gibt man sich heute hin.

Das muß aber das Bedeutsame in unserer geisteswissenschaftlichen Entwickelung sein, daß deren Ernst erkannt wird. Gewiß, in kleinen Konventikeln kann man sich zusammensetzen und, wie ich gesagt habe, in familienartiger Behaglichkeit Vorträge vorlesen: Das tut nicht weh, beziehungsweise dasjenige, was von außen kommt, tut dann nicht weh. Aber indem sich diese Geisteswissenschaft allmählich auszubreiten beginnt, beginnt auch der Ernst, und dieser Ernst kann nur darin bestehen, daß man sich rückhaltlos einläßt auf das, was aufzunehmen ist im Zusammenhang mit dem, was um uns herum sich entwickelt. Es ist notwendig, daß man diese Dinge versteht, und sie so tief versteht, als sie zu verstehen sind; notwendig, daß man die Beweglichkeit des Geistes entwickle, die es ermöglicht, aus dem Sektiererischen herauszukommen zu einer weltmännischen Erfassung dessen, was in unserer geisteswissenschaftlichen Strömung darinnen sein soll. Denn aus dieser Geisteswissenschaft müssen verschiedene Impulse kommen, die gesunde Impulse sind gegenüber mancherlei, das in unserer Zeit in der Gestalt auftaucht, die eine dekadente, eine niedergehende ist. Vor allen Dingen ist innerhalb derer, die in diese geisteswissenschaftliche Strömung eintreten wollen, Freiheit, Auf-sich-Gestelltheit des Geistes notwendig.

Mit dem Autoritätsglauben geht es bei uns gar nicht, nur mit dem Aneignen eines freien, selbständigen Urteils. Denn nichts von dem, was gesagt wird auf geisteswissenschaftlichem Gebiet, kann generalisiert, verallgemeinert werden; alles gilt individuell, alles gilt im Konkreten für den besonderen Fall. Es ist zwar eine gewisse Bequemlichkeit, daß der menschliche Geist so vielfach die Dinge zu verallgemeinern sucht, aber das kann nicht geschehen, sobald man auf geistige Gebiete kommt. Heute hat man es notwendig, wirklich richtig notwendig, auch auf solche Erkenntnisse sich einzulassen, welche nicht beim bloßen Unbestimmten, Abstrakten, Mystischen stehen bleiben, sondern vom Erfassen des Geistigen aus in die Wirklichkeit eindringen. Man kann glauben, ein großer Mystiker zu sein, unberührt von den Weltereignissen seinen einsamen Weg durch die Welt gehend, in seinem Inneren den Gott zu erleben glauben. Aber das ist alles dünnes geistiges Leben, so dünn, daß es nicht herandringt an das, was draußen in der Welt als Wirklichkeit vorhanden ist. Solche Mystiker fordert die Gegenwart nicht. Der einzelne kann solche Mystik fordern, weil es ihn in den behaglichen Glauben einlullen kann, sehr Erhabenes in seiner Seele zu erleben. Aber die Gegenwart fordert starke Geistigkeit, die eindringt in die unmittelbare Wirklichkeit. Sie fordert sogar nicht bloß ein Reden von den höheren Hierarchien, sondern ein solches Eindringen in das Wesen der höheren Hierarchien, daß man, von diesem Erkennen des Wesens der Hierarchien ausgehend, Einsicht gewinnen kann in das, was uns auf der Erde umgibt. Denn jetzt beginnt die Zeit, wo man die menschliche Ordnung nicht anders mehr finden kann als aus den wirklichen Einsichten in das Wesen dessen, was sich hier auf der Erde entwickelt, wenn es auch unbequem ist, es zu erkennen.

Lesen Sie den Zyklus, den ich längere Zeit vor dem Krieg, um auf die heutige Zeit vorzubereiten, in Kristiania gehalten habe über die einzelnen Völkerseelen, über den Zusammenhang der Struktur der einzelnen Völker. Da werden Sie sehen, daß man ernst nehmen kann dasjenige, was in den höheren Hierarchien erkannt wird, daß man es anwenden kann auf die Konfiguration der Erde. Solche Erkenntnis ist für die Gegenwart notwendig. Denn solche Erkenntnis muß die praktische Grundlage abgeben für dasjenige, was unternommen werden soll in der Zukunft. Man wird das, was zu tun ist, erkennen müssen, nicht aus den phrasenhaften Schreibereien und Redereien der Menschen, die heute über die europäischen Völkerschaften aus dem heraus reden, was sie ihre Beobachtungen nennen, sondern man wird wirklich eindringen müssen in das, was auf der Erde lebt an Impulsen aus dem Gebiet des Geistigen.

Freilich, man denkt heute, derjenige habe unter allen Umständen etwas zu sagen, der etwas erlebt hat. Ja, glauben Sie, daß jeder über die Französische Revolution etwas sehr Gescheites zu sagen wußte, der in irgendeinem Dorf der Provence von 1789 bis 1800 ein stumpfes Dasein lebte? Er hat die Sache miterlebt; er braucht deshalb doch nichts Erhebliches darüber zu sagen zu wissen! Ebenso können Unzählige nach Amerika, nach Italien reisen, und können, wie man heute sagt, Land und Leute beurteilen. Aber das, was sie sagen, das braucht nicht sehr wertvoll zu sein für die Beurteilung dessen, was notwendig ist. Dies hängt davon ab, daß man die Möglichkeit hat, in die Untergründe des Daseins hineinzukommen, und dazu ist heute notwendig, daß man nicht auf der einen Seite meinetwillen den Materialismus annimmt oder ablehnt, oder den Spiritualismus annimmt oder ablehnt, nein, dem Wirklichkeitsforscher, dem Geistesforscher in unserem Sinn muß es ganz einerlei sein, ob einer seinen Ausgangspunkt davon nimmt, daß er Materialist ist oder Spiritualist. Wir haben auch nicht notwendig, die Materialisten unter allen Umständen zu verachten, denn darauf kommt es nicht an, ob man von der Materie oder von dem Geist ausgeht, wenn man bloß zu Ende geht! Wer in der wirklichen Betrachtung der Materie zu Ende geht, der findet in dem, was materiell um uns herum geschieht, den Geist, und wer sich auf den Geist stützen will und immer sagt: Geist, Geist, Geist –, der soll vor allen Dingen sehen, daß er den Weg findet von der abstrakten Erfassung des Geistes zu der konkreten Erfassung dessen, was materiell geschieht. Denn das, was materiell geschieht, ist Offenbarung des Geistes, aber man muß den rechten Glauben an das Geistige entwickeln. Derjenige, der nicht das erwartungsvolle Leben hat, daß jedes neue Jahr neue Geheimnisse in uns hineinstrahlen können, indem wir älter werden, der glaubt in Wirklichkeit, wenn er noch so sehr von Gott und dem Geiste spricht, nicht an Gott und den Geist. Denn er glaubt, in alledem, was den Menschen urteilsfähig macht, mit fünfundzwanzig Jahren reif zu sein. Dann ist aber das übrige Leben für die Seele nutzlos, wertlos; da offenbart die Gottheit nicht mehr etwas anderes.

Man muß mit dem Geist bis zu dem Materiellen vordringen, es begreifen. Das Geistige muß so verdichtet werden, daß es das Materielle finden kann. Wenn wir das, was sonst draußen in der Welt vorgeht an materiellen Erscheinungen, nur an demjenigen, was in uns ist, erfassen, so müssen wir sagen: Ein Abgrund ist zwischen dem Äußeren und demjenigen, was in uns vorgeht. – Allein die Geisteswissenschaft ist berufen, das Äußere an uns heranzunähern und uns an das Äußere so anzunähern, daß beides sich begegnet. Das können wir für den einzelnen Menschen, das können wir für die Erdenevolution. Solche Dinge müssen begriffen werden. Die Naturwissenschaft ist, wie ich es gestern angeführt habe, am allerwenigsten geeignet, zu begreifen, daß das Haupt in Rückentwickelung ist und die Extremitäten in Überentwickelung begriffen sind. Diese Dinge zu begreifen, ist besonders notwendig. Wie begreift man sie? Man begreift sie dadurch, daß man über das gewöhnliche Vorstellen, über die Abstraktheit hinauskommt und ein imaginatives Anschauen von unserem eigenen Vorstellen sich bildet. Man kann nicht das eigene Vorstellen anschauen, ohne zugleich sich an dasjenige anzunähern, was in unserem Haupt materiell vorgeht, indem wir vorstellen. Wenn man das gewöhnliche Vorstellen des gewöhnlichen Bewußtseins hat, merkt man nicht, was im Haupt vorgeht. Das merkt man erst, wenn man zum imaginativen Denken aufsteigt; man erlebt den materiellen Prozeß mit.

Und wissen Sie, was vorgeht im Haupt, im Kopfe, während wir das gewöhnliche Bewußtsein entwickeln? Ein Hungerprozeß geht vor. Darin besteht das wache Vorstellungsleben, daß unser Haupt hungert. Die falschen Asketen und falschen Mystiker haben das instinktiv eingesehen. Daher haben sie den ganzen Leib hungern lassen. Normal ist das aber nicht, daß geistige Erlebnisse dadurch auftreten, daß der ganze Leib hungert. Das ist immer falsch. Die Hungeraskese, die zu mystischen Verzückungen führen soll, ist eine Einseitigkeit, eine ungesunde Richtung. Aber normalerweise ist das Gleichgewichtsverhältnis unseres Leibes so eingerichtet, daß vom Morgen bis zum Abend, vom äußeren Aufwachen bis zum Einschlafen, nicht der ganze Leib, aber das Haupt in einem fortwährenden Hungerprozeß ist. Es ist immer das Haupt unterernährt. Das ist so etwas, was zur Rückentwickelung gehört. Und durch die Unterernährung des Hauptes sind wir imstande, Platz zu machen für das vorstellende Geistesleben. Und derjenige, der das vorstellende Geistesleben als Imagination kennenlernt, der lernt auch kennen, was andere nur in etwas unteren Regionen kennen, wenn sie das Knurren des Magens verspüren, der lernt erkennen, daß er vom Morgen bis zum Abend, bis zum Einschlafen, im Haupt Magenknurren hat. Da findet statt, was man nennen kann Annäherung des Geistes an das Materielle in unserem eigenen Leibe. Einseitige Mystik ist ein behagliches Sich-Versenken in das Innere, wo man doch nicht viel mehr erlebt, als etwas verdichteter dasjenige, was man sonst auch erlebt. Wahre geisteswissenschaftliche Entwickelung ist eine solche Erstarkung, eine solche Erkraftung des Geisteslebens, daß, wenn man es auf das eigene Erleben anwendet, man sich genauer kennenlernt, aber nun wirklich genauer kennenlernt. Man lernt dann auch das Leibliche genauer kennen, weil man das Leibliche an sich so heranrückt, daß man mit dem Leiblichen in das Geistige heraufrückt, daß man den Abgrund überbrückt, der sonst immer da ist zwischen dem Geistigen und dem Leiblichen.

Und so überbrückt man den Abgrund, der zwischen dem Leiblichen und Geistigen da ist, auch draußen im Völkerleben. Man sehe sich darauf hin einmal die europäischen Völkerseelen an, einige wenigstens. Sie wissen: Die führenden Wesenheiten aus den höheren Hierarchien gegenüber den Völkern – Sie wissen das aus dem Zyklus über die Völkerseelen – sind die Wesen der Erzengelhierarchie, die Archangeloi. Aber wie wirken sie? Damit ist natürlich zunächst nur die Abstraktion gesagt, daß man irgendeinen Erzengel als den Dirigenten dieses oder jenes Volkes ansieht. Da hat man nicht mehr, als wenn man von der menschlichen Seele redet, die zwischen Geburt und Tod nur dadurch da sein kann, daß sie an einem Materiellen, nämlich in unserem Leib sich herausentwickelt. So ist auch der Erzengel, indem er ein Volk leitet, an das äußere Materielle gebunden. Die Brücke zwischen dem rein geistigen Wesen des Erzengels und dem Volkswesen ist eine materielle, wenn auch nicht eine so festumrissene, scharf konturierte wie unser Leib. Wir fragen zum Beispiel: Wie ist das bei dem Volk, das die apenninische Halbinsel bewohnt, wie ist das bei dem Volk, das früher die Römer waren, das heute die italienisch gewordenen Germanen sind? Denn im Grunde genommen ist dort die Mehrzahl der Bewohner von heute nur umgewandeltes Germanenvolk, aber ihre Konfiguration, ihre Volksbestimmtheit bekommen sie durch etwas anderes, bekommen sie dadurch, daß in ihrem Atmungsprozeß, in die Luft ihres Atmungsprozesses, der Erzengel sich hinein, man kann nicht sagen, inkarniert, aber sich hinein, nun, sagen wir, verluftet. Und indem sie mit der Luft atmen, stehen die Bewohner der italienischen Halbinsel mit ihrem Erzengel in Verbindung. Und wer richtig studieren will, so daß er wirklich etwas erkennt von dem, was da eigentlich wirkt, der muß den eigentümlichen Zusammenhang der Bewohner dieser Halbinsel – auch der spanischen Halbinsel, aber da schon weniger – mit der Atmung, mit der Luft studieren. Er muß wissen, wie die Luft und der besondere Atmungsprozeß sich hineinleben in das menschliche Innenwesen.

Anders ist das bei denjenigen, die das heutige Frankreich bevölkern. Da schlägt der Erzengel eine andere Brücke, da wirkt er auf den Menschen durch alles dasjenige, was in des Menschen Naturentwickelung flüssig ist. Die Franzosen trinken vielfach ihren Volkscharakter mit ihren Weinen, aber auch noch mit anderem, was in dem Organismus als flüssiges Element figuriert. Sie sehen, auf diesem Wege kommt man nicht bloß zu abstrakten Schilderungen des Zusammenhanges der geistigen Welt mit der physischen. Es ist da ein Schildern, das gleichsam den Erzengel nur andeutet, und unten wimmeln die Völker, die Menschen, und der Erzengel führt die Menschen. Durch wahre Geisteswissenschaft kann man den Prozeß in seiner ganzen Konkretheit begreifen.

Die Bewohner der britischen Insel, sie empfangen mit dem im Leibe sich entwickelnden Festen dasjenige, was ihnen der Erzengel zu geben hat. Sie nehmen es auf, indem sich die festen Bestandteile in ihrem Leibe bilden, mit der festen Organisation. Es ist natürlich nur auf einem Gebiet, wo es sich radikal ausdrückt, aber es ist trotzdem nicht bloß eine bissige Wahrheit, sondern eine geisteswissenschaftliche Wahrheit: Indem der Engländer sein Beefsteak ißt, wirkt der Erzengel an ihm. Natürlich kann das nicht – denn die einzelne Individualität sondert sich davon aus – in chauvinistischem Sinn ausgedeutet werden. Der Mensch gehört ja nur mit einem Teil seines Wesens dieser Sache an, aber insofern der Mensch dem Volk angehört, ist das in ihm wirksam. Man lernt sich über die Erde nur dadurch auskennen, daß man sich in der Zukunft nicht scheuen wird, auf diese Dinge einzugehen. Der

Mensch hat eine heillose Angst vor der Wahrheit, weil durch die Wahrheit natürlich unbequeme Sachen herauskommen. Aber sobald Ernst gemacht wird mit der Wahrheit, ist es notwendig, daß man vor dieser Unbequemlichkeit nicht zurückschreckt.

Gehen wir hinüber nach Amerika: schon äußerlich, in der äußerlichen Konfiguration, zeigt sich ja da, wie abhängig die Menschen werden von dem, was aus dem Boden ausstrahlt! In Italien aus der Luft, in Frankreich aus dem Wasser, in England aus dem, was bestimmt ist, als feste Ingredienzien in den Leib hineinzugehen, oder in ihm fest zu werden. In Amerika ist das noch anders.

Sie werden überhaupt sehen, daß die geisteswissenschaftlichen Wahrheiten, an der Wirklichkeit gemessen, überall ihre Bestätigung finden. Man sucht nur heute diese Bestätigung noch nicht. Ich habe in früheren Jahren einmal angeführt, daß die Entwickelung der Bewußtseinsseele, die die Egoität des Menschen besonders heraushebt, äußerlich materiell durch den Zucker gehoben wird. Ich habe damals darauf hingewiesen, wie unendlich größer der Zuckergenuß auf den britischen Inseln ist als zum Beispiel bei dem selbstlosen russischen Volk, wo der Zuckergenuß unendlich viel geringer ist. Aber wenn man schildert, daß erst mit dem 15. Jahrhundert die Bewußtseinsseele heraufkommt, um sich zu entwickeln, so sehe man nur in der Geschichte der Zuckerproduktion nach: Sie beginnt erst mit dem 15. Jahrhundert. Woher stammt denn eigentlich unsere Zuckerproduktion? Die Menschen fangen erst mit dem 15. Jahrhundert an, auf den Zucker angewiesen zu werden. Alles, was geisteswissenschaftlich wirklich aus den geistigen Welten hervorgerufen wird, wird voll bekräftigt gerade dann, wenn es so stark geistig sich entwickelt, daß es untertauchen kann in das Materielle, wo es lebt und deshalb erkannt werden muß. Sobald man hinübergeht nach Amerika, findet man nicht bloß äußerlich, daß die Europäer, die nach Amerika hinüberkommen, nach und nach andere Arme und Hände bekommen: es nähert sich die Arm- und Handbildung derjenigen der alten Indianer an, des alten Indianervolks, das in Amerika ausgerottet worden ist. Und das gilt auch von der Konfiguration der Gesichtsbildung, wenn es auch leise und erst in der dritten, vierten Generation auftritt, und natürlich darf man sich das nicht so vorstellen, daß da in der dritten, vierten Generation ein biederer britischer Spießer nun gleich ein Indianer werden könnte, sondern es zeigt sich nur in den feineren Gesichtszügen; aber es tritt schon hervor. Diesen Dingen muß man ins Gesicht sehen, denn nur dadurch wird es möglich sein, durch die Erkenntnis richtige Liebe über die Erde hin zu entwickeln. Liebe läßt sich nur dadurch entwickeln, daß man sich wirklich in die anderen Menschen hineinfindet. Dazu ist aber notwendig, daß man sie kennenlernt. Der Volksgeist wirkt auf das amerikanische Volk durch die Untergründe von der Erde herauf, durch die in der Erde schlummernden magnetischen und elektrischen Kräfte. Das Unterirdische ist es, das da heraufstrahlt und das da in Amerika das Medium abgibt, durch das der Volksgeist das Volk dirigiert.

Und gehen wir nach Mitteleuropa; da ist es gut, die Menschen selbst nachdenken zu lassen. Aber einiges kann doch gesagt werden: Da ist eigentlich etwas stark Labiles, etwas sehr stark Intimes, was mit der materiellen Ausgestaltung des Volksgeistes, mit der materiellen Auswirkung des Volksgeistes zusammenhängt. Da ist es im wesentlichen die Wirkung von Wärme auf Wärme. Die Wärmedifferenzen, die auftreten zwischen äußerem Warmsein und innerem Warmsein, Wärme des Winters, des Frühlings, des Sommers, kurz alles, was sich in den Wärmeverhältnissen ausdrückt, das ist das Medium, durch das der Volksgeist in Mitteleuropa wirkt. Alles das, was aus den Wärmeverhältnissen heraus auf die Blutzirkulation und die Atmung wirkt, das ist der Umweg, durch den der Volksgeist hier wirkt. Sie können das auch im Seelischen verfolgen. Wir haben noch die Möglichkeit – wenn wir nicht gerade Fritz Mauthner sind –, im Element der Sprache etwas von der Nachwirkung, ich möchte sagen, des Durchwärmtseins zu fühlen. Wenn man nicht von allen guten Geistern der Sprache verlassen ist, so ist man noch im Deutschen zum Beispiel imstande, in die Sprache sich hineinzufühlen, nicht bloß beim abstrakten Element stehenzubleiben, sondern sich hineinzufühlen in den Geist der Sprache, weil Wärme in Wärme physisch verwandt dem Seelischen ist. Nichts ist physisch so verwandt mit dem Seelischen als die Seelenwärme und Seelenkälte mit der physischen Wärme und physischen Kälte. Dasjenige, was in der Empfindungsseele lebt, ist schon viel fremder der Luft; dasjenige, was in der Verstandes- oder Gemütsseele lebt, ist viel fremder dem Element des Wassers, und gar dasjenige, was in der Bewußtseinsseele lebt, ist fremd dem Beefsteak, will sagen der Erde. Und gar furchtbar fremd ist, was in der menschlichen Seele zum Ausdruck kommt, demjenigen, was an magnetischen und elektrischen Kräften vom Unterirdischen hereinstrahlt in die menschliche Entwickelung im amerikanischen Volkscharakter. Daher ist so vieles da, was im amerikanischen Volkscharakter so aussieht, als ob der Amerikaner von dem, was er treibt, besessen ist, im Gegensatz zum Mitteleuropäer, der bei allem, was er treibt, mit dem Seelischen dabei sein muß, der daher auch mystische Wärme entwickeln kann, während der Amerikaner so leicht spiritistische Gesinnung entwickeln, besessen sein kann von irgendeinem Geistigen, wie man auch besessen wird von dem, was nicht mehr unmittelbar in den Menschen hereinströmt, wie Luft, Wasser, Erde, sondern nur vom Unterirdischen der Erde aus heraufwirkt, um die Volksstrukturen zu bilden.

Im russischen Volkscharakter, in dem, was sich im Osten vorbereitet – wir werden über solche Dinge noch übermorgen weiterreden –, da wirkt der Volksgeist, der aber erst berufen ist in der Zukunft, durch sein Volk eine besondere Rolle zu spielen, da wirkt der Volksgeist durch das Licht, und zwar so durch das Licht, daß er nicht durch das unmittelbar von der Sonne herstrahlende Licht wirkt, sondern durch das Licht, das sich erst einsaugt in die Vegetation und in die Erde selbst und wieder zurückstrahlt. Die von der Erde, namentlich von der Vegetation zurückgestrahlte Sonnenkraft, die vom Boden aus wirkende Sonnenkraft ist dasjenige, was der russische Volksgeist benützt als sein Medium, um die Volksstruktur, die Volksorganisation zu bewirken.

Man sehe sich auf diese Dinge hin alle Einzelheiten an – ich werde davon übermorgen noch mehr sprechen –, dann wird man sehen, wie die Gegenwart und nächste Zukunft nötig haben, nicht eine allgemeine, verschwommene, phrasenhafte Mystik, sondern ein geistig wirklich so starkes Geist-Erkennen, daß es untertauchen kann, daß es sich hineinversetzen kann in das materielle Dasein, mit dem man zu leben hat. So daß das materielle Dasein, wenn es in seiner Verwandtschaft mit dem Geiste beschaut werden kann, nicht, wie man es durch Irrtum getan hat, als etwas betrachtet wird, aus dem man am liebsten herausfahren möchte wie aus seiner Haut, um zum Geist zu kommen, sondern das gerade betrachtet werden muß als eine Offenbarung des Geistes. Der hat noch nicht zum Geiste das richtige Verhältnis, der nicht einzusehen vermag, daß dasjenige, was physisch ist, in Wahrheit eine Offenbarung des Geistes ist. Alles, was um uns ist, ist Körper des Geistes. Und erst wenn man den Geist so begreift, daß man die Natur als einen Körper des Geistes anzusehen vermag, erst dann ist man imstande, eine wirkliche Geist-Erkenntnis zu bekommen. Das sind aber die Dinge, die als konkrete Geist-Erkenntnis angestrebt werden müssen. Aber liegt es nicht eigentlich in diesen Dingen, sobald man nur mit vollem Ernst an sie herantritt, daß sie den Menschen unbequem werden, diesen Menschen der Gegenwart, die ja natürlich solche Wahrheiten nicht lieben, die am liebsten nur hören möchten: Die Menschen müssen sich über die Erde hinüber lieben! – Ja, gewiß, aber sie müssen sich zuerst erkennen. Und es muß die Liebe unabhängig werden von dem, was in der Erkenntnis einem entgegentritt, aber sie kann nur unabhängig werden, wenn einem das in der Erkenntnis entgegentritt. Denn dasjenige, was ich geschildert habe, auch das, was ich über die Völkerseelen geschildert habe, Sie wissen es alle, Ihre Nerven, Ihre Muskeln, Ihr Blut weiß es: darin ist es verzaubert, daraus muß es geholt werden; und wird es dies nicht in der nächsten Zeit, so wird es in den Nerven, in den Muskeln, im Blut rumoren, und es wird als Disharmonie, als Impuls zu Streit und Krieg über die Erde hingehen. Daß dies nicht geschehe, kann nur dadurch eintreten, daß der Geist, der sonst in sein ahrimanisches oder luziferisches Gegenbild sich verwandelt, erlöst wird aus Nerven und Muskeln und Blut und in das Bewußtsein geführt wird, denn nur im Bewußtsein will er leben hier auf Erden. Nur wenn er im Bewußtsein lebt, ist er in sein richtiges Dasein eingesetzt und führt die Menschen zu dem, wozu sie in Zukunft kommen müssen. Er darf nicht da unten gelassen werden im ahrimanischen und luziferischen Gebiet, weil er sich verwandelt, wenn er seinen Platz nicht finden kann. Diese Verwandlungsfähigkeit des Geistes, die muß man einsehen, denn ihrer Einsicht ergeben sich die Aufgaben für die Zukunft. Nicht leichten Sinns kann man sich erheben zu demjenigen, was von der Menschheit gefordert ist für die Zukunft, sondern es ist notwendig, tief zu schürfen mit der Erkenntnis, damit die Aufgaben der Zukunft gelöst werden können. Dazu ist notwendig, daß die Menschen manche Unbequemlichkeiten überwinden. Und weil sie sie nicht überwinden wollen, werden sie noch vielfach Feinde einer geistigen Entwickelung werden. Damit wird zu rechnen sein, gerade wenn sich die Geisteswissenschaft ausbreitet. Um so mehr wird damit zu rechnen sein, je stärker so etwas da ist, und je mehr an Sie alle die Aufforderung ergeht, den Übergang zu gewinnen von dem behaglichen Sektierern zu dem weltmännischen Blick, zu dem Wirken auf dem Weltenplan, zum Heraustragen dieser Geisteswissenschaft aus den vorderen und hinteren guten Stuben auf jene Plätze hinaus, auf denen man glaubt, die Angelegenheiten der Menschheit verhandeln zu müssen.

Davon wollte ich heute sprechen; übermorgen dann weiter.

ZWÖLFTER VORTRAG

München, 4. Mai 1918

Aus den Betrachtungen, die wir vorgestern hier angestellt haben, vielleicht auch im weiteren Sinne aus den öffentlichen Betrachtungen dieser Tage, wird zu ersehen sein, daß gerade in der Gegenwart eine gewisse Notwendigkeit vorliegt für die Menschheit, geisteswissenschaftliche Interessen zu entwickeln. Denn diese Geisteswissenschaft ist neben ihren anderen Aufgaben, die sie im engeren Sinn für den einzelnen Menschen, für sein Gemüt, seine Lebensbedürfnisse, seine Seelenangelegenheiten hat, in der Lage, Klarheit zu schaffen über gewisse Dinge, die der Mensch in der Gegenwart unbedingt einmal betrachten muß. Und gerade von diesem Gesichtspunkt aus habe ich darauf hingewiesen, wie es nötig ist, den Ernst, mit dem heute Geisteswissenschaft von denen, die ihr nahetreten wollen, ins Auge gefaßt werden muß, vor allen Dingen auf die Seele wirken zu lassen. Man muß versuchen, heute nach den mannigfaltigsten Richtungen hin zu erforschen, womit es eigentlich zusammenhängt, daß die Menschheit in eine solche katastrophale Lage kommen konnte. Denn, was diese katastrophale Lage bedeutet, es wird heute noch nicht von vielen Menschen eigentlich in der ganzen Tiefe und mit dem vollen Ernst betrachtet. Es wird aber die Zeit kommen, wo die Ereignisse, die Tatsachen selber, diesen Ernst noch in ganz anderer Weise offenbaren werden, als das heute schon der Fall ist. Aber gerade auf dem Boden der Geisteswissenschaft stehend, sollte man einsehen, daß es nicht genügt, gewissermaßen bis zum allerletzten Augenblick zu warten mit dem Verständnis dessen, was man zu verstehen nötig hat gegenüber den tief ruhenden Forderungen der Zeit. Vor allem ist es notwendig, schon darauf einzugehen, daß gewisse Wahrheiten, die der Menschheit notwendig sind in der Gegenwart und in der nächsten Zukunft, eben unbequem sind, daß es viel bequemer ist, Loblieder anzustimmen, wie wir es in dieser oder jener Beziehung, durch die großen kulturwissenschaftlichen Errungenschaften vor allen Dingen, so herrlich weit gebracht haben, als auf dasjenige hinzuweisen, was in den Verhältnissen der Menschen selbst zueinander wirkt und lebt über das Erdenrund hin, und was namentlich wirkt und lebt, um gewissermaßen den Charakter der gegenwärtigen Menschheit zu bedingen. Die gegenwärtige Menschheit ist zu mancherlei herausgefordert, ist notwendigerweise dazu geführt, dieses und jenes zu verstehen; aber manches, was verstanden werden soll, ist eben unbequem zu verstehen, erfordert eine gewisse rückhaltlose, vorurteilsfreie Beurteilung des eigenen menschlichen Wesens.

Es bestehen gewisse Tendenzen in der Zeitentwickelung. Man kann hypothetisch sagen: Es wäre ja wohl möglich, daß man fortfahren würde, solche Dinge für etwas Großes zu betrachten, wie die vorgestern erwähnte sogenannte Begabungsprüfung. Gewisse Pädagogen der Gegenwart nämlich propagieren diese Dinge, betrachten sie als etwas ungeheuer Großes, und die übrige Menschheit verschmäht es, sich ein Urteil über diese Dinge zu verschaffen, findet es unbequem, nicht zu schlafen gegenüber solchen ahrimanischen Tendenzen, wie sie hereingeführt werden durch so etwas wie die Begabungsprüfung und noch vieles andere. Wenn solche Bestrebungen, solche Ideale – Ideale sind es natürlich auch – weiter bestehen sollen, dann wird dies einen tiefgehenden Einfluß haben auf die ganze Entwickelung des menschlichen Seelenwesens, vor allen Dingen einen ganz bestimmt konfigurierten Einfluß auf die Grundkräfte des menschlichen Seelenwesens: Denken, Fühlen und Wollen. Man darf sich einmal hypothetisch fragen, denn es soll ja die Sache nicht stattfinden, es soll ja der Sache abgeholfen werden durch die Bestrebungen derer, die sich zur anthroposophischen Weltanschauung bekennen, aber hypothetisch kann man sich fragen, um zu wissen, was man zu tun hat: Welche Konfiguration müssen die drei Haupt-Seelenkräfte des Menschen gewinnen, wenn solche Tendenzen, wie sie in der Gegenwart aus der materialistischen Gesinnung, aus dem Ahrimanischen heraus herrschend sind, allein Platz greifen würden, wenn nicht geistiges Streben, geistiges Wollen ihnen entgegentreten würden? – So groß und gewaltig auf dem Gebiet der Technik, die ja von der Naturwissenschaft gespeist wird, und auf anderen Gebieten der naturwissenschaftliche Fortschritt wirken kann: dem menschlichen Vorstellen, dem menschlichen Denken wird ja allmählich gerade dieser naturwissenschaftliche Fortschritt, gerade die Grundstruktur des heutigen Denkens immer mehr und mehr den Charakter der Beschränktheit, der Borniertheit aufdrücken. Man kann das nicht anders charakterisieren, denn im weitesten Umkreis zeigt sich ja heute schon, ich möchte sagen, der Anfang dieser Borniertheit, dieser Beschränktheit, die darin bestehen wird, daß man immer mehr und mehr sündigen wird gegen eine Sache, die gestern im öffentlichen Vortrag geltend gemacht worden ist: sündigen wird gegen das Aufschließen der ganzen Seele der Welt gegenüber. Man wird sich immer mehr darauf beschränken, theoretisch, intellektuell auf dasjenige zu hören, was die Begriffe, die Vorstellungen sagen. Ich wollte einmal öffentlich auch darauf hinweisen, daß ja zwei Menschen ganz dasselbe sagen können mit Worten, und man durchaus nicht berechtigt ist zu meinen, daß dasjenige, was von beiden Menschen ausgeht, dasselbe ist.

Heute leben wir in der Zeit der Programme. Die Zeit der Programme ist eben die Zeit des Intellektualismus. Was tut man heute eigentlich am liebsten, wenn man sich dem Wohl der Menschheit opfert? Man gründet einen Verein für alles mögliche und stellt Programme, Ideale auf. Diese können ja selbstverständlich sehr geistvoll, sehr wohlwollend, sehr einleuchtend sein; für die Entwickelung der Menschheit brauchen sie für keinen Schuß Pulver Wert zu haben. Aber man geht darauf aus, sich zu fragen: Was will denn der Betreffende? – Und wenn der Betreffende sagt – nun, nehmen wir irgend etwas Abstraktes, heute liebt man Abstraktes –: ich will allgemeine Menschenliebe kultivieren –, dann denkt man: Was kann man Schöneres tun? Da muß man sich natürlich einem solchen Verein anschließen! – Aber wir leben doch in einer Zeit, in der durch eine gewisse Übersättigung, welche die Kultur erlangt hat, es ungeheuer leicht ist, die schönsten Programme, die schönsten Ideen aufzustellen. Man kann dabei mit Bezug auf dasjenige, was man an Sinn und Interesse für das Gesamtwohl der Menschheit und ihre wahren Angelegenheiten hat, ein sehr beschränkter Mensch sein. Man hat heute auch, ich möchte sagen, in feineren Angelegenheiten der Kultur manchmal im höheren Sinn recht mit Dingen, in denen man nach der Ansicht sehr vieler Leute vielleicht ganz und gar nicht recht hat. So zum Beispiel kann man heute in die Lage kommen, dichterisches Gestammel, das aber wirklich und wahrhaftig innere Seelenkraft ankündigt, höher zu stellen als vollendete Verse, die einfach dadurch als solche auftreten, daß ja in bezug auf die äußere Konfiguration des Dichtens, die Sprache selbst, der Sprachgeist heute Verse schreibt und nur die Menschenseele dazu benützt. Glänzende Verse in bezug auf den alten Versstil kann heute einer machen, der da gar keine starke Seelenkraft hat. Solche Dinge muß man berücksichtigen in einer Zeit, in der große, eminent große Fragen an die Menschheitsentwickelung herantreten, wie in dieser jetzigen Zeit.

So muß man schon sagen: Lernen müssen die Menschen, ihre ganze Seele aufzuschließen gegenüber ganzen Seelen; lernen müssen die Menschen, immer weniger und weniger zu halten vom Inhalt dessen, was man sagt, und lernen müssen sie, immer mehr und mehr Einblick zu gewinnen in das Wissen und in die Kraft dessen, was von dieser oder jener Persönlichkeit in die Welt gesetzt wird. Wir erleben doch das furchtbarste weltgeschichtliche Schauspiel, daß über die ganze Erde hin die Menschen Grundsätze anbeten, wie sie von *Woodrow Wilson* ausgehen, weil diese Grundsätze einleuchten, weil diese Grundsätze sich nicht widerlegen lassen. Selbstverständlich leuchten sie ein, selbstverständlich lassen sie sich nicht widerlegen, aber sie sind so alt wie das menschliche Denken; immerfort hat man so gesagt. Es ist in all diesen Dingen gar nichts, was mit den realen, konkreten, unmittelbar gegenwärtigen Aufgaben zusammenhängt. Aber die Menschen finden es unbequem, sich in die realen, konkreten, unmittelbar gegenwärtigen Aufgaben hineinzuversetzen, die Beweglichkeit des Denkens zu entwickeln. Denn diese Beweglichkeit des Denkens gehört dazu, um in das unmittelbar Konkrete hineinzugehen. Freilich, man braucht manchmal lang, um sich in dieses Konkrete hineinzufinden; aber heute ist es notwendig, solche Dinge zu verstehen, in die Seele der Menschheitsentwickelung sich ein bißchen hineinzuversetzen.

Es gibt eine Stadt, in der eine süddeutsche Bevölkerung wohnt. In dieser Stadt erstand im 18. Jahrhundert eine sehr bedeutende Persönlichkeit: *Johann Heinrich Lambert. Kant,* der Zeitgenosse von Johann Heinrich Lambert, hat Lambert das größte Genie seines Jahrhunderts genannt; denn wären nur die Lambertschen Ideen an die Stelle getreten der sogenannten Kant-La Placeschen Theorie, so wäre etwas sehr

Bedeutsames herausgekommen. Dieser Lambert war in einer Stadt, die jetzt eine süddeutsche Stadt ist, als Sohn eines Schneiders aufgewachsen, zeigte schon eine besondere Begabung in seinem vierzehnten Lebensjahre. Der Vater stellte ein Ansuchen um Unterstützung an den weisen Rat der Stadt. Dieser ließ sich endlich nach langen Bemühungen bewegen, vierzig Franken für den talentvollen Jungen zu stiften unter der Bedingung, daß er niemals wieder um eine Unterstützung anfrage. Hundert Jahre mußten vergehen, da stiftete diese Stadt, in den vierziger Jahren des 19. Jahrhunderts, diesem Mann ein Denkmal, den sie als Knaben mit vierzehn Jahren hinausgejagt hatte. Er mußte damals die Stadt verlassen und ist durch besondere Verhältnisse in Berlin zu seiner Größe gekommen. Jetzt steht ein schönes Denkmal, auf dem oben die Weltkugel ist, um anzudeuten, daß dieser Genius herausgeboren ist aus dieser großen, gewaltigen Stadt, die solche Genies bergen konnte, daß der Genius, der die Welt zu umfassen wußte, eben diesem Boden entstammt!

Manchmal braucht man noch länger als hundert Jahre, um einzusehen, was so herumwimmelt an Begabungen. Das mag gehen, mochte gehen bis in unsere Zeit. Aber wie oft ist es gerade unter uns betont worden, daß die Zeit herangerückt ist, in der die Menschen erwachen müssen zum freien, auf sich selbst gestellten Bewußtsein, in dem die Menschen nicht mehr verschlafen dürfen, was um sie herum vorgeht. Diese Zeit rückt mit Riesenschritten heran. Die Menschen müssen lernen, ihre Seelen aufzuschließen, um zu sehen, was wirklich da ist. Denn, wie gesagt, durch die eigentümliche Konfiguration der materialistischen Kultur droht das Denken, das Vorstellen beschränkt, borniert zu werden. Geisteswissenschaft gibt Begriffe, Vorstellungen, die nicht gestatten, daß man in seinem Denken borniert wird. Man wird fortwährend aufgefordert, gerade durch die geisteswissenschaftlichen Begriffe, von den verschiedensten Seiten eine Sache zu betrachten. Darum ärgern sich gerade heute auch noch viele, die in den geisteswissenschaftlichen Reihen stehen, wenn sie hören: Nun kommt ein neuer Zyklus, da wird die Sache von ganz anderer Seite angefaßt. – Aber gerade das ist unvermeidlich, daß die Dinge von den verschiedensten Seiten angefaßt werden, und daß man endlich einmal hinauskommt über etwas, was ich nennen möchte die Verabsolutierung des Urteils. Es läßt sich nicht gut die Wahrheit, die im Geiste erfaßt wird, in scharfen Konturen fassen, weil der Geist ein Bewegliches ist. Geisteswissenschaft arbeitet also der Borniertheit entgegen in bezug auf das Denken. Es ist natürlich schwer, dies der Gegenwart zu sagen, aber notwendig ist es.

Das zweite, was man in der Seele beobachtet, ist das Fühlen. In bezug auf das Fühlen, auf die Gefühlswelt, welches ist da die Tendenz, der die Menschheit aus der materialistischen Kultur heraus zustrebt? Man kann sagen: Gerade auf diesem Gebiete hat sie es reichlich weit gebracht. Auf dem Gebiete des Fühlens bringt die materialistische Kultur Engherzigkeit, Philistrosität hervor. Ins Riesengroße sich auszuwachsen, dazu ist die Philistrosität unserer materialistischen Kultur eigentlich ganz besonders veranlagt. Engherzigkeit der Interessen! Im engsten Kreise möchten sich die Menschen immer mehr und mehr abschließen. Aber der Mensch ist heute nicht mehr dazu berufen, im engsten Kreise sich einzuschließen, er ist heute dazu berufen, zu erkennen, wie er ein Ton ist in der großen kosmischen Symphonie.

Führen wir uns noch einmal etwas vor Augen, um gleich das, was hier gemeint ist, von einem umfassenden Standpunkte aus zu betrachten, etwas, was schon einmal hier erwähnt worden ist. Ich möchte sagen: Berechnen kann man – und heute hält man viel auf Berechnung –, in welch wundervoller Weise der Mensch sich eingliedert in den Kosmos. In einer Minute ist die Zahl unserer Atemzüge etwa achtzehn. Das gibt, multipliziert mit sechzig und vierundzwanzig in einem Tag: 25 920 Atemzüge. Innerhalb von vierundzwanzig Stunden 25 920 Atemzüge! Versuchen Sie nun folgendes auszurechnen: Sie wissen, jedes Jahr rückt der Frühlingspunkt, der Aufgangspunkt der Sonne im Frühling um ein Stückchen am Himmelsgewölbe weiter. Gehen wir zurück in sehr ferne Zeiten. Die Sonne ist im Frühling aufgegangen im Stier, dann ein Stückchen weiter im Stier und wieder ein Stückchen weiter, bis sie in den Widder eingetreten ist, und dann wieder weiter, und so geht die Sonne herum, scheinbar natürlich. Wieviel Jahre braucht die Sonne, um so ruckweise immer ein Stückchen vorwärtszuschreiten, so daß sie wieder an dem selben Punkt ankommt? Viele solcher Rucke macht die Sonne: sie braucht 25 920 Jahre, um durch solche Rucke vorwärts zu kommen, das heißt, die Sonne vollendet einen Umkreis im großen Kosmos in 25 920 Jahren, in so viel Jahren, als wir Atemzüge in einem Tage machen. Denken Sie sich, welch wunderbare Zusammenstimmung! Wir atmen im Tage 25 920mal, die Sonne rückt vor, und wenn sie den Ruck 25 920mal gemacht hat, wie wir unseren inneren Ruck, einen Atemzug, dann ist sie einmal herumgekommen um den Kosmos. So sind wir ein Abbild des Makrokosmos mit unserer Atmung.

Es geht weiter: Die Durchschnittslebensdauer – das kann natürlich viel weiter gehen, aber dafür sterben auch manche früher –, die Lebensdauer ist durchschnittlich siebzig, einundsiebzig Jahre. Was ist dieses eigentlich, dieses menschliche Leben? Es ist ja auch eine Summe von Atemzügen. Nur sind es andere Atemzüge. Beim gewöhnlichen physischen Atmen saugen wir die Luft ein und stoßen sie aus. In einem vierundzwanzigstündigen Tage, wenn wir ordentliche, rechtschaffene Leute sind und nicht die Nächte verlumpen, da machen wir eine große Einatmung unseres Ich und des astralischen Leibes beim Aufwachen, und atmen wiederum Ich und astralischen Leib aus beim Einschlafen: das ist auch ein Atemzug. Jeder Tag ein Atemzug unseres physischen und ätherischen Leibes gegenüber dem Ich und astralischen Leib. Wie oft machen wir das in einem Leben, das ungefähr siebzig, einundsiebzig Jahre dauert? Rechnen Sie sich das aus, wieviel Tage der Mensch eigentlich lebt: 25 920 Tage! Das heißt, nicht nur in einem Tage ahmen wir mit unseren Atmungsrucken den Gang der Sonne im Weltengang nach, indem wir so viel Atmungszüge entwickeln, als die Sonne Rucke macht, bis sie wieder an denselben Punkt im Kosmos zurückkommt, sondern wir führen den großen Atem, das Einatmen des Ich und des astralischen Leibes in den physischen und Ätherleib und das Ausatmen des Ich und astralischen Leibes, in den siebzig, einundsiebzig Jahren ebenso oft aus, als wir in einem Tage atmen: 25 920mal, so viel wie die Sonne Rucke macht, bis sie wieder an denselben Punkt zurückkommt. Solche Dinge, wodurch sich uns zeigen kann, wie wir in der großen Harmonie des Alls mit unserem Menschenleben zahlenmäßig und auch sonst darinnenstehen, könnten wir viele anführen, und sie würden nicht minder überraschen, nicht minder großartig anmuten, als wenn wir recht empfinden, was ich eben ausgeführt habe. Vieles ist verborgen in den Verhältnissen, in denen der Mensch in der Welt drinnensteht, aber dieses Verborgene hat seine tiefe Wirkung, weil es eigentlich dasselbe ist, was in alten Zeiten als die Sphärenharmonie aufgefaßt worden ist.

Das allerdings ruft unser Interesse für die ganze Welt auf. Wir lernen allmählich verstehen, daß wir von uns als Menschen gar nichts wissen, wenn wir unser Interesse philiströs eingeschränkt halten auf den allernächsten Umkreis. Das aber ist das Charakteristikum der neueren Zeit immer mehr und mehr geworden, Philistrosität! Ja, Philistrosität ist geradezu die Grundstimmung der religiösen Weltanschauung geworden; und von da aus strahlte ja in viele Gemüter hinein diese Grundstimmung der Philistrosität. Gehen Sie in die ersten Jahrhunderte des Christentums zurück: da gab es eine Lehre, die grandios war. Sie war für die damalige Zeit. Heute muß sie durch unsere geisteswissenschaftliche Anschauung ersetzt werden, weil die verschiedenen Zeiten verschiedene Anforderungen an die Menschheit stellen, aber dazumal war sie eine grandiose Lehre, die Gnosis. Sehen Sie sich an, in welch großartiger Weise in der Forschung der Äonen, in der Forschung der verschiedenen geistigen Hierarchien diese Gnostiker dachten, wie sich diese kleine Erde anreiht an die große kosmische Weltentwickelung mit ihren vielen, vielen Wesenheiten, in deren Reihen aber doch der Mensch hineingestellt ist. Es gehörte Beweglichkeit des Denkens, es gehörte ein gewisser guter Wille dazu, seine Begriffe auszubilden, nicht sie verkalken, verschleimen zu lassen, wie man das jetzt tut, um zur Gnosis sich emporzuschwingen. Dann kam – nicht das Christentum, aber die christliche Konfessionalität. Und fragen Sie heute herum, was die meisten offiziellen Vertreter des Christentums am allermeisten hassen: die Gnosis. Und Anthroposophie schwärzen sie am meisten auch deshalb an; mit Anthroposophie selber beschäftigen sie sich ja nicht, dazu sind sie zu bequem, aber sie haben, wenn sie hineinschauen in irgendein Buch, so eine dunkle Ahnung, einen dunklen Begriff: Das könnte auch so eine Gnosis sein, um Gottes willen! Da müssen wir ja neue Begriffe aufnehmen, da müssen wir den Geist beweglich machen! Wir haben die Menschen endlich zur Einfachheit des Denkens gebracht, besonders auf religiösem Gebiet. Man kann, so sagt man, nicht ermessen, was daraus wird, wenn man sich in solch hohe Kreise aufschwingt! –

Man sagt: Der Mensch kann schon dahin kommen, im einfachsten Gemüt das höchste Göttliche zu erreichen; da braucht man sich nicht anzustrengen, sondern das einfachste, kindliche Gemüt kann das höchste Göttliche in jedem Augenblick erreichen.

Ja, diese Dinge muß man durchschauen! Diese Dinge wirklich anzuschauen, darauf kommt es an, denn von diesen Dingen geht die Grundstimmung der neueren Zeit aus, geht die Philistrosität aus. Deshalb ist die religiöse Stimmung in den verschiedenen Konfessionen so philiströs geworden, weil ihr das, was ich soeben geschildert habe, zugrunde liegt. Sie schmeichelt heute den Menschen, die vorgeben, bescheiden zu sein, aber eigentlich im Grunde furchtbar unbescheiden sind, denn Unbescheidenheit, Größenwahn ist ein Grundcharakteristikum unserer Zeit. Alles wird beurteilt, und wenn es noch so schwer erlebt ist, wenn es an der Stirne trägt die Schwierigkeit des Erlebens: es wird beurteilt, auch von demjenigen beurteilt, der ganz gut wissen kann, daß er sich nicht sonderlich bemüht hat, um viel zu erleben, der nur bemüht war, zu dem Selbstverständlichen zu kommen: daß es keine Mühe machen darf, Gott zu erkennen, sondern daß der Gott sich eben dem einfachsten, kindlichen Gemüt jederzeit ergeben muß, wenn es ihn haben will. So muß man sehen, daß die Philistrosität vor allen Dingen zurückgedrängt werden muß durch Geisteswissenschaft. Aber die Philistrosität, sie sitzt noch ganz woanders, als man heute vielfach glaubt, und viele von denen, die gerade glauben, über die Philistrosität so recht herauszukommen, die stecken sehr weit über den Kopf darinnen. Viele «Ismen» und viele Modernismen, die es sich gerade zum Programm machen, nicht so zu sein wie die Philister, sind eigentlich nichts anderes als das maskierteste Philistertum. Das ist das zweite. Auf denkerischem, auf vorstellendem Gebiet muß zurückgedrängt werden die heranziehende Beschränktheit, auf gefühlsmäßigem Gebiet die heranschreitende Philistrosität. Weitherzigkeit der Interessen muß dafür Platz greifen, der Wille, wirklich hinzuschauen auf das, was auf dem großen Tableau der irdischen Entwickelung vor sich geht.

Wir haben vorgestern versucht, etwas im Konkreten die Wirkung der Volksgeister zu charakterisieren. Das sind ja Erzengel. Daraus konnten Sie schon entnehmen: Diese Volksgeister hängen zusammen mit den Orten, an denen sich gewisse Menschen auf der Erde entwickeln. Durch die Luft wirkt der Volksgeist in Italien, durch alles Flüssige wirkt er in den Gebieten des heutigen Frankreich und so weiter, wie ich es charakterisiert habe. Aber natürlich durchkreuzen sich diese Dinge mit mancherlei anderen, und man muß sich klar sein, daß auf der Erde die Menschen nebeneinander leben, daß gewisse Phasen der Entwickelung in gewissen Gegenden zurückbleiben. In manchen Fällen bringen die Menschen sie weiter, in anderen bringen sie sie sogar in Verfall. Nun ist etwas ungeheuer Bedeutsames zu beobachten. Wenn wir die gesamte Erde als einen Organismus betrachten und uns fragen: Was geht über die gesamte Erde hin vor? – dann können wir zunächst die verschiedenen Gebiete Asiens, den asiatischen Osten betrachten, wie man es nennt. In diesem asiatischen Osten verkörpern sich heute vielfach Seelen, welche durch ihr Karma, durch das, was sie aus früheren Erdenleben mitgebracht haben, noch in früheren Eigentümlichkeiten der Menschheitsentwickelung stecken, Seelen, die Körper suchen, in denen sie noch bis in ein gewisses höheres Alter abhängig sein können von der leiblich-physischen Entwickelung. Das Normale ist ja, daß man heute nur abhängig ist bis in das siebenundzwanzigste Jahr herauf. Das ist überhaupt dasjenige, was den Grundcharakter unserer Zeit repräsentiert, daß man bis in das siebenundzwanzigste Jahr abhängig ist von der leiblich-physischen Entwickelung. Das ist sehr bedeutsam in unserer Zeit. Man versteht vieles in unserer Zeit, wenn man diese Dinge ins Auge faßt. Ich habe auf eines ja wohl auch hier schon hingewiesen.

Ich fragte mich einmal: Wie wäre ein Mensch, der so ganz der Typus unserer Zeit sein sollte, wie müßte der in diese Zeit mit seinem ganzen Arbeiten, mit seinem ganzen Wirken hineintreten? – Er müßte gewissermaßen alles ausschließen von sich, was sonst an die Menschen von außen herangebracht wird und sie beeinträchtigt, sich nur sich selbst zu überlassen bis zum siebenundzwanzigsten Lebensjahre. Dasjenige, was man den Selfmademan nennt, einen selbstgemachten Menschen, ein solcher müßte es sein. Bis zum siebenundzwanzigsten Jahre müßte er wenig durch das, was das Normale, das Repräsentative in unserer Zeit durchlöchert, berührt werden, bis zum siebenundzwanzigsten Jahre müßte er sich ganz auf sich selbst gestellt entwickeln. Dann, gleich nachdem er aus sich selbst gemacht hat, was eben ein heutiger Mensch aus sich machen kann, dann müßte er zum Beispiel ins Parlament gewählt werden. Nicht wahr, das bedeutet ja heute auf der Höhe der Zeit stehen, ins Parlament gewählt zu werden! Dann, wenn er ins Parlament gewählt ist und nach ein paar Jahren gar Minister geworden ist, dann ist er in gewisser Weise stigmatisiert, dann bemerken es die Leute später, wenn man nach der einen oder anderen Richtung umfällt und dieses oder jenes Malheur hat. Und dann? Wie muß es weitergehen? Man kann sich dann nicht mehr weiter entwickeln, man bleibt dann der Typus seiner Zeit, man ist dann der richtige Repräsentant seiner Zeit. Solche Menschen gibt es jetzt, habe ich vor einiger Zeit wohl auch hier gesagt: das ist zum Beispiel *Lloyd George.* Es gibt keinen Menschen, der charakteristischer, typischer das zum Ausdruck bringt, was in unserer Zeit vorhanden ist, als Lloyd George, der bis zum siebenundzwanzigsten Jahr alles dasjenige, was ein Mensch heute aus dem Leiblich-Physischen ziehen kann, aus sich herausgebracht hat. Er war Autodidakt, er war frühzeitig ins Leben, in den Sozialismus hineingekommen, hat frühzeitig gelernt, daß man mit siebenundzwanzig Jahren, nicht wahr, hineingehört ins Parlament. Er wurde ins Parlament gewählt und war dort sehr bald einer der gefürchtetsten Redner, sogar einer der gefürchtetsten Blinzler – so sagt man: Blinzler –, er saß immer so da und lauerte, wenn andere redeten. In seinem Augenaufschlag war etwas Besonderes, das war bekannt bei Lloyd George. Dann kam das Ministerium *Campbell-Bannerman.* Da sagte man: Was machen wir mit dem Lloyd George? Er ist gefährlich. Es ist das beste, wir machen ihn zum Minister. – Und da nahm man ihn herein ins Ministerium. Ja, aber auf welchen Ministerposten versetzen wir ihn? Er ist ein sehr begabter Mensch! Nun, wir versetzen ihn auf den Posten, wo er gar nichts versteht. Da wird er am nützlichsten sein, da wird er am wenigsten zu schaffen machen! – Man machte ihn zum Minister der Eisenbahnen und Schiffsbauten. In wenigen Monaten eignete er sich dasjenige an, was er brauchte. Er machte die großartigsten Reformen, die großartigsten Sachen.

Nicht wahr, man kann den Typus des Menschen der Gegenwart

nicht besser schildern, als wenn man Lloyd George schildert. Es ist wie konzentriert, wie der Extrakt aus dem Materialismus der Gegenwart heraus, und man kann vieles in der Gegenwart verstehen, wenn man auf so etwas einzugehen vermag. So ist es in der Mitte der Welt, möchte ich sagen, zwischen dem asiatischen Osten und dem amerikanischen Westen. Vorzugsweise in der europäischen Kultur ist es so, daß man bis zum siebenundzwanzigsten Lebensjahre aus dem Leiblich-Physischen das herausziehen kann, was auch für das Seelisch-Geistige bedeutsam sein kann. Dann muß ein geistig-seelischer Impuls in der Seele erregt werden, wenn man weiterkommen will, dann gibt das Körperlich-Physische nichts mehr her. Daher ist in einem Menschen wie Lloyd George alles das, was die Gegenwart von selbst gibt, daher hat er aber auch gar nichts von dem, was frei errungen werden soll. Die Gegenwart gibt natürlich viel Genialität, viel Begabungen, aber sie gibt nichts Geistiges von selbst her. Das muß durch Freiheit erobert werden. Aber in Asien ist noch vielfach Gelegenheit dazu, Körper zu finden, die bis über das siebenundzwanzigste oder achtundzwanzigste Jahr hinaus noch die seelisch-geistige Entwickelung mitmachen lassen. Daher inkarnieren sich dort die Seelen, die dem Leiblich-Physischen noch über diese Zeit hinaus etwas entnehmen wollen. Daher ist dort auch noch eine selbstverständlich spirituelle Kultur, eine Kultur, welche darauf hält, daß die Dinge um uns herum geistig angeschaut werden, daß Geistiges erkannt werde in der Welt. Es greift natürlich auch da im Osten eine große Dekadenz Platz, weil sich der Materialismus ausgebreitet hat, und da er für den Osten am wenigsten geeignet ist, so wirkt die Dekadenz dort am meisten. Aber bei denjenigen, die die führenden Leute sind, sieht man, wie noch eine selbstverständliche Spiritualität vorhanden ist. Die verachten die europäisch-materialistische Kultur innerlich doch im allerumfänglichsten Sinn. Solche Menschen wie *Rabindranath Tagore,* der vor kurzem eine Rede gehalten hat über den Geist Japans, der sagt: Wir Orientalen nehmen selbstverständlich für die äußeren technischen Kulturverhältnisse die europäischen Errungenschaften an; aber wir stellen sie in unsere Remisen, in unsere Ställe, lassen sie ja nicht in unsere Wohnstuben hineinkommen, diese europäische Kultur –, weil ihm das Spirituelle etwas Selbstverständliches ist. Solche Dinge muß man heute wissen, denn diese Dinge sind ja die Grundkräfte dessen, was über die Welt hinüber geschieht, wovon die Weltereignisse heute abhängen.

Sie werden sagen: Ja, wir haben doch wahrhaftig zum Beispiel in unserer mitteleuropäischen Kultur die feste Anlage zu einer, sogar von klaren, hellen Ideen getragenen Spiritualität! – Die haben wir auch, und wir können so reden von dieser Spiritualität, wie ich in meinem Buch «Vom Menschenrätsel» von einer vergessenen Strömung im deutschen Geistesleben zu reden versuchte. Um uns zu durchdringen mit einer Spiritualität, die nun wirklich in der Entwickelung der Menschen über das hinausgehen würde, was die orientalische Spiritualität je geleistet hat, brauchten wir uns nur zu erfüllen mit den wunderbaren Imaginationen, die wir zum Beispiel bei *Herder* schon oder bei *Goethe* finden. So etwas Großes hat die orientalische Kultur nicht hervorgebracht wie Herder, der in jedem neuen Morgensonnenaufgang ein Bild der neuen Weltschöpfung sieht und es in großartiger Weise schildert. Diejenigen, die heute keine Philister sein wollen, sind doch solche Philister, daß sie sagen: Um so etwas Uraltes kümmert man sich nicht mehr –, und wenn man die Leute nach Herder fragt, so ist das längst vergessen. Und der Orientale, wenn er die Verhältnisse beurteilt, so beurteilt er natürlich dasjenige, was da in der äußeren wirklichen Strömung der mitteleuropäischen Kultur lebt.

Lesen Sie den scharfsinnigen Chinesen *Ku Hung-Ming*, der in wohlwollender Weise die mitteleuropäische Kultur beschrieben hat, oder lesen Sie den Vortrag, den Rabindranath Tagore vor kurzem gehalten hat. Dann werden Sie sehen, die Leute fragen sich: Welche Stellung nimmt dieses Europa in dem Gesamtfortschritt der Menschheit ein? – Sie haben eine Ahnung davon, daß dieses Mitteleuropa berufen wäre, die Menschen über dasjenige hinauszuführen, was der Spiritualismus ihnen selbst gegeben hat. Aber dann schauen sie nach, ob nicht dieses Mitteleuropa versäumt hat, die großen Anlagen, die großen Keime zu entfalten, die da sind, die es enthält. Einen Goethe, so sagen die Leute, haben die Menschen gehabt; ja, aber sie wissen nichts aus ihm zu machen, diese biederen Deutschen, diese materialistischen Deutschen! – Als sein letzter Enkel starb, war noch einmal Gelegenheit, den Goetheanismus in das deutsche Geistesleben einzuführen. Unter der wirklich unvergleichlich großartigen Ägide einer deutschen Fürstin wurde das Goethe-Schiller-Archiv gegründet. Ein großer Impuls war gegeben in den achtziger Jahren. Man hat auch die Goethe-Gesellschaft gegründet, aber man hat sich ständig geniert, irgend jemanden an die Spitze zu berufen, der sich nun wirklich mit der Spiritualität Goethes beschäftigt hätte. Das fand man nicht würdig, und bei der letzten Wahl hat man nicht einen Menschen an die Spitze der Goethe-Gesellschaft gestellt, welcher darinnen stehen würde in jener Spiritualität, die durch Goethe angeregt ist, sondern man berief einen ehemaligen Finanzminister. Ja, nach solchen Dingen muß aber die Welt dasjenige beurteilen, was in Mitteleuropa geschieht! Das Erbe Goethes wird heute von einem ehemaligen Finanzminister verwaltet, der ja allerdings den symptomatischen Vornamen hat «Kreuzwendedich». Aber ich weiß nicht, ob, wenn sich das Symptomatische dieses Vornamens erfüllen würde, etwas Besseres an die Stelle treten würde.

Diese Dinge würden nur anders werden können, wenn an die Stelle der engherzigen Interessen große Interessen treten würden, wenn man wirklich darauf hinblicken würde, wie die Impulse über die Erde hin wirken, wie die Leiber im Osten, ich möchte sagen, eine etwas zurückgebliebene Spiritualität möglich machen für die Seelen, die sich in solchen Leibern heute mit einer zurückgebliebenen Spiritualität inkarnieren wollen, die noch etwas vom Physisch-Leiblichen hergeben für die Seelen über das siebenundzwanzigste Jahr hinaus. Im Osten bleibt man auf früherer Stufe der Menschheitsentwickelung stehen, da bleibt man stehen auf demjenigen, was die Menschheit schon durchgemacht hat. Hier in der Mitte ist man auf jenem Standpunkt, wo der Umschwung sich vollziehen muß, wo man bis zum siebenundzwanzigsten Jahre heute – in der Mitte des 15. Jahrhunderts war es das achtundzwanzigste Lebensjahr – aus dem Leiblich-Physischen das Nötige herausziehen kann. Da muß man aber für die weitere Entwickelung der Menschenseele, wenn man nicht früh alt werden will und nicht nichts haben will von seiner Jugend, einen geistig-seelischen, einen freien spirituellen Impuls haben, nicht, wie der Orientale, einen unfreien spirituellen Impuls.

Gehen wir weiter nach dem Westen hinüber, nach Amerika. Da ist die Menschheit so geartet, daß sie zurückbleibt, daß sie dieses Maß nicht erreicht. Im Orient ist die Menschheit gewissermaßen auf früheren Stufen zurückgeblieben, in der Mitte haben Sie das normale Alter, im Westen, in Amerika – ich habe das vorgestern charakterisiert –, da wirkt das Erden-Unterirdische. Selbst auf solche Geister wie Woodrow Wilson wirkt es so, daß sie besessen sind von ihren eigenen Worten, ihren eigenen Prinzipien. Sie sind wie früh gealterte – aber das Wort hat etwas andere Wertung – wie früh gealterte Kinder, die nicht bis zur vollen Auswirkung dessen kommen können, was bis zum siebenundzwanzigsten Jahre ausgewirkt werden kann. Wenn man einmal durchschauen wird das, was in der Gegenwart vielen Leuten so starken Eindruck macht, dann wird man zum Beispiel die Frage aufwerfen: Wie konnte es denn nur kommen, daß ein Geist wie Woodrow Wilson, der mit seinem Alter niemals mehr in sich aufgenommen hat, als man bis zum siebenundzwanzigsten Jahre aufnimmt, der große Weltenschulmeister werden konnte? – Die Weite des Interesses, um solche Dinge sich wirklich in echter Art vor die Seele zu rücken, die hat man eben nicht. Man will nicht heraus aus der Philistrosität!

Jener merkwürdige Zug in der Menschheitsentwickelung, der damit charakterisiert ist: Vom Osten nach dem Westen, von dem Aufbewahren eines Früheren durch das normale Mittlere hindurch nach dem Dekadenten des Westens hin –, das liegt in der Völker- und Erdenentwickelung, nicht im einzelnen Menschen selbstverständlich. Interesse dafür muß entwickelt werden, damit man weiß, was für Impulse über die Erde hin wirken, damit man sie zu werten versteht. Und in der Mitte hier war durch lange Zeit hindurch der Zug aus dem Süden das Maßgebende, indem die mitteleuropäische Kultur von griechisch-römischem Wesen übergossen worden ist. Das konservative Wesen des Südens kam herüber. Heute stehen wir an einem Wendepunkt. Ein besonders fortschrittliches Element des Nordens muß die mitteleuropäische Bevölkerung durchdringen. Und dieses Besondere, ich möchte sagen, die für heute günstigen Impulse der Hyperboräerzeit, die müssen durch unsere Seele hindurchgehen. Das ist es, was berücksichtigt werden muß. Sonst geht, wenn der Mensch nicht die Augen und die Seele öffnet gegenüber diesen großen Impulsen des Menschheitswerdens, die Erde eine falsche Entwickelungsrichtung, wird nicht Humus für den kosmischen Weltbau, und dasjenige, was die letzte Entwickelungsepoche der Erde bedeuten sollte, muß von einem anderen Planeten in Anspruch genommen werden.

Es sind schon große Interessen auf dem Spiel. Es ist notwendig, daß man sich aus der Philistrosität herausarbeitet und zu den großen Interessen hinaufentwickelt. Nur dann, wenn man solche Interessen sich aneignet, kommt man dazu, gewisse Erscheinungen in unserer Gegenwart in der richtigen Weise zu werten. Man kann deutlich sehen: Es gabeln sich die menschlichen Naturen in unserer Zeit. Das ist heute im Anfang; doch gabeln sich die Menschen. Die einen sind Naturen, welche gewissermaßen das Leiblich-Physische in sich verhärten. Sie entwickeln es in einer gewissen Verhärtung bis zum siebenundzwanzigsten Lebensjahre, dann bleiben sie stehen, sie lehnen das Geistig-Seelische ab. Wenn sie nicht gerade fortwährend Anregung haben, um die Menschheit aufzuregen, um die Menschheit zum Unheil zu führen wie Lloyd George, dann versulzen, versauern sie, gehen über in das rechte Philistertum, werden stumpf. In der einen Gabelrichtung liegt die Verstumpfung der Menschheit. Die anderen überlassen sich bis zum siebenundzwanzigsten Jahre allen treibenden, pulsierenden Kräften des Physisch-Leiblichen, ziehen alle Geistigkeit aus dem Physisch-Leiblichen heraus. Im Physischen liegt viel. Vergessen Sie nicht, wir kommen alle ungeheuer weisheitsvoll zur Welt; wir hätten das Weisheitsvolle nur umzugestalten in Bewußtsein, umzugestalten dasjenige, was da weisheitsvoll in unserer ganzen Leiblichkeit ist. Geisteswissenschaft versucht, in einer harmonischen, durchgeistigten Art alles das, was im Nerv, Blut und Muskel ist, heraufzuholen ins Bewußtsein. Geisteswissenschaft lehnen nicht nur die Stumpflinge ab, sondern auch vielfach diejenigen – und es werden ihrer immer mehr werden –, die lebendig pulsierend bis zur Geschlechtsreife und bis zum siebenundzwanzigsten Jahre dasjenige fühlen, was als Genialität im Nerv, Blut, Muskel drunten kocht und siedet. Diese überhitzten Naturen, die gewissermaßen das menschliche Leben verbrennt, werden immer häufiger und häufiger. Sporadisch treten sie heute schon außerordentlich häufig auf. Man bevölkert mit ihnen die Irrenhäuser und so weiter. Aber man sieht nicht ein, daß die wirkliche Heilung in der anthroposophisch orientierten Geisteswissenschaft liegt.

Eine typische Natur ist ja zu einer Weltberühmtheit geworden in der neueren Zeit. Das ist der Philosoph *Otto Weininger.* Nicht wahr, Otto Weininger war ein Mensch, der in allerchaotischster Weise, ungeläutert, unharmonisiert dasjenige hervorholte, was im Nerv, Muskel, Blut liegt, und der dann das weltberühmt gewordene Buch «Geschlecht und Charakter» geschrieben hat, auf welches die Menschen, die auf alles hereinfallen, auch da hereingefallen sind. So daß auch die Philister hereingefallen sind, die nicht verstanden haben, daß es, trotz alles Unsinnigen, Widerlichen, eine Idee, eine Offenbarung eines Elementarischen von Nerv, Blut und Muskel war. An solche Menschen tritt das Elementare heran, aus ihrer Menschheit selbst heraus tritt das an sie heran, was – nur in geordneter, harmonischer Weise – die Geisteswissenschaft entwickeln möchte. Solche Menschen müssen sich, weil sie es nicht aus der Geisteswissenschaft gelernt haben – da würden sie es ordentlich lernen –, sondern weil ihre Nerven, ihr Blut, ihre Muskeln es fordern, eine Frage stellen, welche die Menschheit sich heute notwendigerweise stellen muß. Ohne diese Frage kommt die Menschheit nicht weiter. Sie lautet: Wie werde ich, indem ich hier in die physische Welt durch die Geburt oder Empfängnis hereingetreten bin, ein Fortsetzer meines geistig-seelischen Daseins vom letzten Tod bis zu dieser Geburt? – Solche und ähnliche Fragen, wie wir sie in der Geisteswissenschaft aufwerfen, wie wir sie als Grundfragen der fortschreitenden Geisteskultur betrachten, müssen aufgeworfen werden und werden aufgeworfen werden von denen, die heraufsieden lassen, was in Nerv, Blut und Muskel ist.

Sehen Sie, gerade bei Otto Weininger ist ein Kapitel außerordentlich interessant. Er hat sich gefragt: Warum bin ich eigentlich ins Erdenleben gezogen? – Und er hat sich diese Frage aus dem, was ich eben charakterisiert habe, aus der Weisheit, die im Muskel, Blut und Nerv liegt, in seiner Art beantwortet, aber in der Art, die den Menschen verzehrt, verbrennt. Er hat sich gefragt: Warum werde ich denn aus der geistig-seelischen Welt, in der ich früher war, hereingezogen ins

Erdenleben? – Er fand keine Antwort als diese: Weil ich feig war, weil ich nicht allein bleiben wollte in der geistig-seelischen Welt und deshalb die Verknüpfung mit anderen Menschen suchte. Ich hatte nicht den Mut, allein zu sein, ich suchte den Schutz im Mutterleibe. – Das waren für ihn durchaus ehrliche Antworten, die er sich gegeben hat. Warum haben wir keine Erinnerung, fragte er, an dasjenige, was vor der Geburt verflossen ist? Weil wir durch die Geburt so geworden sind! – Wörtlich sagt er: Weil wir so tief gesunken sind, daß wir das Bewußtsein verloren haben. Hätte der Mensch sich nicht verloren bei der Geburt, so müßte er sich nicht suchen und wieder finden.

Das sind typische Erscheinungen; heute treten sie noch sporadisch auf. Es sind diejenigen, die in ihrer Jugend aus Blut, Nerv und Muskel das herausholen, was nur dann gedeihlich werden kann im gesamten Menschenprozeß, wenn es abgeklärt, harmonisiert wird durch dasjenige, was Geisteswissenschaft geben soll. Dazu müssen aber die Interessen im allgemeinen Menschenleben ins große getrieben werden. Es muß die Philistrosität zurücktreten. Dieses Eingeschlossensein der Menschen im engen Interessenkreis, das muß geradezu systematisch bekämpft werden. Gewisse Fragen müssen eine ganz andere Gestalt annehmen, als sie bis in unsere Tage herein haben. Die religiöse Entwickelung der letzten Jahrtausende, wie hat sie denn selbst die Frage gegliedert, die noch ein wenig die Menschen mit dem Spirituellen zusammenhält? Ein materialistisch gebildeter, geistreicher Mensch der Gegenwart, der eine hohe Stellung in einem gewissen Umkreis eingenommen hat, sagte mir einmal: Wenn man den Staat mit der Kirche vergleicht, dann bekommt man die Ansicht, daß es die Kirche doch noch leichter habe als der Staat. – Nun, ich will nichts über den Wert dieses Urteils sagen, aber jener Mann meinte, daß es die Kirche doch noch leichter habe als der Staat, denn der Staat verwalte das Leben, die Kirche den Tod, und vor dem Tod haben die Menschen doch mehr Angst als vor dem Leben; daher habe die Kirche es leichter. – Er betrachtete das natürlich als Unsinn, weil er ganz materialistisch gesinnt war.

Aber auch dieses Kapitel ist ja eigentlich in ein recht egoistisches Fahrwasser gebracht worden. Im Grunde genommen fragt der Mensch heutzutage: Was tritt ein mit meinem seelisch-geistigen Leben, wenn ich durch die Pforte des Todes getreten bin? – Und darin stecken viele egoistische Impulse. Gerade die Unsterblichkeitsfrage würde unter dem Einfluß der Geisteswissenschaft eine ganz andere Gestalt annehmen. Man würde in der Zukunft nicht allein fragen: Inwiefern ist das geistig-seelische Leben nach dem Tod eine Fortsetzung des Lebens hier auf Erden –, sondern: Inwiefern ist das Leben auf der Erde hier eine Fortsetzung des Lebens, das ich früher in der geistig-seelischen Welt zugebracht habe? – Da wird man dann hinblicken können auf so etwas wie das Folgende.

Wenn der Mensch durch die Pforte des Todes tritt, so ist bei ihm in der ersten Zeit das imaginative Vorstellen recht stark ausgebildet; eine umfassende Bilderwelt entrollt sich ihm imaginativ. Ich möchte das nennen ein Entrollen der Bilderwelt. Das zweite Drittel des Lebens zwischen Tod und neuer Geburt ist vorzugsweise von Inspirationen ausgefüllt. Inspirationen treten im menschlichen Leben im zweiten Drittel dieses Lebens zwischen dem Tod und einer neuen Geburt auf. Und Intuitionen im letzten Drittel. Nun bestehen Intuitionen darin, daß der Mensch sich mit seinem Selbst, seinem Seelischen in andere Wesenheiten versetzt, und das Ende dieser Intuitionen besteht darin, daß er sich in den physischen Leib versetzt. Dieses Sich-Versetzen in den physischen Leib durch die Geburt ist bloß die Fortsetzung des hauptsächlich intuitiven Lebens des letzten Drittels zwischen Tod und neuer Geburt. Und das muß eigentlich auftreten, wenn der Mensch ins Physische hereintritt, das muß ein besonders charakteristischer Zug sein beim Kinde: das Sich-Versetzen ins andere Leben. Es muß das tun, was andere tun, nicht was aus einem selbst hervorgeht, sondern imitierend, nachahmend, was der andere tut.

Warum mußte ich beschreiben, als ich über «Die Erziehung des Kindes vom Gesichtspunkte der Geisteswissenschaft» sprach, daß die Kinder in den ersten sieben Jahren vorzugsweise Nachahmer sind? Weil die Nachahmung, weil das Sich-Versetzen in andere die Fortsetzung der intuitiven Welt ist, die im letzten Drittel des Lebens zwischen Tod und neuer Geburt da ist. Man sieht noch hereinströmen und hereinleuchten das Leben zwischen dem Tod und einer neuen Geburt, wenn man recht sinnvoll das Leben des Kindes hier betrachtet. Die Unsterblichkeitsfrage wird auf diese Basis gestellt werden müssen: Inwiefern ist das Leben hier auf der Erde eine Fortsetzung des seelisch-geistigen Lebens? – Dann wird man aber auch lernen, dieses Leben auf der Erde besonders wichtig zu nehmen, aber nicht im egoistischen Sinn. Dann wird man sich vor allen Dingen an das Verantwortlichkeitsgefühl halten, das so begründet wird, daß man sich sagt: Ich habe fortzusetzen hier dasjenige, was mir auferlegt ist dadurch, daß ich etwas als Erbschaft aus dem Seelisch-Geistigen mitgebracht habe. – Es wird einen ungeheuren Umschwung bedeuten in der Auffassung der Menschen, wenn sie von dem anderen Gesichtspunkte aus sprechen werden. Denn dasjenige, was die Seele zwischen dem Tod und einer neuen Geburt erlebt, dieser große geistige Umkreis, der erlebt wird in Imaginationen, Inspirationen, Intuitionen, das ist für dort das Diesseits; und was wir hier erleben, ist für dort das Jenseits. Und dieses Jenseits verstehen wollen, würdigen wollen, das wird ein Teil der neugestalteten Unsterblichkeitsfrage werden, die in weniger egoistischer Weise in die geistige Entwickelung der Menschheit eingreifen wird, als es vielfach die Unsterblichkeitsfrage in der religiösen Entwickelung der verflossenen Jahrtausende getan hat.

Solche Dinge wollte ich schildern, um zu zeigen, wie die Menschheit herauskommen soll aus der Philistrosität, um zu zeigen, wie man eben kein Philister ist. Man ist kein Philister, wenn man hinausgehen kann über das engste Interesse, und wenn man auch ein Interesse hat dafür, daß man hier auf Erden in einem Tag 25 920 Atemzüge macht, was der Anzahl der Tage in einem Erdenleben entspricht und was auch den «Rucken» der Sonne entspricht, die sie vollführt, indem sie herumkreist in der kosmischen Ellipse. Hinaus erweitern die Interessen über das, was dazu geführt hat, daß es einen vergessenen Strom im deutschen Geistesleben gibt, hinaus erweitern das Interesse über das, was auf der ganzen Erde sich im Geiste konfiguriert, was der Grundton der orientalischen, der mittleren, der westlichen Geistesentwickelung ist: wie die asiatische Geistesentwickelung abhängig ist gewissermaßen von einer östlichen Strömung, die in die Dekadenz kam im Westen, wie die mittlere Strömung, erst abhängig von dem Süden, abhängig wird in der Zukunft von dem Norden. Diese Dinge führen uns auf den großen Plan der Menschheitsentwickelung, überwinden die Philistrosität, stellen das Fühlen in bezug auf die Menschheitsentwickelung richtig ein und lehren uns wirklich mitfühlen dasjenige, was in der Menschheit als Impulse lebt.

Und das Wollen: Auch das Wollen entwickelt sich in den materialistischen Impulsen in einer ganz bestimmten Weise. Es entwickelt sich dahin, daß die Menschen immer ungeschickter und ungeschickter werden, und zwar im großen klassischen Sinn ungeschickter und ungeschickter werden. Was kann heute der Mensch? Das Engste, wozu er trainiert wird, was ihn in einen kleinen Kreis hineinstellt. Dasjenige, was Geisteswissenschaft an Begriffen, an Gefühlen, an Impulsen entwickelt, das geht schon bis in die Glieder. Wenn sich jemand recht in die Geisteswissenschaft einlebt, so wird er geschickt, paßt sich an die Umgebung an, lernt im Laufe seines Lebens manchmal Dinge, von denen man, wenn er noch ganz klein ist, sagt, er habe nicht die geringste Anlage dazu. Geisteswissenschaft wird, wenn sie richtig ergriffen wird, den Menschen auch geschickt machen. Heute sind die Menschen nicht einmal im Kleinsten geschickt. Man lernt Menschen kennen, die nicht die kleinsten Handgriffe kennen, man lernt Herren kennen, die sich nicht einmal einen Knopf annähen können, wenn er abgerissen ist, viel weniger etwas anderes. Aber darauf kommt es an, daß die Menschen wiederum vielseitig werden können, daß sie sich anpassen können an die Umgebung, daß dieses Eingeschlossensein in den engsten Kreis und damit das Ungeschicktwerden für die Welt überwunden werde.

So sonderbar es klingt, diese dreifache Aufgabe hat die Menschheit für die Gegenwart und die nächste Zukunft mit Bezug auf Denken, Fühlen und Wollen: daß die Borniertheit überwunden werde und ein bewegliches Sich-Hineinfinden in die Verhältnisse der Welt dann Platz greife, daß das Philistertum überwunden werde und weitherzige Interessen die Menschenherzen ergreifen, daß die Ungeschicklichkeit überwunden werde, und die Menschen geschickt werden und auch zur Geschicklichkeit erzogen werden auf den mannigfaltigsten Gebieten des Lebens. Verstehen lernen die Welt auf den mannigfaltigsten Gebieten des Lebens! Heute tut man selbstverständlich das Gegenteil von alledem. Man steuert in die Ungeschicklichkeit, in die Philistrosität, in die

Borniertheit hinein, und das sind die notwendigen Konsequenzen der materialistischen Denkart. Gewiß, es kann nicht jeder Mensch lernen, wenn er sich ein Bein gebrochen hat, dieses selber wieder einzurichten; aber es braucht nicht die Ungeschicklichkeit so weit kultiviert zu werden, daß jemand keinen Sinn mehr dafür hat, wie er sich im einfachsten Krankheitsfall selber helfen kann, und dergleichen. Geschicktes Verständnis, um in den verschiedensten Lagen des Lebens diesem Leben gewachsen zu sein, darauf kommt es an.

Hat man denn nicht mit dem Heraufkommen dieser neueren Zeit so recht gesehen, wie die Dinge sich eigentlich entwickelt haben? Wer mit sehenden Augen herumgefragt hat bei den Erscheinungen der Gegenwart in den letzten Jahrzehnten, dem zeigte sich klar, daß eigentlich der Sinn, Weltanschauung zu entwickeln, der Sinn, Weltanschauungsimpulse zum Gegenstand der Betrachtung zu machen, nur bei denen rege war, die zu gleicher Zeit nur den Willen hatten, rein materialistische Weltanschauungsinteressen zu entwickeln, nämlich auf dem Gebiet des Sozialismus. Im Grunde genommen ist überhaupt nur da, wo man im sozialistischen Sinn die Welt reformieren wollte, eine Betrachtung über Weltanschauungsfragen dagewesen. Kam man über die sozialistische Flut [?] herauf, war Interesselosigkeit vorhanden; höchstens enge Cliqueninteressen, festhaltend an Althergebrachtem, oder wenn man glaubte, je etwas Neues zu erfassen, so waren es abstrakte Worte, die Vorleuchten des Wilsonianismus, wie es in den sogenannten liberalen Parteien besonders schlimm gewütet hat in der zweiten Hälfte des 19. Jahrhunderts. Ein Wille, in die geistigen, in die spirituellen Impulse der Welt einzudringen, wie der Sozialismus eindringen wollte in die materiellen, ein solcher Wille war nicht da: Stumpfheit war da [in bezug auf das Geistige], wo das Bourgeoistum begann – im großen ganzen selbstverständlich; Ausnahmen sind abgerechnet. Die Anwesenden sind ja immer ausgenommen, das bedingt ja schon die Höflichkeit.

Nun, diesen Erscheinungen sich gegenüberzustellen und sich solche Fragen, wie sie heute aufgeworfen worden sind, auch in solchem Sinn zu beantworten, wie wir sie heute zu beantworten versuchten, ist im Grunde genommen eins und dasselbe. Denn große Dinge hängen mit diesen Sachen zusammen. Im Osten Europas sehen wir, wie sich, ich möchte sagen, im Extrakt etwas vorbereitet, wofür Europa heute furchtbar wenig Verständnis hat. Wir auf unserem Gebiete haben oftmals gerade auf die Entwickelungskeime dieses europäischen Ostens hingewiesen. Dieser europäische Osten will nämlich – ich will es heute in besonderer Form aussprechen – verstehen lernen, daß das ganze menschliche Leben einen Sinn hat! Und wenn das sechste nachatlantische Kulturzeitalter herankommt, dann soll der europäische Osten in der Erdenentwickelung zeigen, daß das ganze menschliche Leben einen Sinn hat, und nicht bloß das für wahr halten, was in der Jugendzeit schulmäßig eingetrichtert wird. Der Osten soll zeigen, daß der Mensch in Entwickelung ist bis zum Tode hin, daß jedes Jahr Neues und Neues bringt, und daß man, wenn man durch die Todespforte geht, noch weiter mit dem Irdischen zusammenhängt und die Weisheit auch nach dem Tode hereinbringt. Was will denn eigentlich dasjenige Seelenelement, das bis vor kurzem das russische genannt werden konnte, das jetzt provisorisch in ein Chaos einmündet, aber seinen Weg finden wird in der europäischen Kulturentwickelung und damit in der Kulturentwickelung der ganzen Menschheit? Was will es denn, dieses Element des Ostens?

Es will Sinn heraufkommen sehen dafür, daß das ganze menschliche Leben in Entwickelung begriffen ist, und der Augenblick des Todes nur ein besonders wichtiger Moment dieser Entwickelung ist. Dieses Prinzip muß ja auch in Mitteleuropa schon Anhänger und Bekenner finden, und wird sie aus solchen Voraussetzungen heraus, wie wir sie angeführt haben, auch finden. Bis aber dieses Prinzip erkannt ist, wird man immer glauben: Je jünger man ist, desto mehr kann man einen Standpunkt haben. – Die jüngsten Dachse und Dachsinnen haben ja heute ihren abgeschlossenen, festen Standpunkt, haben nichts in sich im Grunde genommen von dem großen Erwartungsvollen, Hoffnungsvollen: daß jedes Jahr neue Geheimnisse enthüllt, daß der Augenblick des Todes neue Geheimnisse enthüllt. Der europäische Osten entwickelt Seelen, die heute noch im Unterbewußten gerade das Verständnis dafür entwickeln, daß der Mensch am weisesten ist und am besten urteilen kann über die irdischen, menschlichen Verhältnisse, gerade wenn er stirbt. Und aus diesen Seelen, die heute im Osten leben, werden sich solche herausbilden, die nicht bloß anfragen bei den jungen Dachsen, bei den Parlamenten, wie man über die Angelegenheiten der Menschen entscheiden soll, sondern die anfragen auch bei den Toten, die lernen werden, den Verkehr mit den Toten einzurichten und den Verkehr mit den Toten fruchtbar zu machen hier für die irdische Entwickelung. Man wird in der Zukunft fragen: Was sagen die Toten dazu? – Und man wird die spirituellen Wege finden, wenn man sich geisteswissenschaftlich so weit vertiefen wird, die Toten, nicht nur die Lebendigen zu fragen, wenn es sich darum handelt, die großen Angelegenheiten der Menschen hier auf der Erde zu entscheiden. Das will der Osten. Und niemals ist noch etwas aufeinandergeprallt, was schlechter zusammenpaßt, als wie es heute im europäischen Osten geschieht. Denn dasjenige, was die Seele dieses europäischen Ostens ist, das ist das genaue Gegenteil von dem, was als Trotzkismus oder Leninismus aus dem pursten, wenn auch sich selbst mißverstehenden Materialismus der Gegenwart sich heute darauf gestülpt hat. Noch niemals ist in der Menschheitsentwickelung etwas, was so wenig zusammenpaßt, aufeinandergeprallt wie der spirituelle Keim des Ostens und der materialistische Leninismus, diese Karikatur, diese wüsteste Karikatur des menschlichen Kulturfortschritts, die gar keinen Sinn und kein Verständnis hat für wirklich Geistiges, die aber so verständlich ist aus dem Grundnerv der Gegenwart heraus. Das wird die Zukunft erkennen lernen.

Das, meine lieben Freunde, ist, was ich bloß als Zusammenfassung Ihnen sagen wollte mit Bezug auf solche Dinge, die Interesse in unseren Herzen entzünden sollen. Man muß für so etwas Verständnis kriegen; man darf nicht stumpf bleiben für das, was im tieferen Sinn in den Seelen vorgeht. Das wollte ich bei diesem unserem Zusammensein heute in Ihre Seelen, in Ihre Herzen legen.

HINWEISE

Dieser Band enthält in *München* während des 1. Weltkrieges 1914–1918 gehaltene Vorträge vor Mitgliedern. Band 174 b vereinigt die während des gleichen Zeitraums in *Stuttgart* gehaltenen Vorträge («Die geistigen Hintergründe des Ersten Weltkriegs»).

Für die 2. Auflage wurde dieser Band neu durchgesehen und mit zusätzlichen Hinweisen versehen.

Textgrundlagen: Die Vorträge wurden von verschiedenen Stenographen mitgeschrieben (Georg Klenk, Hedda Hummel, Helene Finckh) und in Klartext übertragen. Dieser liegt dem Druck zugrunde. Die Original-Stenogramme sind nur zu einem geringen Teil erhalten.

Einzelausgaben

3. Dezember 1914: «Michaels Kampf für die Reinheit des geistigen Horizontes», Dornach 1942

29. November 1915: 2. Vortrag in «Wie begreift man Krankheit und Tod? Das Rätsel des Todes», Basel 1952

14. und 17. Februar 1918: «Zeichen der Zeit. Michaels Kampf und seine Widerspiegelung auf Erden», Dornach 1942

2. und 4. Mai 1918: «Das erwartungsvolle Leben», Dornach 1941

In Zeitschriften sind folgende Vorträge erschienen:

29. November 1915 in «Das Goetheanum» 1938, 17. Jahrg. Nr. 13–15 («Das Rätsel des Todes»)

20. März 1916 in «Was in der Anthroposophischen Gesellschaft vorgeht – Nachrichten für deren Mitglieder» 1940, 17. Jahrg. Nr. 1–6 («Das Leben und Weben der menschlichen Äther- und Astralleiber»)

19., 20. Mai 1917 in «Das Goetheanum» 1943, 22. Jahrg. Nr. 19–26 («Gesetze der Menschheits-Entwickelung»)

Werke Rudolf Steiners innerhalb der Gesamtausgabe (GA) werden in den Hinweisen mit der Bibliographie-Nummer angegeben. Siehe auch die Übersicht am Schluß des Bandes.

Zu Seite

11 *in folgenden Worten gedenken:* Dieser Spruch wurde auch vor den übrigen Vorträgen dieses Bandes, sowie vor allen in Deutschland während des Krieges gehaltenen Vorträgen, von Rudolf Steiner gesprochen. Vom 2. Vortrag an (3. Dez. 1914) kam dazu «für diejenigen, welche schon durch die Pforte des Todes gegangen sind», ein gleicher Spruch, bei welchem das Wort «Erdenmenschen» ersetzt wurde durch «Sphärenmenschen».

in dieser ernsten Zeit: Im August 1914 war der Erste Weltkrieg ausgebrochen.

12 *seit dem 28. Juni:* Datum der Ermordung des österreichischen Thronfolgerpaars in Sarajewo, welche für den Ausbruch des Krieges die äußere Veranlassung bildete.

von dem Norrköpinger Vortragszyklus: «Christus und die menschliche Seele», vier Vorträge, gehalten zwischen dem 12. und 16. Juli 1914 in Norrköping (Schweden), GA Bibl.-Nr. 155.

13 *Eine wichtige Persönlichkeit:* Gottlieb von Jagow, 1863–1935. 1913–1916 Staatssekretär des deutschen Auswärtigen Amtes. Die Rede wird von R. Steiner verschiedentlich, der Name nur im Vortrag vom 15. März 1919 (Gesamtausgabe Bibl.-Nr. 189) erwähnt.

14 *Der zweite (Band) war gedruckt bis Seite 206:* Innerhalb der Gesamtausgabe ist das Werk «Die Rätsel der Philosophie» in einem Bande erschienen (1968, Bibl.-Nr. 18). Die entsprechende Stelle mit dem Übergang von den französischen Philosophen Boutroux (1845–1921) und Bergson (1859–1941) zu dem deutschen Philosophen Wilhelm Heinrich Preuß (1843–1909) findet sich auf Seite 564.

unseren Bau in Dornach: Das in Dornach bei Basel aus Holz errichtete erste Goetheanum, das in der Silvesternacht 1922/23 durch Brand zerstört wurde.

15 *Am 26. Juli hatte ich zu unseren Freunden gesprochen:* Fünfter und letzter Vortrag des Zyklus «Wege zu einem neuen Baustil», GA Bibl.-Nr. 286.

16 *Unmittelbar danach wurde er einberufen:* Die Kriegserklärung von Österreich-Ungarn an Serbien erfolgte am 28. Juli.

unser Wahlspruch: Wörtlich: «Die Weisheit ist nur in der Wahrheit.» Siehe «Goethes Naturwissenschaftliche Schriften», herausgegeben und kommentiert von R. Steiner in Kürschners «Deutsche National-Litteratur», 1883–97, Nachdruck Dornach 1975, GA Bibl.-Nr. 1a–e, 4. Band, 2. Abteilung, «Sprüche in Prosa», 1. Abteilung «Das Erkennen». Rudolf Steiner wählte den Spruch als Motto für die Grundsätze, die er 1913 der Anthroposophischen Gesellschaft gab. Siehe «Die Geschichte und die Bedingungen der anthroposophischen Bewegung im Verhältnis zur Anthroposophischen Gesellschaft», 2. Vortrag, GA Bibl.-Nr. 258.

17 *ein angesehener Journalist:* Konnte nicht festgestellt werden.

Rüge des Herrn Liebknecht: Der sozialistische Abgeordnete und Gründer des Spartakusbundes (1917), Karl Liebknecht (1871–1919).

recht komplizierte Reise, die ich zu machen hatte: Infolge des Kriegsausbruchs war das Reisen erschwert.

eine Zeitschrift: «Österreichische Rundschau», Band IX, Heft 5 vom 1. September 1914, S. 302. Das Zitat wurde von Rudolf Steiner mit einigen leichten Kürzungen vorgelesen.

18 *1866 ... Deutsche gegen Deutsche:* Der sogenannte Bruderkrieg zwischen Preußen und Österreich, bei dem das letztere besiegt wurde.

Einer meiner Lehrer: Es kann sich nur um Karl Julius Schröer (1825–1900) handeln, Professor für deutsche Literatur an der Technischen Hochschule in Wien.

19 *durch lebendige Beweise:* In der Nachschrift steht «verständigerweise», was sinngemäß geändert wurde.

21 *die Bhagavad Gita:* Altindische Dichtung, in der die Weisheit und Philosophie der Inder zusammenfassend dargestellt ist. Rudolf Steiner sprach ausführlich über sie in den beiden Zyklen «Die Bhagavad Gita und die Paulusbriefe», GA Bibl.-Nr. 142, und «Die okkulten Grundlagen der Bhagavad Gita», GA Bibl.-Nr. 146.

22 *in den Vorträgen über die Volksseelen:* «Die Mission einzelner Volksseelen im Zusammenhange mit der germanisch-nordischen Mythologie» (elf Vorträge, in Kristiania (Oslo) 1910), GA Bibl.-Nr. 121.

Du, meines Erdenraumes Geist: Rudolf Steiner änderte später die vorletzte Zeile um in: «Dich, tönend von Licht und Macht.»

23 *Die geistige Führung des Menschen und der Menschheit* (1911), GA Bibl.-Nr. 15.

Duma: Das russische Parlament im zaristischen Rußland.

Der Herrscher ... des Ostens: Gemeint ist Zar Nikolaus II., der 1894 den Thron bestieg und 1917 ermordet wurde.

24 *der römische Feldherr:* C. Duilius, Sieger in der Schlacht bei Mylae (260 v. Chr.) gegen die Karthager. Diese Seeschlacht fand statt im ersten punischen Krieg, der von 264–241 v. Chr. dauerte. Die Karthager waren den Römern zur See überlegen. Durch die Verwendung von Enterbrücken verwandelten diese die See- in eine Landschlacht und gewannen dadurch die Oberhand.

als erstes Ereignis: Gemeint ist die Erstürmung der Forts von Lüttich in den ersten Augusttagen 1914.

26 *unseren lieben Freund:* Felix Peipers, 1873–1944. Arzt, Mitglied der Anthroposophischen Gesellschaft.

32 *Ein Vortrag, wie er vorgestern gehalten worden ist:* «Das ‹Barbarenvolk› Schillers und Fichtes», öffentlicher Vortrag vom 1. Dezember 1914 in München. Innerhalb der Gesamtausgabe erschien der Parallelvortrag vom 5. November (Berlin) in dem Band «Aus schicksaltragender Zeit», GA Bibl.-Nr. 64. Der Münchner Vortrag wurde abgedruckt in «Die Menschenschule», Heft 1/2, Zürich 1964.

in dem Vortragszyklus: Siehe Hinweis zu S. 22.

40 *wie ich oftmals auseinandergesetzt habe:* Siehe «Das Ereignis der Christus-Erscheinung in der ätherischen Welt», Bibl.-Nr. 118.

41 *vorgestrigen Vortrag:* Siehe Hinweis zu S. 32.

42 *daß Österreich jene Mission auf dem Balkan empfangen hat...:* Dieses und das folgende bezieht sich auf Ausführungen über Bismarck und den Berliner Kongreß von 1878 in dem erwähnten öffentlichen Vortrag, siehe Hinweis zu S. 41/32.

52 *Jakob Böhme,* 1575–1624.

Gotthold Ephraim Lessing, 1729–1781.

Sir Edward Grey, 1862–1933, britischer Minister des Auswärtigen von 1905–1917.

Annie Besant, 1847–1933. Ab 1907 Präsidentin der Theosophischen Gesellschaft. Sie erklärte Krishnamurti (geb. 1895, damals noch im Knabenalter), zum Träger einer zu erwartenden Neugeburt des Christus im Irdischen und begründete in diesem Zusammenhang den Orden «Stern des Ostens» (Star of the east). Daß Rudolf Steiner sich gegen diese These stellte, führte zum Ausschluß der unter seiner Leitung stehenden Deutschen Sektion aus der Theosophischen Gesellschaft und zur Gründung der Anthroposophischen Gesellschaft.

53 *Charles Darwin*, 1809–1882.

Isaac Newton, 1643–1727.

in einer ... wissenschaftlichen Gesellschaft ... ein Vortrag: Konnte nicht festgestellt werden.

55 *in den zwei öffentlichen Vorträgen:* 21. März 1915: «Wurzeln und Blüten des deutschen Geisteslebens»; 22. März 1915: «Was ist am Menschenwesen unsterblich?» Vom ersten Vortrag sind nur ungenügende Notizen vorhanden, der zweite ist innerhalb der Gesamtausgabe als Parallelvortrag zurückgestellt. Ein unter dem gleichen Titel am 12. März in Nürnberg gehaltener Vortrag ist erschienen in dem Band «Aus schicksaltragender Zeit», GA Bibl.-Nr. 64.

ein älteres Mitglied: Frau Lina Grosheintz-Rohrer. Die bei ihrer Kremation von Rudolf Steiner gehaltene Ansprache ist abgedruckt in dem Band «Unsere Toten», GA Bibl.-Nr. 261. Das gleiche gilt für die beiden im folgenden erwähnten Verstorbenen.

59 *Bei dem zweiten Fall:* Sibyl Colazza.

61 *im dritten Fall:* Fritz Mitscher.

68 *in dem Zyklus in Wien:* «Inneres Wesen des Menschen und Leben zwischen Tod und neuer Geburt» (8 Vorträge, 6. bis 14. April 1914), GA Bibl.-Nr. 153.

70 *in den ... den Zeitereignissen gewidmeten Vorträgen:* Gemeint sind die ersten beiden Vorträge dieses Bandes, die ähnlich auch in anderen Städten gehalten wurden.

72 *daß ein Franzose wie Renan sagt:* Der Ausspruch findet sich in einem Briefe von Ernest Renan (1823–1892) an David Friedrich Strauß vom 13. September 1870. David Strauß, «Gesammelte Schriften», Bonn 1876–78, Band I, S. 311f.

75 *Grey:* Siehe Hinweis zu S. 52. Das Urteil eines Kabinettskollegen über ihn ist zitiert nach dem Buch «Die geheime Vorgeschichte des Weltkrieges» von Hans F. Helmolt, Leipzig 1914, S. 38f.

77 *im Zyklus «Die Mission einzelner Volksseelen»,* GA Bibl.-Nr. 121, im 10. Vortrag (16. Juni 1910).

ein Geist wie Solowjow: Wladimir Solowjow, 1853–1900, russischer Philosoph und Dichter. In deutscher Sprache erschienen von ihm «Ausgewählte Werke», übersetzt von Harry Köhler, 4 Bde., Stuttgart 1921–1922.

78 *zur Prüfung der Wolffschen Telegramme:* «Wolffs Telegraphenbüro», gegründet 1849 durch Bernhard Wolff, war zur Zeit des Ersten Weltkrieges die wichtigste deutsche Nachrichtenagentur.

78/79 *Zuschriften von Mrs. Besant:* Siehe Hinweis zu S. 52. Die zitierte Stelle ist aus «The Theosophist» vol. XXXVI Nr. 3 (Dezember 1914) S. 196.

79 Die Nachschrift ist, wie an anderen Stellen dieses Vortrags, lückenhaft und teilweise verdorben.

81 *auch schon in diesem Zweige:* Siehe den vorangehenden Vortrag.

86 *wissen wir ja aus unserem geisteswissenschaftlichen Studium:* Die Verleihung des menschlichen Ich durch die Geister der Form wird unter anderem dargestellt in dem grundlegenden Werk «Die Geheimwissenschaft im Umriß» (1910), GA Bibl.-Nr. 13.

88 *J. Gottlieb Fichte,* 1762–1814.

95 *in den Büchern:* Vor allem in dem eben genannten Buch, «Die Geheimwissenschaft im Umriß», in dem Kapitel «Der Lebenslauf des Menschen».

96 *im öffentlichen Vortrag:* «Die ewigen Kräfte der Menschenseele im Lichte der Geisteswissenschaft» am 29. November. Der Vortrag ist nicht gedruckt. Ein in Berlin gehaltener Parallelvortrag ist enthalten in «Aus dem mitteleuropäischen Geistesleben», 15. Vortrag, GA Bibl.-Nr. 65.

99 *die ich gestern ... auseinandergesetzt habe:* Siehe den vorangehenden Hinweis.

100 *weil es ... besprochen werden mußte:* Es handelt sich um Auseinandersetzungen innerhalb der Anthroposophischen Gesellschaft in Dornach im August 1915.

103 *Die Vorträge, die ich jetzt in der Öffentlichkeit zu halten habe:* Es handelt sich um die beiden in München gehaltenen Vorträge vom 17. und 19. März 1916 mit den Titeln «Zur deutschen Gedankenentwicklung. Ein vergessenes Streben nach Geisteswissenschaft in derselben» und «Gesundes Geistesleben und Forschung». Zu dem ersten ist ein Parallelvortrag enthalten in dem Band «Aus dem mitteleuropäischen Geistesleben», GA Bibl.-Nr. 65, der zweite ist vorgesehen zur Veröffentlichung in GA Bibl.-Nr. 71.

104 *Nun ist oftmals aufmerksam gemacht worden...:* Siehe u. a. «Die Mission einzelner Volksseelen», GA Bibl.-Nr. 121.

Intelligenzija: Die russischen Intellektuellen.

105 *welcher Herder so angezogen hat:* Der Zug der Friedfertigkeit des russischen Volkes bzw. der slawischen Völker, findet sich bei Herder am ausführlichsten dargestellt in dem Kapitel «Slawische Völker» im IV. Abschnitt des 16. Buches seiner «Ideen zur Philosophie der Geschichte der Menschheit». (Siehe Konrad Bittner, «Herders Geschichtsphilosophie und die Slawen», Reichenberg 1929, besonders Seiten 49 und 97–104).

106 *gestern wiederum in meinem Vortrag:* Siehe Hinweis zu S. 103.

107 *Fichte spricht ... von einem höheren Sinn:* In Einleitungsvorlesungen in «Die Wissenschaftslehre», (Berlin 1813), J. G. Fichtes nachgelassene Werke, Bonn 1834, I. Bd., S. 16ff.

Goethe spricht von «anschauender Urteilskraft»: Siehe den Aufsatz «Anschauende Urteilskraft», der zum ersten Male gedruckt wurde im 2. Heft des 1. Bandes der Morphologie 1820. In Kürschners «Deutscher National-Litteratur» erschien er im 1. Band der von Rudolf Steiner herausgegebenen Naturwissenschaftlichen Schriften Goethes, S. 115f., Nachdruck Dornach 1975.

Schelling spricht davon: Friedrich Wilhelm Joseph Schelling, 1775–1854, spricht über die «intellektuelle Anschauung» in mehreren Werken, z. B. in dem «System des transzendentalen Idealismus» (Tübingen 1800) und in der nach seinem Tode erschienenen Schrift «Fernere Darstellungen aus dem System der Philosophie», 2. Kapitel. Die von Rudolf Steiner im folgenden erwähnten Werke «Philosophie der Mythologie» und «Philosophie der Offenbarung» erschienen erst nach seinem Tode innerhalb seiner «Sämtlichen Werke», Stuttgart und Augsburg 1858. «Über die Gottheiten von Samothrake» wurde 1815 in Stuttgart gedruckt.

108 *westlichen Ordenszusammenhängen:* Siehe dazu «Zeitgeschichtliche Betrachtungen» 1. Teil, GA Bibl.-Nr. 173, 1. Vortrag.

Francis Baco von Verulam, 1561–1626.

Herbert Spencer, 1820–1903.

der neuere Pragmatismus: Der Pragmatismus ist eine besonders in Amerika verbreitete philosophische Richtung, für die das Erkennen nur Wert und Bedeutung hat, soweit es sich in der praktischen Erfahrung bewährt. Begründer und Hauptvertreter dieser Weltanschauung sind William James (1842–1910) und John Dewey (1859–1952).

109 *Grand Orient de France:* Französische Großloge der schottischen Hochgradmaurerei.

110 *Satz von dem ... kommenden großen europäischen Kriege:* Siehe 1. Hinweis zu S. 108.

ihre erste Reise zu uns: Mrs. Besant, siehe Hinweis zu S. 52, kam im Herbst 1904 auf Einladung Rudolf Steiners nach Deutschland, und hielt in Hamburg und in einer Reihe anderer deutscher Städte Vorträge. Siehe den Aufsatzband «Luzifer-Gnosis» S. 553f., GA Bibl.-Nr. 34, 1960.

111 *Helena Petrowna Blavatsky,* 1831–1891. Über ihre Bedeutung innerhalb der okkulten Bewegung spricht Rudolf Steiner ausführlich in «Die okkulte Bewegung im neunzehnten Jahrhundert», GA Bibl.-Nr. 254.

113 *mitteleuropäischen Okkultismus:* Was Rudolf Steiner sonst als Rosenkreuzertum zu bezeichnen pflegt.

Grey: Siehe Hinweis zu S. 52.

Herbert Henry Asquith, Earl of Oxford and Asquith, 1852–1928, Minister seit 1892, Regierungschef 1908–1916.

Wynn Westcott: William Wynn Westcott, gest. 1919, englischer Hochgradfreimaurer und Autor von Werken über Okkultismus (Pseudonym «Sapere aude»).

Laurence Oliphant, 1829–1888. Seine zwei bedeutendsten Bücher «Sympneumata» und «Scientific Religion» erschienen in London im Jahre 1888.

116 *in Verbindung mit Olcott:* Henry Steel Olcott, 1832–1907. Begründete im Jahre 1875 zusammen mit H. P. Blavatsky die Theosophische Gesellschaft und blieb bis zu seinem Tode deren Präsident.

nicht Dr. Faust zumute, nicht Richard III.: Konnte nicht nachgewiesen werden.

117 *«Secret Doctrine»:* Hauptwerk der H. P. Blavatsky, erschien 1887–97, bald darauf deutsch unter dem Titel «Die Geheimlehre», Leipzig o. J. Das Buch wurde seitdem mehrmals neu aufgelegt.

okkulte Kreise, die ... der Hochkirche nahestehen: Der Autor von «The Transcendental Universe», C. G. Harrison.

119 *die Wege des Herrn Sinnett:* Alfred Percy Sinnett, sein Hauptwerk «Esoteric Buddhism» erschien 1883, deutsch unter dem Titel «Die esoterische Lehre oder Geheimbuddhismus», Leipzig 1884.

120 *ich werde es vielleicht morgen sogar öffentlich tun müssen:* Der Vortrag vom 19. März 1916 mit dem Titel «Gesundes Geistesleben und Forschung» wird in Bibl.-Nr. 71 der Gesamtausgabe erscheinen.

In Paris lebt ... eine Persönlichkeit: Der Herausgeber des «Almanach de Mme. de Thèbes». Vgl. dazu «Aus dem mitteleuropäischen Geistesleben», GA Bibl.-Nr. 65, (Vortrag Berlin, 24. März 1916).

121 *Jaurès ermordet werden würde:* Jean Jaurès, 1859–1914. Sozialdemokratischer Politiker, der den Krieg zu verhindern suchte. Er wurde kurz vor Ausbruch des Krieges (31. Juli) ermordet, unter Umständen, die nie ganz aufgeklärt worden sind. Vgl. den oben erwähnten Vortrag vom 24. März 1916.

Die Persönlichkeit, die jenen Almanach herausgegeben hat...: Konnte nicht ermittelt werden.

123 *was Weismann gesagt hat:* August Weismann, 1834–1914, Zoologe. Er veröffentlichte «Studien zur Deszendenztheorie» (2 Bde. 1875/76), und «Vorträge zur Deszendenztheorie» (2 Bde. 1903).

126 *unter den Dingen, die Besant abdruckt:* Siehe S. 79 und Hinweis.

Alcyone: Name für Jiddu Krishnamurti in der Theosophischen Gesellschaft; siehe Hinweis zu S. 52.

127 *als der schlimmste Leadbeater-Besant-Rummel losging:* Charles Webster Leadbeater (1847–1934), bekannter theosophischer Schriftsteller und Mitarbeiter von Mrs. Besant in der Theosophischen Gesellschaft. Der «Fall Leadbeater» erschütterte die Theosophische Gesellschaft und führte 1906 zum Ausschluß von Leadbeater, dem 1909 die Wiederaufnahme folgte. Näheres über diese den damaligen Zuhörern Rudolf Steiners bekannten Vorgänge bei Eugène Levy, «Mrs. Annie Besant und die Krisis in der Theosophischen Gesellschaft», Berlin 1913.

ein langjähriger Freund Mrs. Besants: Bertram Keightley, 1860–1949. Er war Generalsekretär der Indischen Sektion der Theosophischen Gesellschaft, zeitweilig auch der Europäischen Sektion.

jener internationalen Gesellschaft: Vgl. hierzu die Darstellung in «Gegenwärtiges und Vergangenes», GA Bibl.-Nr. 167, 3. Vortrag (29. März 1916).

130 *daß der physische Leib ... erst entstehen konnte während der Erdenzeit:* Die entsprechenden Vorgänge sind geschildert in dem Buch «Die Geheimwissenschaft im Umriß» innerhalb des Kapitels «Die Weltentwickelung und der Mensch».

131 *Die Geheimwissenschaft im Umriß* (1910), GA Bibl.-Nr. 13.

134 *Der Naturforscher Oken:* Lorenz Oken, 1779–1851. Der von Rudolf Steiner erwähnte Gedanke findet sich z. B. im 4. Band seiner «Allgemeinen Naturgeschichte für alle Stände», der den Anfang der «Naturgeschichte der Tiere» umfaßt, im 2. Kapitel «Wert und Nutzen». Es heißt dort: «Wie man eine sehr zusammengesetzte Maschine nicht begreift, ehe man die Teile auseinander gelegt hat, so ist es unmöglich, den aus allen Stoffen und Kräften der Natur zusammengesetzten Menschen zu begreifen, wenn man sie nur zusammen in seinem Leibe wirken sieht. In den Tieren sind sie aber abgesondert dargestellt, wirken ohne Verwicklung, und erscheinen ohne Verhüllung, so daß man in dieser Hinsicht das Tierreich den auseinandergelegten Menschen nennen kann.»

134 *bei Schelling finden Sie auch diesen Satz:* Es heißt z. B. in seinem «System der gesamten Philosophie» in § 238: «Denn wie oft eine vielbegabte Mutter ihren Kindern ihre Eigenschaften verteilt und nur einem sich ganz eingebiert, so hat auch die Natur sich in den Tieren bloß einseitig ausgesprochen und alle Strahlen ihrer Tätigkeit nur in Einen Punkt als den Brennpunkt zusammenbrechen können. In diesen Einen Punkt fällt der Mensch.»

nun sagte er: Die Zunge ist ein Tintenfisch: Dieser Satz konnte bei Oken nicht wörtlich gefunden werden. Das Zitat ist eine freie Wiedergabe aus «Lehrbuch der Naturphilosophie», Jena 1831, 14. Buch, Zoologie, S. 424, 466, 596.

136 *dem gestrigen öffentlichen Vortrage:* Siehe Hinweis zu S. 120.

141 *in dem einen Mysterium:* Gemeint ist das vierte Mysteriendrama «Der Seelen Erwachen», sechstes Bild.

in dem zweiten Mysterium: «Die Prüfung der Seele», erstes Bild.

142 *Karl Christian Planck,* 1819–1880. Sein «Testament eines Deutschen» wurde nach seinem Tode von Karl Köstlin herausgegeben. Darin finden sich im «Vorwort des Verfassers» die folgenden Worte: «Oft genug, wenn seit Jahrzehnten schon alle Tätigkeit des rastlos Kämpfenden, auch die eindringlichste, augenfälligste Wahrheit, gleich der Stimme eines Predigers in der Wüste zu verhallen schien, wenn das längst verkündete Wort tieferer rechtlicher Wiedergeburt ... ungehört unterging im entfesselten Treiben des selbstisch ordnungslosen Jagens nach Gewinn, wenn das glorreiche Grundgesetz der ganzen Natur, das in ihr von Anbeginn schaffende Gesetz fortschreitender Konzentrierung zu selbständig innerlichem Leben bis zum Geiste hin, unbeachtet und unverstanden blieb zu Gunsten widersinnig mechanischer Äußerlichkeit und Oberflächlichkeit ... wenn dies alles von einer äußerlichen und materialistischen Geschichtsauffassung und von einer rückläufig gewordenen Theorie gleich ignoriert blieb, oft wollte da dem Einsamen im bitteren Ringen eines ganzen Lebens das Wort des alten Römers sich auf die Lippen drängen: ‹Undankbares Vaterland, nicht einmal meine Gebeine sollst du haben›.»

143 *Foersterscher Pädagogik:* Friedrich Wilhelm Foerster, 1869–1966, politischer Ethiker und Erziehungswissenschafter, bekannt als Pazifist.

145 *ein Bild von Meister Bertram,* um 1345–1415. Tafel vom Grabower Altar von 1379, Hamburg, Kunsthalle.

147 *Fedor Michailowitsch Dostojewskij,* 1821–1881. «Die Brüder Karamasow» erschienen 1879/80, deutsch 1884.

151 *als wenn man für München hier sagen würde «Strizzitum»:* Strizzi, umgangssprachliche Bezeichnung für «leichtsinniger Mensch».

152 *Kropotkin, was hat er . . . für dumme Briefe geschrieben . . .:* Pjotr Alexejewitsch Kropotkin, 1842–1921, russischer Revolutionär und Anarchist, bedeutender Geograph. Setzte Darwins «Kampf ums Dasein» das Prinzip der «gegenseitigen Hilfe» entgegen. Lebte während des 1. Weltkriegs in London. Quelle für Rudolf Steiners Erwähnung seiner Briefe ist Gustav T. Steffen, «Krieg und Kultur», Jena 1915, S. 111 ff.

156 *in der atlantischen Entwickelung:* Siehe die ausführlichen Darstellungen in «Aus der Akasha-Chronik» in dem Kapitel «Unsere atlantischen Vorfahren» und «Die Geheimwissenschaft im Umriß» in dem Kapitel «Die Weltentwicklung und der Mensch».

163 *der Träger der Euckenschen Philosophie:* Rudolf Eucken, 1846–1926. Eine Darstellung seiner Philosophie findet sich in dem zweiten Bande von «Die Rätsel der Philosophie» (1914), GA Bibl.-Nr. 18, in dem Kapitel «Der moderne Mensch und seine Weltanschauung».

164 *dem Präsidenten der Vereinigten Staaten:* Woodrow Wilson, 1856–1924, Professor der Philosophie, Präsident der USA 1913–1921.

167 *Ludwig Deinhard,* 1847–1917. Verfasser von «Das Mysterium des Menschen im Lichte der psychischen Forschung. Eine Einführung in den Okkultismus.»

unser lieber Freund Sellin: Albrecht Wilhelm Sellin, 1841–1933, ehemaliger Kolonialbeamter.

168 *Melchior Ernst Sachs,* 1843–1917, Dirigent und Komponist; seit 1881 Lehrer für Harmonielehre an der Münchner Akademie der Tonkunst. Er schrieb ein Werk über «Die Klangerscheinung als Ober- und Untertonbildung».

171 *Wenn jemand eine Schrift anträgt:* «Hofrat» Seiling wollte eine Schrift über das Christentum im Verlag der Gesellschaft veröffentlichen. Siehe den Vortrag vom 11. Mai 1917 in «Die geistigen Hintergründe des Ersten Weltkriegs», GA Bibl.-Nr. 174 b.

ein Mensch dahinter, der einmal in einem kleinen Ort ... gelebt hat: Erich Bamler. Siehe den vorangehenden Hinweis.

173 *Wie erlangt man Erkenntnisse der höheren Welten?* (1904/05), GA Bibl.-Nr. 10.

177 *Maurice Barrès,* 1862–1923. Zitat wiedergegeben nach dem Aufsatz von André Germain: «Abschied vom Führer der Jugend: Maurice Barrès» in «Internationale Rundschau» (Zürich), 1. Jg., 3. Heft v. 20. Juli 1915.

179 *Theosophie* (1904), GA Bibl.-Nr. 9.

den ... weltberühmten Wundt: Wilhelm Wundt, 1832–1920. Sein Hauptwerk «Völkerpsychologie» erschien in 10 Bänden in den Jahren 1900–1920.

Konzil von Konstantinopel: Die «Abschaffung des Geistes» auf dem genannten Konzil im Jahre 869 wird von Rudolf Steiner öfters erwähnt, u. a. am 15. Mai 1917 (GA Bibl.-Nr. 174 b), 21. November 1919, (GA Bibl.-Nr. 194) und am 8. August 1924 (GA Bibl.-Nr. 237).

184 *Vortrag über Weisheit und Christentum:* In Colmar am 21. November 1905. Vgl. Rudolf Steiner/Marie Steiner-von Sivers, «Briefwechsel und Dokumente», GA Bibl.-Nr. 262, Seite 72.

185 *wie ich oder Sie darüber denken:* Hier und im folgenden wahrscheinlich nicht wörtlich nachgeschrieben.

189 *Selbst Blavatsky hat darüber gespottet:* Siehe Hinweis zu S. 111. Die angeführten Worte finden sich in «Esoterik» (Bd. III der «Geheimlehre»), Kap. 39 «Zyklen und Avatare».

wie Professor Harnack: Adolf von Harnack, 1851–1930, führender Vertreter des liberalen Protestantismus. Sein Werk «Wesen des Christentums», erschien erstmals 1900. In der Ausgabe von 1910 steht der von Rudolf Steiner erwähnte Passus auf S. 102: «Was sich auch immer am Grabe und in den Erscheinungen zugetragen haben mag – eines steht fest: Von diesem Grabe her hat der unzerstörbare Glaube an die Überwindung des Todes und an ein ewiges Leben seinen Ursprung genommen.»

190 *Da gibt es ein Büchlein:* «Die Mechanik des Geisteslebens» von Max Verworn, 1863–1921, erschien 1907 als 200. Band der Sammlung «Aus Natur und Geisteswelt». Es erlebte später noch mehrere Auflagen. Die angeführte Stelle steht im 4. Kapitel «Schlaf und Traum».

191 *wie manches von Freud:* Sigmund Freud, 1856–1939, Begründer der Psychoanalyse.

Augustus war der erste Cäsar: Julius Caesar Octavianus Augustus, geboren 62 v. Chr., herrschte 31 v. Chr. bis 14 n. Chr., Tiberius 14–37, Caligula 37–41.

192 *Commodus,* Sohn des Marc Aurel, herrschte nach den «guten Kaisern» Trajan, Hadrian, Antonius Pius und Marc Aurel, in den Jahren 180–192.

Ein viel gelesenes Büchelchen: A. W. Hunzinger, «Das Christentum im Weltanschauungskampfe der Gegenwart», 2. Aufl. Leipzig 1916, S. 127f.

192/ *Ins Innre der Natur:* Dies Wort stammt von Albrecht von Haller, 1708–1777, Berner
193 Arzt und Naturwissenschafter, und steht in seinem Lehrgedicht «Die Falschheit menschlicher Tugenden». Goethe schrieb als Entgegnung auf diesen Spruch das Gedicht «Allerdings, dem Physiker», enthalten in der Abteilung «Gott und Welt» der Goetheschen Gedichte. Das Gedicht ist von Rudolf Steiner stark gekürzt wiedergegeben.

Rudolf Kjellén, 1864–1922, schwedischer Historiker und Staatsmann. «Der Staat als Lebensform» erschien 1916 in Leipzig.

194 *er ist weiter als Wilson:* Siehe Hinweis zu S. 164. Die Ausführungen Wilsons über den Staat als Organismus sind enthalten in seinem Aufsatzband «The new freedom», im 2. Kapitel «What is progress?», Leipzig 1913, deutsche Ausgabe München 1914, übersetzt durch Hans Winand.

199 *die Räumlichkeiten, in denen wir uns ... zusammenfinden:* Es handelt sich um das damals soeben eröffnete «Kunsthaus das Reich» in München, entstanden durch die Initiative von Alexander von Bernus, 1880–1965, Dichter und Schriftsteller, Herausgeber der Zeitschrift «Das Reich».

207 *Antrittsrede über das Studium der Geschichte:* «Was heißt und zu welchem Ende studiert man Universalgeschichte?» (Mai 1789).

211 *Ludwig Pöhlmann,* geb. 1867, «Gedächtnislehre», 1894.

213 *eines sehr berühmten Literaturhistorikers:* Konnte nicht aufgefunden werden.

223 *ich habe es auch vorgestern getan:* In dem öffentlichen Vortrag «Die Offenbarungen des Unbewußten im Seelenleben vom geisteswissenschaftlichen Standpunkt», Nürnberg, 12. Februar 1918. Der Vortrag ist innerhalb der Gesamtausgabe als Parallelvortrag vorläufig zurückgestellt. Der am 21. März in Berlin unter dem gleichen Titel gehaltene Vortrag ist abgedruckt in dem Bande «Das Ewige in der Menschenseele. Unsterblichkeit und Freiheit», GA Bibl.-Nr. 67.

224 *Kampf im Überirdischen:* Siehe u. a. «Michaels Kampf um die Reinheit des geistigen Horizonts», Vortrag vom 3. Dezember 1914, vorn in diesem Band.

228 *von dem Jahre 1879:* Siehe u. a. «Die spirituellen Hintergründe der äußeren Welt. Der Sturz der Geister der Finsternis», GA Bibl.-Nr. 177.

229 *Der März 1917:* Am 15. März 1917 begann in Rußland die Revolution, welche im November zur Errichtung der Sowjetrepublik führte.

230 *eine Anzahl von Vorträgen:* Siehe Hinweis zu S. 22.

im Vortragszyklus zu Wien: Siehe Hinweis zu S. 68.

237 *Gotthold Ephraim Lessing,* 1729–1781, sprach über das Christentum in seinen Theologischen Schriften und in dem Aufsatz «Die Erziehung des Menschengeschlechts».

Arthur Drews, 1865–1935, leugnete die Geschichtlichkeit Jesu. Seine «Christusmythe» erschien in zwei Bänden in den Jahren 1909–1911.

einige sehr interessante Publikationen: Zum Beispiel De Loosten (Dr. Georg Lomer), «Jesus Christus vom Standpunkte des Psychiaters», Bamberg 1905. Die dänische Publikation: Emil Rasmussen, «Jesus. Eine vergleichende psychopathologische Studie». (Deutsch von Arthur Rothenburg), Leipzig 1905.

wie ich es kürzlich einmal gemacht habe: In dem Vortrag vom 24. Dezember 1917 in Dornach, abgedruckt in «Mysterienwahrheiten und Weihnachtsimpulse», GA Bibl.-Nr. 180.

238 *Alexander Moszkowski,* 1851–1934, vorwiegend bekannt als humoristischer Schriftsteller. Seit 1886 Redaktor der «Lustigen Blätter». Das Buch «Sokrates der Idiot» erschien 1917 in Berlin.

246 *Nehmen Sie das Deutsche Wörterbuch:* Es wurde begonnen durch die Brüder Jakob und Wilhelm Grimm. Der Artikel «Gott» wird im IV. Band, 1. Abteilung, 5. Teil behandelt. Es heißt dort unter anderem: «Die zahlreichen Versuche, das germ. neutr. ‹guda› mit parallelen Bildungen anderer indogermanischer Sprachen in Verbindung zu bringen ... haben ein formal zwingendes und bedeutungsmäßig voll befriedigendes Ergebnis bis heute nicht gezeitigt.»

248 *Dionysios der Areopagite:* Der im 17. Kapitel der Apostelgeschichte erwähnte, in Athen lebende Schüler des Apostels Paulus. Unter seinem Namen haben sich die Schriften «Von der himmlischen Hierarchie» und «Von der kirchlichen Hierarchie» erhalten.

Fritz Mauthner, 1849–1923, Sprachphilosoph. Schrieb das «Wörterbuch der Philosophie. Neue Beiträge zu einer Kritik der Sprache», erschienen 1910/11.

in dem Ihnen bekannten Falle Boll: Franz Boll schrieb als 638. Bändchen der Sammlung «Aus Natur und Geisteswelt» das Buch «Sternglaube und Sterndeutung». Mauthner schrieb dagegen einen Artikel im «Berliner Tagblatt» (28. März 1918). In der gleichen Zeitung stellte Franz Boll dar (16. April 1918), daß er in den kritisierten Punkten genau der gleichen Ansicht sei wie Mauthner. (Näheres hierüber in «Erdensterben und Weltenleben», GA Bibl.-Nr. 181, im 19. Vortrag.)

249 *was ich auch hier schon erwähnt habe:* Im 7. Vortrag dieses Bandes.

255 *Lesen Sie den Zyklus:* Siehe Hinweis zu S. 22.

257 *wie ich es gestern angeführt habe:* In dem öffentlichen Vortrag vom 1. Mai 1918 in München «Der übersinnliche Mensch und die Fragen der Willensfreiheit und Seelenunsterblichkeit nach Ergebnissen der Geisteswissenschaft». Ausführlicher sprach Rudolf Steiner über das gleiche Thema in den beiden Vorträgen vom 18. und 20. April in Berlin, die in dem Band «Das Ewige in der Menschenseele, Unsterblichkeit und Freiheit», GA Bibl.-Nr. 67, abgedruckt sind.

260 *Ich habe in früheren Jahren einmal angeführt:* Vergleiche hierzu den Zyklus «Welche Bedeutung hat die okkulte Entwickelung des Menschen für seine Hüllen und sein Selbst?», GA Bibl.-Nr. 145, 2. Vortrag.

265 *aus den öffentlichen Betrachtungen dieser Tage:* Gemeint ist außer dem in Hinweis zu S. 257 erwähnten Vortrag noch der vom 3. Mai 1918, der innerhalb der Gesamtausgabe gleichfalls als Parallelvortrag zurückgestellt worden ist. Er trägt den Titel «Der Mensch und das geschichtliche und moralische Leben der Menschheit nach Ergebnissen der Geisteswissenschaft». Der ihm entsprechende Vortrag in dem oben erwähnten Band der Gesamtausgabe ist der vom 14. März in Berlin.

268 *Grundsätze anbeten, wie sie von Woodrow Wilson ausgehen:* Gemeint sind die «Vierzehn Punkte», die Präsident Wilson (siehe Hinweis zu S. 164) am 8. Januar 1918 vor dem Amerikanischen Kongreß proklamierte und die dann als Grundlage der Friedensverhandlungen dienten.

Johann Heinrich Lambert, 1728–1777, Physiker, Astronom und Mathematiker. Veröffentlichte 1761 «Kosmologische Briefe», 1764 sein Hauptwerk «Neues Organon». Seine Geburtsstadt ist Mülhausen.

270 *was schon einmal hier erwähnt worden ist:* Vgl. u. a. die Darstellung im Vortrag vom 28. Januar 1917 in «Zeitgeschichtliche Betrachtungen», 2. Teil, GA Bibl.-Nr. 174.

272 *eine grandiose Lehre, die Gnosis:* Siehe u. a. «Christus und die geistige Welt. Von der Suche nach dem heiligen Gral» (1913/14), GA Bibl.-Nr. 149; «Die geistige Vereinigung des Menschen mit dem Christus-Impuls» (1915), GA Bibl.-Nr. 165; «Perspektiven der Menschheitsentwickelung» (1921), GA Bibl.-Nr. 204.

274 *Ich habe auf eines ja wohl auch hier schon hingewiesen:* Siehe Hinweis zu S. 249.

275 *Lloyd George,* 1863–1945. War im englischen Kabinett 1905–08 Handelsminister, später Schatzkanzler und Kriegsminister, 1916–1922 Premierminister.

das Ministerium Campbell-Bannerman: Sir Henry Campbell-Bannerman, 1836 bis 1908, Führer der englischen Liberalen, 1905–08 Premierminister.

276 *Rabindranath Tagore,* 1861–1941, indischer Dichter und Philosoph. Die erwähnte Rede «Der Geist Japans» erschien in «Preußische Jahrbücher», Bd. 171, Heft 1, Januar 1918.

277 *Vom Menschenrätsel* (1916), GA Bibl.-Nr. 20.

die wir zum Beispiel bei Herder finden: Die Schilderung des Morgensonnenaufgangs als Bild der Weltschöpfung findet sich z. B. in dem Gedicht «Die Schöpfung, ein Morgengesang», 1773, ferner «Älteste Urkunde des Menschengeschlechts», Riga 1774, 1. Teil, III. Plan, S. 70.

Ku Hung-ming, Verfasser des von Rudolf Steiner öfters zitierten Werkes «Der Geist des chinesischen Volkes und der Ausweg aus dem Krieg», übersetzt von Oskar A. H. Schmitz, Jena 1916.

Als sein letzter Enkel starb . . .: Wolfgang von Goethe starb 1865.

278 *unter der wirklich großartigen Ägide einer deutschen Fürstin:* Der Großherzogin Sophie von Sachsen-Weimar, 1824–1897, nach welcher die erste Gesamtausgabe von Goethes Werken «Sophien-Ausgabe» genannt wird.

278 *man berief einen ehemaligen Finanzminister:* Georg Kreuzwendedich Freiherr von Rheinbaben, preußischer Staats- und Finanzminister a. D., Oberpräsident der Rheinprovinz.

281 *Otto Weininger,* 1880–1903, Philosoph. Das Buch «Geschlecht und Charakter» erschien in Wien 1903. Das weiter unten angeführte Zitat stammt aus dem Buch «Über die letzten Dinge», herausgegeben von Moritz Rappaport, Wien 1907. Es lautet wörtlich: «Aus unserem Zustand vor der Geburt ist vielleicht darum keine Erinnerung möglich, weil wir so tief gesunken sind durch die Geburt: wir haben das Bewußtsein verloren, und gänzlich triebartig geboren zu werden verlangt, ohne vernünftigen Entschluß und ohne Wissen, und darum wissen wir gar nichts von dieser Vergangenheit.»

282 *Ein materialistisch gebildeter, geistreicher Mensch der Gegenwart:* Konnte bisher nicht festgestellt werden.

283 *Als ich über «Die Erziehung des Kindes ...» sprach:* Dieser im Jahre 1907 in vielen Städten gehaltene Vortrag wurde durch Rudolf Steiner zu einem Aufsatz verarbeitet, der in dem Bande «Luzifer-Gnosis 1903–1908» abgedruckt ist, GA Bibl.-Nr. 34; ferner als Einzelausgabe.

286 *Stumpfheit war da:* Verdorbene Nachschrift. Es wurde versucht, sinngemäß abzuändern.

PERSONENREGISTER

H = Hinweise

ÜBER DIE VORTRAGSNACHSCHRIFTEN

Aus Rudolf Steiners Autobiographie «Mein Lebensgang» (35. Kap., 1925)

Es liegen nun aus meinem anthroposophischen Wirken zwei Ergebnisse vor; erstens meine vor aller Welt veröffentlichten Bücher, zweitens eine große Reihe von Kursen, die zunächst als Privatdruck gedacht und verkäuflich nur an Mitglieder der Theosophischen (später Anthroposophischen) Gesellschaft sein sollten. Es waren dies Nachschriften, die bei den Vorträgen mehr oder weniger gut gemacht worden sind und die – wegen mangelnder Zeit – nicht von mir korrigiert werden konnten. Mir wäre es am liebsten gewesen, wenn mündlich gesprochenes Wort mündlich gesprochenes Wort geblieben wäre. Aber die Mitglieder wollten den Privatdruck der Kurse. Und so kam er zustande. Hätte ich Zeit gehabt, die Dinge zu korrigieren, so hätte vom Anfange an die Einschränkung «Nur für Mitglieder» nicht zu bestehen gebraucht. Jetzt ist sie seit mehr als einem Jahre ja fallen gelassen.

Hier in meinem «Lebensgang» ist notwendig, vor allem zu sagen, wie sich die beiden: meine veröffentlichten Bücher und diese Privatdrucke in das einfügen, was ich als Anthroposophie ausarbeitete.

Wer mein eigenes inneres Ringen und Arbeiten für das Hinstellen der Anthroposophie vor das Bewußtsein der gegenwärtigen Zeit verfolgen will, der muß das an Hand der allgemein veröffentlichten Schriften tun. In ihnen setzte ich mich auch mit alle dem auseinander, was an Erkenntnisstreben in der Zeit vorhanden ist. Da ist gegeben, was sich mir in «geistigem Schauen» immer mehr gestaltete, was zum Gebäude der Anthroposophie – allerdings in vieler Hinsicht in unvollkommener Art – wurde.

Neben diese Forderung, die «Anthroposophie» aufzubauen und dabei nur dem zu dienen, was sich ergab, wenn man Mitteilungen aus der Geist-Welt der allgemeinen Bildungswelt von heute zu übergeben hat, trat nun aber die andere, auch dem voll entgegenzukommen, was aus der Mitgliedschaft heraus als Seelenbedürfnis, als Geistessehnsucht sich offenbarte.

Da war vor allem eine starke Neigung vorhanden, die Evangelien und den Schrift-Inhalt der Bibel überhaupt in dem Lichte dargestellt zu hören, das sich als das anthroposophische ergeben hatte. Man wollte in Kursen über diese der Menschheit gegebenen Offenbarungen hören.

Indem interne Vortragskurse im Sinne dieser Forderung gehalten wurden, kam dazu noch ein anderes. Bei diesen Vorträgen waren nur Mitglieder. Sie waren mit den Anfangs-Mitteilungen aus Anthroposophie bekannt. Man konnte zu ihnen eben so sprechen, wie zu Vorgeschrittenen auf dem Gebiete der Anthroposophie. Die Haltung dieser internen Vorträge war eine solche, wie sie eben in Schriften nicht sein konnte, die ganz für die Öffentlichkeit bestimmt waren.

Ich durfte in internen Kreisen in einer Art über Dinge sprechen, die ich für die öffentliche Darstellung, wenn sie für sie von Anfang an bestimmt gewesen wären, hätte anders gestalten *müssen.*

So liegt in der Zweiheit, den öffentlichen und den privaten Schriften, in der Tat etwas vor, das aus zwei verschiedenen Untergründen stammt. Die ganz öffentlichen Schriften sind das Ergebnis dessen, was in mir rang und arbeitete; in den Privatdrucken ringt und arbeitet die Gesellschaft mit. Ich höre auf die Schwingungen im Seelenleben der Mitgliedschaft, und in meinem lebendigen Drinnenleben in dem, was ich da höre, entsteht die Haltung der Vorträge.

Es ist nirgends auch nur in geringstem Maße etwas gesagt, was nicht reinstes Ergebnis der sich aufbauenden Anthroposophie wäre. Von irgend einer Konzession an Vorurteile oder Voreempfindungen der Mitgliedschaft kann nicht die Rede sein. Wer diese Privatdrucke liest, kann sie im vollsten Sinne eben als das nehmen, was Anthroposophie zu sagen hat. Deshalb konnte ja auch ohne Bedenken, als die Anklagen nach dieser Richtung zu drängend wurden, von der Einrichtung abgegangen werden, diese Drucke nur im Kreise der Mitgliedschaft zu verbreiten. Es wird eben nur hingenommen werden müssen, daß in den von mir nicht nachgesehenen Vorlagen sich Fehlerhaftes findet.

Ein Urteil über den Inhalt eines solchen Privatdruckes wird ja allerdings nur demjenigen zugestanden werden können, der kennt, was als Urteils-Voraussetzung angenommen wird. Und das ist für die allermeisten dieser Drucke *mindestens* die anthroposophische Erkenntnis des Menschen, des Kosmos, insofern sein Wesen in der Anthroposophie dargestellt wird, und dessen, was als «anthroposophische Geschichte» in den Mitteilungen aus der Geist-Welt sich findet.

RUDOLF STEINER GESAMTAUSGABE

Gliederung nach: Rudolf Steiner – Das literarische
und künstlerische Werk. Eine bibliographische Übersicht
(Bibliographie-Nrn. *kursiv* in Klammern)

A. SCHRIFTEN

I. Werke

Goethes Naturwissenschaftliche Schriften, eingeleitet und kommentiert von R. Steiner, 5 Bände, 1883/97, Neuausgabe 1975 *(1a-e)*; separate Ausgabe der Einleitungen, 1925 *(1)*
Grundlinien einer Erkenntnistheorie der Goetheschen Weltanschauung, 1886 *(2)*
Wahrheit und Wissenschaft. Vorspiel einer ‹Philosophie der Freiheit›, 1892 *(3)*
Die Philosophie der Freiheit. Grundzüge einer modernen Weltanschauung, 1894 *(4)*
Friedrich Nietzsche, ein Kämpfer gegen seine Zeit, 1895 *(5)*
Goethes Weltanschauung, 1897 *(6)*
Die Mystik im Aufgange des neuzeitlichen Geisteslebens und ihr Verhältnis zur modernen Weltanschauung, 1901 *(7)*
Das Christentum als mystische Tatsache und die Mysterien des Altertums, 1902 *(8)*
Theosophie. Einführung in übersinnliche Welterkenntnis und Menschenbestimmung, 1904 *(9)*
Wie erlangt man Erkenntnisse der höheren Welten? 1904/05 *(10)*
Aus der Akasha-Chronik, 1904/08 *(11)*
Die Stufen der höheren Erkenntnis, 1905/08 *(12)*
Die Geheimwissenschaft im Umriß, 1910 *(13)*
Vier Mysteriendramen: Die Pforte der Einweihung – Die Prüfung der Seele Der Hüter der Schwelle – Der Seelen Erwachen, 1910/13 *(14)*
Die geistige Führung des Menschen und der Menschheit, 1911 *(15)*
Anthroposophischer Seelenkalender, 1912 *(in 40)*
Ein Weg zur Selbsterkenntnis des Menschen, 1912 *(16)*
Die Schwelle der geistigen Welt, 1913 *(17)*
Die Rätsel der Philosophie in ihrer Geschichte als Umriß dargestellt, 1914 *(18)*
Vom Menschenrätsel, 1916 *(20)*
Von Seelenrätseln, 1917 *(21)*
Goethes Geistesart in ihrer Offenbarung durch seinen Faust und durch das Märchen von der Schlange und der Lilie, 1918 *(22)*
Die Kernpunkte der sozialen Frage in den Lebensnotwendigkeiten der Gegenwart und Zukunft, 1919 *(23)*
Aufsätze über die Dreigliederung des sozialen Organismus und zur Zeitlage 1915–1921 *(24)*
Kosmologie, Religion und Philosophie, 1922 *(25)*
Anthroposophische Leitsätze, 1924/25 *(26)*
Grundlegendes für eine Erweiterung der Heilkunst nach geisteswissenschaftlichen Erkenntnissen, 1925. Von Dr. R. Steiner und Dr. I. Wegman *(27)*
Mein Lebensgang, 1923/25 *(28)*

II. Gesammelte Aufsätze
Aufsätze zur Dramturgie 1889–1901 *(29)* – Methodische Grundlagen der Anthroposophie 1884–1901 *(30)* – Aufsätze zur Kultur- und Zeitgeschichte 1887–1901 *(31)* – Aufsätze zur Literatur 1886–1902 *(32)* – Biographien und biographische Skizzen 1894–1905 *(33)* – Aufsätze aus «Lucifer-Gnosis» 1903–1908 *(34)* – Philosophie und Anthroposophie 1904 bis 1918 *(35)* – Aufsätze aus «Das Goetheanum» 1921–1925 *(36)*

III. Veröffentlichungen aus dem Nachlaß
Briefe – Wahrspruchworte – Bühnenbearbeitungen – Entwürfe zu den Vier Mysteriendramen 1910–1913 – Anthroposophie. Ein Fragment aus dem Jahre 1910 – Gesammelte Skizzen und Fragmente – Aus Notizbüchern und -blättern – *(38–47)*

B. DAS VORTRAGSWERK

I. Öffentliche Vorträge
Die Berliner öffentlichen Vortragsreihen, 1903/04 bis 1917/18 *(51–67)* – Öffentliche Vorträge, Vortragsreihen und Hochschulkurse an anderen Orten Europas 1906–1924 *(68–84)*

II. Vorträge vor Mitgliedern der Anthroposophischen Gesellschaft
Vorträge und Vortragszyklen allgemein-anthroposophischen Inhalts – Christologie und Evangelien-Betrachtungen – Geisteswissenschaftliche Menschenkunde – Kosmische und menschliche Geschichte – Die geistigen Hintergründe der sozialen Frage – Der Mensch in seinem Zusammenhang mit dem Kosmos – Karma-Betrachtungen – *(91–244)*
Vorträge und Schriften zur Geschichte der anthroposophischen Bewegung und der Anthroposophischen Gesellschaft *(251–263)*

III. Vorträge und Kurse zu einzelnen Lebensgebieten
Vorträge über Kunst: Allgemein-Künstlerisches – Eurythmie – Sprachgestaltung und Dramatische Kunst – Musik – Bildende Künste – Kunstgeschichte – *(271–292)* – Vorträge über Erziehung *(293–311)* – Vorträge über Medizin *(312–319)* – Vorträge über Naturwissenschaft *(320–327)* – Vorträge über das soziale Leben und die Dreigliederung des sozialen Organismus *(328–341)* – Vorträge für die Arbeiter am Goetheanumbau *(347–354)*

C. DAS KÜNSTLERISCHE WERK

Originalgetreue Wiedergaben von malerischen und graphischen Entwürfen und Skizzen Rudolf Steiners in Kunstmappen oder als Einzelblätter: Entwürfe für die Malerei des Ersten Goetheanum – Schulungsskizzen für Maler – Programmbilder für Eurythmie-Aufführungen – Eurythmieformen – Skizzen zu den Eurythmiefiguren, u. a.

Die Bände der Rudolf Steiner Gesamtausgabe
sind innerhalb einzelner Gruppen einheitlich ausgestattet
Jeder Band ist einzeln erhältlich.